21世纪经济学管理学系列教材

创业学

第二版

ENTREPRENEURSHIP

韩国文 陆菊春 编著

WUHAN UNIVERSITY PRESS
武汉大学出版社

目　　录

第一编　梦想创业

第二编　启动创业

第四编 管理初创企业

第一编　梦 想 创 业

第一章 理解创业

【故事导读】

羊毛出在狗身上猪来买单

中国市场上有一个女式睡衣品牌叫梦露，该品牌所在的公司只做女式睡衣产品，销售价格为188元一件，只有两种款式，吊带的和齐肩的，也只有两种颜色，橙色和紫色。他们创造了一种不一样的销售方式，在157家网站上打广告免费送。怎么送呢？只收取23元的快递费。如果这件睡衣送给你，你会要吗？当然会。免费送多少件呢？1000万件。那怎么赚钱呢？

很多人即使只为了满足一下好奇心，也会订一件。于是，就会留下名字、电话、手机、地址，13天后，快递真的送到家了，打开一看，这个睡衣质量真不错，在市场里面可能超过188元，要不要付这23元的快递费？这家公司是干吗的？是做慈善？还是赔钱赚吆喝？不，这个公司实实在在地在创业在赚钱！

这个公司付给生产厂家每件8元钱，厂家每件赚1元钱；付给快递公司5元钱，快递公司每件赚1元钱。网站收3元钱，打广告本身是没有什么成本的，网站的纯利润是3元。这三个干活的加在一起，每件共赚5元钱。这个公司每件赚7元钱，轻松地赚得了7000万元。这家公司有多少人呢？这家公司从总裁、设计总监、销售总监、到会计，全公司加在一起四个人。这就是这个时代！

这是一个全新的时代，处在一个前所未有的浪潮里，可以预计未来短短的二三十年内，高速移动互联网、大数据、“3D打印”和新能源等新的技术将从根本上改变人类的生活、生产和交往方式。我们生活的时代充满着机遇和挑战；每个不甘寂寞的心灵都愿意把握机遇、迎接挑战，实现梦想，赢得充分展示自我能力的空间。“创业”已经成为新时代的关键词。要想成为创业者，首先就要理解什么是创业。

第一节 创业的含义特征和类型

哲人们常说创业（entrepreneurship）是人类最基本的生存方式；创业者常说因为一无所有，所以才要创业；因为走投无路，所以才要创业。本节对什么是创业以及创业的特征进行理论上的诠释。

一、创业的含义

当今中国正处在一场伟大的社会变革时期。近四十年的改革开放是一场深刻的思想革命，它极大地解放了人们的思想，为各种创业活动提供了最有利条件、最优良的创业环境和最佳机会。人们对自主创业已从“冷眼相看”变成“刮目相看”，创业者也作为“改革者”、“企业家”而日益受到人们的尊重和钦佩。创业已经成为理解未来社会经济、生活生产变化的关键概念，已成为研究创业家（企业家）和企业活动必不可少的重要主题。自 1987 年 *Journal of Management* 正式开辟创业研究专题以来，许多学者对创业研究领域给予关注，不同的学者也给出了不同的定义。

斯蒂文森（Stevensen，1989）等认为“创业是个人（不管是独立的还是在一个组织内部）——追踪和捕捉机会的过程，这一过程与当时所控制的资源无关”。① 这一定义强调了创业的过程性，强调察觉机会、追逐机会的意愿及获得成功的信心和可能性。

蒂蒙斯（Timmons，1999）提出：“创业是一种思考、推理和行为方式，这种行为方式是机会驱动的，注重方法和与领导相平衡。创业导致价值的产生、增加、实现和更新，不只为所有者，也为所有的参与者和利益相关者。”②

李志能（2000）等对创业的定义是：“创业是一个发现和捕捉机会并由此创造出新颖的产品或服务和实现其潜在价值的过程。”③

另外还有大量的关于创业的定义，每种定义都描述了创业的一个或几个侧面，如 Kirzner（1973），Leibenstein（1978）等强调了识别机会的能力，正确地预测下一个不完全市场和不均衡现象在何处发生的套利行为与能力。Conner（1991）从识别机会的能力和创业家个性与心理特质定义创业，Bygrave（1991）从识别机会的能力、个性和心理特质及创业机会三方面来定义创业。西方有影响和有代表性的创业定义主要立足于四个方面，即创业家个性与心理特质、识别机会的能力、获取机会、创建新组织与开展新业务的活动，而其中的两个方面涉及创业机会。创业往往多数是和高速增长的科技创业相关联。著名创业加速器 Y Combinator 的创始人保罗·格雷厄姆（2012）特别关注的是增长价值，他对创业的定义是“创业就是建立一家快速发展的创新公司”。有关创业的所有一切都是追求高增长的价值④。Steve Blank（2014）给创业的最新定义是创立一家勇于探索可重复和可扩展性商业模式的公司。⑤

再看看美国超级亿万富豪石油大王保罗·盖蒂如何描述创业，他认为在 21 世纪最有前途的生意模式应该具有以下几个特点：

（1）一定是拥有属于自己的生意，从事这项生意的每个人都是一个独立的生意人，

① H. H. Stevenson, M. J. Roberts and H. I. Grousbeck. *New Business Venture and Entrepreneur*. IL: Irwin, 1989.

② J. Timmons. *New Venture Creation*. New York: McGraw-Hill/Irwin, 1999.

③ 李志能，郁义鸿等．创业学．上海：复旦大学出版社，2000：9.

④ http://zh.wikipedia.com/2012.

⑤ http://steveblank.com/2014.

而不是为他人打工。

（2）你的生意一定要提供具有广阔市场前景的产品和服务，而不是某种特殊产品，看起来有特色，但潜在市场很小。

（3）你要为你的产品和服务提供保障，这样一来，你的顾客才可能放心购买，而且还能重复购买。

（4）你所提供的产品和服务一定要强于你的竞争对手，要具有自己的核心竞争力。

（5）你一定要奖励那些作出贡献的人，遵循的是多劳多得的原则。

（6）你的生意的成功一定要建立在帮助他人成功的基础之上，是双赢甚至是多赢的生意机制。

保罗·盖蒂的这些描述可以让我们大致了解创业的含义、创业成功的标准以及创业即将面临的一些问题。创业既是一种精神，也是一种理念，更是一种行动。各界人士对创业的理解没有达成一个共识，可谓仁者见仁、智者见智。总之，创业是指发现和捕捉机会并由此而创办企业提供新的产品或服务从而创造财富的过程。

创业过程充满了激情、艰辛、挫折、忧虑和痛苦，不仅需要雄心壮志以及坚持不懈的努力，同时也需要创业者了解创业的特征、类型、模式以及创业的一般过程。

二、创业的特征

创业作为人类发现机会创造财富的社会行为，具有以下特征：

（一）创造性

创业是一个创造新事物的过程，是创造出一种新的产品或服务来满足社会的某种需要。拥有或继承前人的事业，管理已有的企业都不是创业。创业对于任何创业者来说，都是一项前所未有的事业，也许这项事业别人已经尝试过，虽然他可以借鉴、模仿前人的经验和方法，但自己必须从头做起，这就意味着创业者的开拓和创造。

（二）自主性

创业就是运用自己的资本、知识与技能，自主进行产品开发、生产或提供服务的过程，是一种独立自主的行为。创业者是自己命运的主人，他们独立自主，自力更生，靠自己的力量开创完全属于自己的事业。创业是一种个性化的创造性社会行为，也是一个复杂而艰难的过程，是人们自立、自强的实践活动，是把人生理想转化为社会现实、实现自身价值的有效途径，是要靠自己的自觉自愿和自主行动来实现的。

（三）风险性

创业是一个发现、创造和利用商业机会，组合生产要素并创造价值以获得商业成功的过程，虽然可以借鉴、模仿和学习前人的经验、教训和方法，但对创业者来讲，仍然面临很多的风险，这些风险可能有多种形式和来源。创业环境的不确定性，创业机会与创业企业的复杂性，创业者、创业团队与创业投资者的能力与实力的有限性会导致创业活动偏离预期目标。

（四）功利性

创业是一个创造财富、积累财富的过程。创业者尽管会有各种不同的创业动机，但追求财富几乎是创业的最原始最直接的动力。如果没有利益的追求，人们就不会甘冒风险而去创业。有人说“创业的理由可以说上千万条，但最终还是逃不出一个钱字”，无论创业者采取什么手段或方式创业，其目的只有一个——发财，这是创业的共性。

三、创业的类型

创业是一个不断发展变化的过程，不同的时代，不同的领域，不同的个人和团体，都会有不同的创业活动，可以从不同角度对创业进行划分。

(一) 根据创业主体的性质分类

1. 个人独立创业

所谓个人独立创业，指创业者个人或创业团队，白手起家完全独立地创建企业的活动，在现代社会中，随着科学技术的快速发展和技术周期的缩短，个人完全可能经历“从理论研究到应用研究，再到研究开发和创建企业”这种技术创新成果商业化的全过程，因此，个人独立创业也就成为一种很普遍的社会现象。而基于工艺创新、市场营销创新等非技术创新手段而创建企业以及随着“创业家”阶层的出现，具有创业特长的创业家还往往通过购买专利的方式直接创建企业。

2. 企业内创业

企业内创业通常是由一个企业内的、具有创业愿望和理想的员工发起，在组织支持下，由员工与企业共担风险、共享创业成果的创业形式。由于现代社会仅靠高薪、高职以及高福利，似乎并不能满足优秀员工的要求。建立企业内部创业机制，用事业来使优秀员工获得成就感，并以此吸引人才的新模式出现了。企业内部出现两个或者多个老板，就是“内部创业”。目前，国内已有越来越多的知名企业开始把创建内部体系纳入公司发展规划。例如深圳华为集团，为解决机构庞大和老员工问题，鼓励内部创业，将华为非核心业务与服务业务以内部创业方式社会化，通过提供一些资源给公司的优秀人才，帮助他们走出去创办企业。

3. 公司附属创业

公司附属创业则指由一家已经相对成熟的公司创建一家新的附属企业，公司附属创业的动力主要来源于三个方面；①通过创建一家具有更高效率的企业组织体系的附属新企业，构建新的经营与销售模式，促进创新产品的商业化。②通过创建新的企业，建立起能够对市场需求做出快速反应的窗口，以保持公司的总体创新活力。③通过创建新企业所体现的成长性，吸引社会资本的投资。正是在上述三大动力的推动下，公司附属创业日益成为现代创业经济中的一道亮丽的风景。

(二) 按照创业对市场和个人的影响程度分类

依照创业对市场和个人的影响程度，可以分为4种类型：

1. 复制型创业

复制原有公司的经营模式，创新的成分较低。例如某人原本在餐厅里担任厨师，后来离职自行创立一家与原服务餐厅类似的新餐厅。新创公司中属于复制型创业的比率虽然很高，这种类型的创业基本上只能称为“如何开办新公司”，因此很少会被列入创业管理课程中学习的对象。

【案例 1-1】

印度“亚马逊”FlipKart

FlipKart 公司两位创始人 Sachin Bansal 和 Binny Bansal 都是印度 IT 类最高学府印度理工学院（IIT）毕业的高才生，在创业之前都在亚马逊工作，对电商的运营已经有了非常深入的了解。2007 年，他们决定离职创业。当时他们的想法是做一个比价类的网站，但后来发现印度的电商并不发达，现有的一些网站体验不好，所以决定改做电商网站，并且选择了相对简单的图书品类作为切入点。他们选择了两家图书供应商、两家物流合作伙伴，然后就发布了网站。

和大多数印度互联网创业者一样，他们一开始并没有获得融资，完全是拿自己的钱在创业。因此他们的首要目标就是尽快收支平衡。好在 Flipkart 的用户体验不错，在 2008 年 3 月，他们就实现了这一目标，并且招聘了两位员工，供应商也增加到了 6 家。在实现收支平衡后，Sachin Bansal 和 Binny Bansal 开始接触投资人。由于业务发展得不错加上创始人的教育和工作背景，他们在 2008 年 10 月拿到了来自风险投资公司 Accel 的投资，并且正式注册成立了公司——公司注册地点为新加坡，这也是大多数印度互联网公司的特点。

在拿到第一轮融资时，Flipkart 只有 20 名员工，约 20 家供应商。但拿到融资后，Flipkart 开始进入高速发展轨道。从业务上来说，品类扩张越来越快；从资本上来说，融资规模也越来越大。2009 年到 2012 年，扩张就是 Flipkart 的主题。2009 年 Flipkart 在德里开设了班加罗尔之外的第二个办公室，供应商数量也增加到了 50 家。2010 年，Flipkart 进行了公司历史上的第一次收购，收购了在线图书爱好者网站 WeRead。接下来两年 Flipkart 增加了更多商品品类，也进行了更多的收购。

在成长和扩张的过程中，Flipkart 借鉴了很多来自中国的经验，Sachin 也经常来中国和中国电商公司交流。中国和印度的市场有太多相似之处：人口众多、交通不发达、现代零售体系落后、缺乏可靠的物流系统以及极低的信用卡使用率。但是中国电商网站都很好地解决了这些问题，并且发展得非常好。学习中国电商公司的经验，Flipkart 着手建立了自己的物流体系，在大城市将送货时间保证在 24 小时以内，在二三线城市也能确保 2～3 天将商品送到消费者手中。由于印度政府对外资投资（Flipkart 公司在成立和接受投资后已经成为有外资性质的公司）的限制以及自身物流体系的完善，Flipkart 将物流体系剥离出了公司，单独成立了 eKart 物流公司。2014 年 2 月，eKart 公司开始承接其他电商公司的物流和快递业务。这和国内凡客和如风达的关系非常类似。

到 2012 年下半年，Flipkart 基本确立了印度最大电商公司的地位。于是这家公司开始了在其他领域的探索，比如数字音乐。这其实和亚马逊的发展类似，亚马逊也是在实体业务做大之后进入了数字图书、数字音乐和视频领域。

从 2013 年 7 月到 2014 年 7 月，Flipkart 一共拿到了 4 轮融资，融资总额高达 15.3 亿美元。

【思考与讨论】

1. 为什么 FlipKart 的创业从卖书开始？

2. FlipKart 的创业从亚马逊学到了什么？

3. 印度与美国有很大的不同，FlipKart 是怎样根据印度的实际情况克服其遇到的困难的？

2. 模仿型创业

这种形式的创业，创新的成分较低，但与复制型创业的不同之处在于，创业过程对于创业者而言还是具有很大的冒险成分。例如某一纺织公司的经理辞掉工作，开设一家时下流行的网络咖啡店。这种创业者如果具有适合的创业人格特性，经过系统的创业管理培训，掌握正确的市场进入时机，还是有很大机会可以获得成功。

3. 安定型创业

这种形式的创业，虽然为市场创造了新的价值，但对创业者而言，本身并没有面临太大的改变，做的也是比较熟悉的工作。这种创业类型强调的是创业精神的实现，也就是创新的活动，而不是新组织的创造，企业内部创业即属于这一类型。例如研发单位的某小组在开发完成一项新产品后，继续在该企业部门开发另一项新产品。

4. 冒险型创业

这种类型的创业，除了对创业者本身带来极大改变，个人前途的不确定性也很高；对新企业的产品创新活动而言，也将面临很高的失败风险。冒险型创业是一种难度很高的创业类型，有较高的失败率，但成功所得的报酬也很惊人。这种类型的创业如果想要获得成功，必须在创业者能力、创业时机、创业精神发挥、创业策略研究拟定、经营模式设计、创业过程管理等各方面，都有很好的搭配。

（三）依据创新层次的不同分类

按照企业制度层次模型，企业是由产品、营销模式和组织管理体系等三个不同的层次所组成的经济实体，而其中任何一个层次的创新如果涉及企业组织管理体系的建设就必然构成“创建企业”这种意义上的创业活动。

1. 基于产品创新而创业

产品创新既可能是基于技术创新的成果，也可能是基于工艺创新等非技术创新的成果。但无论哪种类型的产品创新，都只有创新的产品能够满足消费者的某种需求，继而涉及企业组织管理体系建设的时候，才有必要“创建企业”。

2. 基于运营模式创新而创业

（1）基于市场营销模式的创新而创建企业

对于新创建的一个企业而言，它所经营的产品或许是市场上已有的产品，但如果它采取了一种有别于其他厂商的市场营销模式，因而有可能给消费者带来更为高效的满足，则同样是成功创业。例如，美国联邦快递公司所提供的邮包服务，虽然在产品和服务这个层次上并没有创新，但由于在市场营销模式上实现了重大创新（小包裹运输的“轴心概念”和辐射状航空运输送配系统），因而照样创建起了新型企业，并获得了巨大的成功（联邦快递公司现在已是世界 500 强企业之一）。

对于一个已经设立的企业而言，它所经营的产品或许是已有的老产品，但由于原有的市场营销模式不适应产品商业化和产业化的要求，于是必须采用新的市场销售模式。如果市场营销模式创新的程度大到需要企业组织管理体系也做出重大创新，那么，就必然涉及“重新创建企业”这种企业组织管理体系再创建问题，或是将那些必须实行市场营销模式创新的部分进行剥离，另外创建新的企业的问题，这两种情况都属于创业范畴，前者为公司再创业，后者为公司附属创业。

【案例 1-2】

戴尔——网上个人电脑直销的“科技金童”①

戴尔是著名的个人电脑品牌“戴尔”的创始人，“戴尔”是全球发展最快的计算机系统公司。“戴尔”开创了网上直销电脑和为用户量身定做电脑的方式，带来了最新的全球革命，被公认为最大的计算机系统的网上供应商，每天在线销售额达 3000 万美元。戴尔是最年轻的首席执行官，拥有个人资产 214.9 亿美元。

1965 年，戴尔出生在美国休斯敦，16 岁上中学时，戴尔找到一份差事——替休斯敦《邮报》拉订户，他设想新婚夫妇是这种报纸的最佳订户，于是雇同学抄录下新领结婚证者的姓名和地址。他将这些资料输入电脑，并向新婚夫妇们寄去一封颇具特色的信，并免费给每对夫妇赠阅两周的《邮报》，结果他大获成功，赚了 1.8 万美元并买了一辆宝马汽车。

1983 年，为了不辜负父母对他的一片期望，戴尔进入了得克萨斯大学，成为了一名医学预科生。但事实上他只对电脑行业感兴趣，很想大干一场。他从当地的电脑零售商那里以低价买来了一些积压过时的 IBM 的 PC 电脑，开始做起了二手商。

下课后，他宿舍门口总是排满了来买他装的电脑的人。他组装的电脑质量好，但更重要的原因是价格便宜。同样一台电脑，IBM 当时卖 2000 美元，他只卖 700 美元。因为 IBM 电脑最后售价中的 2/3 让中间商、代理商给赚走了。后来，戴尔回忆说：“由于批发商的高价与用户得到的服务有差距，这给我做直销创造了机会。”

不到一年的时间内，戴尔在组装、升级电脑方面已是名声远扬，并屡屡获得合约。从这件事上，这个虽然年轻但已经有好几年市场经验的人看到了商机，针对传统销售组织的不足之处，戴尔开始了自己的事业：把电脑直接销售到使用者手上，去除零售商的利润剥削，把这些省下来的钱回馈给消费者，从而改进电脑的销售过程。

这个想法看起来很简单，但是，从来没有一个人尝试过。而年轻的戴尔发现了，他要开始这个伟大的冒险尝试。

1984 年 1 月 2 日，戴尔用 1000 美元的创业资本，注册了“戴尔电脑公司”，辍学创业经营起个人电脑生意，“戴尔电脑”成为第一家根据顾客个人需求组装电脑的公司，而且不经过批量销售电脑的经销商控制系统，直接接触最终用户。

戴尔成功的唯一秘诀就是，电脑直销，取消中间环节，成为一个不生产零件只搞

① 根据 http：//www. study263. com 的有关资料整理。

组装的商人，其根本诀窍就是把原来的中间商的利益归为己有。

“让客户自己来，最快乐！”这是戴尔战略的一项法宝。在戴尔公司的网站上，每个顾客都能根据自己的要求找到所需电脑的规格，所需的内装组件，下单后，也能随时在网上确定所买东西的组装流程。这招让客户自己来的策略，不仅让戴尔的库存周期降到6天，也减少了因层层通路关系所需加上的费用，使其能以降低7%～10%的价格策略打遍电脑产业无敌手。

戴尔的创业从一开始就不是依靠领先的技术，它依靠的是一种观念、一种商业模式，而且更难能可贵的是这是一个并不被普遍看好的模式。实际上，戴尔公司从诞生之日起，就一直被各种非议和潮流所包围，但是戴尔却不为潮流所动，而是抓住市场新苗头，预测市场变化，引导新的需求，正所谓取人之弃，独得其利。从这一点来说，他一样伟大。

正如戴尔主页上的广告词——“直接走进卓越”，在网络为王的今天，直接也意味着未来，无论是过去，还是现在和未来，这个1965年出生的CEO用自己独特的思维，冒险的精神，雄心勃勃地开创着自己的直销电脑事业。

【思考与讨论】

1. 戴尔电脑创新和创业的主要内容是什么？
2. 戴尔电脑直销模式成功的关键是什么？

（2）基于企业组织管理体系创新而创建企业

对于新创建的一个企业而言，它所经营的产品或许是市场上已有的产品，所运用的市场营销模式也可能是市场上已有的模式，但由于它采取了一种有别于其他厂商的企业组织管理体系，同样也是创业。对于一个已经设立的公司而言，如果它所经营的产品仍是老产品，原有的市场营销模式也没有大的问题。而仅仅是企业组织管理体系不适应产品以及营销模式的要求，那么，对企业组织管理体系进行重大创新就成为必然。在这种情况下，同样会涉及“重新创建企业”这种企业组织管理体系再创建问题，或是将那些必须实行市场营销模式创新的部分进行剥离，并另外创建新的企业的问题。

（四）依照创业者自组企业的形式不同分类

创业者选择自组企业，主要有建立公司、组建合伙企业、开设个人独资企业、成为个体工商户等四种形式。

1. 公司

公司是根据《中华人民共和国公司法》成立的经营性组织，包含有限责任公司和股份有限公司两种形式。公司是企业法人，有独立的法人财产，享有法人财产权。公司以其全部财产对公司的债务承担责任。有限责任公司的股东以其认缴的出资额为限对公司承担责任。也可以是一个自然人成立的公司。股份有限公司的股东以其认购的股份为限对公司的债务承担责任。这种类型的企业，有法定资本的最低限额。《中华人民共和国公司法》规定，有限责任公司注册资本的最低限额为三万元人民币，一人有限责任公司的最低注册资本为十万元人民币，要求有固定的生产经营场所和生产经营条件。由于公司一旦运作起来，往往受到多方面的影响，所以创业时，一般要求准备充分，有较好的项目，良好的市场，而且能够持续发展，真正创大业的人，一般选择“公司”这种模式。

2. 合伙企业

合伙企业是根据《中华人民共和国合伙企业法》成立的“由各合伙人订立合伙协议，共同出资、合伙经营、共享收益、共担风险，并对合伙企业债务承担无限连带责任的营利性组织”。合伙企业在其名称中没有“有限”或者“有限责任”字样，没有对资本的最低限额，这种类型的企业，首先要求合伙者能够长期志同道合，其次要求团队中人员间的合伙协定必须明确责任和权利的划分，有团队意识，资金缺乏者适合用这种创业模式。

3. 个人独资企业

个人独资企业是根据《中华人民共和国独资企业法》设立的由一个自然人投资，财产为投资个人所有、投资人以其个人财产对企业债务承担无限责任的经营实体。个人独资企业投资人对本企业的财产依法享有所有权，其有关权利可以依法进行转让或继承。当个人独资企业投资人在申请企业设立登记时，明确以其家庭共有财产作为个人出资，则依法以家庭共有财产对企业债务承担无限责任。个人独资企业要求投资人为一个自然人，有合法的企业名称，有投资人申报的出资，有固定的生产经营场所和必要的生产经营条件，有必要的从业人员。

4. 个体工商户

个体工商户是根据国务院发布的《城乡个体工商户管理暂行条例》，由有经营能力的城镇待业人员、农村村民以及国家政策允许的其他人员，申请从事个体工商业经营，依法经核准登记后形成的市场经营主体。个体工商户可以在国家法律和政策允许的范围内，经营工业、手工业、建筑业、交通运输业、商业、饮食业、服务业、修理业及其他行业，个体工商户可以个人经营，也可以家庭经营。个人经营，以个人全部财产承担民事责任；家庭经营的，以家庭全部财产承担民事责任，个体工商户可以根据经营情况请一两个帮手，有技术的个体工商户可以带三五个学徒。

另外根据创业的主体人数和人员关系来看，创业可以划分为独自创业、合伙创业、家族创业和集团创业四种类型。从创业的发展阶段划分，创业又可以划分为初次创业、再创业、持续创业等三种类型，等等。

第二节　创业模式和创业过程

选择适合自己的创业模式，是创业成功的关键。准确选择适合自己的创业模式是迈向成功的第一步。了解创业的一般过程可以减少很多不必要的麻烦。

一、创业模式

（一）从零创业模式

典型的从零创业模式是从无到有，或从基层做起，积累一些经验。只要等到具备一定的资金和经验，主要的创业条件基本成熟后，就可以从小规模开始创业，这是一种完全从头出发的创业形态。通常从零创业意味着缺少创业资金，需要资产的积累过程，并且在缺乏创业必备的社会关系情况下，需要创业者依靠艰苦奋斗，通过一点一滴的积累和摸索，建立起广泛的社会关系。

【案例 1-3】

糖葫芦的奇迹①

1997 年，曾是山东临沂市“劳动模范”的朱呈下岗了。1999 年，朱呈到山东省平邑县走亲戚，偶然路过一片山楂林，看到有个农民在砍山楂树，原来平邑前几年大量种植山楂树，造成山楂过剩。因为赔钱，农民只好把树都砍了改种别的作物。朱呈想，这山楂可是做糖葫芦的好原料啊，就以五分钱一公斤的价格买了 9000 公斤山楂。

用了将近 3 个月的时间，朱呈终于做出了自己的第一批无核冰糖葫芦。为了创新，朱呈不满足于现在的情况，有一次，看到儿子吃的月饼，她突然灵机一动：这糖葫芦里面能不能填充一些东西？在丈夫的帮助下，她给糖葫芦去核的地方填充了巧克力、果酱甚至熟鸡肉、牛肉等。她把夹心糖葫芦再拿给大姐和父亲一尝，没有说不好的！

就这样，一批印有“朱老大夹心冰糖葫芦”字样的冰糖葫芦成功上市，并且还注册了自己的商标。她用贷款的钱专门租了一间大房子，添置了生产工具，雇了几个人，开始了创业之路。产品上市仅仅一天，700 支夹心冰糖葫芦全部卖光。

就这样，朱呈的产品一炮打响。从那一年冬季开始，朱呈就招募人员，奔赴全国各地。经过努力，“朱老大”夹心冰糖葫芦渐渐在山东、江苏、浙江、湖南、四川和新疆等 10 多个省、市、自治区，发展了 100 多家经销商和代理商，基本形成了自己完整的销售网络。

接着，朱呈先后推出了一系列“朱老大”夹心冰糖葫芦精品。他们借鉴冰糕的包装技术，实现了夹心糖葫芦的精美包装；同时还针对传统冰糖葫芦不易保存的特点，成功研究开发了不化糖的“新品夹心冰糖葫芦”。该产品最大的特点是能在常温下保持 3 个月不化糖，并且不影响产品的内在质量和口感。

正是凭借这种不断创新的精神，朱老板的资产已经超过了 2000 万元。

白手起家的创业者要面对残酷的市场竞争。与财大气粗的竞争对手相比，白手起家者找不出竞争优势，只有靠自己的吃苦耐劳精神，付出比竞争对手更多的努力和辛苦，多做一些工作，多进行一些创新，这才是最强的竞争力。

【思考与讨论】

1. 冰糖葫芦是传统产品，该创业者进行了哪些创新？
2. 如何评价该创业者的创业行为？
3. 该创业者创业成功的关键是什么？

---

① 根据 http：//www. studentboss. com 的有关资料改写。

（二）购买现存公司模式

购买现存公司模式是目前常见的创业方式之一，但是在购买他人的既有企业之前，收购人必须先评估该企业的风险及优缺点。收购现有企业的优点是企业具备基础，其所有资源，包括商誉、产品、客户、广告促销等具备一定的条件，可变因素较易掌控，因此更节省创业者的时间及开办成本。虽然一个持续经营的公司不需要创业者面对新开办公司所面临的许多细节和问题，但它也有局限性，在创业者决定购买选择时，他们必须了解购买一个现存企业可能碰到的固有局限性。这种不利之处体现在外部和内部环境以及所有者的离开对公司产生的影响等，例如负债高、资金缺乏、商誉不加、设备陈旧。所以在购买现存公司之前，最好进行仔细的评估，对其收购可行性进行分析，才不会全盘皆输。

【案例 1-4】

宋凯发迹“零转让”①

宋凯做了几年的外贸皮鞋生意，积累了一定的业务渠道，打算自己办一家鞋厂，他仔细算了算，办个中等规模的鞋厂需要100万元的设备和周转资金，外加一处不小于200平方米的厂房。宋凯通过朋友在近郊某镇物色了一家负债累累、濒临倒闭的板箱厂，以“零转让”的形式接受了这家工厂，也就是该镇以资债相抵的方法，将工厂的动产、不动产以及债务一齐转让给宋凯。厂房的问题解决了，但是100万元的资金从哪里来呢？宋凯到银行贷款，负责信贷的人要他提供担保，可是上哪里去找担保人呢？正在宋凯焦急万分时，他的一位朋友提醒了他：板箱厂的资产就是抵押物。就这样，宋凯不花一分钱，就解决了资金和厂房的问题。当然，他因此也背上了较重的债务，这要靠他今后的努力慢慢偿还。

【思考与讨论】

1. 如何评价该创业者的创业行为？
2. 购买现存公司创业的目的是什么？

（三）依附创业模式

依附创业包括代理商、配套与贴牌生产、内部创业、特许经营、网络创业等诸多子模式，是创业模式中内容最丰富的一种类型。

（1）代理商模式

一般来说，企业的经营可以分为内销和外销两种，而这种经销权或代理权可以靠争取得来。例如，如果创业者熟悉法国某品牌的香水，不妨直接与该厂商联系，以取得其中国市场的代理权，再内销到国内市场。或者，有鉴于人们消费水平已逐渐提升，如创业者熟悉当地市场现状，可以争取某品牌时装代理权，将该高级时装销售至国内市场。

（2）配套与贴牌生产模式

① 根据刘平．就业新思维：自主创业．北京：中国金融出版社，2011，改写。

替品牌厂家贴牌加工生产，是一种较为新型的合作关系。品牌厂商为了降低生产成本，或者为了腾出手开辟新的经营模式，往往会将热销中的商品托付给信得过的加工厂商生产。在这样一个品牌争先的时代，一个品牌的建立需要大量人力物力的投入。但品牌一旦建立，就可以产生所谓的品牌效应，品牌本身就可以赚钱。加工商进行贴牌生产，需要的就是品牌的声誉和消费者的认同。

（3）内部创业模式

内部创业是由一些有创业意向的企业员工发起，在企业的支持下承担企业内部某些业务内容或工作项目，进行创业并与企业分享成果的创业模式。这种创业方式不仅可以满足员工的创业欲望，同时也能激发企业内部活力，改善内部分配机制，是一种员工和企业双赢的管理制度。例如深圳华为集团为了解决机构庞大和老员工问题鼓励内部创业，将华为非核心业务与服务业务，如生产、公交、文印和餐饮等以内部创业方式社会化，先后成立了广州市鼎兴通讯技术有限公司，深圳市华创通公司等。这些内创公司依托华为强大的经济实力与市场占有率为其产品提供相关技术服务，同时也成就了企业内部优秀员工的创业梦。

相对于另立山头，自力更生的创业方式，内部创业在资金、设备、人才等各方面资源利用上的优势显而易见，由于创业者对于企业环境非常熟悉，在创业时一般不存在资金、管理和营销网络等方面的困扰，可以集中精力于新市场领域的开发与拓展。同时由于企业内部所提供的创业环境较为宽松，即使是创业失败，创业者所需承担的责任也小得多，从而大大减轻了他们的心理负担，相对成功的几率大了许多。从另一方面来说，建立企业的内部创业机制，不仅可以满足精英员工在更高层次上的“成就感”，留住优秀人才，同时也有利于企业采取多种经营方式，扩大市场领域，节约成本，延续企业的发展周期。

（4）特许经营模式

特许经营是21世纪主流的商业经营模式，作为一种经营方法，它可以向任何行业领域扩张。根据我国商务部的定义，特许经营是指通过签订合同，特许人将有权授予他人使用的商标、商号、经营模式等经营资源，授予被特许人使用；被特许人按照合同约定在统一经营体系下从事经营活动，并向特许人支付特许经营费。特许经营最早起源于美国，1851年Singer缝纫机公司为了推广其缝纫机业务，开始授予缝纫机的经销权，在美国各地设置加盟店，并撰写了第一份标准的特许经营合同书，在业界被公认为现代意义上的商业特许经营起源。

近年来，特许经营这种商业模式在国内受欢迎程度持续上升。特许经营，对小本加盟者而言，是风险低而容易管理的生意；对加盟者而言，以特许经营扩展业务，也能使公司规模及盈利在短时间内获得突破。值得注意的是，选择特许经营公司必须作艰苦的调查研究。虽然有法律的保护，但防止出现问题的最好战略是彻底地搜集资料。

（5）（移动）网络创业模式

互联网改变了人们的生活，同时也提供了全新的创业模式。智能终端设备和移动互联网的迅速发展吸引了越来越多的年轻人投身到创业中来，造成了网络创业一浪高过一浪的热潮，这也正反映了中国的网络创业事业的蓬勃发展和生机盎然。

【案例 1-5】

中国众筹网站的先行者——追梦网

追梦网是上海追梦网络科技有限公司旗下的类 kickstarter 众筹模式网站，是国内众筹网站的先行者之一。2011 年 4 月追梦网创始人组建团队，2011 年 9 月 20 日追梦网第一版正式上线，2012 年 9 月 25 日完成改版。上线以来，追梦网共上线音乐、电影、出版、人文、旅行等各种类型项目数十个，其中大部分项目成功，总筹资额达人民币 30 多万元。2011 年追梦网被评为 2011 年下半年互联网优秀创业企业。2012 年 11 月追梦网获得《创业家》杂志主办的全国权威性创业比赛黑马大赛冬季赛 30 强，进入年度总决赛并取得不错的成绩。追梦网创立的原因是相信创意改变世界，相信众筹是“连接个体与群体，匹配创意和资金”的绝佳方式。追梦网是对传统融资和赞助方式与渠道的补充，致力于用创新的众筹方式，让每一个有梦想的人，更加高效便捷地推广创意计划，为项目筹资。

资料来源：根据 http：//www. dreamore. com 整理。

【思考与讨论】

1. 创建众筹网站（平台）进行创业最近这几年在我国发展很快，也有很多争议，你认为其未来发展会如何？

2. 创建众筹网站是互联网创业的一种形式，请分析讨论互联网创业还有哪些模式。

（四）在家创业（SOHO）模式

SOHO，即 Small Office Home Office，家居办公，大多指那些专门的自由职业者：自由撰稿人、平面设计师、工艺品设计人员、艺术家、音乐创作人、产品销售员、广告制作人、服装设计师、商务代理人员等。SOHO 代表一种自由、弹性而新型的工作方式；能够按照自己的兴趣和爱好自由选择工作、不受时间和地点制约、不受发展空间限制；更重要的是反映在能否按照自己的兴趣和爱好去自由地选择工作，反映在所选择的工作是否有着极大的发展空间。虽然在家办公有很多优势，但不是所有人都适合这种生活。在家办公碰到的最大问题就是孤立感，特别是刚开始客户基础还没有很好建立起来的时候，因此，创业者克服孤立感的能力可能意味着能否成功。与此同时，SOHO 一族还面临着失去生活规律，工作与家庭融在一起，工作时间长以及打乱家庭生活等问题。

二、创业的一般过程

创业是以创造价值，形成实际生产力为出发点的综合经济活动，简单来讲，就是要创建一个新的企业或者发展一个新的经营模式。国外的学者对创业过程有深入的研究，建立了很多模型，其中蒂蒙斯创业过程模型是最有代表性的模型。

（一）蒂蒙斯创业过程模型

蒂蒙斯创业过程模型如图 1-1 所示。蒂蒙斯认为成功的创业活动，必须要能将机会、创业团队和资源三者做出最适当的搭配，并且也要能随着事业发展而做出动态的平衡。创业流程由机会所启动，在组成创业团队之后取得必要的资源，创业计划方能顺利开展。

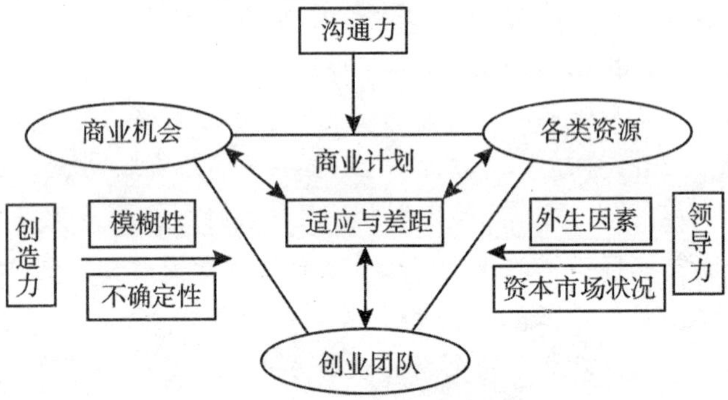

图 1-1　蒂蒙斯创业过程模型

蒂蒙斯认为在创业前期，机会的发掘与选择最为关键，创业初期的重点则在于团队的组成，当新事业顺利启动后，才会增加对于资源的需求。也就是说，蒂蒙斯的模型十分强调弹性与动态平衡，他认为创业活动随着时空变迁，机会、团队、资源等三项因素会因比重发生变化而产生失衡的现象。良好的创业管理要能及时地进行调整，掌握当时的活动重心，使创业活动重新获得平衡。

蒂蒙斯认为创业过程中，机会的模糊、市场的不确定性、资本市场的风险以及外在环境的变迁等，经常影响到创业活动，使得创业过程充满了风险。因此需要依靠创业者的领导、创造力与沟通能力来发掘问题，掌握关键要素，弹性调整机会、资源、团队三个层面的搭配组合，使得新事业能够顺利进行。

创业是一个高度动态的过程，其中机会、资源、创业团队是创业过程最重要的驱动因素：商业机会是创业过程的核心要素，创业的核心是发现和开发机会，并利用机会实施创业，因此，识别与评估市场机会是创业过程的起点，也是创业过程中一个具有关键意义的阶段；资源是创业过程的必要支持，为了合理利用和控制资源，创业者往往要竭力设计创意精巧、用资谨慎的战略，这种战略往往对新创企业极为重要；创业团队是新创企业的关键组织要素。蒂蒙斯认为，创业领导人和创业团队必备的基本素质有，较强的学习能力，能够自如地对付逆境，有正直、可行、诚实的品质，富有决心、恒心和创造力、领导能力、沟通能力，但最为重要的是团队要具有柔性，能够适应市场环境的变化。

蒂蒙斯模型的特点是，三个核心要素构成一个倒立的三角形，创业团队位于三角形的底部。在创业初始阶段，商业机会较大而资源较为缺乏，三角形将向左边倾斜；随着企业的发展，企业拥有较多的资源，但这时原有的商业机会可能变得相对有限，这就导致另一种不均衡。创业领导者及创业团队需要不断探求更大的商业机会，合理运用资源，使企业发展保持合适的平衡。这三者的不断调整，最终实现了动态均衡，这就是新创企业发展的实际过程。蒂蒙斯模型始终坚持三要素间的动态性、连续性和互动性。

（二）创业的一般过程

1. 决定成为创业者

人们成为创业者是为了成为自己的老板、实现自己的创意或财务回报。通常，一些机会使个人成为创业者。例如，公司职员失去了自己的工作，认为此时是个人创业的良好时机；或是得到了一笔财富，开始有资金创办自己的企业。生活方式变化也可能触发创业生涯。例如，几个大学生面临毕业，决定创建自己的企业；或是一位妇女在孩子入学之后开始着手自己的创业事业等。

2. 发现和评估市场机会

创业者初创企业的动力往往是发现了一个新的市场需求或者发现市场需求大于市场的供给能力，或者认为新产品能够开启新的市场需求。但是，这样的市场机会并非只有创业者自身认识到了，其他的竞争者也许同样准备加入这个行列。因此，并不是每个市场机会都需要付出行动去满足它，而是要评估这个机会所能带来的回报和风险，评估这个市场机会所创造的服务/产品生命周期，它能否支持企业长期获利，或者能够在适当的时候及时退出。所以创业者应开发成功的商业创意，包括机会识别、可行性分析、产业分析以及开发有效的商业模式。

3. 准备和撰写创业计划书

创业计划书是描述新创企业所有方面的书面文件。创业计划书是说服自己，更是说服投资者投资的重要文件。同时，创业计划书也将使创业者深入地分析目标市场的各种影响因素，并能够得到基本客观的认识和评价，使创业者在创业之前，能够对整个创业过程进行有效的把握，对市场机会的变化有所预警，从而降低进入新领域所面临的各种风险，提高创业成功的可能性。

4. 确定并获取创业所需要的各种资源

创业企业需要对创业资源区别对待，对于创业十分关键的资源要严格地控制使用，使其发挥最大价值。而且对于创业企业来说，掌握尽可能多的资源有益无害。当然还有一个问题是如何在适当的时机获得适当的所需资源。创业者应有效地组织交易，以最低的成本和最少的控制来获取所需的资源。

5. 将创意转化为创业企业

将理想变为现实的重要一步是企业要准备相关的法律依据，包括新企业起步后一系列早期的管理活动，包括新企业的注册、企业选址、人员招聘、新企业组织形式以及与企业经营活动相关的一些法律问题等。

6. 管理新创企业

从企业发展的生命周期来说，新创企业需要经过初创期、早期成长期、快速成长期和成熟期。在不同的阶段，企业的工作重心有所不同。因此创业者需要根据企业成长时期的不同来采取不同的管理方式和方法，以有效地控制企业成长，保持企业健康地发展。比如，在初创时期和早期成长期，创业者直接影响着创业企业的命运，在这一时期，集权的管理方式灵活而富有效率，而到快速成长期和成熟期，分权的管理方式才能使企业获得稳步的发展。

第三节 创业的社会经济意义

创业具有重要的社会经济意义，是促进社会经济协调和谐发展的有益实践，是时代发展的必然要求，创业不仅创造社会财富，推动经济增长，而且也是就业的前提和基础，是促进就业最积极、最有效的手段之一。

一、创业与经济增长

创业是促进经济增长、提高人均产出和形成新的社会结构及经济结构的重要动力。创业活动是以创新要素为基础的要素组合的经济活动，它对推动技术进步、技术创新和制度创新有着特殊的贡献。

有关资料统计，新创小企业对技术创新所做的人均贡献是大企业的3倍之多，若就高技术中小企业而言，则每位科技人员对技术创新所做的贡献就更大了。第二次世界大战以后，几十年的世界和平，使科学技术带动经济发展的作用日益强大，以科技的新发展创办企业，实现创新，造就了一大批高技术企业家，微软、英特尔就是其中成长为高技术大公司的杰出代表，同时支持这些大公司创新的，是千千万万个信息产业中的中小型公司。这些大公司的研究与开发，绝大多数是通过分合同方式由中小技术公司来承担的。这主要是因为大公司的研究与开发费用比小公司高得多；大公司往往以创业投资的形式支持众多小企业的创办，但约定将来可以收购小公司创业者的股权。

21世纪是知识经济时代，知识经济是以“知识为基础的经济”，在知识经济时代，创业是经济发展的主要动力。知识经济的基本特征是知识型企业的大量出现，并在经济活动中起着越来越重要的作用。知识经济使人类的社会生产、产业组织形式、企业的组织与运行方式都发生巨大变化。在知识经济时代，由于中小企业的作用加大了，创业成为经济运行中一种越来越重要的动力。面对瞬息万变的市场和不断变革的技术，许多企业常常因不能及时跟上技术和市场变化而失去活力，走向“衰老”，与此同时，通过创业而形成的中小企业乘机进入市场，广泛存在，其中的佼佼者由于创新有力、紧跟时代而成为成功的大企业。在知识经济条件下，计算机网络等通信手段更加发达，知识的生产、传播、转移加快，人们将更广泛、更及时地实现知识、信息、资源共享。因为信息流动性加大，整个社会交易成本降低，致使中小企业作用加大，创业更加容易，新创办企业将为社会经济活动提供大量的新鲜血液。创业成为知识经济时代技术创新的主要实现形式。

总之，创业推动经济发展的作用是非常明显的，不仅可以推动科技创新，推动新发明、新产品的出现，从而推动经济发展，而且创业对于市场体系的完善，市场竞争主体结构的合理化，企业创新能力的提高，企业核心竞争力的获得和强化等，都有着非常重要的作用。

【案例 1-6】

“滴滴打车”创业黑马狂飙①

今天搭乘出租车的乘客还有不用“滴滴打车”的吗？

“滴滴打车”的出现改变了传统的路边拦车的打车方式，利用移动互联网的特点，将线上与线下相融合，通过线上支付车费，建立起了移动互联网时代的用户出行方式。滴滴打车，从 2012 年 9 月创业至 2014 年 9 月，创立 24 个月，上线仅 18 个月，成长为估值 10 亿美元的公司，从新出行模式的开创者成为互联网打车领域的领头羊。滴滴打车创业团队是如何做到的呢？滴滴打车创业团队负责人程维这样说：

1. 创意的来源

当年我们团队从阿里离职，兄弟们想着要创业，那时候寻找了好多创业方向，有的听起来很靠谱，但是在实际论证或者前期实践中都发现走不通，就放弃了。我们的出发点是一定要做大产业，做大众主流刚性需求。2012 年各地市场上陆续出现一些 O2O 车队或者预约车类的创业项目，我们也在看，当时却并不看好，两年以前，出租车智能手机保有率不到 5%，程维说，除非每个司机都有台 iPhone，这事儿才能做起来；另外出租车是一个强管制的行业，我们也担心今后会受限于政策因素。这个 idea 几乎要被我们毙掉了……后来为什么要做这个事情？我们是基于两个判断：一是论证下来认为一定要做一个大众主流刚性需求的产品；二是陌陌的出现。我很感谢陌陌。那是 2012 年 2 月，陌陌刚有点儿苗头要火，我第一眼看到这个产品，就说这个事情靠谱，陌陌的出现使得基于距离的应用突飞猛进，陌陌是通过距离提升社交的效率，打车和距离远近的关系更大，对司机来说，500 米的活儿他就愿意去接，但是两公里他就懒得去了。受到陌陌启发，加之那段时间我在北京，打车非常痛苦，北京的冬天太冷，我曾经有过站在路边 45 分钟都没打到车的经历，觉得做基于地理位置的打车产品应该是靠谱的。

2. 处处碰壁的初创期

我们阿里出来的人执行速度非常快，有了这个初步的想法，团队一讨论也觉得兴奋，我们哥儿几个一共投了 80 万元进去，就卷起袖子准备干活儿了。别看滴滴打车现在很火，当时却处处碰壁，灰头土脸的。刚立项时我们就去见了 VC，一共见了中国大约 23 家以上的 VC 吧，几乎市场上能叫得上名字的 VC 全部都见了，由于项目太过于早期，而且产品没有上线，这个概念又很新，几乎找不到市场上对标的模式，没有一家 VC 要投资我们。那时候真的很惨。你知道我们的产品怎么做的？外包的。花多少钱？8 万元人民币，留下多少个 bug？30 多个！找出租车司机预装，司机说，“你们是来骗流量的吧？”我们演示的时候，总是揣两台手机，这个呼叫那个没响，这个手机又打不了电话……层出不穷的问题，很尴尬，于是我们的产品只能用于演示。

---

① 本案例根据多家网站资料综合改写。

当时我们对技术的认识还很粗浅，后来在这上面尝到了深刻教训，花了很大力气补足了技术力量。很快公司80万元花完了。和别的创业项目相比，我们省到了牙缝里，你能猜猜我们的广告费和工资怎么发的？所有的员工月薪5000元，只要来我这里就5000元，不来就走。我们控制成本也很紧，一个月投1万元，这个月这家投500元，如果没有效果，就那家投500元，就是这么抠预算的。

3. 火箭速度般地冲刺

关于商业模式的打磨，我们一开始就非常清晰，要做可以规模化上量的平台。险峰华兴和真格投资的聚美只创立了4年的时间就上市了，这在业界已经算是奇迹，可是移动互联网比互联网速度还要快5倍。互联网是飞机，移动互联网是火箭，要么一飞冲天，要么狠狠地摔下来，死得比谁都快。如果产品的量没直线上升，那就说明需求点找得不准，因为用户变迁是井喷式的东西。

做滴滴打车时，从第一天开始我们就有几个不碰的地方，第一是滴滴打车先不做硬件，有的媒体上说我们永远不碰硬件，实际上我们没说永远不做，只是先不做硬件，比如每台出租车上放一台pad或者智能终端。现在你们能看到每个司机有一台安卓手机，实际上两年前智能手机在司机中的普及率还很低，那时候我们在司机端的推广还是比较痛苦，一些O2O打车或租车类的公司在车上部署联网的pad，但是我们觉得太重，会影响规模化发展。未来某一天也说不准，至少现在没有做硬件的必要；第二，不做支付。大家都喜欢掌握交易环节，要把支付绑定起来，但是2012年的社会大环境中，移动支付还不普及，用户支付有障碍的话，也会影响规模化起量；第三，我们不做加价……滴滴打车做着做着，市场上就有了越来越多的竞争对手，我们这把刀要以最简单的方式冲到全国各地，任何锦上添花的东西我们都做不了，也先不做，要靠一个最简单的产品做到全国范围，这是在创业早期，对于我们来说最重要的事情。

我们做的很多业务都是平台业务，平台业务只有一个壁垒，就是规模，凡是影响规模的事情我们都不做。在这个市场上，要把规模做到极致，每天都要往前冲。时常要和竞争对手亮刺刀，刀刀见血。哪怕一个小小的疏忽，一两周的懈怠，很有可能就是失去一个区域。有一个细节是，我们当初抢司机时，所有的方法都用了，包括去出租公司宣讲、去各大火车站守着、去各大宾馆、去司机吃饭的地方和加油的地方，凡是能去的地方我们都去了，我们想知道哪种方法效率最高。

后来摸出来了，在火车站守着跟司机说："师傅你的手机拿过来，我们给你装好了。"我们做了一个小插件，带着电脑接一下就可以了。如果让自己下载肯定有很大的难度，这是对移动互联网使用率相当低的群体，我们得帮他们装app。后来，我们发现机场是最重要的战场，但是搞定这个战场却异常艰难。经过各种努力各种死磕，我们最后拿下了这个战略要地。我们开始在做滴滴打车时，第一版的产品体验很差劲，页面下面有导航、车流的提醒，很多乱七八糟的功能都挤在那儿。后来产品进行改版，坚持把语音做到极致。关于用机器音叫车，还是每个用户真实的声音，我们团队内部也进行了很多讨论。后来在司机中做调研，司机每天开车在路上，听久了机器音会觉得很乏味，有审美疲劳，但是如果让每个用户需要叫车的声音都放出来，订单的真实性立刻就上去了，司机们也能听到各种各样的声音，还有方言，他们觉得有趣和真实。我们有几个移动互联网产品的核心原则，一是仅仅抓住应急需求，消灭二级菜单、实现用户零等待；二是让所有的用户都要用起来方便；三是要把距离因素用到极致。产品属性抓清楚后，就按照这个逻辑去设计。第二个版本我们坚持了语音，后来我们开始做预约订单，你会看到下面有两个按钮，一个做即时订单，另一个是预约，就这两个按钮，简简单单，一目了然。

4. 在拼刺刀中成长

滴滴打车在飞速成长，市场上也有其他的打车应用在飞速成长，大家自然会碰到一起。各种竞争自然是免不了的，我们经历了区域战、价格战、融资战……每一场战斗都是拼刺刀，刀刀见血，但每一场竞争后，我们的团队都有成长，而且用户整体都被教育了。比如我们的价格战，持续了两个月，后来即便是取消补贴以后，现在的订单也是每天100多万份。这意味着在几个月时间内，我们的日订单从10万份，翻了10倍，用户已经养成了习惯。而可怕的是，市场渗透率也因为价格战，两个月就渗透完了！新的创业者很难再进入这个市场了。这为我们的市场奠定了非常好的基础。

【思考与讨论】

1. 你认为“滴滴打车”这样的创业对社会经济的意义是什么？它给我们的生活带来了什么？

2. 基于移动互联网的新型企业很多，这类企业将怎样改变经济结构？

二、创业与就业

就业是事关国计民生的大事，妥善解决就业和再就业问题事关重大。就业对于推动经济持续快速健康发展，保持国家的长治久安具有十分重要的意义。如果劳动者较长时间不能找到工作岗位，他们就会失去原本通过劳动可以获得的收入。如果失业者不能及时获得失业救济金或其他帮助，其生活就要受到威胁。即使失业救济金可弥补一部分劳动收入，他们的生活依然要受到影响，失业者及家庭的地位和声望也会因失业而下降，同时不利于他们的身心健康。如果不能妥善地解决就业和再就业问题，就会给社会稳定带来不利影响。

如果高校毕业生以所谓的“适应性”来抢占现成的就业岗位，路就会越走越窄；若改变就业思想观念，树立创业新理念，高校毕业生不再仅仅是求职者，而且成为工作岗位的创造者，毕业生的就业问题是可以缓和甚至可能得到彻底解决的。2000年1月1日，《个人独资企业法》正式实施。中国正在制造大量的老板、大量的百万富翁，也就是成功的企业家。创业是挡不住的诱惑。在创业投资这个对中国人还比较新的概念的影响下，一些大学开始允许高年级学生休学创业；研究所开始培养新世纪的百万富翁；资金实力雄厚的企业开始设立风险投资公司；有科研发明成果的科技工作者纷纷寻找投资者；国外风险投资公司也感觉到了中国的创业潜力……创业型就业是经济发展的主要动力和成功解决就业问题的重要手段。著名管理学家彼得·德鲁克分析了1965年到1984年间美国的就业结构，在此期间，美国年龄在16~65岁的人口从1.29亿增加到1.78亿，增加了38%；同期就业人数从7100万增加到1.03亿，增加了45%，“几乎所有的就业机会都是由中小企业创造的，并且几乎都是由创业型和革新型企业创造的。在此期间，原来作为主要就业提供者的政府和大企业，雇佣人数停止了增长并且减少”。彼得·德鲁克指出，创业是美国经济发展的主要动力之一，是美国就业政策成功的核心。

美国榜上有名的500家公司在20世纪80年代失去了大约300万个就业机会，20世纪90年代失去了100万个机会。大公司、大企业不再是增加就业的主体。相反，由于知识经济对个人的创造精神、开拓精神倍加欢迎，智力已成为个人获取财富的资本，知识创新、技术创新所带来的丰厚利润刺激个人创业者层出不穷，小企业的灵活性、开放性、创新性及吸引优秀人才的优势，为社会增加着无数的就业机会。

新一轮创业热潮正在席卷中国大地。从择业到创业，这是就业观念上的一个重大转变。走自我创业之路，从长远看这也是将来大学毕业生的一种重要选择。在一些经济发达的西方资本主义国家，很多大学毕业生从学校毕业后就直接走上独立创业之路。例如美国有“硅谷之父”之称的威廉·休莱特，在他母校斯坦福大学工学院的恩师特曼教授的鼓励下，一毕业就向银行贷款1000美元成立了惠普公司。世界首富比尔·盖茨，大学没读完就出来自己创业。“雅虎”的杨致远与费罗，读博士期间就在一辆学校的拖车里成立了自己的工作室，毕业后租了一套写字楼正式成立了自己的公司。诸如此类的例子还有很多，这说明并非每个人都非得先在别人的公司里打上十年八年的工，然后才能出来创业。尤其是在当今的知识经济时代和市场经济条件下，直接将“智本”转化为“资本”的可能性更是大大增加。

一分耕耘，一分收获。创业家的人生是收获的人生。创业家名利双收，收入远远超过打工皇帝。30岁之前拥有百万身价，非创业家莫属。更重要的是，还有自主创业的人生体验和自我实现的心境，这是打工永远所没有的。即使是失败了，也有更多的人生体验和感悟，这也是巨大的人生财富。“在美国，与打工族相比，自己当老板的人成为富翁的机会要多4倍！”这是对美国350万名百万富翁进行调查后，研究者得出的结果。拿高薪做打工贵族不算成功人士；创业家才是真正的成功者。这一点，美国人认识到了，中国人也同样知道。

三、创业与创业教育

知识经济是以不断创新的知识为主要基础发展起来的一种知识密集型和智慧型的经济，其核心在于创新。劳动者创新素质是经济发展的主要增长因素。创新、发明、设计以及创造性理念、学说等均以创造智慧为特征，并因之带来经济的可持续性和稳定性的发展及巨大的物质财富。所以说，在知识经济时代，培养创新人才不能不说是一项重要的人才发展战略目标。然而所有的创新均离不开教育对它的支撑。只有培养出与时代同步的具有创新意识和创新能力的高素质人才，创新才能落到实处。

创新是时代进步的要求，也是社会发展的需要。人的创造力固然与天赋有一定联系，但主要是后天培养和教育的结果。因此，从小培养和开发学生的创造能力成为教育尤其是基础教育的重要任务。创新教育由此提出，它要求我们在教育中贯彻创新这一思想，努力培养学生的创新意识、创新精神和创新能力。创新教育就是要把学生从传统教育的束缚和压抑中解放出来，恢复他们的天性，挖掘他们的创造性，使其学会自主学习和独立思考，并具有实际动手能力和创造精神。创新教育是对传统教育进行改革与改良，即在教育观念、教育体制、教学制度、教学内容、教学方法与手段等方面进行创新，创造一种反映时代精神的新型教育。

创造教育在于营造适宜产生创意的教学情境，探讨实施创造性教学的有效途径，研究创造性人才的特点，总结培养创造性人才的规律。创造教育的任务是：通过开展各种创造教学活动，激励创造精神，培养创造能力，塑造创造性的个性素质，点拨创造、创新、创业的机会，开发人人都具有的潜在创造力，造就大批创造性人才，孕育更多更新的原创性成果。

创业教育是在创造教育和创新教育的基础上着力培养学生的创业精神、创业技能和创业人格的教育。1999 年 6 月，在美国发表的一份研究报告显示，每 12 个美国人中就有一人期望创办自己的企业。在发达国家中，美国的这一比例最高。有 91% 的美国人认为，创办自己的企业是“一项令人尊敬的工作”。

创业活动推动了创业教育的发展。据不完全统计，目前全世界有 6000 多所大学至少开设有一门创业学方面的课程。在美国，至少开设一门创业学课程的商学院数目从 1985 年的 210 个上升到 1995 年的 351 个，到 1999 年则已达到 1100 个。2000 年开始，哈佛商学院将创业学课程列为 MBA 学生第一年的必修课，开设创业学课程的不仅有商学院，还有工程学院、护士学院艺术学院等。有些大学将创业学列为辅修课程，有的大学则已将创业学列为主修课程。许多本科生和研究生受过创业方面的正规教育。同时，高校创业计划竞赛也成为创业教育的有效载体，自 1983 年美国得州大学奥斯汀分校举办首届创业计划竞赛以来，美国已有麻省理工学院（MIT）、斯坦福大学等十多所大学每年举办这一竞赛，其中 MIT 的“5 万美金商业计划竞赛”已经有多年的历史，在创业教育实践中影响深远。

创业教育在欧洲也同样呈增长趋势。许多大学开设了创业学课程，许多大学从事创业学研究。还有一些大学的教师和学生加入创业实践中，并分享新创企业的经营利润。应当说，创业活动在我国也有着悠久的历史，但创业作为一个独立的领域在中国受到重视只是近十来年的事情。经过 30 多年的经济体制改革，在个人自主创业方面，近几年我国已经形成了比较宽松的体制环境、政策环境和法律环境。对于我国来说，创业活动的展开，不仅有利于促进经济的发展，也有利于自主自强和敢于承担风险等创业精神的培养和社会氛围的形成。当今中国，生机勃勃，新商业变革如火如荼，创业者迎来了最好的时代。

【案例 1-7】

外国人如何创业

1. 美国人：家庭经营渐吃香

33 岁的莉莎·杜勒斯是洛杉矶市的一位普通家庭妇女，几年前她因公司裁员失去了工作。以后通过职业介绍所到好几家公司接受面试，均未被录用。莉莎一度很苦恼，但有一天她突然想到：“为什么不自己聘自己？”于是她决定自己在家中进行创业。莉莎花了500美元进行经营注册，并投放了2万美元作为启动资金，开办了自己的家庭装潢公司，从老板到雇员实际只有她一个人——自己做自己的老板。

莉莎的业务项目包括安装窗帘、挑选家具、布置居室、设计环境等，简言之，只要是顾客提出的有关家庭装潢方面的要求，均在她的服务范围之内。为了把经营引向成功，莉莎交了一笔联营费之后获得了以"美国家庭装潢联营公司"的名义进行经营的资格，同时也加入了全美家庭装潢联营组织。在美国加入特许经营组织可以使用统一的标牌，统一的经营管理制度，统一的服务，扩大企业的形象和影响。正如莉莎自己所说："我们没有强大竞争对手那样的实力和条件，所以我们必须从特许组织中获得帮助和指导。"3年过去，莉莎的经营效益相当不错。

莉莎不过是目前美国3200多万户家庭企业主中的一个。近年来，随着美国经济的发展和失业压力的增加，许多人开始在家中注册开办一些产品加工类的服务经营，出现了一批新型的家庭特许经营企业。如今，这种家庭式企业在美国迅速崛起，美国劳工部统计，目前美国有40%的家庭在家中从事各种各样的经营活动；在美国所有的企业中，约有15%属于家庭经营企业。

2. 日本人：自由打工成时尚

近年来，日本年轻一代的就业形式出现重大变化，即"自由打工族"的数量急剧增加。"自由打工族"一词，是日本人自己创造的，专指那些不正式就业而临时工作的年轻人。现在，它已成为日本社会尽人皆知的流行词语，成为人们普遍关注的一种社会现象。

"自由打工族"中，也有各种不同的类型。有人由于一时就业困难，于是在一段时间内靠打短工生活作为一种职业的过渡；有些人"自由打工"的目的在于赚钱，以便交纳升学或出国留学所需的费用。但是"自由打工族"中的多数人则是在追寻自己的理想。他们基本确定了自己未来的目标，现在"自由打工"是为了积累业务经验，熟悉工作环境，建立人际网络，以待合适的时机实现自己的"梦"。在"自由打工族"中，高中毕业或大学毕业后未去公司就职的年轻人占大多数。他们认为，这样工作比较自由，能熟悉业务而又不受拘束，可以为自己未来的自由发展创造基础。

自由打工族近年数量大增，有着十分复杂的背景。20世纪90年代中期，日本经济进入产业结构调整时期，经历泡沫经济破裂之后的企业大多设法裁员，几乎很少雇佣新的员工。就业机会大为减少，是这种"自由打工族"数量增多的重要原因之一。由于产业结构调整，许多在职员工不得不纷纷离开公司，日本的"完全失业率"超过5%。在这样的情况下，刚刚走出校门的高中生和大学毕业生就业更趋困难，于是不少毕业生走上"自由打工"的道路。

不过，从另一方面看，年轻一代价值观念的变化是促成"自由打工族"增多的更重要的原因。20世纪50年代以来，日本形成了所谓"终生雇佣"的惯例，青年学生走出校门，进入公司，终身忠诚于公司，公司则实施长期雇佣的方针，将员工培养为稳定的劳动队伍。这曾经成为日本企业文化的重要特点之一。但是随着产业结构调整，新技术在就业方面的重要性增强，青年人可以凭借他们掌握的技术轻易跳槽，加上日本经济规模已基本稳定，“终身雇佣”成为企业的巨大负担，实际正在解体，不再成为青年一代认定的行为模式。青年人不再像自己的父辈那样“忠诚”于某个公司，而是将追求自己的理想作为实现人生价值的首选。有些“自由打工族”明确表示：“自由打工也好，做正式的公司职员也罢，我只是希望能够做我喜欢的工作。”调查表明，85%以上的“自由打工族”是出于自身的意愿走上这一道路的。

3. 加拿大人：自当老板创业忙

加拿大人的创业精神在发达国家中名列前茅，中小型企业在加拿大经济中扮演着重要角色，大大小小的企业老板是加拿大工作最辛苦的人。根据欧美一项跨国调查报告，加拿大是全世界国民投资创业比率最高的国家之一，平均每11个加拿大人中，就有一人开公司当老板。而且，加拿大人普遍尊重自谋生路、终日操心、事事亲历亲为的老板们。在加拿大有数百万个企业，中国人熟悉的北方电讯、宏利人寿保险、庞巴迪飞机制造公司一类的大型企业屈指可数，而百十人的中小企业占企业总数的90%以上。这些中小企业是加拿大就业市场的主力军，同时也是推动加拿大经济发展，增强加拿大国际竞争力的一支重要力量。在加拿大，25至45岁的人群自行创业的比率最高，八成以上的人认为，创业是一种值得推崇的精神。调查研究显示，对高等教育投资较多的国家，国民创业精神较强，创业人数也相对较多。

资料来源：车驾明．看外国人如何创业．企业导报，2003（10）.

【思考与讨论】

1. 以上介绍的这些国家的创业活动对我们有何启示？
2. 这些国家的创业活动与其创业教育有何关系？

本章小结

创业是指发现和捕捉机会并由此而创办企业提供新的产品或服务从而创造财富的过程，具有创造性、自主性、风险性和功利性的特征。创业是一个不断发展变化的过程，可以从不同角度对创业进行分类，根据创业主体的性质分为个人独立创业、企业内创业和公司附属创业。

依照创业对市场和个人的影响程度可以分为复制型创业、模仿型创业、安定型创业和冒险型创业等四种类型。依据创新层次的不同分类，可以分为基于产品创新而创立企业和基于运营模式创新而创业。创业的模式主要有四种，包括从零创业、购买现存公司、依附创业、在家创业模式。蒂蒙斯创业过程模型很好地描述了创业过程。

创业是促进经济增长、提高人均产出和形成新的社会结构和经济结构的重要动力，创业是解决就业问题的根本出路。创业教育是一种新的教育观念，不但体现了素质教育的内涵，而且更突出了教育创新和对学生实际能力的培养。

思 考 题

1. 你是如何理解创业和创业的特征的？
2. 创业和经济发展之间的关系是怎样的？
3. 如何理解创业和就业之间的关系？
4. 你如何看待在校大学生创业这一问题？
5. 开展创业教育有何意义？
6. 蒂蒙斯创业过程模型的含义是什么？
7. 蒂蒙斯创业过程模型对于指导创业有何意义？

第二章　成为创业者

【故事导读】

盖茨："我竭尽全力"

在美国西雅图的一所著名教堂里，有一位德高望重的牧师——戴尔·泰勒。有一天，他向教会学校一班的学生们讲了下面的故事：

有一年冬天，猎人带着猎狗去打猎。猎人一枪击中了一只兔子的后腿，受伤的兔子拼命地逃生，猎狗在其后穷追不舍。可是追了一阵子，兔子跑得越来越远了。猎狗知道实在追不上了，只好悻悻地回到猎人身边。猎人气急败坏地说："你真没用，连一只受伤的兔子都追不到！"

猎狗听了很不服气地辩解道："我已经尽力而为了呀！"

兔子带着枪伤成功逃生回家后，兄弟们都围过来惊讶地问它："那只猎狗很凶呀，你又带了伤，是怎么甩掉它的呢？"

兔子说："它是尽力而为，我是竭尽全力呀！它没追上我，最多挨一顿骂，而我若不竭尽全力地跑，可就没命了呀！"

泰勒牧师讲完故事之后，又向全班郑重其事地承诺：谁要是能背出《圣经·马太福音》中第五章到第七章的全部内容，他就邀请他去西雅图的"太空针"高塔餐厅参加免费聚餐会。

《圣经·马太福音》中第五章到第七章的全部内容有几万字，而且不押韵，背诵其全文无疑是许多学生梦寐以求的事情，但是几乎所有的人都浅尝辄止，望而却步了。

几天后，班上一个11岁的男孩，胸有成竹地站在泰勒牧师的面前，从头到尾按要求背了下来，竟然一字不落，没出一点差错，到了最后，简直成了声情并茂的朗诵。

泰勒牧师比别人更清楚，就是在成年的信徒中，能背诵这些篇幅的人也是罕见的，何况是一个孩子。泰勒牧师在赞叹男孩那惊人记忆力的同时，不禁好奇地问："你为什么能背下这么长的文字呢？"

男孩不假思索地回答："我竭尽全力。"

16年后，那个男孩成了世界著名软件公司的老板。他就是比尔·盖茨。

我们，身处于需要创业，需要无数创业者的时代！

创业者是发现和利用机会，创造新价值的个体或团队。创业的成功和创业者的个人素质是密不可分的。一个优秀的创业者应该具备良好的思想道德素质、心理素质和专业方面的能力；创业者应该以个人魅力来凝聚创业团队，激发团队成员自信心，进而在工作中取得更高绩效，实现创业目标。

第一节 创业者及其特征

创业者是创业的主体，既可以是一个单独的个体，也可以是一个团队；既是新创企业的意志主体，也是行为主体。所有的创业者都明白只有自己才是自己命运的主宰者。那种促使创业者成为自己梦想中的人物、得到在生活中想要得到的东西、实现努力争取的目标的力量就在自己体内沉睡、休眠，等待着召唤。创业者只要充分地调动这些潜能就能够改变自己的命运，那么创业者究竟需要什么样的素质才能够真正调动这些潜能呢？

一、创业者概述

早在1803年，萨伊就曾经说过："创业者能够将经济资源从生产力低的地方转移到生产力高、产出多的地方。"企业家（Entrepreneur）一词，最初就是用来称谓成功的创业者，含有承担风险之意。创业者指开发一种新产品或提供一种新服务、开发使用新技术或资源、引入新方法和开发出新市场创建企业的个人或团队。创业者创立企业并拥有企业的股份或权益，是企业的所有者；创业者承担企业的债权、债务，享受企业利润，承担企业风险；创业者雇佣别人劳动。创业者是那些视企业为自己生命并通过企业运作来实现自己人生目标的个人或团队。

创业者是企业的创建者。创业者常常被定义为那些自己创办新企业的人。创业是创业者依自己的想法及努力工作来建立一个新企业，包括新公司的成立、组织中新单位的成立以及提供新产品或新服务，以实现创业者的理想。

创业者是创新的策划者，实施者。德鲁克认为：企业家必须创造出一些新的、与众不同的事物，并能够创造"价值"。萨伊在200多年前为企业家下的定义是：企业家就是要标新立异，打破已有秩序、按新的要求重新组织企业的内部组织结构。这也正是熊彼特所言的：企业家的任务就是"创造性的破坏"。

创业者是个人命运的主宰者。每个人都希望主宰自己的命运，国外相关研究发现引发创业的心理动机有下述7项：希望得到个人发展、喜欢挑战、希望拥有更多自由、发挥个人专业知识与经验、不喜欢为他人工作、受到家庭或朋友影响和家庭传统的承袭。创业者一般具有强烈的成就欲、控制欲并且乐于承担风险。已有的许多调查研究也表明创业者创业的主要原因是选择自己热爱的行业、工作，不愿意受人支配和制约，不愿意按部就班地工作，喜欢自己决策，做自己想做的事。

可以从几种不同的角度对创业者分类。从在创业过程中所处的角色和所发挥的作用来看，创业者可以分为独立创业者、主导创业者和跟随创业者（参与创业者）三种类型；从创业的背景和动机来看，创业者基本上也可以分为生存型创业者、变现型创业者和主动型创业者三种类型。当然，还有一些其他的分类方法，如按创业者的人格特质、创业的内容、创业的主体等分类。

1. 独立创业者、主导创业者与跟随创业者

同为创业者也有不同的角色和地位，有人适合独立创业，如有一定的资金，有极强的独立性；有人不适合独立创业，如欠缺独立性、容易优柔寡断。有人适合合伙创业，如容易与人相处；有人不适合合伙创业，只适合独立创业，如该人能力很强，但不善于与人相处，听不进别人的意见。在合伙创业中，有人适合做主要领导人，有人只适合做参与创业者。

（1）独立创业者

独立创业者是指独自创业的创业者，即自己出资、自己管理。独立创业者的创业动机和实践受很多因素影响，如发现很好的商业机会，对工作具有专注的精神、独立性强，失去工作或找不到工作，对目前的工作缺乏兴趣，对循规蹈矩的工作模式和个人前途感到无望，受他人创业成功的影响等，从而激发了独立创业活动。

独立创业充满挑战和机遇，可以充分发挥创业者的想象力、创造力，自由展示创业者的主观能动性、聪明才智和创新能力；可以主宰自己的工作和生活，按照个人意愿追求自身价值，实现创业的理想和抱负。但是，独立创业的难度和风险较大，创业者可能会缺乏管理经验，或缺少资金、技术资源、社会资源、客户资源等，生存压力较大。

（2）主导创业者与跟随创业者

主导创业者与下面将要介绍的跟随创业者是连为一体的，即在一个创业团队中，带领创业的人，也就是团队的头即主导创业者，其他团队成员就是跟随创业者，也叫参与创业者。1976 年，时任台湾地区家族企业荣泰电子协理的施振荣因荣泰电子受家族关联企业财务的影响而不得不结束营业时，与林家和、黄少华等五人共同筹集了 100 万元新台币创立宏碁，其中施振荣和他太太占 50%，其余 5 人占 50%。施振荣为头，即是主导创业者；林家和、黄少华等创业团队成员即为参与创业者。

一个好的创业团队，应该是一个优势互补的团队，既要有善于技术开发的人，也要有擅长市场开拓的人；既要有善于日常运行管理的人，也要有擅长财务管理的人。在整个团队中，既要有主导创业者，也不能都是主导创业者；主导创业者只能有一个，参与创业者、跟随创业者可以有若干个，这样才能有效运作。

2. 生存型创业者、变现型创业者与主动型创业者

（1）生存型创业者

创业者大多为下岗工人、失去土地或由于种种原因不愿困守乡村的农民以及刚刚毕业找不到工作的大学生。这是中国数量最大的一拨创业人群。清华大学的调查报告说，这一类型的创业者占中国创业者总数的 90%。其中许多人是被逼上梁山，为了谋生混口饭吃。一般创业范围均局限于商业贸易，少量从事实业，也基本是小打小闹的加工业。当然也有因为机遇成长为大中型企业的，但数量极少，因为现在国内市场已经不像多年前刘永好兄弟、鲁冠球、南存辉他们那个创业时代，经济短缺，机制混乱，机遇遍地。如今这个时代，多的是每天一睁眼就满世界找钱的人，少的是赚钱的机会，用句俗话来说，就是狼多肉少，仅仅想依靠机遇成就大业早已经是不切实际的幻想了。

【案例 2-1】

35 元钱闯荡京城①

吕霞出生在湖南长沙，家有兄妹四人，她排老三。1990 年，她考上了湖南财会学校，可是她没去。当时哥哥、姐姐都在上大学，弟弟在念高中，母亲又失了业，一家六口就靠父亲微薄的工资生活，吕霞不忍心再加重家庭的负担，就到北京打工来了。下了火车，吕霞数了数兜里的钱，连毛票、硬币都算在一起，总共才 35 元。

到了北京，她开始走街串巷找工作。终于在北京政法学院找到了一份打字员的工作。那时还没有用电脑打字，打的是铅字，计件报酬，每张蜡纸是 1 块钱。就是加班加点，一个月也就 300 元。但是这对吕霞来说是有特殊意义的：她在北京待下来，并且找到了工作。

上大学一直是吕霞内心深处一个难解的情结，1991 年 5 月，她参加成人高考，被中国财政金融学院夜大录取。这年，她弟弟也考上了清华大学。四处筹措，学费总算到位了。她白天上班，晚上去听课，回来再加夜班打字。除了学习，生活只有一个内容：打字。打 2 张蜡纸，早餐就解决了；打 4 张蜡纸，午饭也有了；接下来就是晚饭钱、牙膏钱、手纸钱、学费、弟弟的零花钱……一天下来，吕霞手酸痛得连脱衣服都困难。

回忆起那段日子，吕霞说："也许就是这种艰难，使我在以后的生活中永远不会退缩。"1994 年，吕霞拿到了成人考试的大专文凭，她以为自己的苦日子熬到头了，谁知她的户口不在北京，干财务工作许多单位不放心也不敢用她。吕霞有些伤感，付出了这么多，拿到了文凭，依然没能改变自己的处境。

1994 年 12 月，一家文化艺术中心接纳了吕霞。吕霞的任务是拉赞助，拉来了就参加采编，采编完了就做节目主持，最后经理干脆把什么都交给她了。

1995 年 3 月，吕霞以北京广播电台主持人的身份去采访靳羽西。靳羽西对她说："美容业是一门美丽的人文事业，市场潜力非常大，用你的品牌、你的双手、你的智慧，把女人都打扮得漂漂亮亮，给她们一份自信和一颗滋润的心。"

靳羽西的话对吕霞启发很大。琢磨了几天后，吕霞辞职了。经理大惑不解："你干得好好的，为什么突然要走？"得知吕霞是想去开美容院以后，经理轻描淡写地笑了："一个外来妹，想当老板？"吕霞说："为什么不能？"她辞掉工作，来到珠海拜师学艺。那里的美容师只教手艺和操作，没有系统理论，费尽周折，吕霞向朋友借了一笔钱，办了一个去香港的通行证，在香港学习 3 个月美容。

回到北京，吕霞准备放手大干一场。无奈自己没有资金，她决定再打工，待积累了一笔资金后，就开美容院做老板。正在这时，刘晓庆化妆品有限公司成立，吕霞应聘成了销售部经理，工作任务是到各省、市去开展业务。在这两年里，从化妆品的研制、生产、开发到销售，吕霞都有了一定的了解，她的口才、胆量和见识也有了很大的提高。

跟在刘晓庆身边的那段时间，吕霞看到了一个做事业的女人是怎样一步一个脚印地走过来的。吕霞深受启发：成功没有捷径可走。两年后，吕霞获得了高级美容师和

① 根据新华网 http：//news. xinhuanet. com/finance/的有关资料整理。

主持老师的资格，那时，她整天就想自己开个店，平时走在街上也观察店铺，见了化妆品就问该产品的品种和效果，天天就像着了魔。1998 年 3 月，吕霞向刘晓庆提出辞职，打算自己开店。

2000 年，吕霞在海淀区紫竹院路的繁华地段开了自己的第一家美容院，她所有的积蓄只够交一个月的房租，她和丈夫四处借钱。亲戚和朋友议论纷纷，劝阻的多，支持的少。但吕霞自己有信心。

这年 12 月，霞轩仪美容院正式开业，店里有 4 张美容床、3 名技术过硬的美容师。但事情并没有吕霞想象的那么顺利，美容院开业一周后，没有一个客人登门。吕霞心急如焚，她想，这样下去只有坐以待毙，必须主动出击。

吕霞把纸条写成小广告，趁夜深人静时张贴到电线杆和立交桥上。当时正值冬天，夜里气温降到零下 8 摄氏度，边刷糨糊边结冰，手僵硬得像木棍，吕霞一遍又一遍地咬牙对自己说要挺住。白天，她和美容师坐在美容院门口，见人就问："美容吗？不满意不收钱。"

终于迎来了第一位客人，吕霞亲自动手给客人做，她十分满意。渐渐地，美容院有了名声，客人源源不断。几个月下来，生意红火得连吕霞自己也不敢相信，每个月的毛收入都达几十万元。

【思考与讨论】

1. 吕霞为什么创业？促使其下决心创业的关键因素是什么？

2. 美容院基本上属于传统的服务行业，即使在当时竞争也比较激烈，吕霞辞职去开美容院是否最好的选择？

（2）变现型创业者

变现型创业者就是过去在党、政、军、行政、事业单位掌握一定权力，或者在国企、民营企业当经理人期间积累了大量资源的人，在机会适当的时候，自己出来开公司办企业，实际是将过去的权力和市场关系变现，将无形资源变现为有形的货币。在 20 世纪 80 年代末至 90 年代中期，以前一类变现者为多，现在则以后一类变现者居多。

（3）主动型创业者

主动型创业者又可以分成两种情况：一种是盲动型创业者；另一种是冷静型创业者。前一种创业者大多极为自信，做事冲动。有人说，这种类型的创业者，大多同时是博彩爱好者，喜欢买彩票、喜欢赌，而不太喜欢检讨成功概率。这样的创业者很容易失败，但一旦成功，往往就是一番大事业。冷静型创业者是创业者中的精华，其特点是谋定而后动，不打无准备之仗，或是掌握资源，或是拥有技术，一旦行动，成功概率通常很高。还有一种奇怪类型的创业者，也应该属于主动型创业的一种特例。除了赚钱，他们没有什么明确的目标，就是喜欢创业，喜欢做老板的感觉。他们不计较自己能做什么，会做什么。可能今天在着这样一件事，明天又做着那样一件事，他们做的事情之间可以完全不相干。其中有一些人，甚至连对赚钱都没有明显的兴趣，也从来不考虑自己创业的成败得失。奇怪的是，这一类创业者中赚钱的并不少，创业失败的概率也并不比那些兢兢业业、勤勤恳恳的创业者高。而且，这一类创业者大多过得很快乐。

【案例 2-2】

丢下“铁饭碗”创业　家教超市赚百万①

7 年前，竺培军丢下“铁饭碗”开始创业，最初因为选错了创业项目，他欠下了 20 多万元的债务。第二次创业，竺培军选择家教服务，并因为有“1+1 家教”等特色服务项目，公司得以快速发展，如今他又涉足培训市场，公司年营业额达百万元。

1. 初次创业失败

竺培军在大学里学的是金融专业，毕业后到一家机关工作，捧起了让人羡慕的“铁饭碗”。但不安分的竺培军一直想自己创业，2000 年，他毅然辞职开始自己创业。

竺培军的第一次创业选择了饮料行业，他借来 2 万元钱，成了某果汁品牌宁波地区的总代理，主要面向一些宾馆和饭店销售。“我当时想宁波的宾馆饭店这么多，果汁的销售肯定没问题，现在想想，自己把事情想得太简单了，创业还是应该选自己熟悉的项目。这种果汁价位比较高，销售情况不是很好，再加上当时酒店和我们是每个月结账，资金量占用很大。”经营了一年多，竺培军不但没赚钱，因为要继续铺货，他又陆续投入了几万元，最后因为财务状况一直入不敷出，他不得不草草结束业务，总共欠了 20 多万元的债务。

2. 500 元起家做家教中介

竺培军不甘心就这样打退堂鼓，给别人打工 3 个月后，他手里积攒到了 500 多元钱，他准备用这笔钱从头开始。这次竺培军选择的是家教行业。“我在大学里就做过家教，这个行业自己比较熟悉，而且考察了市场后我发现，做这一行投入小，容易起步。”竺培军回到自己熟悉的母校，以每月 400 元的价格在学校招待所里租下一间房间，既当办公室又当住所，并把剩下的 100 多元用来印制家教报名表格和宣传单。因为没有电话，竺培军只有把招待所的公用电话当成了联系电话，然后把宣传单发到校园和附近的小区里。“第一个月就有 100 多个大学生来登记求职，报名找家教的家长也有几十个。”竺培军向求职的学生收取一定的中介费用，并承诺如果 1 个月内还没有为对方找到工作就退款。

3. 熬过困难期打出品牌

竺培军说家教行业是一个靠口碑生存的行业，客户的评价如何直接关系到成功与否。因为服务好，半年以后，找竺培军登记求职的大学生有 400 多名。随着业务不断扩大，竺培军在学校外租下了一间办公室，装上了独立电话，并注册成立了自己的公司。2002 年以后，宁波的家教中介机构开始增多，家教市场的竞争也越来越激烈。到了 2003 年非典时期，宁波的家教市场一下子萎缩了一大半，竺培军遇到了前所未有的困境。想着身上还背着不少债务，竺培军只得硬着头皮坚持营业，没想到反而有了意外的收获。因为当时宁波市区坚持营业的家教机构不多，不少家长和学生都主动

① 根据 http：//china. toocle. com 的有关资料整理。

找到竺培军，公司的业务竟然比非典前还要好。非典过后，宁波的家教机构又开始了快速扩张，而这时候竺培军已拥有了一批稳定的客户群，不必再为生存担忧了。

4. 开发特色家教项目

为了和其他同行展开差异化竞争，竺培军一直琢磨开展一些新的家教服务。我们通过总结发现，老师做家教和大学生做家教各有优势，老师教学经验丰富，容易发现孩子学习中的问题，教学效果好，而大学生做家教因为和孩子年龄差距小，更容易和孩子沟通，孩子一些不敢问老师的问题，却会对大学生提出来。

竺培军针对老师和大学生的特点，推出了“1+1 家教”服务，即由一名老师就孩子的薄弱环节进行授课辅导，课后再由一名大学生陪孩子做功课和复习，有针对性地解决孩子遇到的问题。此服务受到了不少家长的欢迎。随后竺培军又陆续推出了“家教保姆”、“艺术家教”等特色的家教服务，并打出了“家教超市”的宣传语。“虽然事实证明这些服务不一定都成功，但因为有针对性，能满足不同顾客的需求，效果还是很好的。”2005 年，大学生家教市场开始萎缩，竺培军于是从外省聘请来有教学经验的老师，成为公司的签约老师，开始尝试聘请职业家教老师。

2 年前，看到培训市场火爆，竺培军又和某知名培训学校合作，推出了从幼儿到成人的系列培训服务。经过几年的奋斗，如今竺培军已经还清了当初欠下的债务，公司的员工也从当年的 2 个人增加到了 20 多个人，年营业额达百万元。

【思考与讨论】

1. 请分析一下该创业者第一次创业时属于何种创业者类型？
2. 该创业者第二次创业为什么会取得成功？

创业者是社会财富的创造者。创业其实就是根据社会环境变化和社会的发展、时代的要求，通过满足社会和人们的需求为社会、他人创造财富。创业者通过自己的智慧，依靠复杂的组织管理和承担相应的风险，创造出满足人们需要的产品和劳务，增加了社会的财富。创业者所增加的社会财富在满足社会生产、生活的需要、减轻社会的负担以及加快国内经济同国际经济的融合等方面都发挥着重大的作用。

创业者是能从别人只看到混乱的地方发现机会的人。他们被喻为挑战自我、突破障碍的奥林匹克选手，漫长跑道中与痛苦做斗争的长跑运动员，使不同的演奏技巧和声音协调为一个融洽的整体的交响乐指挥家，不断提高速度和挑战胆量极限的一流飞行员。无论这种比喻有多么过分，创业者都是市场经济中的英雄，因为他们多多少少符合这些比喻。他们以惊人的步伐开创企业、创造新的工作。他们挑战未知的领域并不断创造未来。是什么催生了成功的创业者？优秀的创业者又应该具备什么样的素质？

二、创业者的特征

李嘉诚、霍英东、包玉刚、卡耐基、福特、希尔顿、比尔·盖茨和马云等人们熟知的超级巨富，是世界经济界叱咤风云的一代天骄。从我们中国近代工业开始的创业家如范旭东、侯德榜等老一辈创业家，到改革开放后的新一代创业家，如柳传志、王选、张朝阳等以及不能一一道出名字的创业家，他们出身不同，性格各异。他们的创业成功，固然不能否认天时、机遇和环境等诸多客观因素的作用，但在他们身上都具有一些创业家所具有的共同特征。

1. 富于冒险精神

新的生存方式、理想的生活方式就潜伏在日常生活中，只有具备探险的勇气才能发现它。创业是开创前所未有的事业，是去走前人没有走过的路，敢于冒险几乎是所有创业者共同的特征。很多创业者在创业的道路上，都有过“惊险一跳”的经历。这一跳成功了，功成名就，白日飞升。霍英东出身寒微，年少时做过六七种繁重的体力活，最后发现最适合他的工作是当老板，于是他开了一家杂货店。1945 年日本投降后，英文版《宪报》上刊登了不少拍卖战时剩余物资的通告。霍英东一眼就窥出其中的商机，用借来的 100 港元，一转手就赚了 2. 2 万港元，从身无分文一跃而成为小财主。为了改变生活境地，25 岁的霍英东抛妻别子，率领 100 多人冒险到人迹罕至的荒岛采集“海人草”。在荒岛上度过了半年非人的原始生活，在一次台风中还命悬一线。跟随霍英东远征东沙的第一支队伍因畏难畏险作了鸟兽散，第二次队伍同样因受不了那份苦中苦，半途而废，打道回府。然而，霍英东第三次拉起队伍，继续不屈不挠地开拓。这段历险，足以让霍英东将人世间的一切苦难视为小菜一碟。后来霍英东闯入地产界，他率先利用宣传小册子及广告推销自己的楼宇，并天才般地首创了分层分单元出售楼宇及预售楼花的经营方法，催发了整个香港地产业的勃兴，而地产业的勃兴又带动了整个香港经济的腾飞。霍英东有句名言：我一向喜欢接受挑战，最艰苦的事情，我一定要做好。

2. 具有强烈的控制欲和成就欲

创业者需要具备并保持旺盛的斗志和充沛的精力以克服自身的惰性、迎接各种挑战。自己能否保持旺盛的斗志和充沛的精力是准备创业的人们所必须考虑的问题。在准备创业初期，你可能有稳定的工作、融洽的人际关系、温暖的家庭和甜蜜的爱情，然而一旦你开始创业这一切都将成为甜美的回忆。在创业的初期从准备创业开始，创业者就必须调查研究、决策和协调各方面的关系，为创业以及随后的企业管理耗费精力。这就要求创业者必须有很强的创业欲望，这个欲望可以是对成功的渴望、对自由的渴望；也可以是对自我实现的渴求，只有强烈的创业欲望才能给创业者以动力，促使创业者在受到挫折时能够保持旺盛的斗志。只有控制了自己的欲望才能在创业阶段不为各种诱惑所驱使，才能够一往无前、艰苦奋斗，开创出自己的基业。

创业者往往是喜欢按自己的方式做事的特立独行的人，这种人很难循规蹈矩地按别人的指令做事。渴望独立，也就是做自己的领导，通常被认为是一个创业者最强烈的心理需求之一。而对成就感的需求，一方面指的是一个人需要被社会承认，另一方面指一个人希望自我实现。单纯追求个人成就感的创业者常常面临个人成就和组织成功之间的矛盾。

3. 充满自信

信心是心灵的化学师。当信心和意识相结合时，潜意识会立即接受那股震波，并将之化为对等的精神力量，给创业者提供巨大的精神力量。但是企业家并不是天才，总有人在某一方面或某些方面比他们强。但企业家往往拥有比常人更强的自信，这让他们能克服重重困难。有记者问张朝阳，你在 IT 产业的成功，让中国的年轻人看到了从一无所有到拥有巨额财富的梦想的活生生的范例。当年，你能说服美国风险投资家把美金押在你这样一个无名小卒身上，你认为是你身上的什么样的特质打动了他们？张朝阳回答道："自信，我对自己的成功有坚定的信念，使他们也对我产生了信任。"自信对创业者至关重要，特别是创业初期，困难重重，当你的信念就要崩溃的时候，一定要告诉自己，再坚持一下。成功常常就在这"再坚持一下"。

4. 具有坚强的意志

在追求财富的过程中没有平坦的大道，只有不畏艰辛、意志坚定的人才能达到光辉的顶点。创业是一个创造的过程，在创业的创造活动中，不单纯是创造性构思，更重要的是创造性的实践。因此，创业的成功需要坚忍不拔的意志、顽强的毅力、执著的精神和忘我的热情。霍奇逊（L. Hudson）认为："如果一个人拥有掌握某个知识领域所需要的起码智力，那么他会在该领域创造地工作，若还是平平常常，起决定作用的将是非智力因素。"

吉他英雄（Guitar Hero）是流行的系列音乐视频游戏。为了玩吉他英雄游戏，人们都要拿着一个吉他外形的塑料控制器来模拟吉他弹奏，当屏幕上出现颜色提示时，就相应地按动控制器上的按钮。这款系列游戏已卖出 2100 万份，销售额超过 10 亿美元。尽管吉他英雄由 Redoctane 和 Activision 两家大型视频游戏公司共同发布，但它却是由小企业哈马尼音乐系统公司（Harmonix Music System）开发出来的。哈马尼公司创建于 1995 年，公司的创建者来自麻省理工学院的媒体实验室。他们创立哈马尼音乐系统公司，希望帮助非音乐专业人士体验弹奏音乐的乐趣。在吉他英雄之前，公司制作出 8 款视频游戏，只获得部分成功。吉他英雄是哈马尼音乐系统公司的第 9 款游戏，在公司创立 10 年后才开发出来。最终，哈马尼音乐系统公司被 MTV 网（MTV Network）以 1. 75 亿美元收购。哈马尼音乐系统公司到底发生了什么，使得它的创建者能潜心研究 10 年，直到产品面世？那时，企业既没有令人称奇的产品，也不能产出多少利润。然而，该家公司拥有具备坚定愿景的创业者以及坚持不懈直到实现的坚韧精神。

5. 具有战略眼光

没有远见的人只能看眼前的、摸得着的手边的东西；相反具有战略眼光的人心目中装着整个世界。创业者要想成就大事业，就必须用战略性的眼光来思考问题。和许多企业一样，微软因一个创意而诞生。但与众不同的是，这个创意更多的是对未来的洞察。到 20 世纪 70 年代中期，很多办公室人员尚不知电脑为何物，更不用说电脑进入家庭了。比尔·盖茨有这样一种远大的理想和战略性的眼光：每张书桌上会有电脑，每个家庭会有电脑，而每台电脑都用微软产品。1975 年，19 岁的比尔·盖茨和他的朋友保罗·艾伦创建了微软公司。他们预见："电子革命已经来临，它具有极强的冲击力。伴随这场革命，在如何工作、如何娱乐、如何相互影响、甚至如何思考方面都会产生巨大的变革。"

第二节 创业者素质

创业者是创业的核心，是创业成功的关键。大多数研究表明创业需要具备适合创业的综合素质。创业者的优秀素质，犹如航海中的灯塔一样，能够给企业带来希望，带来向心力和凝聚力，从而带领企业披荆斩棘，不断地超越自我，走向辉煌。

一、创业者素质概述

素质是指人的思想与行动的潜在要素和势能，素质的外在化就表现为各种认识世界与改造世界的能力。应该说完成一项较复杂的工作，需要具备高的综合素质，而对于创业而言，更是如此。由于创业者是创新的实施者、生产要素的组织者和重新组合者、新市场的开拓者和企业的经营管理者，对创业者的素质要求也随着社会经济的发展而不断提高，有关创业者素质的研究发展很快。百森学院企业管理研究中心主任、著名管理学专家威廉·D. 拜格雷夫将企业家的行为特征归纳为十个方面。

- Dream（梦想）：创业者对他们自己及其公司的未来具有眼光，强烈地梦想成功。
- Decisiveness（果断）：不因循拖拉，而是决策敏捷，这是成功的关键。
- Doers（实干）：一旦决定某个行动，总是尽快实行。
- Determination（决心）：全身心投入事业，极少半途而废，即使面对似乎难以逾越的障碍也是如此。
- Dedication（奉献）：献身于事业，工作起来干劲十足不知疲倦，创业时一天工作12 小时，一周工作 7 天是常见的。
- Devotion（热爱）：热爱自己的事业、产品或服务。
- Details（周详）：仔细周详地计划和管理创业的事务。
- Destiny（命运）：把握自己的命运。
- Dollar（金钱）：致富并非初衷，但财富是衡量创业成功的重要尺度之一。如取得成功，就应得到相应的回报。
- Distribution（分享）：与自己的雇员分享企业所有权，因为员工是新公司成功的关键。

美国的一个研究机构对数千名创业成功者与最高层管理人员的调查结果显示，创业者最重要的 20 项素质与能力按重要程度排列的顺序如表 2-1 所示。

表 2-1 **创业者最重要的 20 项素质与能力**

排序	素质与能力内容	排序	素质与能力内容
1	财务管理经验与能力	11	行业与技术知识
2	沟通与人际关系能力	12	领导与管理能力
3	激励下属的能力	13	对下属的培养与选择能力
4	远见与洞察力	14	与重要客户建立关系的能力
5	自我激励与自我突破能力	15	创造性
6	决策与计划能力	16	组织能力
7	市场营销能力	17	向下级授权的能力
8	建立各种关系的能力	18	个人适应能力
9	人事管理的能力	19	工作效率与时间管理水平
10	建设良好的企业文化的能力	20	技术发展趋势预测能力

美国的唐多曼在《事业革命》一书中提出了创业者的5种人格特征：愿意冒风险；能分辨出好的商业点子；决心和信心；壮士断腕的勇气；愿意为成功延长工作时间。

美国国家创业指导基金会（NFTE）的创办者史蒂夫·马若堤在他的著作《青年创业指南：建立和经营自己的企业》中指出：创业素质可以培养，其中12种素质是创业者需具备的，即：（1）适应能力——应付新情况的能力，并能创造性地找到解决问题的方法；（2）竞争性——愿意与其他人相互竞争，具有竞争意识；（3）自信——相信自己能做计划中的事；（4）纪律——专注并坚持计划原则的能力；（5）动力——有努力工作实现个人目标的渴望；（6）诚实——讲实话并以诚待人；（7）组织——有能力安排好自己的生活，并使任务和信息条理化；（8）毅力——拒绝放弃，愿意明确目标，并努力实现，哪怕有障碍，也能坚决克服，最终达到目标；（9）说服力——劝服别人明白你的观点并使他们对你的观点感兴趣；（10）冒险——敢于挑战别人不敢挑战的事情，有勇气使自己面对失败；（11）理解——有倾听别人的声音并准确理解别人观点的能力；（12）视野——能够在努力工作实现目标时，看清最终目标并知道努力方向。

二、创业者素质：创业精神

创业是一项艰苦、复杂的系统工程，这就要求创业者具备一些较常人更高的素质。创业精神既是创业的动力源泉，也是创业的精神支柱，更是成功创业的前提。一般来说，没有创业精神就不会有创业行动，也就无从谈起创业。即便有创业，也往往是浅尝辄止，半途而废，因为创业的道路不会是一帆风顺的，总是充满困难和荆棘，需要强大的创业精神支撑。因此，顽强的创业精神对于成功创业至关重要。

（一）强烈的自我实现欲

马斯洛需求层次理论认为人的需求分为五个层次，第一层是“生存”，即满足最基本的生活条件；第二层是“安全”，包括社会治安、家庭安全、医疗保健、社会福利等；第三层是“社会尊重”，包括社会地位、面子，其他人对你的看法等，第四层次是“自尊”，即自信、自爱、自强，此时人们重新开始认识自己，并努力改变自己、完善自己；第五层，是最高层次的“自我实现”，即从认识自己升华到实现自己的人生价值，使自己能够融合到社会中成为对社会有贡献的一分子。日本著名经济学家清成忠男曾对八十多位企业家进行过调查，发现他们所有人的创业动机都是强烈的自我实现欲。一个真正的创业者一定具有强烈的改变现实处境的自我实现欲望。他们想拥有财富，想出人头地，想获得社会地位，想得到别人的尊重。创业者的这种自我实现欲望往往超出他们的现实，需要踮起脚才能够得着，有的时候需要跳起来才能够得着，往往需要打破他们现在的立足点，打破眼前的樊笼，才能够实现。强烈的自我实现欲是创业者的精神支柱，自我存在、自我意识、自我实现是成为创业者的首要因素，因为不甘心默默无闻和满足于现状而创业、行动、成功，这是大多数白手起家的创业者走过的共同道路。

【案例 2-3】

丝宝集团的梁亮胜①

丝宝集团的梁亮胜现在很有名，上了《福布斯》中国富豪榜，但寻究当年，梁亮胜也不过是一个打工仔。1982 年，梁亮胜带着他的太太，和所在内地工厂的其他 40 多名青工一道被派往香港工作。当时梁亮胜一家在香港只有四五平方米的住房。那时，他的梦想就是想有个楼花。但即使是在这样艰苦的条件下，他还是每天晚上坚持去上学。在香港的 3 年时间里，他系统学习了航运、英语、国际贸易和经济管理等课程。后来梁亮胜依靠做国际贸易，向国内贩卖檀香木材淘到了第一桶金，再后来，就办起了丝宝集团，出品舒蕾、风影洗发水等。现在梁亮胜站在成功者的角度说："回头来看，一起到香港的 40 多人现在都还在工厂里做工，因为他们满足现状，觉得现在做工比原来在国内做工好多了。"只有他觉得自己可以做得更好，赚更多的钱，过更好的生活，他要给自己当老板，做自己的主人。而原来一起随他到香港做工的 40 多个工友，却没有他这样的欲望，所以他们 20 年前给别人做工友，20 年后仍然只能给别人做工友，为别人赚钱。

【思考与讨论】

和梁亮胜当年一起去香港打工的工友有些后来下岗，生活很艰难，但梁亮胜却创业成功，原因很多，但其中的关键因素是什么？

在成功的企业家身上有一种本能，一种冲动，一种超乎寻常的自我意识，一旦环境允许，条件具备，他们就会体现出来。世界上许多大的企业家有一个从追求外在财富动机向追求社会责任和成就感的内在动机转化的过程。当年比尔·盖茨念大学时，当艾伦把一本《大众电子学》放在他面前时，一种自我意识与自我冲动，使得他放下了多少人可望不可即的哈佛学业，走上世界首富之路。而当他身价亿万时，他自己都著文称：现在赚多少钱对我已没有任何意义。

（二）自信执著

自信是一个人对自身的一切以及自己所从事的活动与事业深信不疑的性格特征，是一个人对自我价值的表达，是一个人对自身力量的认识和充分估计，坚信自己能完成任务、达到目标，如平常所说的，"我有把握"、"我能解决这个问题"等，都是一个人自信心的表现。自信是获得成功的必备素质，自信是克服困难，抵抗挫折的巨大精神支柱和实现创业理想的动力源泉。我国西汉刘安说"自信者，不可以诽誉迁也"，美国马尔腾说"自信是比金钱、努力、家庭、亲友更有效的条件，它是人生可靠的资本，能使人努力克服困难、排除障碍，去争取胜利，对于事业的成功，它比什么都更有效"。创业者的自信心对于创业成功是非常必要的，创业的过程是一个很艰辛的过程，好比越过险峻的高山，渡过茫茫的大海，而自信心就是登山的云梯，渡水的飞舟。只有自信，才能自强不息，才能使

① 中国咨询策划网，http：//www. d1588. com/2005-7/200572390820. asp.

创业者为自己的理想而努力奋斗；只有自信，才能使创业者在艰苦的事业中保持必胜的信念，才能使创业者有勇气前进。

创业者的自信心有利于创业者根据自己的能力水平，制定出经过一定的努力即可以实现的目标，使创业者对自己的能力有比较准确的估计。较强自信心的人从不盲目地相信自己的力量，而是把自信建立在对自己能力水平的正确估计上。自信心能使人喜欢完成有一定难度的工作。自信心能使人喜欢探索新的东西，对有一定难度的工作尤其喜欢，而不愿轻易地去做那些不需要付出多大精力即可完成的工作。自信心使人绝不满足于已有的成绩，而是会去追求更大的成功。自信心使人有用不完的精力，总是显示出朝气蓬勃、乐观向上、精力充沛的姿态，在必要的时候能使人不知疲倦地工作。创业者无论是自己内心，还是在投资者、创业伙伴、下属以及公众面前，都必须有足够的自信，否则风险投资者就不会投资，创业团队就会丧失信心，下属会因为看不到成功的希望而跳槽或消极怠工，社会公众也会对其产品产生怀疑。成功的创业者普遍具有很强的自信心，他们遇到困难不悲观，遇到麻烦不急躁，沉着冷静。

（三）敢于冒险

创业本身就是一项冒险活动。要有胆量，敢下注，想赢也敢输，创业是最需要强大心理承受能力的一项活动。有一个学历很低的复转军人下海创业，创业成功以后说出了如下的肺腑之言：一个人创业的成功取决于三商，即我们平时所讲的智商、情商和胆商。但是，一个真正的人才，他的三商重要性应该这样排列：胆商第一，情商第二，智商第三。很多创业者在创业的道路上，都有过“惊险一跳”的经历。这一跳成功了，功成名就，白日飞升。

创业需要胆量，需要冒险。冒险精神是创业家精神的一个重要组成部分，机遇与风险总是相伴而行，创业总是具有一定的风险，对于创业者来讲，敢于冒险就意味着有可能把握机遇。当一个机会突然出现的时候，风险肯定也随之而来，只有敢于冒险才能果断地抓住机会，这种特质在转折时刻至关重要。创业家都需要承担一定风险，只有具有了风险意识，才能够在创业初始就合理地规避风险，并把握创业过程中的核心要素管理；也只有具有一定的风险意识，才能够使新产品、新技术或新的服务走向市场，才能够历经艰难的创业过程而迅速成长，走向创业成功。

【案例 2-4】

敢冒险才让我有了今天①

王传福，从不名一文的农家子弟到身家亿万的集团公司总裁，从 26 岁的国家级高级工程师、副教授到饮誉全球的“电池大王”，这位年仅 37 岁的商界奇才用自己的智慧、精练和汗水书写了青年创业的神话。被摩托罗拉首席执行官克里斯托夫称为“制造中国传奇的小伙子”的王传福在忆及创业之初时总结经验：“最关键的还是要有冒险精神。”

① 根据 http：//www. aotujing. com 的相关资料改写。

1966年，王传福出生在安徽无为县一户寻常的农家。1987年，21岁的王传福从中南工业大学冶金物理化学系毕业进入北京有色金属研究院。在研究生期间，他更加刻苦，把全部精力投入电池研究中。仅仅5年，26岁的王传福就被破格委以研究院301室副主任的重任。1993年，研究院在深圳成立比格电池有限公司，因为和王传福的研究领域密切相关，他顺理成章成为公司总经理。南下“主政”的王传福是兴奋的，当时，国内电池产业随着移动电话的“井喷”方兴未艾，一部普通“大哥大”动辄数万元，一块电池卖到数百元。敏锐的王传福心动眼热，准备大干一场。1995年2月，试水3年但成效甚微的王传福决定辞职单干。向表哥吕向阳借了250万元后，他领着20个人在深圳莲塘的旧车间敲敲打打，成立了日后风光无限的比亚迪科技有限公司。成立一个公司是容易的，生产一个产品也不难，难的是决定生产什么和怎样生产，这时候就需要冒险，而作为创业家，战略眼光和开放思维才是冒险的资本。回过头来看，20世纪90年代中期，日本充电电池一统天下，国内的厂家多是买来电芯做组装，利润少，几乎没有竞争力。但王传福从一开始就把目光投向技术含量最高利润也最丰厚的电芯生产，1993年，王传福从国际电池行业动态中得知，日本宣布将不再生产镍镉电池，这将引发镍镉电池生产基地的国际大转移。他立即意识到这是中国电池企业的一个黄金机会，决定马上生产镍镉电池。对于动辄千万元的生产线，王传福只能望而兴叹，天无绝人之路，他干脆凭借技术，自己动手做关键设备，然后把生产线分解成一个个可以人工完成的工序，这种半自动化半人工化生产线所具备的成本优势成为他日后商战无往不利的“尚方宝剑”。比亚迪公司很快打开了低端市场。成立公司的当年，他成功卖出了3000万块镍镉电池。

【思考与讨论】

王传福敢于冒险的精神体现在哪些行动上？

（四）顽强坚定

世界上没有任何一件事，在没有做之前就能肯定是百分之百的成功。成功的人与失败的人只有一个区别：是否能够做到顽强和执著。顽强和执著，是行动的基础，是一个人走向成功的非常重要的心理素质。一个人只有心里充满必胜的信念，对自己所从事的事业确信无疑，并且有坚忍不拔的意志力，他才可能迈出坚定的步伐，产生克服困难的力量与智慧，想出解决问题的方法和对策，赢得他人的信赖和支持，最后达到目标。顽强执著的精神是一个人最珍贵的心理品质，是应对厄运、克服困难、谋求生存、维系生命、成就事业的最关键因素，是克服困难改变命运的锐利武器，是人的精神支柱。奥斯特洛夫斯基说：“人的生命如洪水奔流，如不遇到岛屿和暗礁，难以激起美丽的浪花。”要真正做到从险中得安、愁中见喜、苦中取乐、惊中见奇，达到如此意境，就需要顽强的品质和乐观的精神。

执著的创业者个性坚定，做任何事都非常有毅力，坚忍不拔，有无比的耐性和持久性，执著能够产生创办企业的激情。创业的道路充满坎坷，无论是面对成功还是失败，创业者都必须有执著和坚忍不拔的品格。纵观每个成功企业的创业史，都是在创业者的领导下，经历了一次次的失败后建立起来的。美国篮球明星乔丹说过“我可以面对失败，但我无法面对放弃”。在失败面前创业者要坚忍不拔、矢志如一，在成功时创业者也要坚忍不拔、矢志如一。这一条规则为许多创业者及大公司的领导者所忽略。“失败乃成功之母”，善于汲取失败的教训是不少创业者能够做到的，但如何在成功面前保持清醒的头脑，如何坚定不移地不断开创新的局面，是成就大业的创业者需要重点考虑的问题。

对于一个创业团队，顽强与坚韧的精神就是团队作战的最锐利的武器。世界上没有一个公司的崛起、一个团队的成功可以离开顽强与坚韧的精神。一个创业团队的领导者，必须具有昂扬的斗志和战斗的激情，抱定必胜的信心。最重要的还要有顽强和坚韧的精神，并用这种精神感染团队的每一个成员，这才是确保团队生存和胜利的根本。如果一个人对自己正在进行的工作充满怀疑，那么他就不会全身心地投入工作，不能以坚忍的意志和顽强的精神贯穿始终，遇到困难马上退缩，这样他所做的工作就会前功尽弃、半途而废。创业者的顽强和坚韧，就像一面旗帜。有旗帜在前面引导，团队成员就会有明确的战斗方向，奋勇向前。若没有旗帜指导的话，这个团队就会像一盘散沙，没有前进的方向，没有凝聚力，很容易被对手击败。

三、创业者素质：创业能力

创业精神是创业行动的动力之源，然而要想创业成功，仅凭顽强的创业精神远远不够，还需要有充分的创业能力。创业能力是创业的武器，是创业成功的保证。创业能力主要包括敏锐的洞察力、创造性思维、开阔的眼界、把握趋势的能力、利用资源的能力、谋略策划的能力、领导管理能力、反省学习的能力等八个方面。

（一）敏锐的洞察力

洞察力是从事某一专业活动所要具备的对事物观察得清楚明白的特殊判断能力。洞察力对创造、创新和创业非同小可。创业的机会很多，但是奇迹都隐藏在平凡之中。判断一个创业项目的市场价值、一项新技术的应用前景、一个市场的开发潜力，都需要创业者具有敏锐的洞察力。在日常生活中，常常会发生各种各样的事，有些事使人大吃一惊，有些事则平淡无奇。一般而言，使人大吃一惊的事会使人倍加关注，而平淡无奇的事往往不被人所注意，但它却可能有更加重要的意义。一个有敏锐观察力的人，能够看到不奇之奇。这种敏感从哪里来的呢？基础性因素，是来自商业历练中经验的积累，并由这种积累而产生的识别商业价值的眼光。直接因素，是创业的想法长期萦绕在心头而形成的一种意识，这种意识在偶然中与某事情、现象、因素发生碰撞就会产生思维的火花。某创业者发现在朋友圈子里，总有那么几个哥们，歌唱得堪称专业水平，于是一拿着话筒就不松手，有的还声称要出自己的“专辑”。为什么不能为喜欢唱歌的人留下自己的歌声呢？于是，利用闲聊的机会，该创业者有意无意地问了一些喜欢唱歌的朋友：进棚子练练歌怎么样？调查下来，他心理有了谱，于是做起了制作个人演唱专辑的生意：租录音棚，请调音师，刻录，摄制，请美工设计专辑封套。一切做得有模有样，大大满足了那些想过过歌星瘾的人们的心理。随着名气渐渐传了出去，他还增加了为顾客制作个人 MTV 短片的业务，生意自成一格地发展了起来。

【案例 2-5】

一言 8 亿①

潘石屹，一位被看做当今中国最活跃、最具有鲜明个性的房地产领袖之一。他与妻子张欣在 1995 年共同创立的 SOHO 中国有限公司已经成为北京最大的房地产开发商。

1992 年，潘石屹还在海南万通集团任财务部经理。万通集团由冯仑、王功权等人于 1991 年在海南创立。冯仑、王功权都曾在南德集团做过事，当年都是“中国首富”牟其中的手下谋士。万通成立的头两年，通过在海南炒楼赚了不少钱。1992 年，随着海南楼市泡沫的破灭，冯仑等人决定将万通移师北京，派潘石屹打前锋。

潘石屹奉冯仑的将令，带着 5 万元差旅费来到了北京。这天，他在怀柔县政府食堂吃饭，听旁边吃饭的人说北京市给了怀柔四个定向募集资金的股份制公司指标，但没人愿意做。在深圳待过的潘石屹知道指标就是钱，他不动声色地跟怀柔县体改办主任边吃边聊：“我们来做一个行不行?”体改办主任说：“好哇，可是现在来不及了，要准备 6 份材料，下星期就报上去。”

潘石屹立即将这个信息告诉了冯仑，冯仑马上让他找北京市体改委的一位负责人。这位领导说：“这是件好事，你们愿意做就是积极支持改革，可以给你们宽限几天。”做定向募集资金的股份制公司，按要求需要找两个“中”字头的发起单位。通过各种关系，潘石屹最后找到中国工程学会联合会和中国煤炭科学研究院作为发起单位。万事俱备，潘石屹用刚刚买的一部 4 万元的手机打电话问冯仑：“准备做多大?”冯仑说：“要和王功权商量一下。”王功权说：“咱们现在做事情，肯定要上亿。”

潘石屹在电话那边催促冯仑快做决定：“这边还等着上报材料呢。”冯仑就在电话那头告诉潘石屹：“8 最吉利，就注册 8 个亿吧。”北京万通就这样，在什么都没做的情况下，拿到了 8 个亿的现金融资。

这就是潘石屹那个“一言 8 亿”的传奇故事。

潘石屹能赚到这笔钱并非偶然，而是源于他的商业敏感。

【思考与讨论】

有些人认为商业洞察力是天生的，更多学者认为可以依靠后天培养。你是什么看法?

（二）创造性思维

法国思想家狄德罗说过：“精神的浩瀚、想象的活跃、心灵的勤奋——这就是天才。”一切创造和创新活动，都离不开人的思维和想象，特别是创造性思维与想象。可以说，创造性思维和想象是创造能力与创新能力的核心。人们通过创造性思维去把握事物的隐蔽联系，填补知识链条上的空白，寻找解决问题的关键环节，构思新产品的形象。创造性思维是一种突破常规的思维方式，是在可能中预想不可能，在不可能中寻求可能。创造性思维

① 根据 http://blog.sina.com.cn 的相关资料整理。

可使人们突破个别经验认识的框架，推想过去，预测未来，超越时空限制，自由挥洒自己的思想。创造性思维素质使创业者能够以较高的质量和效率获取知识，并能根据市场需求灵活运用所学知识产生创意、发现机会、开发新产品。

成功的创业者都是善于进行创造性思维的人，而必要的知识是进行创造性思维的基础。对创业遇到的问题进行综合分析、判断以及公司极其复杂的决策行为，涉及各种知识和技能，这就决定了对决策者的创造性思维素质要求。不断扩充自己的知识体系，全方位、多角度、多层次地充实自己，才能真正成为一个有知有识的、有创造性思维的创业者。没有创造性思维的人，很难在创业管理人的职位上花样翻新、匠心独运、取得卓越的领导业绩。创造性思维绝不是漫无目的的异想天开，它应从对公司的使命作深思熟虑后所得出的深刻理解开始。科林斯（Collins）和波拉斯（Porras）在他们的重要著作《为持久而建设》一书中，突出强调对公司个性的感觉。这种个性是通过公司的使命和“存在理由”而反映出来的，公司应当尽力争取这种“远见”。

产品和服务的创新，是公司的生命线。公司的最终目标落实在产品和服务上，创业管理人的最终目标也只能是落实在产品和服务上，没有创新就没有活力，就会失去顾客，失去市场。产品的应变力强弱决定着公司的生死存亡，公司产品的应变力来自于公司创业管理人的创造性思维结果。创业管理人之所以要有创造性思维，从主观上说，是因为创造性思维存在着使创业者亢奋激昂地追求经济利益和成熟感的内在冲动，从客观上说，是因为通过创造，在优胜劣汰的竞争中能使创业管理人寻求到优势及发展企业的外在压力。创业者进行创造性思维的结果，是使产品的品种、规格、花色和质量不断发生变化以满足市场复杂多变的需求。

（三）开阔的眼界

对于创业者来说，只有真正见多识广，具有广博的见识，开阔的眼界，才能有效地拉近自己与成功的距离，使创业活动少走弯路。

众多成功创业者创业思路的几个共同来源如下。

第一，职业。俗话说，不熟不做，从原来所从事的职业下海，对行业的运作规律、技术、管理都非常熟悉，人员、市场也熟悉，这样的创业活动成功的几率很大。这是最常见的一种创业思路的来源。

第二，阅读，包括图书、杂志报纸、网络信息等。图书馆经常是人们酝酿创意时充分利用的信息来源。在图书馆有许多有用的信息来源，如行业类期刊、商业杂志和行业报告，你只需浏览近几期关于某个主题的商业杂志，也许就能激起创意的火花。通过大学和大型公共实验室，你还可以利用功能强大的搜索引擎和数据库。很多人将阅读与休闲等同，对创业者来说，阅读就是工作，是工作的一部分，一定要有这样的意识。网络研究也很重要，如果你正白手起家，只要在搜索网站中搜索“新商业创意”，就会出现关于最新或最热门创意的链接。尽管这些信息都比较笼统，但它们都能成为创意产生的起点。

第三，行路。俗话说，“读万卷书，行千里路”。行路，各处走走看看，是开阔眼界的好方法。眼界意味着什么？如果你是一个创业者，开阔的眼界意味着你不但在创业伊始可以有一个比别人更好的起步，有时候它甚至可以挽救你和企业的命运。眼界的作用，不仅表现在创业者的创业之初，它会一直贯穿于创业者的整个创业历程。“一个创业者的眼界有多宽，他的事业也就会有多大。”

第四，交友。很多创业者最初的创业创意（idea）是在朋友启发下产生，或干脆就是由朋友直接提出的。所以，这些人在创业成功后，都会更加积极地保持与从前的朋友的联系，并且广交天下朋友，不断地开拓自己的社交圈子。与朋友们进行头脑风暴，就能够不断地有新思路、新点子。

开阔眼界的方法也是创业思路的来源。有空一定要到处多走一走，多和朋友谈一谈，多阅读，多观察，多思考。“机遇只垂青有准备的头脑”，让自己“眼界大开”就是最好的准备。

【案例 2-6】

一年抓出一个亿①

一张看似普通的饼，在全国开设了上千家店，一天能卖出 8 万张。年轻的柴磊和他的“粮全齐美”把一张 3 元钱的台湾手抓饼，做成了年销售额上亿元的一个大“饼”，创造了饼的神话。

2006 年 10 月的一天，台湾中天电视台一干采访摄制人员浩浩荡荡来到上海长宁区“粮全齐美”旗舰店，采访一位在大陆做台湾名小吃“手抓饼”的人。“什么，你不是台湾人?”台湾记者吃惊得差点把手里的话筒摔到地上。手抓饼虽说是台湾的小吃，但真正把连锁经营做到规模化的，确是眼前这个叫柴磊的，仅去过几次台湾的安徽小伙子。

2002 年，25 岁的柴磊从法院辞职，随后去过广东，到过云南，最后留在了上海……他当过业务员，做过面条，还当过调酒师……那段时间，他形容自己像猎豹一样总是在高度紧张地寻找着“猎物”。

2005 年，柴磊去台湾旅游，顺便去看看当地市场有没有新商机。没想到，还真被他逮到了足以影响他一生的“宝贝”。到台北的第一天，在著名的士林夜市，柴磊随意花 30 台币买了一种叫葱抓饼的小吃，没想到这一吃就让他欲罢不能。第三天晚上，他打包了 13 种口味的葱抓饼回酒店，把它们依次放在桌上，足足瞪了一个小时。接着的那两天，他几乎走遍了台北的大街小巷，四处可见卖葱抓饼的摊贩，通常一部流动小车就能让卖饼人赚得盆满钵满。

“葱抓饼好吃，人们又容易接受，操作起来也不难，我为什么不能把它引进大陆呢?”于是，柴磊带着一个创业的好项目高兴地回到了上海。后来柴磊又去了几次台湾，学会了地道的葱抓饼技术，再结合大陆的习惯进行改良，很快在上海开了第一家店。新鲜的手抓饼千层百叠，层如薄纸，用手抓之，面丝千连，外层金黄酥脆，内层柔软白嫩。极挑剔的上海市民很快迷上这种外形别致、有 13 种口味的独特的饼。眼看生意好得不得了，柴磊便一连开了好几家饼店，家家火爆，此时他萌生了进行全国拓展的想法。

---

① 陈景畑，翟顺. 创业颠覆者. 北京：九州出版社，2009.

一家叫“粮全齐美”的食品公司很快成立了。此时学法律出身的柴磊充分发挥了他的专长，不仅第一时间为“粮全齐美”和“台湾手抓饼”注册了商标和专利，还建立起了一整套规范化的连锁经营模式。加盟费只收6800元，还免费赠送价值数千元的全套设备。和其他的连锁经营企业不同，柴磊几乎没做广告，而是实实在在地以门店吸引消费者和投资者，很快，他的粮全齐美台湾手抓饼就引来了一大群创业者。仅在上海，就雨后春笋般地一连开起了140多家小店。

【思考与讨论】

结合案例讨论在现在网络资讯很发达的时代，为什么“到处走走看看”对于创业者开阔眼界仍然很重要和有用?

（四）把握趋势的能力

创业者需要研究时代和技术发展的趋势，需要研究国家政策，这就是大势。创业者通常能从全局出发看问题，当其他人只看到局部时，他们能看到“大局”。很多创业者认为政策研究“假、大、虚、空”，没有意义。实则不然。对一个创业者来说，大到国家领导人的更迭，小到一个乡镇芝麻小官的去留，都会对自己有影响。在政策方面，国家的鼓励或是限制，与创业的成败有着莫大的关系。顺应了趋势，可能事半功倍；相反的，如果某个行业、某类企业，国家正准备从政策层面进行限制、淘汰，你偏赶在这时懵懵懂懂一头撞了进去，一定会鸡飞蛋打。顺势而作，才能顺水行舟。观察政府，研究政策，是为了明大势。中势指的就是市场机会。市场上目前的时兴与流行，人们的喜好与需求，可能就表明了创业的方向。一项研究发现，成功的制造公司业主收集的有关商业环境信息通常要多于不成功的业主。收集商业环境信息的过程，使得创业者能看到整个商业环境与行业，有助于他们构建更好的商业活动计划。

【案例2-7】

“西米网”的创业①

2008年，刘源总是听到在建设银行总行工作的女朋友抱怨，公司所在地金融街的超市离公司距离有点远，买零食很不方便。当时刘源刚刚创业失败，此前他做了一家折扣网站，但因为商业模式不清晰，几乎赔光了自己的全部积蓄。试着满足这些80后公司人的食欲，刘源决定办一家卖零食的网站，取名“西米网”只因这名字反过来就是日语的“咪嘻”。已经山穷水尽的他只能从小区域做起，第一步就是金融街。他用手里仅剩的8000元作为启动资金——5000元从批发市场进货，3000元印制传单，另外一位合伙人则赞助了他网站的域名。经过细致的了解后刘源发现，这些金融机构是不能随时上网的。针对这部分人，刘源专门决定采用外卖电话点餐式的服务。他开业当天在金融街附近的复兴门地铁口分发宣传单，第一次发出500多张宣传

① 根据http://www.cbnweek.com的相关资料整理。

单后，当日就产生了50多个订单，这给了刘源很大的信心，而后，随着办公室白领间的口碑传播，开业三个月后的总销售额达到了100万元。正是在把握商业环境信息、满足市场空缺的基础上，刘源抓住了商业机会，取得了创业的初步成功。

【思考与讨论】

请分析“西米网”的创业符合什么样的大趋势？目前类似的创业公司有哪些？

（五）利用资源的能力

每一个人创业，都必然有其依凭的条件，也就是其拥有的资源。一个创业者的素质可以体现为他建立和拓展资源的能力。创业者资源，可分为外部资源和内部资源两种。内部资源主要是创业者个人的能力，其所占有的生产资料及知识技能、家族资源等。拥有良好的内部资源，对创业者个人来说无疑是重要的。但外部资源的创立同样不可或缺。其中最重要的一点是人脉资源，即创业者的人际网络或社会网络。

一个创业者如果不能在最短时间之内建立自己最广泛的人际网络，那他的创业一定会非常艰难，即使其初期能够依靠领先技术或者自身素质，比如吃苦耐劳或精打细算，获得某种程度上的成功，我们也可以断言他的事业一定做不大。

创业者人际资源，按其重要性来看，第一是同学资源。在许多成功者的身后可以看到同学的身影，有少年时代的同学，有大学时代的同学，更有各种成人班级如进修班、研修班上的同学。赫赫有名的《福布斯》中国富豪南存辉和胡成中就是小学和中学时的同学，一个是班长，一个是体育委员，后来两人合伙创业，在企业做大以后才分了家，腾讯马化腾也是与大学同学一起创业。同学之间因为接触比较密切，彼此比较了解，同时因为少年人不存在利害冲突，成年人则大多数从五湖四海走到一起，彼此也甚少存在利害冲突，所以友谊一般较可靠，纯洁度更高，对于创业者来说，是值得珍惜的最重要的外部资源之一。

与同学相似的，是战友；可以与同学和战友相提并论的是同乡。共同的人文地理背景，使老乡有一种天然的亲近感。曾国藩用兵只喜欢用湖南人，中国历史上最成功的两大商帮，徽商和晋商不管走到哪里，都是老乡结对，互帮互助。正是同乡之间互为犄角，互为支援，才成就了晋商和徽商历史上的辉煌。类似的，我们熟知的温州人，山地文化让他们特别能吃苦，海洋文化让他们敢冒险，重商文化则使温州人好经商，而移民文化让温州人很团结。同学资源和同乡资源，可并称为创业者最重要的两大外部资源。

第二是职业资源。对创业者来说，效用最明显的首推职业资源。所谓职业资源，即创业者在创业之前，为他人工作时所建立的各种资源，主要包括项目资源和人际资源。充分利用职业资源，从职业资源入手创业，符合创业活动“不熟不做”的教条。尤其是国内目前还没有像美国或欧洲国家一样，普遍认同和执行“竞业避止”法则的情况下，选择从职业资源入手进行创业，已经成为许多人创业成功的捷径和法宝。前中学数学教师、“好孩子”创始人宋郑还是通过一位学生的家长，得到了第一批童车订货，这才知道世界上原来还有童车这样一个赚钱途径的。同时，宋郑还做童车的第一笔资金也是通过一位在银行做主任的学生家长获得的。如果没有学生家长的帮助，宋郑还可能会一事无成。而万通的冯仑和王功权原来则是同事，两人曾一起在南德工作过，后来两人离开南德，携手海南打天下，才有了现在的兴旺发达。

第三是朋友资源。朋友应该是一个总称。同学是朋友，战友也是朋友，老乡是朋友，同事一样是朋友。一个创业者，三教九流的朋友都要交，谈得来，交得上，就好像十八般兵刃，到时候说不定就用上了哪般。朋友犹如资本金，对创业者来说是多多益善。“在家靠父母，出门靠朋友”、“多一个朋友多一条路”是至理名言。一个创业者如果不能交朋友，没有几个朋友，肯定只有死路一条。人际交往能力应列在创业者素质的第一位。

（六）谋略策划的能力

商场如战场，一个有勇无谋的人，早晚会成为别人的盘中餐。创业是一个斗体力的活动，更是一个斗心力的活动。创业者的智谋，将在很大程度上决定其创业成败。尤其是在目前产品日益同质化，市场有限，竞争激烈的情况下，创业者不但要能够守正，更要有能力出奇。

对创业者来说，无所谓大智慧小智慧，能把事情做好，能赚到钱就是好智慧。京城白领没有几个没吃过丽华快餐的，京城的大街小巷，经常能看见漆着丽华快餐标志的自行车送餐队。丽华快餐由一个叫蒋建平的人创立，起家地是江苏常州，开始不过是常州丽华新村里的一个小作坊，在蒋建平的精心打理下，很快发展为常州第一快餐公司。几年前，当蒋建平决定进军北京时，北京快餐业市场已近饱和。蒋建平剑走偏锋，从承包中科院电子所的食堂做起，做职工餐兼做快餐，这样投入少而见效快；由此推而广之，好像星火燎原，迅速将丽华快餐打入了北京。假如蒋建平当初进入北京，依循常规，租门面，招员工，拉开架式从头做起，恐怕丽华快餐不会有今天。

谋略或者说智慧，贯穿于创业者的每一个创业行动中。谋略其实就是一种思维的方式，一种处理问题和解决问题的方法。对于创业者来说，智慧是不分等级的，它没有好坏、高明不高明的区别，只有好用不好用，适用不适用的问题。创业者智慧：不拘一格，出奇制胜。作为创业者，你的思维是否至今依然因循守旧？

（七）领导管理能力

1. 经营管理能力

创业者从事的是企业的经营管理事业，创业者不仅要具有关于本企业经营领域和相关领域的技术知识，更需具备经济头脑和经营管理素质。如果说技术使提高原来经济资源（包括人力资源和非人力资源）的开发和利用效率有了可能，那么，管理则是寻求一种制度、方法把技术和经济资源很好地组合起来，发挥它们的协同效应，最终使生产效率和资源的利用效率的提高得到实现，从而促进企业的发展。新的技术必须应用于生产，生产出的产品或提供的服务必须服务于消费者、适应市场需求，创业企业才有生存和发展的可能，这必然涉及资源调配、市场调查、预测决策、市场营销、成本核算和财务管理等一系列经济和管理问题。在现代知识经济社会和信息社会，创业者必须牢牢掌握丰富、先进和完善的现代管理科学、决策科学和领导科学理论和方法体系，培养自己的经营管理素质。

海尔集团的张瑞敏通过自身的努力把一个资不抵债、濒临倒闭的小企业，销售收入只有300多万元的小厂发展到2004年606亿元的销售额的巨型企业。海尔集团首席执行官张瑞敏以其在企业管理方面的创新也引起世界范围内的高度评价和赞誉，从“日事日毕、日清日高”的OEC管理模式到建立“市场链”，海尔已经从学习借鉴国外先进管理方法发展到以自己的创新管理进入国际管理界的前沿，反映出张瑞敏极高的经营管理水平和经营管理能力。

2. 领导激励能力

创业者是企业的舵手，必须有高超的领导艺术和经营技巧来驾驭企业，使企业最终获得成功，社会对于创业者的认可也主要是看其领导下的企业是否具有卓越的成就，是否取得了成功。目前，我国很多创业者都缺少科学的经营管理知识。许多企业家是因为在市场经济改革浪潮中抓住了某一个机遇而成功的。当企业发展到一定的规模后，这些企业的经营管理者就不知道如何去运作和经营他们的企业了。他们往往不知道如何去分析、发现和认识市场环境中存在的机会与威胁，不懂得如何去评价企业自身的优势和劣势，不懂得科学决策的程序，从而无法为企业的生存与发展制定正确的战略目标，企业的发展没有明确的方向，这种企业最终只有失败。

创业需要具备多方面的领导才能，诸如决策能力、交往沟通能力、组织能力和聚合能力等，但最需要的领导能力也许是激励能力。在创业中企业未来的前途是不确定的，此时的关键是不断地聚合追随者和用户者，吸收杰出的人才在其周围从事经营管理工作，使创业团队取得良好的绩效。这些人才是否具有与其配合做好工作的能力，则取决于创业者的识别和选拔能力。如果人才选拔出来，不能知人善任、人尽其才，既浪费人才，又会造成工作的失误。能够识别、选拔、任用人才，而不会评价和激励也会造成人才流失，或是人才的积极性受到压抑。我国著名企业家联想总裁柳传志认为联想创业成功的关键在于“建班子、定战略、带队伍”，而建班子、带队伍都是讲如何管人的，也就是如何领导。柳传志认为第一把手是大发动机，班子成员、各部总经理是同步的小发动机而不是齿轮，领导才能就在于形成小发动机，即激励，第一是物质激励，股权的激励，参与二次分配，努力从物质角度让员工产生主人的感觉。第二是精神激励，给企业员工一个发挥才能的舞台，调动其积极性。

（八）反省学习的能力

人类已步入知识经济新时代，终身不断学习，将越来越成为人们生存和发展的第一需要，学习将无处不在、无时不有，成为一种重要的生存方式和生活方式，同时也必将成为人们追求幸福与财富的主要诱发因子及原动力。一次性学校“充电”、一辈子工作中“放电”的时代已成为历史。联合国教科文组织提出，教育已扩展到一个人的整个一生，认为唯有全面的终身教育才能够培养完善的人，因此，企业家应该掌握新的知识学习能力，即实行“终身教育”。除此之外，企业家还应掌握现代化的学习手段（这本身也是一种学习），贮存知识、信息，把主要精力用到知识的整理筛选，考察分析，从而能够进行更高层次的创造性脑力劳动，为企业的发展制定正确的发展战略。

作为一个创业者，遭遇挫折，碰上低潮都是常有的事，在这种时候，反省能力和自我反省精神能够很好地帮助你渡过难关。曾子说：“吾日三省吾身。”对创业者来说，问题不是一日三省吾身，而是应该时时刻刻警醒、反省自己，唯有如此，才能时刻保持清醒。反省其实是一种学习能力。创业既然是一个不断摸索的过程，创业者就难免在此过程中犯错误。反省，正是认识错误、改正错误的前提。对创业者来说，反省的过程，就是学习的过程。有没有自我反省的能力，具不具备自我反省的精神，决定了创业者能不能认识到自己所犯的错误，能不能改正所犯的错误，是否能够不断地学到新东西。

【案例 2-8】

凡客诚品不平凡①

2007 年 10 月 18 日，模仿 PPG 的凡客诚品正式上线，当天销售 10 件男式衬衫；而今天，PPG 早已死亡，而凡客的男女服装、服饰等各类产品日均销售额突破 600 万元，陈年创办的凡客已成为中国最大的互联网服装销售品牌。2010 年 5 月，陈年再次出资 5000 万美元，创办代销国内外知名服装服饰品牌的全新服装电子商务网站 V+（vjia. com）。

1. 模仿 PPG 起步

2000 年，金山雷军邀请陈年创办卓越网，到 2004 年卓越网以 7500 万美元被亚马逊收购，内心潜意识认为自己获得了成功的陈年，满有信心地创办“我有网”，却以失败告终。这段经历让陈年不得不向外界再次证明自己一回。机会出现在 2007 年的一天，一个由吴彦祖代言的 PPG 的网站吸引了陈年的注意。PPG 没有门店和经销商，通过网络来销售中等价位的男士衬衫。

2007 年 10 月，陈年带着卓越网的几个老部下，用几百万元创办了 VANCL，在网上卖起了风格与 PPG 非常相似的男士衬衫。“VANCL”是陈年懂法语的太太起的，“VAN”是先锋的意思，“C”和“L”分别代表陈年和雷军。但是陈年却眯着小眼半开玩笑地说：“我最讨厌当初雷军起的那个‘卓越网’的名字，刚出生就说自己卓越。”而“凡客诚品”的意思是“凡是顾客，就提供给他们诚心打造的产品”。

2. 剔除 PPG 客服模式

然而很快，陈年就发现了 PPG 致命的弱点：第一，它一出生就不顾实力用重金在中央台、纸媒打广告，并通过电话销售，它并非真正意义的互联网销售服装企业；第二，PPG 的客服政策全是很完美地站在企业利益角度设置的，如用户退货标签坏了就不能退等。陈年开始大刀阔斧地剔除 PPG 的客服模式。

今天，在凡客购物，客户 30 天无理由退换货——只要不满意，30 天内 VANCL 立马退换货；开箱试穿——用户收到 VANCL 的衣服时，可以当面拆开试穿，觉得满意了再付款收货。陈年说：“什么都可以被模仿，只有品牌不能。在挤掉各个环节的成本后，我们始终坚持的就是低价位高品质的产品。”

陈年这一做法也造成了亏损，“亏损数字应该是上亿元，但我们有钱”，站在东三环乐成国际中心的 10 层的办公室，透过窗户，直接俯瞰凡客首次走出线上、在户外投放的一系列灯箱广告，陈年很得意地说：“凡客融资四轮超过 1 亿美元，我们大规模户外推广，不是为了提高产品价格，目的就是打造品牌，资金则完全由凡客来支

① 根据凡客官方网站 http：//www. vancl. com 的相关资料整理。

付。很快我们预计将实现赢利。”

3. 选择做女装

从选择做男装开始，陈年就到处公开坚定地宣称：凡客坚决不做女装。陈年笑称，“衬衫很容易标准化，而男人就是那德行，他就是买衣服不试，而女人哪怕是买件内衣也要试个没完没了”。

然而陈年错了，他发现，客户回访提意见的竟大多是给老公、男朋友买衣服的女性，“甚至有女性给我直接发电子邮件，建议我把男性的POLO再瘦点身，或许就是不错的女装了”。

让陈年不得不重新思考凡客的产品定位的还有2008年年初的那场罕见雪灾，凡客遭遇了销售业绩的“高台跳水”，陈年也遭遇了创业最艰难的一段时光。

“或许，凡客是应该需要更多元化的产品线来满足客户需求。”现在，凡客的产品线包括男装、女装、童装、鞋、配饰、家居用品等一系列产品。首期投资规模达到5000万美元的V+正式诞生。

“目前我不想过多评价V+，让它自己去走一段时间，它应该完全是复制凡客模式的，V+产品肯定也会比传统渠道低很多。”陈年说，现在自己每天思考的问题就是如何让凡客不断货，至于外界普遍关注的什么时候步入资本市场则根本没有时间去考虑。

【思考与讨论】

本案例中创业者的反省和学习体现在哪些方面？

本章小结

创业者创立企业并拥有企业的股份或权益，是企业的所有者；创业者承担企业的债权、债务，享受企业利润，承担企业风险；创业者雇佣别人劳动。

成功的创业者都具有一些共同的特征，他们一般富于冒险精神、具有强烈的控制欲和成就欲、充满自信，具有坚强的意志、具有战略眼光。

创业者是创新的实施者、生产要素的组织者和重新组合者、新市场的开拓者和企业的经营管理者，对创业者的素质要求也随着社会经济的发展而不断提高，当代创业者应当具有强烈的自我实现欲、自信执著、敢于冒险和顽强坚定的创业精神。创业者应当具备的能力包括敏锐的洞察力、创造性思维、开阔的眼界、把握趋势的能力、利用资源的能力、谋略策划的能力、领导管理能力和反省学习的能力。

思考题

1. 创业者的特征是什么？
2. 创业者应具备哪些创业精神？
3. 创业者应当具备哪些能力？

4. 案例分析:

追求可以实现的梦想

Lance Hamon 是在加利福尼亚州的一个穷人居民区里长大的。母亲很爱他，她是他一生中最好的楷模。人们似乎没有任何理由相信 Lance Hamon 能取得成功。他周围朋友的结局大致相同，要么因吸毒而死，要么进监狱，要么做一份仅能养家糊口的低收入工作。

Lance Hamon 从来也没想过要上大学。他只好闯荡江湖，坐飞机来到美国的中西部。通过一家临时工介绍所，他找到了一个工资微薄的体力活。不久他就相信他能找到的最好工作无非如此。无奈之下他只好打道回府，在家乡的一所社区学校学习，获得了两个大专学历文凭，一个是艺术与人类学，一个是政治学。

毕业后，Lance Hamon 的人生似乎沿着一个传统的轨迹发展。他先受雇于一家财富 500 强企业，一干就是 6 年。但是，他发现自己不适合大企业雇员这样的工作模式。他把自己描述为“自由的思想者”，而大企业的企业文化并不鼓励有创造才能和自由思想的人。他所在的企业崇尚行为规范，而 Lance Hamon 不喜欢规范的生活。虽然收入不菲，但是当企业进行裁员时，Lance Hamon 主动“向企业提出了一条解雇他自己的理由”。

他认为自己最讨厌“按时上下班”的规定。他曾经做过一份工作，每天上班要打卡两次，他说每打一次卡就好像“少了一点儿自我”。于是他决定进入房地产业，因为可以自己做老板，获得自己想要的自由。最终，Lance Hamon 与另一个房地产经纪人开办了一家合伙公司。他和合伙人都有可能在开业第一年就获得 6 位数的收入。

Lance Hamon 承认他是最差的老板。他原以为自己当老板就可以有很多自由的时间和好处。可现在他每周工作至少 55 个小时，周末也经常被占用。但 Lance Hamon 现在喜欢这个工作的程度近乎“疯狂”。

Lance Hamon 成功的动力不是出于赚钱的欲望，尽管他知道只有赚很多钱才能过上舒服的日子。Lance Hamon 成功的功力是想寻找能够证明自己的东西。他要证明自己能够做自己想要做的人。他说他不想“与他的同龄人乘一架飞机”，他要像那些比他年长 20 岁的人那样创建自己的公司，因此他必须强迫自己努力奋斗实现这个目标。

Lance Hamon 看到了许多赚钱的方式和机会。他认为机遇来临时必须充分利用。由于年轻，又是单身，没有什么牵挂，因此他工作中的两大乐趣——生意和旅行就不会受到干扰。到 2005 年为止，Lance Hamon 走遍了美国的 50 个州，去了两次欧洲。在旅行期间，他注意观察那些可以移植到不同地区的好的商业理念。Lance Hamon 说自己是一个“可以随时走掉的人”，因为没有真正的牵制，而且酷爱旅行。如果生意进展良好，他会做下去。但是，他知道在未来的 10 年里，他很可能到另一个地区做另一种生意。

Lance Hamon 的目标就是要快乐。他在“追求可以实现的梦想，而不是幻想”。他的哲学是每个创业者都必须愿意承担风险和面对失败。他认为，人必须首先要了解自己，知道自己想要什么，然后才能了解其他人。没有自知之明就无法建立与人沟通的桥梁。

除了创建房地产公司外，Lance Hamon 还实现了另一个个人目标。2004 年 12 月，他拿到了工商管理硕士学位。

资料来源：根据 http：//wenku. baidu. com 改写。

【分析与讨论】

Lance Hamon 的身上具备了哪些创业者普遍具有的创业精神和能力？

第二编 启动创业

第三章　发现创业机会

【故事导读】

王子的婚礼

1981年7月29日，成千上万的来自世界各地的游客涌向英国伦敦白金汉宫和圣保罗教堂之间的街道。这一天，英国查尔斯王子和美丽的戴安娜小姐，要在圣保罗教堂举行结婚典礼。当天全世界数十个国家都要通过电视转播这个花费10亿英镑的婚礼盛况。那些从外地专程赶来的游客，就是为了要亲眼目睹这个“本世纪最豪华的婚礼”的隆重场面。这天上午，伦敦市民也几乎倾城而出，不到十点钟，街道两旁已经站满了数层观众，为了占到一个好位置，有些人头一天晚上就在此宿营。婚礼开始的时间临近了，站在后面的人，一个挨一个踮起脚向前方张望，生怕到时候什么也看不到。就在这时，人群中传来一片响亮的叫卖声：“请用望远镜吧，一英镑一个。”几百个报童一样的小贩在人群中穿梭，不一会儿，他们手中几十万个用硬纸板做的简易望远镜就被抢购一空。

好的创意是创业的起点，但创意并不都是创业机会。机会是促进事物发展的客观时机，人们通常把潜在的不易发现的有利条件称为机会，或把在困境中偶然遇到的可能导致走向成功的转折点称为机会，也把在各项社会活动中突然出现的新情况、新机遇、新形势称为机会。创业机会是指人们在创业过程中遇到的各种有利于创业活动开展和获得成功的良好时机。创业机会对于所有的创业者都是均等的，关键的问题是对于机会的识别、评价和把握。

第一节　激发创意

创意活动是创业的开端，一个好的创意像一颗优质的种子，是创业成功的前提条件。在创意过程中，创业者运用创造性思维摸索出许多新的知识，开发出各种新的产品，促进了人类社会的进步和发展。

一、创意的概念

一个伟大的创意是成功的开始。在你的知识、经验累积到足够时，在你对某些行业有了深刻的理解后，也许你会有一个绝妙的好主意。创意是创造性思维的产物，是现实世界中并不存在而仅存在于头脑思维中的东西。“创意思维”就是大脑构造创意的过程，也称创意构思。思维的超越性是创意的来源。思维的超越性指思维在时间和空间上的超现实，正是这种超现实才能使创意者看到现实中不存在的事物，产生与众不同的思想，形成创意。

创意思维有以下几个主要特征：(1) 独特性。与众不同，前所未有。(2) 多向发散性。既非单向也非单一的思维方式，创意思维是多答案的，思路是立体的。事实上。世界上每个问题都绝非只有一个答案。而创造，从一定的意义上说，就是从众多可能的方案中选择最佳答案。(3) 非逻辑性。出人意料的创意往往是非逻辑思维的产物，否则就人人都能容易地按逻辑分析而想到。(4) 联动性。即由此及彼，创意往往是在从表面上看毫不相干的事物的启发之下，思路豁然开朗而获得的。(5) 综合性。创意是多种思维方式的综合，综合中有创新。

归根结底，创意思维就是以非习惯的方式思考问题的能力。就是看与别人所见相同的东西，而想出与别人所思不同的东西。

【案例 3-1】

用曲别针敲开求婚的大门①

1840 年，有一个叫亨特的法国青年爱上了一个中产阶级家庭的姑娘玛格瑞特。他诚恳地上门求婚，请求玛格瑞特的父亲把女儿嫁给他。但是，玛格瑞特的父亲不想把自己的女儿嫁给这个穷小子，于是答复他说："如果你在 10 天内能够赚到 1000 美元，我就同意你们两人的婚事。"

亨特回家后，陷入了深深的苦闷中，1000 美元对于他来说简直是一个天文数字。为了不失掉钟爱的玛格瑞特，也为了争一口气，让玛格瑞特的父亲不再小看自己，亨特废寝忘食地寻找目标，并绞尽脑汁地去尝试。爱情和自尊的力量使他很快选准了目标：人们在欢庆的场合，都习惯用大头针在衣服的前襟上别一朵花。可是大头针很不安全，经常把人的手或身体扎破，有时还会自己脱落。于是，亨特产生了灵感："如果将铁丝多折几道，再把口做成可以封住的，不就有了既方便又安全的戴花别针了吗?"他剪下 2 米左右的铁丝试做，反复试验，终于设计出了现代使用的曲别针雏形。大功告成之后，亨特飞奔到专利局，申请了专利。

很快，一个消息灵通的制造商问亨特："转让这个发明专利要多少钱?"

亨特一心只想把玛格瑞特娶到手，便毫不犹豫地回答："1000 美元。"

一拍即合，制造商当场就和他达成交易。

亨特拿着 1000 美元的支票跑到玛格瑞特家，玛格瑞特的父亲听完亨特讲述的赚钱经过后，先是笑了一下，随即骂道："你这个笨蛋!"原来他是嫌亨特太老实、太性急，因为这样的发明至少能值 10 万美元以上。但亨特还是用曲别针敲开了紧闭着的求婚之门，最终被获准和自己心爱的人结婚了。

在结婚的庆典上，朋友们请亨特说一说求婚的体会，他说出了赢得热烈掌声并使

---

① http://www.trueme.net/.

岳父刮目相看的话："这个世界对善于思考的人来说是喜剧，对不善于思考的人来说则是悲剧。只有善于思考的人，才是力大无边的人。地球上最神奇、最瑰丽的花朵，就是思考。"

二、创意的来源

社会经济的发展和科学技术的进步，会不断激发人们的想象和需求，为创业者不断提供新的创业机会。有句话说得好：没有饱和的市场，只有饱和的思想。现实中常见的创意来源可以分为四大类：现有企业或产品的问题、变化的环境趋势、尚未解决的问题以及市场缝隙。

（一）现有的企业或产品的问题

第一个创意的源泉就是现有企业或者产品所存在的问题。对生产企业来说，产品存在缺陷是很不幸的事，但对于处于竞争对手地位的创业者来讲却是绝好的机会，创业者通过对市场上竞争者已有的产品和服务进行追踪、分析和评价来发现现有产品存在的缺点，从而有针对性地提出改进的方法并以此开发出有巨大市场潜力的新产品。

如美国的罗伯梅塑胶用品公司，该公司自高特任总裁起，其业绩增长了5倍，净利润增长了6倍。罗伯梅公司成功的秘诀之一就在于把发展策略定位于"取竞争者之长，补竞争者之短"。在竞争对手达普公司开发出储存食物的塑胶容器后，罗伯梅公司对其进行了认真的分析研究，认为竞争对手达普公司的产品质量虽然好，却都是碗状，放在冰箱里会造成许多小空间无法利用。于是，对其加以改进，开发出了性能更好、价格更低，又能节省存放空间的方形塑胶容器，而这一容器形状今天已深入人心。

【案例3-2】

为穷人服务的银行

印度金融服务公司EKO银行是一家在车库中诞生的典型创业企业。该公司坐落于德里南部，创始人是阿布舍克·辛哈（Abhishek Sinha）和阿比纳夫·辛哈（Abhinav Sinha）兄弟。在印度德里有大量低收入的农民工，他们大多来自像比哈尔邦这样的贫困地区。虽然印度的国土面积不小，但银行的分支机构并不多。所以大多数农民工将储蓄藏在床垫下，或是通过"哈瓦拉"这种地下金融方式将现金寄回家，还有的人只能靠回家的工友把钱捎回去。这对兄弟从中看到了商机。在印度每个村落或社区都有一个类似夫妻店那样的杂货铺，平时就卖饮料、香烟、糖果和一些生活必需品。每家杂货铺不是都可以变成一家虚拟银行吗？他们开发了一款软件程序，在德里务工的外来人员只要持有手机和身份证明就可以开设一个银行账户。这样在德里工作的农民工可以到所居住的贫民窟的杂货铺汇款，店主收到现金后会在手机上留下交易记录并将存款记录以短信息的形式向印度国家银行汇报。之后，这名工人留在比哈尔邦的妻子就可以持手机到村里的杂货铺取款了。每做成一笔交易杂货铺的店主都能赚取一小笔手续费。除了汇款农民工也可以使用该系统进行储蓄。开业18个月以来，该虚拟银行已经有了 18 万名用户，每天处理超过 7000 宗的交易。每做成一笔交易 EKO 都能从印度国家银行得到一小笔佣金。两个月前 EKO 开始小幅盈利。整套系统就在一间小房子和一个车库里运行，公司只有十几名员工。这个小团队招收了很多印度著名理工学院的毕业生，这些人大多在美国工作过。

【思考与讨论】

EKO 银行的这个创意是很巧妙的，而且是从司空见惯的生活现象中发现的，这个创业的案例对你有何启发？

（二）变化的环境趋势

变化的环境趋势主要是指经济趋势、社会趋势、技术进步、政策与法律变化等。任何一种新的趋势背后都必然隐藏着一种甚至多种需求变化，这就需要创业者具有高度的敏感性去发掘。但需要注意的是应谨慎区分趋势与流行，由于流行需要引领并且是不断变化的，初创企业在自身和外部资源的限制之下很难追赶流行风尚的脚步。表 3-1 列举了部分利用变化的趋势创业的企业。

表 3-1 **利用环境趋势变化创业的企业**

变化的环境趋势	产生的新商机	创业企业
经济趋势		
寻找汽油、柴油等传统矿物燃料的替代品	乙醇、生物柴油、太阳能、风力发电	Mariah Power、Solix Biofuels、Solfocus
青少年拥有更多的可支配收入	服装、CD、MP4、PSP	Hot Topic、Karma Loop、San Disk、Alienware
社会趋势		
对健康食品的兴趣增长	健康食品店、有机食品	Great Wraps、Chipotle
生活水平提高人们更加关注自身健康	室内健身器材、健身中心	Curves、Espresso Fitness、Fitbit
技术进步		
互联网的发展	供应链管理提升、通信与社交网络改进	Google、Amazon、Facebook、Myspace
生物技术的发展	与生物技术有关的药品等	Amgen、CardioDx
政策与法律变化		
美国环保署及美国职业安全与卫生管理局提高标准	咨询公司、产品质量监控软件	ESS、Primatech

另一个需要注意的是在现实生活中上述趋势往往是相互关联共同发生作用的，因此在寻找商机时应综合考虑这些趋势。例如，苹果 ipod 流行的原因之一就是它利用了几种并存的趋势，包括年轻人有了更多可支配收入（经济趋势）、人口流动性不断增强（社会趋

势）以及电子产品越来越小型化（技术趋势）。缺少任何一种趋势，ipod都不会像现在这样成功。

（三）尚未解决的问题

现实中总是有许多常常会被人们抱怨的事情，比如人们会抱怨上班时间紧而没时间买菜，这儿就诞生了送菜公司；抱怨双职工家庭越来越多没人照顾孩子，就诞生了全托、半托型幼儿园。尝试着去解决每一个小问题，其背后可能就隐藏着一个重大的商机。

【案例3-3】

大码女鞋，有没有？

凯瑟琳·科里甘身高有6英尺（1英尺=0.3048米），很难找到合脚的鞋子。自从初中身高猛增后，她就开始穿男生的运动鞋，要找到适合特殊场合穿的鞋子很困难。她父亲清楚地记得那些日子："在她读高中时，我不得不开车带她到处寻找合适的舞鞋。周围方圆20英里内的6家超市我们都走遍了。"

科里甘找鞋的难题一直贯穿高中、大学。她在森林湖大学打球时，并不介意大码运动鞋，但毕业后没有时尚女鞋就成了大问题。她认为自己与队友应是未来的职业女性、潮流引领者，是脚穿时尚优雅的女鞋的妈妈。然而，她们现在只能找到一些平淡无奇的鞋子。

2003年，科里甘在攻读MBA时为一门课程写了一份商业计划书，即创建一家时尚女鞋公司，专门设计和销售大号女鞋。在进行计划书的准备过程中，她逐渐产生了兴趣，并在调查过程中发现这是一个市场空白且市场潜力巨大。科里甘了解到不仅高个女性对时尚女鞋十分渴望，而且研究发现女性的鞋号正在增大，需求正在持续增加，原因在于参加运动的女性增加，而从小就参加体育活动的女性会有较大的脚掌。

科里甘毕业后将计划书带到了银行，并成功说服银行贷出了3.5万美元的贷款。以此作为创业基金，她创建了以"凯瑟琳·科里甘"为品牌的女鞋店。在深入学习了关于女鞋设计制造的知识后，科里甘必须克服的困难是找到一家合同制造商以便生产其想要的女鞋。但制造商们大多不愿冒险尝试。最终，她在西班牙找到了一家愿意与她合作的工厂，并在意大利设计师的协助下，设计出第一款大号时尚女鞋，交付生产。

2006年秋，科里甘卖出了她的第一双鞋。6个星期后，企业销售额就达到26950美元，库存也几乎售罄。科里甘的企业稳步增长，逐渐超出单一制造商的经营范围。尽管生产大号时尚女鞋仍然是重点，但她拓展了企业的产品线。2007年8月，她增加了高个女士服装产品线。同年，她获得美国30岁以下最佳女性创业者的荣誉。

资料来源：布鲁斯·R. 巴林格，R. 杜安·爱尔兰. 创业管理：成功创建新企业. 北京：机械工业出版社，2010.

【思考与讨论】

现实生活中像大码女鞋这类问题很多，请举例说明还有哪一些没有解决。并非所有的问题都可以轻易地解决，如果你在解决某个问题时遇到了困难，不妨想一想其他人是如何解决类似问题的。以美国著名瑜伽品牌 Yogitoes 为例，该公司生产防滑瑜伽垫，创建人是苏珊·尼克尔斯。有一些瑜伽动作要求练习者的脚成一定角度，以支撑身体重量并保持平衡，在普通垫子上做这些动作很容易摔倒或打滑。尼克尔斯想找一种防滑的材质，但尝试了多种材质均不理想。最终她发现了一种底部有橡胶圈的狗食钵，能防止狗狗吃食或喝水时器皿在地板上打滑。尼克尔斯立刻找到了一家制造商，模仿狗食钵做出了一种带有小 PVC 垫圈的防滑瑜伽垫。该公司至今年销售额已达 300 万美元。

（四）市场缝隙

初创企业在很多方面是无法同大企业相竞争的，但大企业通常需要提供规模化的标准化较高的产品以保证自己的利润，这必然为创业者留下许多具有特色需求的市场空隙。市场空隙的存在，意味着潜在商机的存在。例如，2000 年，提斯·瑟沃罗意识到市场上没有专门为女性制作的吉他。为了填补这个空隙，她创办了戴西摇滚吉他公司，专门为女性生产吉他乐器。戴西摇滚吉他时尚漂亮，拥有十分女性化的名字（如苹果粉、彩虹光、红珍珠），体现了适合女性体格与手掌纤小的设计特征，深受女性客户的喜爱。

三、激发创意的方法

创意并不是随时都有的，有时创业者需要运用一些特别的技术来激发创意、构思产品。一般认为，以下几种方法是激发创意的比较有效的方法，创业者应注意运用。

（一）从怀疑开始

创造从本质上来说就是要打破旧的，创立新的。所谓不破不立，不疑不进也。古人云："小疑则小进，大疑则大进，无疑则不进。"人类社会要前进，科学技术要发展，离开怀疑和批判的精神是不可想象的。许多哲人有类似"怀疑一切，察其所由"，"我们以培养学生的怀疑和思辨精神为第一要务"，"怀疑精神是人类最可贵的品质"的警句箴言。

怀疑是创新的源泉，是社会前进的不竭动力。从一定意义上来讲，没有怀疑就没有人类的文明进步；没有怀疑就没有科学技术日新月异的发展。对于事物的已有认识，我们必须通过怀疑来促使自己不懈思考以否定认识中的错误方面，打破已有认识的牢笼让真理的翅膀自由飞翔。现代科学的诞生，正是发扬怀疑精神的结果：既怀疑人人信奉的宗教教条和迷信，也挑战古代科学的权威：哥白尼挑战托勒密的地心说，维萨里、哈维挑战盖伦的解剖学，伽利略挑战亚里士多德的物理学。

怀疑都是一定积累的反映，即怀疑也有其产生的历程，怀疑源于对社会惯常出现的事物的困惑，这一困惑的发展便会解决困惑，在解决途中便会产生对以前事物的怀疑、否定。有了怀疑，就不怕找不到新的思路和创意。

（二）张开联想的翅膀

民间有一种说法："如果大风吹起来，木桶店就会赚钱。"

这两者是怎么联系起来的呢？原来它经历了下面的思维过程：当大风吹起来的时候，砂石就会满天飞舞，这会导致瞎子的增加，从而琵琶师父也会增多，越来越多的人会以猫的毛代替琵琶弦，因而猫会减少，结果老鼠的数量就会大大增加。由于老鼠会咬破木桶，所以做木桶的店就会赚钱了。上面两者的联系就是运用了联想思维的结果，趣味性可能强于逻辑性，但无疑证明了“联想”的强大力量。

联想是由某一事物想到另一种事物而产生认识的心理过程，即由所感知或所思的事物、概念或现象的刺激而想到其他的与之有关的事物、概念或现象的思维过程，是人们在头脑中把一事物与另一事物联系起来，将关于一事物的思想或表象，推移到另一事物上去，并由此创造构想和形成方案，是人的头脑中记忆和想象联系的纽带。由人对事物的记忆而引发出思维的联想，记忆的许多片段通过联想形式进行衔接，转换为新的想法。我国汉末医学家华佗，有一次看到蜘蛛被马蜂蜇后落在一片绿苔上打了几个滚，肿便消失了。他联想到绿苔可用来治病。通过试验，消肿解毒良药便问世了。19 世纪法国医生勒内·雷奈克在行医中，总感到将耳朵贴在患者胸部听内脏的声音以诊断病情太不方便了，他想：怎么解决这一问题呢？一天，他忽然想起自己在孩提时代玩跷跷板的事：把耳朵贴在跷跷板的一端，可以听到另一端的摩擦声。他想：选用与木板相似的竹筒，放到患者的胸部，或许通过竹筒能听到心脏的搏动和肺泡扩张的声音，一试，果然可以，后来经过他不断改进，终于发明了听诊器。

爱因斯坦说：“想象力比知识更重要，因为知识是有限的，而想象力概括着世界上的一切，推动着进步，并且是知识进化的源泉。”美国工程师斯潘塞在做雷达起振实验时，发现口袋里的巧克力融化了，原来是雷达电波造成的。由此，他联想到用它来加热食品，进而发明了微波炉。

（三）“反弹琵琶”——逆向思维

逆向思维也叫求异思维，它是对司空见惯的似乎已成为定论的事物或观点反过来思考的一种思维方式。创业者应敢于“反其道而思之”，让思维向对立面的方向发展，从问题的相反面深入地进行探索，树立新思想创立新形象。

【案例 3-4】

我，只借一美元！

一天，犹太富翁哈德走进纽约花旗银行贷款部，对贷款部经理说：“我想借点钱。”

“完全可以，您想借多少呢？”

“1 美元，可以吗？”

贷款部经理显出十分诧异的神情，此人穿戴十分阔绰：名贵的西服，昂贵的手表，镶宝石的领带夹子。为什么只借 1 美元呢？也许，这是一种试探，试探银行的工作质量和服务态度。于是他立即装出十分高兴的样子说：“当然可以，只要有担保，无论多少都可以照办。”

“好吧。”哈德从豪华的皮包里取出一大堆股票、国债、债券等放在经理的办公桌上。经理清点了一下：“先生，总共是 50 万美元，做担保足够了。不过您真的只借 1 美元吗？”

“是的，我只需要 1 美元。”经理帮哈德办完一切手续后，便欲离去。

这时银行行长从后面追上来，有些窘迫："先生，我实在弄不懂，您拥有50万美元的家当，为什么还要借1美元呢？"

"我到这里来是想做一桩生意，可是随身携带这些票券很碍事。租金库的租金昂贵，但我贷1美元，一年只有1美分利息，便将这些东西以担保的形式寄存在贵行这里，这多合算啊。"哈德回答道。

资料来源：弗兰克·赫尔·塔木德：犹太商人创业圣经．徐世明，译．北京：民主与建设出版社，2014.

（四）头脑风暴法——思想的碰撞

形成商业创意在实际操作中最常用的方法之一即头脑风暴法。头脑风暴是指围绕着一个特定的议题，一组人有组织地进行讨论，以产生多种创意的过程。

在正式的头脑风暴会议中，小组负责人要求参与者共享他们的创意。一个人提出创意供大家分享，另一个人对此作出反应提供新的创意，而其他人又对新创意进行回应并提出其他创意，如此等等。活动挂板或电子白板常被用来记录这些创意。一次富有成果的会议，是随心所欲而活跃的。头脑风暴会议不用于分析或决策——这是以后要做的事情。进行头脑风暴有四项严格的规定，如表3-2所示。

表3-2　**正式的头脑风暴会议规则**

规则	解　释
1	不允许批评，包括出现暗笑、皱眉头、表示怀疑或质疑的面部表情。批评会妨碍创造性，阻碍创意自由产生
2	随心所欲，鼓励不受规则或约束限制地表达思想；创意越多越好，即使不符合实际、稀奇古怪的创意也可能导致好的创意或问题的解决
3	会议应快速推进，不允许任何事物减慢会议的进程。例如，抓住创意的实质，比花费时间工整地记录它更为重要
4	鼓励蛙跳思维，这意味着要利用一个创意作为快速跳向另一个创意的手段

创意本身并不是商品，然而却产生了商品本身所没有的社会价值。未来的市场竞争，是文化层次上的竞争，是经营者之间的谋略竞争，可以说，谁有更好的创意，谁就可能成为赢家。

第二节　从创意到市场机会

对于企业创业来说，最基本也是最重要的恐怕是其产品或服务的市场需求。只有当市场即消费者或客户认可创业者生产的产品或服务的时候，也就是说，只有当存在这样的市场需求的时候，新创的企业才可能生存并获得发展。即使有了十分吸引人的创意，也还只是一个初步的设想。可以说，一个好的创意只是创业者手中的一个工具，只是创建新的企业的一个火花，而要实现这一创意，特别是一个创意能不能成为一个值得投资的市场机会，或者要把一个有前景的创意进一步转化为市场机会，还有许多工作要做。

一、创意不等于市场机会

一个创意可以通过多种方法产生，甚至产生于半夜做梦时的一个灵感，它可以是异想天开的，漫无边际的，可以不十分注重其实现的可能性，创意远比好的经营机会多得多。市场机会是指市场上尚未全部满足的需求，市场机会一般存在于两种情况：一是为了现有产品和服务找到新的或潜在需求顾客，启动开发一个新市场，或者发现现有产品的新功能和新用途，引导人们使用它；二是创造开发，设计生产出具有新功能的产品，以满足人们变化的需求。企业应对市场机会进行寻找、发掘、识别来确定其是否可以成为自己的机会。一个创意未必就是一个经营机会。大多数的创业者对创意都很敏感，也很兴奋，然而，一个很好的创意未必就是一个很好的市场机会，尽管大多数情况下，市场机会源于创意。一个市场机会必然是实实在在的，能够用来作为企业发展的基础，这就是创意和市场机会之间最重要的差别。

一个好的创意仅仅是一个好的创业工具，而将创意转化为良好的市场机会却是一项非常艰巨的工作。人们常常过高地估计创意的价值，而忽视了市场需求是否真实可靠。比如，中关村一家经销商与北京大学的学生合作开发了能够在黑暗中发出荧光的键盘，这样，在黑暗中（比如有别人休息的夜晚），计算机的使用者不用点灯就可以敲打键盘。这个创意很好，但显然这样的产品成本一定比普通键盘高，而经常使用计算机的用户，绝大多数可以基本实现盲打，因而市场需求不会很好，正是这个原因，这个产品始终未能获得成功。

此外，第一个获得最好的创意也并不能保证你的成功。第一个获得最好的创意是一件大好事，但除非你能够迅速占有很大的市场份额或建立进入市场的不可逾越的障碍，从而抢先于你的竞争对手，否则第一个出现只不过意味着开拓了供竞争对手谋取的市场。在这一点上最好的例子就是大家熟悉的 VCD，万燕发明了 VCD，却在市场竞争中成为“先烈”。

因此，我们首先要强调，市场机会并不等于创意，有一个好的创意也并不意味着就一定有市场机会。一般来说，在有了创意之后，创业者仍需要进行市场研究，并在此基础上对市场机会进行辨识和筛选。

二、发现创业机会的方法

既然创业要从机会中产生，那么机会在哪儿？哪些情况又代表着机会呢？可以说机会无时不在，无处不在。但如果想知道掌握机会的简便方法，不妨关注以下几个方面。

（一）从兴趣着手

兴趣，无论是与生俱来还是后天养成的，都是自己对潜藏在自身这个特殊个体中的某种特质的呼应，都是自身特质的外在体现。如果具有并能发现它，这个东西就能成为你生命的存在形式。创业，本身就是一个梦想的实现过程，如果能将创业和兴趣合二为一，便可以在享受莫大乐趣的同时体验成功——无疑是生命最幸福的状态了。

从兴趣着手创业也有着其现实的基础，一般来说兴趣是个人所擅长的，并且由于热爱，你总是会有着不竭的动力去追求它，全身心地投入，这对于保证创业成功是至关重要的。例如，“汽车狂人”李书福就是因为酷爱带有发动机的摩托车、汽车，才狂热地投身其中，最终修成正果。

【案例 3-5】

“千年老妖驴”

王先生是一名户外运动爱好者，热爱旅游及户外探险，曾去过中国多个名胜，越过多个高峰，探过无数大小森林，是“千年老妖驴”。

几年前，王先生是一家外企公司的职员，拿着上等薪水，生活过得挺小资。在公司工作的时候，王先生趁着工作空闲之余，开始搞起了副业：网络写手。由于生性比较爱玩，出游的经历也比较多，为某报社撰写了旅游专栏，虽然稿费不多，但兴趣在此。

可是公司的工作限制多，出游的机会少。王先生开始苦恼起来，心里盘算着：难道兴趣爱好与工作真的就不能相结合吗？困惑的他来到了某职业咨询机构寻求帮助。

在职业规划专家的帮助下，王先生经过多次全方位地对自己本身和项目的调查和分析，最后决定辞职，做自己喜欢的事，开一间旅游户外俱乐部。

俱乐部的性质就是当下最流行的户外用品店，既可以卖户外用品，也是热爱户外旅游运动的“驴友”们的聚集地。俱乐部的成员都是各个网站上热爱户外旅游运动的爱好者们，一群人因为有相同的兴趣很同意打成一片。王先生的店也因为这些“驴友”的鼎力支持而搞得有声有色。

王先生由衷地说，现在的生活才是我一直想要的生活。整天可以和一群爱玩的人在一起很开心，面对那些户外用品一点都不觉得枯燥，想出游的时候就大门一关背着自己的大包出游去了。这样，自己既能当老板，又能拥有大把大把的时间去玩。

资料来源：http：//www. qncye. com.

【思考与讨论】

兴趣是最好的老师，如何培养自己的兴趣并发展成为自己的职业？你还能举出类似的例子吗？

（二）从“低科技”中搜寻机会

随着科技的发展，开发高科技领域是时下热门的课题。但是，创业机会并不只属于“高科技领域”。在运输、保健、饮食、流通这些所谓的“低科技领域”也有机会，关键在于开发。

【案例 3-6】

谭木匠：小木梳梳到了大财富①

谭传华，重庆谭木匠工艺品有限公司董事长、总经理。中国最大的“梳子王”，是“2006 福布斯中国潜力 100 榜”中唯一上榜的渝商。谭木匠公司从 1993 年的手工作坊起家，到今天已有 300 多家连锁店遍布全国，年净利润超过 2000 万元。

谭传华出生于万州的一个木匠世家，少时的理想是成为一名诗人，或者画家。但在 18 岁时，刚刚初中毕业的他因一次意外而失去了右手。托了很多熟人后，这一年，他当上了一所民办学校的小学教师。

“一个人残脚断手，多难看，多可怜，要是我残了，还不如自杀了事!”一次，学校校长在背后议论的这句话被谭传华无意听到，深受刺激的谭传华毅然离开学校，揣着 50 元钱发誓要在外面“闯出一番事业”。

在之后的十多年里，谭传华在街头给人画过画像，卖过魔芋、红橘，还开过预制板厂……最后终于选择了祖传的老本行——当起了木匠制作木梳这样一个再寻常不过的日常生活用品，创造出了一个创业奇迹。

资料来源：http：//www. qncye. com.

【思考与讨论】

千年木梳，再平常不过，可是如今的机场、高铁站和步行街都有“谭木匠”店，请结合此案例谈谈还可以从哪些“低科技”中寻找机会，或者举出其他案例。

(三) 在大企业的市场缝隙中寻找机会

目前，市场上许多价格贵或需求量大、通用性强、购买频率高的商品为大企业所垄断。大企业依赖大批量生产方法，充分发挥生产和营销的规模效应来获得收益，这是创业企业望尘莫及的。然而，大批量生产方式必然会引起分工协作的发展。在现代生产体系中，大企业想真正获得规模效应，谋求利润最大化，就必然会摆脱样样都由自己生产的传统体制，把相当一部分零部件或加工过程、装配过程转移出去，求助于社会分工与协作，而把自己有限的资源集中到产生附加值最高的环节上。因此，创业企业可以利用这种机会来发展自己。在市场上总有一些对大企业而言既小又特别的市场，这些市场不仅容量小而且发展潜力不大，但这些市场却符合市场细分有效性标准。一般而言，大企业对此无暇顾及或根本不愿顾及。因此创业企业可以以此作为机会，主动地介入，以满足这一层次的需要。

(四) 追求“负面”找机会

所谓追求“负面”，就是着眼于那些大家“苦恼的事”和“困扰的事”。因为是苦恼、是困扰，人们总是迫切希望解决，如果能提供解决的办法，实际上就是找到了机会。例如 2006 年，克里斯丁·英格米，4 个 11 岁以下孩子的母亲一天偶然注意到孩子

① http：//www. cmgsl. com. cn/.

们在听 MP3 时音量开得很大，她为此感到担心。为了不让孩子们把 MP3 的音量开得过大，她和丈夫一起做了一些调查并咨询了几位听觉矫正专家，后来发明了一套能限制音量的耳塞。由于许多父母有同样的需求，英格米还应市场需求开办了名为 Ingemi Corp. 的专门经营 iHearSafe 耳塞的公司。同样，劳拉·尤德尔也是一位母亲，当她听到四年级的女儿经常抱怨因为背书包而后背疼时，她有了一个创意，并在学生中间做了调查，得到反馈后先做了几个样品，最后发明了 ZUCA 拉杆书包。这种拉杆书包功能性与“酷”感兼具，正投青少年所好。时至今日，在全世界的中小学生中该样式的书包已十分流行。

【案例 3-7】

方便面的诞生

第二次世界大战以后，日本食品严重不足，安藤百福偶尔经过一家拉面摊，看到人们顶着寒风排起了二三十米的长队，不由萌生了一个念头：制造一种加入热水就能食用的速食面。

1958 年春天，安藤在大阪府池田市的住宅后院建了一个 10 平方米的简陋小屋，充当方便面研究室。他找来了一台旧制面机，然后买了一个直径 1 米的炒锅、面粉、食油等，开始开发方便面。

安藤设想的方便面是一种只要加入热水立刻就能食用的速食面。他为此设定了 5 个目标：第一，味道不仅好吃而且吃不厌；第二，可以成为家庭厨房常备品且具有很高的保存性；第三，简便，不需要烹饪；第四，价格便宜；第五，由于是食物，必须安全、卫生。

安藤家后院养的鸡经常被用来做菜。有一天安藤夫人在下厨时，原本奄奄一息的鸡突然跳起来，吓坏了正在旁边的儿子宏基。从此之后宏基不仅不吃鸡肉，而且连以前喜爱的鸡饭也不吃了。但是，有一天安藤的岳母把鸡汤放在拉面里，儿子居然吃得很香。就在那时，安藤决定方便面也用鸡汤。安藤说，现在回想起来，这个决定还是很合理的。在方便面打入国际市场后，还没有发现不吃鸡肉的国家。首包鸡肉方便面于 1958 年问世。同年，安藤将中交总社易名为日清食品公司。1968 年，日清王牌产品“出前一丁”诞生。1971 年，日清首次推出杯装即食面，随即风靡全球。

【思考与讨论】

安藤是遇到什么“负面”的事情而创业的？现实生活中你遇到过什么“负面”或烦恼的事情吗？是否已经解决？

（五）盯住某些顾客的需要就有机会

市场机会不能从全部顾客身上去找，因为共同需要容易认识，基本上已很难再找到突破口。而实际上每个人的需求都是有差异的，如果我们时常关注某些人的日常生活和工作，就会从中发现某些机会。因此，在寻找机会时，应习惯把顾客分类，如政府职员、菜农、大学讲师、文学编辑、小学生、单身女性、退休职工等，认真研究各类人员的需求特点，会发现很多机会。例如，随着“游戏精神”的日益风靡和女性白领阶层的迅速增加，即使是忙碌的上班族女性也希望空暇时能享受到一款轻松的小游戏，它必须具备应有的娱乐性，但不能太耗费时间，也不能同传统的针对男性的游戏一样太激烈。PopCap games 就针对这一市场需求开发出了现在风靡全球的一种游戏类型，即“休闲类小游戏”，这一类游戏随意而轻松，随时可以暂停，不太过炫目也没有太跌宕起伏的情节，完全适合忙碌了一天想要放松的上班族女性。事实也是如此，至今公司 90%以上都是 25 岁以上的女性玩家，完全不同于主流游戏制造商所关注的青年男性市场。

【案例 3-8】

为了狗狗们的“贞操”

北京的一位女子，独具慧眼发明了“宠物贞操带”，不仅为许多宠物狗的主人减少了烦恼，也为她自己开辟了一条生财新道。

一次偶然的机会，她遇到小区里两位宠物狗主人因名贵宠物狗怀孕而吵架，这促使她萌生了给名贵宠物狗设计“贞操带”的点子。

通过调查她发现，因为狗意外怀孕发生纠纷而引起争执的官司正在加速上升，其中名贵犬种的比例很大。此外她还了解到，宠物狗交配是有讲究的，比如吉娃娃犬和猎狐犬杂交的话，生出来的小崽很可能携带致命病毒。而有的稀有犬种杂交出的下一代，因基因相斥，会带有危害人类的病毒。

调查结果让她信心大增，最后她又在宠物网上自制了一份调查帖子，结果很多网友表示希望购买这种产品。说干就干。设计、剪裁，一个晚上她就做了 3 种款式。然后挂在一个朋友开的宠物店内试卖，其主要目标客户是经济条件较好，狗狗品种名贵的人群。当天上午就来了 5 位顾客咨询，其中有一位先生的名贵母犬叫日本银狐，单只的价格在 2 万元左右。这只狗已遭受了 5 次意外怀孕，仅宠物狗的“堕胎费”就花了 1.5 万元。

最终，该先生花 300 元买了一件。事后，她又针对高收入人群饲养的名贵宠物狗推出了定制服务，以时装的标准为宠物狗设计“贞操带”。一周时间就接到了 12 张订单。

由于购买者多半收入水平较高，因此她特别注重产品的个性，绝不雷同。为了提升档次，她还专程去了云南，采购了许多经济的玉石，然后把玉石缝在宠物衣服上。虽然价位高达五六百元一件，但这些宠物衣服还是被识货的顾客抢购一空。

到 2007 年 7 月，因需求量不断增大，她请了 2 位缝纫高手在家里帮工，如今她每月都能卖出上百件，利润稳定在 2 万元左右。

资料来源：http：//www. qncye. com.

【思考与讨论】

中国的宠物市场越来越大，宠物的需求和消费也越来越多样化，请思考还有哪些尚待开发的市场。

（六）两个或多个事物的复合

“复合”是两种以上的物质、功能、原理的相加和结合，从而产生新的功能，根据排列组合原理，事物的复合会几何级数地增加原有事物的种类，满足人们多变化的市场需求，也可能极大地刺激人们新的需求。

【案例 3-9】

“虚”中有“实”格子店

年轻人靠什么成功？往往靠着独特的创意，特立独行的经营。我认识的一个人——莫言的创意虽然来自虚拟的网络，却嫁接到了实体店铺上。

这天，莫言漫不经心地在网上点击着，一则“另类致富”的信息引起了她的注意：2005 年 8 月，一名英国大学生建立了一个名叫“百万首页”的网站，将这个网站的首页平均分成一万个小格子，每个格子以 100 美元售出。买家可以在格子中随意放置任何虚拟的东西，很快，一万个格子销售一空。

原来赚钱可以这么容易！自己能不能建一个中文版的格子网呢？但她转念一想：跟风者必死，再说我也不懂这方面的技术。然而，一个新奇的想法又从她的脑子里冒了出来，我可以把“小格子”搬到实体店铺中来经营啊！

莫言想道：现在市面上的店铺都只卖自己的东西，如果我租一个门市，将店铺分割成若干个小格子，然后租给别人，租户用这些空格子爱卖什么卖什么，我负责替他们看管、销售。肯定能行！

说干就干。她对格子店进行了定位：出租对象是跟自己一样有着致富梦想但因缺乏资金或时间而开不了实体店的年轻人。受格子大小的限制，销售的产品以新、奇、特的小产品为主。

经过考察，莫言最终在有“都市生活的橱窗”之称的购物大街，以每月 1 万元租下了一个 30 多平方米的门面。为了显示整洁有序，她将格子的规格统一为 40cm×30cm×25cm，用透明玻璃隔开，三面墙共计 320 个格子，看上去小巧别致。

为了方便租户存放货物，她还在店铺的里屋设计了储物室。马不停蹄地办完开店手续后，国内第一家格子店终于闪亮登场了。

如今，莫言的店里，饰品、服装、鞋子等应有尽有。两家店 300 多个格子出租率稳定在 95%以上，一个格子平均每月租金 300 元左右。在租户们实现赚钱愿望的同时，她也不经意间实现了自己的百万淘金梦。

【思考与讨论】

1. 请问这个创业是如何实现“复合”的？
2. 除了实与虚的复合，还有一些什么复合？

（七）深入挖掘，做到极致

任何事情，即使再平凡，进入门槛再低，只要创业者精益求精将其做到极致，就会获得超出一般的成功。

【案例 3-10】

一天卖 13000 碗

一天卖 13000 碗凉粉？这是真的。

唐朝乾元年间，四川大足县龙水镇有一个姓陈的穷秀才，他调制出一种香味十足的特色凉粉，挑着担子到龙水镇的桥头去卖，没想到吃的人个个赞不绝口。

上面说的这个穷秀才便是陈品华的祖先。陈品华从做了 70 年凉粉的爷爷那里接过了“陈凉粉”的衣钵，像爷爷那样挑着担子穿街走巷。两年后，才在大足县城的月东街开了第一家店、

陈品华在继承的基础上不断创新。云南的大白豌豆香味诱人，用它做凉粉的主要原料。用石磨加工能保持豌豆的清香，这个延续千年的传统工艺不能丢。在佐料方面纯香菜油、上等的红辣椒、特色花椒等 20 种佐料个个精心选择，真可谓集万千宠爱于一身。这样的凉粉吃上一口：呵！嘴角微辣，口吐香，头冒汗，浑身舒畅，只想大喊一声：就是这个味。顾客看到“陈凉粉”的招牌：金黄的凉粉，鲜红的辣椒，翠绿的葱花，食欲一下子就勾起来了。

上午 10 点食客的队伍从街头排到巷尾，排队的人们嬉笑着，打闹着，抱怨着，这支很不整齐的贪吃的队伍成了当天的一道景观。“陈凉粉”的员工：收银的，切凉粉的，配佐料的，送凉粉的个个都是汗流浃背，一直忙到晚上 11 点，共卖出凉粉 13000 碗。

资料来源：根据 http：//club. 1688. com 改写。

【思考与讨论】

如何看待从基本需求如“吃”上寻找创意和机会？

（八）开阔眼界，“引入”再创新

目力所及要大，见识所及要多，思维所及要宽。古人云“读万卷书，行万里路”，怎么打开眼界？精读上百本有关创业的书，看上百个别人创业的故事，走上十个地方，接触不同的人和思想，你会发现可做的事情很多，绝不仅仅是开店，即使是开店也有许多不同的开法。

三、机会窗口

如果市场信息唾手可得，而且这些资料很清楚地勾画出重要的潜力，那么就会有一大群的竞争者，机会便会渐渐消失。由于大部分的资料是不完整、不正确、彼此矛盾而且含义模棱两可的。因此，对企业家而言，搜集信息、从中找出可能的机会，并把别人认为是一片混乱的信息连接在一起，是非常必要的。对于创业者来说，把握时机对于创业的成功具有非常重要的意义。如果真的是一个经营机会（而不仅仅是一两种产品），是否有抓住

这个机会的足够的时间呢？如果一个机会的确存在，企业家是否能够及时抓住它取决于技术动作和竞争对手的动向等因素。因此，一个机会通常也是一个不断移动的目标。在此意义上，存在着一个“机会窗口”。所谓机会窗口，就是指市场存在的发展空间有一定的时间长度，使得创业者能够在这一时段中创立起自己的企业，并获得相应的盈利与投资回报。一个创业者要抓住一个机会，这一“窗口”必须是敞开而不是关闭的，并且它必须保持敞开足够长的时间以便被加以利用。

图 3-1 是一个机会窗口的直观描述。一般地，市场随着时间的变化以不同的速度增长，并且随着市场的迅速扩大，往往会出现越来越多的机会。但是当市场变得更大并稳定下来时，市场条件就不那么有利了。

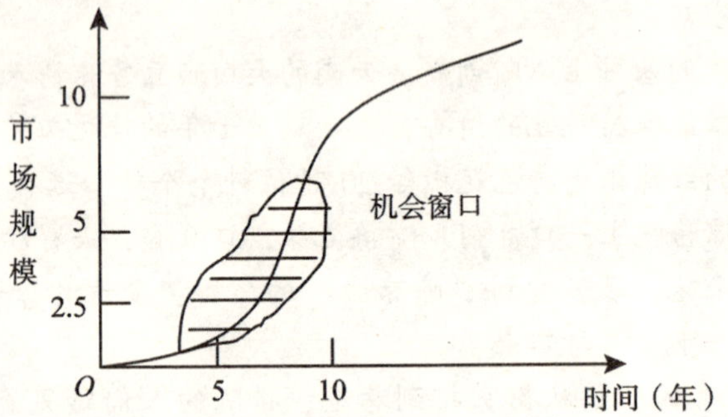

图 3-1 机会窗口

机会窗口并不是永远打开的，有的创新，机会窗口打开的时间很长，有的则非常短。当时机尚未来临时，再好的创新构想也很难引发投资者的兴趣。纵然投入在机会窗口打开之际，如果打开的时间短暂，恐怕尚未回收投入资本，市场利润的空间就已经消失了。

由于机会窗口的存在，在创业前期，机会的发掘与选择最为关键，创业过程中，机会的模糊、市场的不确定性、资本市场的风险以及外在环境的变迁等，经常地冲击创业活动，使得创业过程充满了风险，因此机会的辨识、评估并使其清晰地浮现，是新创事业能否顺利推进的关键因素。

如何及时掌握创新机会窗口打开的时机以及如何判断这个机会窗口是否拥有足够获利回收的时间长度，就成为创业投资成败的关键因素。有关美国创业者的一项研究调查发现，当机会窗口的时间短于三年时，新事业投资失败率高达 80%以上；如果机会窗口的时间超过七年，则几乎所有投资的新事业都能获得丰厚的回报。

第三节 识别创业机会

创意不一定就是创业机会。无数事例证明，新颖、独特的创意并不一定能化作有效的市场需求；技术的先进性并不等于技术的经济性。在把创造能力和创新精神转化为创业机会的艰巨过程中，发现好的创意只是第一步。从思路到高潜力商机，再到成功企业的旅程需要面对许多不确定的因素。因此，对创业机会进行评估、对风险进行充分认识和理性平衡是无论如何都不能忽视的，它决定了整个创业理念的形成和贯穿，甚至创业结果的成败。

一、创业机会识别与筛选的基本原则

对于创业投资者来说，市场机会的甄别类似于投资项目的评估，这对投资能否取得收益十分重要，同时，这也帮助创业者从另一角度来分析其创意是否具有继续发展成为一个企业的实际价值。事实上，有60%~70%的创业计划在其最初阶段就被否决，就是因为这些计划不能满足创业投资者的评价准则。在市场机会的识别与筛选时应遵循以下原则：

（1）市场原则。以满足市场需求为前提，重点发展需求量大、发展前景广阔的产业或项目。

（2）效益原则。投资项目应该有较高的投入产出比，即投资要讲究一定的回报率。

（3）符合国家产业政策原则。重点发展国家产业政策鼓励、支持的产业或项目，回避国家产业投资明确限制和压产的项目。

（4）充分利用当地资源优势和创业者自身优势的原则。选择创业者熟悉并拥有资源优势的项目，不盲目追求社会经济热点，以避免决策失误，浪费劳动和投资。

二、创业机会的分析

多年来，一些在企业和特定的市场中有经验的人使用一些经验法则对市场机会进行筛选。风险投资者和精明老练的企业家们在筛选创业机会时往往都会利用一系列的评估规则。

评估主要应从市场环境分析和项目的具体分析两个层面入手。前者侧重于宏观和中观层面，包括经济环境、文化环境、技术环境、法律环境等，习惯上将微观的竞争者和原材料供应商也纳入此范围；后者主要侧重于项目本身的微观层面，主要包括市场状况、资本与获利、竞争优势、管理班子和致命缺陷等方面。一般地，好的经营机会将在上述所列项目的大部分中表现出巨大的潜力，或者将在一个或几个项目中拥有其竞争者望尘莫及的压倒优势。

1. 经济环境

在经济方面，创业者应该考虑的主要变量包括所在地区的国内生产总值（GDP）总额和人均GDP，该地区的失业状况、消费者的可支配收入等。这些数据很容易从政府机构获得。

国民生产总值反映一个经济体的规模，通常在不考虑人口因素的时候，GDP越高，市场规模当然就越大。但是，市场的需求主要是由人们的购买能力所决定的，因此，人均GDP基本上决定了人均收入水平，从而决定居民的购买力，这是决定市场需求的基本因素。同样的，就业状况、可支配收入等都是影响市场需求的主要因素。

2. 文化环境

文化环境是影响顾客购买决策的重要因素，正是社会文化环境的复杂变化，才引发消费需求、购买动机和购买行为的复杂性和多变性。文化环境是决定企业市场开拓成功的最关键的因素。企业进行的调查与预测的文化环境指的是市场所在地整体消费的社会习惯、生活准则、价值观念、民族风俗等与产品销售有关的文化环境因素。企业可以从民族风情、民间习俗以及消费者心理的角度来进行调查分析和预测。

从佐丹奴在中国人心目中品牌的塑造，足以看出文化在市场的成功方面是多么重要。单从该品牌服装款式的确定来看，不难发现其经营者深谙国人的着装心理和习惯，对我国的服装文化也下了一番工夫进行研究，把握较准。我国是一个文化历史悠久，崇尚中庸的古老民族，穿着朴素，不寒碜也不过火乃最高境界，较之于西方民族更含蓄和传统。尽管现在我们的生活水平提高很快，与西方文化也有所交融，但自身的穿着打扮却有其渐进的发展过程，大多数人并不追求新奇。针对这种市场状况，佐丹奴服装款式设计力求简明、流畅，而不见粗陋。给人感觉透着古典、浑朴的平凡，但又毫无落伍、过时之感，体现出一贯秉承的优雅中愈见洗练的沉稳风格。

3. 技术环境

技术的进步难以预测，从某种意义上说，技术是变化最为剧烈的环境因素。然而，创业者必须考虑对所涉及行业的技术变化趋势有所了解和把握，应该考虑因政府的投入所可能带来的技术发展。由于技术的发展会带来市场的快速变化，这就要求创业者不但要谨慎地做出短期的营销决策，而且要针对可能产生影响的新技术准备应急计划。通常，在商务协会甚至在商务会议上，会有发言人针对技术变量进行讨论。

【案例 3-11】

中国互联网 20 岁——改变才开始①

中国于 1994 年 4 月 20 日，正式接入国际互联网。20 年里，互联网给人带来太多的惊讶，而后又迅速将惊讶变为平常。如今的我们，已不会为 1997 年的第一套免费电子邮件系统惊呼；也不会诧异于 2006 年美国《时代》周刊将年度人物授予“网民”；甚至将 2008 年中国网民规模跃居世界第一视为理所当然。20 年里，互联网几乎改写了一切——无论是政治生态、经济脉动还是社会生活。互联网在中国 20 年的成长史，是中国深层次转变的历史。

1. 一条搅动传统产业的“鲶鱼”

20 世纪 90 年代末，越来越多人注册 QQ 致使其服务器不足，马化腾一边蹭着别人的机房，一边寻思着将 QQ 多卖给几家代理商。“这小东西还要 100 万元?”“谁吃饱了撑得在网上聊天？有时间电脑五笔打字，还不如直接打电话。”投资者毫不客气地质疑道。“互联网在未来肯定会成为一种潮流。”马化腾义正词严地说道。谈判不欢而散，马化腾决定自力更生。

嘲笑者绝对想不到，2000 年同时在线人数还仅仅是 10 万的 QQ，2014 年 4 月 11 日已突破 2 亿，而马化腾所领导的腾讯，市值已突破 1000 亿元。

中国社科院信息化研究中心秘书长姜奇平表示，互联网行业的一大特点是主角年轻化，进入行业财富榜前十名的人不靠老子，不靠刀子，不靠裙子，完全是阳光

① 根据新华网 http：//news. xinhuanet. com/的相关资料改写。

致富。

中国互联网这20年，承载着首批互联网青年才俊的阳光创业理想。1994年5月，古永锵从斯坦福商学院毕业，决定搬回北京，留在硅谷的同学都觉得他是疯了。而今已是优酷网首席执行官兼总裁的他，回望那段历史后笑言："20年以后，中国依然是我的大本营。"1996年，32岁的张朝阳创办了"爱特信信息技术有限公司"；1997年，26岁的丁磊创办网易；1998年，31岁的王志东成立新浪网；1999年，35岁的马云在杭州创办了阿里巴巴网站；2000年，32岁的李彦宏回国创建了百度公司。这一批互联网企业的诞生占据了中国互联网版图的大半江山，也开启了互联网行业的"西学东渐"。

也正是这20年，信息产业与传统产业深刻对话，发挥着刺激传统产业的"鲶鱼效应"。电商出现，在图书、3C家电、服装、化妆品等方面对传统零售业产生了巨大影响。而2012年兴起的生鲜电商，无疑是对传统商业最后一点堡垒的冲击。以余额宝为代表的互联网金融产品，挑战着商业银行经营模式的底线。OTT业务、数字音乐、智能电视、云阅读等则在不同程度地塑造着传统产业结构，带动传统行业形成"互联网思维"。

互联网产业面向市场，创新性与服务性的趋势愈发明显。黄澄清说："消费型的互联网正向制造业、服务业的互联网转型。"中国信息经济学会理事长杨培芳也表示，社会需求从工业时代的标准化向互联网时代的个性化转变。第一产业的现代化农业灌溉，第二产业中智能化的电网、工业控制系统的数控机床以及第三产业的旅游等，都展现了互联网社会运行的高效率、低成本优势。

互联网所引发的第三次技术革命，对下一代生产力的发展不仅仅是起到了沸腾器、放大器的作用，更重要的是改变人们的观念，让我们对未来社会有新的认识，而每个人应在网络社会中担起责任，在国家和社会的引导中培育新的创造力。

2. 曾经的"科幻片"，如今的"肥皂剧"

早上起床用手机浏览新闻，通过微博参与"国事"讨论；上班打车，嘀嘀、快的随叫随到；工作"网聊"或邮件传递，及时迅速；下班和同事团购吃饭，便宜又实惠；晚饭后自学充电，在线教育；睡觉前，用QQ或微信和朋友聊聊天；买东西，直接上淘宝和京东；找工作，上赶集、猎聘或58同城；甚至终身大事，也可网上牵线……这种生活方式，在生活在20世纪90年代的人眼里，是科幻片里的场景，而对今天的人来讲，只算是一部肥皂剧的剧情。

有帖子这样描述20世纪90年代的网民：第一次玩过的电脑至少是286；浏览过真正没有广告的网站和网页；体味过1小时上网15元钱的滋味；免费的观念根深蒂固；经历过真正的网恋……

那是中国互联网刚刚起步的阶段，没有正式的计费系统和网管系统，拨号上网还常常掉线，互联网新闻的媒体属性、电子邮件的新型交际形式已是大多数人对互联网的最高想象。

在这信息高速公路推进的20年，原本的互联网"科幻片"，已经从理想照进现实。值得关注的是，互联网正深刻影响着现实中的人际关系，催生了"低头族"、

"网络依赖综合征"等问题。人际关系的网络传播往往使人们的现实交往愿望和能力下降，更加乐于通过网络交流而不是通过人与人直接的交流，其实会限制我们面对面交流的能力。PC时代一天可能有两个小时跟互联网联在一起，手机的时代一天除了睡觉，18个小时跟互联网联在一起，穿戴设备则可能一天24小时跟互联网联在一起。

2013年12月4日，工信部正式发放4G牌照，宣告中国通信行业从3G进入了4G时代，用户将获得更快的访问速度、海量数据的存取和更多新型应用的体验。中国科学技术大学科技传播与科技政策系主任周荣庭指出，在不久的未来，极具亲和力的终端、无处不在的网络和无所不能的软件可能会全面"接管"我们的生活。

【思考与讨论】

1. 回顾互联网发展的20年，我们的生活和观念发生了哪些变化？
2. 由互联网到移动互联网社会生活中人们的交往方式发生了什么变化？
3. 伴随着互联网的发展，一些企业从初创到今天，价值超过千亿元，并形成了新的产业，产生了多位不到30岁的亿万富翁，请说明新的技术和创业如何推动社会经济结构变化和促进经济增长。
4. 新的高速移动互联技术提供了哪些新的创业机会？

4. 法律环境

新的风险企业的创办过程中会遇到许多重要的法律问题，我们将在本书后面的章节来专门分析这个问题，这里仅作简单讨论。

创业者应该准备面对将来有可能出现的影响到产品或服务、分销渠道、价格以及促销策略等的法律和法规问题。新的法规，如取消价格控制法规、对媒体广告的约束法规（例如，禁止香烟广告）、影响产品及其包装的安全条例等，这些法规都将对企业的产品开发和市场营销等产生影响。有关的信息可以从行业刊物或商务协会获得。

政府对市场的管制也是值得创业者重视的一个方面。例如，美国政府在20世纪80年代对电信和航空业的进入限制的放松就导致了大量新公司的组建。如果政府对某个行业的市场进入加以严格限制，那么新创企业就很难考虑以这样的市场为目标。

5. 竞争者

大多数创业者会面临大公司的潜在威胁。创业者应该时刻准备面对这些威胁而且应该意识到谁是竞争者，他们的优势与劣势是什么，以便制订可以实施的有效的营销计划。一般情况下，依靠经验，通过商务杂志上的文章、广告甚至电话号码簿的黄页等可以比较容易地识别大多数的竞争者。

6. 原材料供应商

在原材料有限或接近供应商较为困难的情况下，有必要对原材料的可获得性进行评价。有关原材料短缺的趋势预测信息也可以从商务刊物上获得。

所有上述外部因素都是不可控的。然而，如上所述，运用所获得的信息资源对这些要素进行认识及评价，将会对新创企业的运作及其成功提供强有力的支持。

三、创业项目的筛选

（一）市场情况

1. 市场结构

针对创业机会的市场结构例如进入障碍、上游原料厂商、顾客、经销商的谈判力量、替代性竞争产品的威胁以及市场内部竞争的激烈程度进行分析。由市场结构分析可以得知新事业未来在市场中的地位以及可能遭遇竞争对手反击的程度。每一个市场都有一定的市场结构，市场结构的特征主要由以下因素所决定：

（1）销售者的数目；

（2）销售者的规模、结构；

（3）产品的差别化；

（4）进入和退出市场的障碍；

（5）购买者的数目；

（6）成本条件；

（7）市场需求对价格变化的敏感程度。

一个分裂的、不完善的市场或正在形成的产业常常会产生未满足的市场空缺，这对于市场机会的潜力大小也就具有重大影响。例如，在可以获得像资源所有权、成本优势这类好处的市场上，即使存在竞争，其赢利的可能性还会是相当大的。

一个存在信息缺口的市场很可能带来巨大的盈利机会。波士顿的一位企业家得知纽约的一家大公司准备卖掉位于波士顿商业区的一小幢旧办公楼，把卖得的钱投入能获得较高利润的行业。这幢建筑物的账面价值大约为 20 万美元，因此财务公司对其评估后认为它属于“低价值资产”。这位企业家比那位不在波士顿城里的销售者做了更充分的准备工作，以 20 万美元买下了这幢建筑，然后过了不到 6 个月就以 800 多万美元重新卖掉了这幢建筑。

一般来说，无吸引力的产业通常具有这样的特征：

（1）高度集中性，一个或几个企业垄断市场；

（2）完全竞争性，使得企业无法获取足够的利润；

（3）已经成熟的甚至进入衰落期的产业。

2. 市场规模

如果一个新创企业进入的是一个市场规模巨大而且还在发展中的市场，那么在这个市场上占有一个不大的份额就可以拥有相当大的销售量。市场规模大小与成长速度，也是影响创业成败的重要因素。一般而言，市场规模大者，进入障碍相对较低，市场竞争激烈程度也会略为下降。例如，进入一项拥有 1000 亿元规模的计算机外设产品市场，如果你预期只占到 5%的市场份额，对于产业内原有领导厂商的威胁不大，因此不容易遭遇到激烈的反击。

然而，如果市场非常庞大，就可能面临另一种性质的挑战。一个几十亿美元的市场可能太成熟和太稳定了，在这种规模水平的市场中，可能将面对来自世界 500 强这样的大公司的竞争。反之，如果市场是高度竞争性的，就可能意味着较低的毛利和获利能力。此外，一个不为人所知的或销售额不足1000万美元的市场也是没有吸引力的。

3. 增长率

一个有吸引力的市场应该是既有较大规模而且又不断成长的。如果要进入的是一个十分成熟的市场，那么纵然市场规模很大，由于已经不再成长，利润空间必然很小，因此这项新事业恐怕就不值得投入。例如，如今的个人计算机市场，就不再是创业者适合选择的对象。反之，一个正在成长中的市场，通常也会是一个充满商机的市场，所谓水涨船高，只要进入时机正确，就必然会有获利的空间。例如，网络游戏软件市场就非常具有成长的潜力。在这样的市场上，新创企业占有市场增长的很大份额却不会对竞争对手构成很大威胁，而且即使只占有一个小的市场份额，只要能够保持，就意味着不断增加的销售额。

4. 市场份额

如果一个新创企业在未来能够占有20%的市场份额，则表明这个企业的潜力是十分巨大的，因为较高的市场份额将为一家公司创造非常高的价值，否则该公司的价值可能比其账面价值高不了多少。对于大多数寻求一家具有较高潜力公司的投资者来说，一个只占有不到5%的市场份额的企业是没有吸引力的。

（二）资本和获利能力

1. 获利能力指标

获利能力指标主要从毛利率、税后利润率、投资回报率、资金回收期等方面考察，如表3-3所示。

表3-3　**获利能力指标**

指标名称	有吸引力的指标数值	应放弃项目的指标数值	备　注
毛利率	≥40%	≤20%	毛利为收入减成本，是利润的直接支撑
税后利润率	≥15%或10%	≤5%	
资金回收期	≤2年	≥3年	初创企业资金力量通常较薄弱，很难承受大量长期的前期投入
投资回报率	≥25%	≤15%	需结合项目的实际风险进一步衡量

2. 资本需要量

有着较少或者中等程度的资本需要量的投资机会是有吸引力的。一般来讲，大多数有较大潜力的企业需要相当大数量的资金——几十万元或更多的钱来启动。只要少量资金或没有资本可以启动的企业是罕见的，但是它们的确存在。在如今的风险资本市场上，一个新办企业的第一轮融资一般为100万到200万元或者更多。有一些有较高潜力的企业，例如服务性企业，比那些不断需要大额的研究与开发资金的高科技公司的资本需要量要少。

3. 退出机制

所有投资的目的都在于回收，因此退出机制与策略就成为一项评估创业机会的重要指标。企业的价值一般也要由具有客观评价能力的交易市场来决定，而这种交易机制的完善程度也会影响投资的退出。由于退出的困难度普遍要高于进入，所以一个具有吸引力的创业机会，应该要为所有投资者考虑退出机制以及退出的策略。资金的退出主要有企业被收购或出售、公开发行股票等各种途径。有吸引力的创业机会应该能够拥有或者想象一种获利和退出的机制，而没有一种退出机制的机会就没有太大的吸引力。

（三）竞争优势

1. 成本优势和成本结构

成本优势是竞争优势的主要来源之一。成本可分为固定成本和可变成本，从另一个角度，又可分为生产成本、营销成本和销售成本等。产品的成本结构可以反映该创业机会的前景是否美好。例如，由物料与人工成本所占比重的高低、变动成本与固定成本的比重以及经济规模产量的大小，可以判断这项新事业能够创造附加价值的幅度以及未来可能的获利空间。

2. 控制程度

如果能够对价格、成本和销售渠道等实施较强的或强有力的控制，这样的创业机会就较有吸引力。这种控制的可能性与市场势力有关，如果市场上不存在像 IBM 那样的拥有较强势力的竞争对手，控制的强度就可能较大。例如，一个对其产品的原材料来源或者销售渠道拥有独占性控制的新企业，即使它在其他领域较为薄弱，它也仍能够取得较大的市场优势。如果对于像产品开发和零部件价格这类因素失去控制，就可能使一个机会变得没有吸引力。

占有市场份额的40%、50%甚至60%的一个主要竞争者通常对供应商、客户和价格的制定都拥有足够的控制力，从而能够对一个新企业形成重大的障碍。在这样一个市场上创办的一家企业几乎没有什么自由。

3. 进入障碍

如果不能把其他竞争者阻挡在市场之外，新创企业的欢乐就可能迅速消逝。这样的例子可以在硬盘驱动器制造业中发现。在 20 世纪 80 年代早期到中期的美国，该行业未能建立起进入市场的障碍，到了 1983 年底，就有约 90 家硬盘驱动器公司成立，激烈的价格竞争导致该行业出现剧烈震荡。因此，如果一家企业不能阻止其他公司进入市场，或者它面临着现有的进入市场的障碍，它就没有吸引力。

一个很容易被忽略的问题是企业能否扩大它的产品销售能力。这听起来很简单，但甚至以风险资本作为后盾的公司也成为这个市场问题的牺牲品。例如，某航空公司虽然已经拥有一些必备的条件，包括大量的资金，但它却不能够保证它的飞机有充足的通道，甚至即使售出了乘客座位，它也没有地方接乘客或让他们下飞机。这就对公司的经营产生重大的阻碍，而这种障碍也可以视为一种市场进入障碍。

资本需要量和在市场上销售与营销的成本可能使人望而却步，从而成为市场进入的障碍。此外，削价行为和在高度集中性市场上的其他竞争性策略也可能成为进入市场的重大障碍（最突出的例子就是有组织的犯罪集团在其地盘遭到侵犯时采取的威胁生命的行动)。

政府对市场的管制也可以是市场进入障碍的一种重要来源。当市场由于政府原因而无法进入时，其障碍是无法克服的；而当市场的进入完全不受限制时，对市场竞争也未必是一件好事。例如，自从解决了进入管制，航空业已成为一个几乎是完全竞争市场的例子，在这个市场中许多新加入者没能生存下去。这种行业无吸引力的情况反映在波士顿一位著名的风险资本家威廉·伊根所作的评论之中，他说："我希望处于一个非拍卖的市场之中。"

(四) 创业团队问题

一支强大的、拥有一些行业"超级明星"的创业队伍，对于创业是至关重要的。这支队伍一般应该具有互补性和一致性的技能以及在同样的技术、市场和服务领域里被证明具有赚钱和赔钱的经验。如果没有一个优秀的创业团队，这种创业机会就是无吸引力的。

(五) 致命缺陷问题

有吸引力的机会或项目不应该有致命的缺陷；一个或更多的致命缺陷使一个机会变得没有吸引力。通常，这些缺陷涉及下述种种准则之中的一个或几个。例如创业者的动机不良，尤其在人格特质上具有明显的瑕疵。创业团队缺乏相关产业经验与企业管理能力；市场太小、市场竞争极其激烈、进入市场的成本太高或不能以有竞争力的价格进行生产等，无法显示创造顾客价值的能力，在市场竞争中也不具有明显优势。创业的资源能力有限，无法达到可以形成竞争优势的经济规模。看不出能够获得显著利润的机会，包括毛利率、投资报酬率、损益平衡时间等指标，都无法达到合理的底线目标。

本章小结

一个伟大的创意就是成功创业的开端。创意的来源有很多，既可以是变化的社会趋势、未解决的问题、现有企业/产品的问题，也可以市场存在的缝隙。为了获得更加有创造性的观点，我们应该用怀疑的眼光来看待事物，充分发挥我们的想象力，围绕市场，逆向思维，充分发挥团队头脑风暴的作用，让创意产生市场价值。

创意和市场机会有着密切的联系。创意可以来源于市场，但是创意并不等价于市场机会，它仅仅是产生市场机会的前提。为了将创意运用到市场中去，我们应该去积极地寻找机会，把创意运用到现实生活当中去，以产生实际应用价值。

为了让创意更好地转化为实际应用性的工具，我们得对创业机会进行评估，主要包括宏观和中观方面的经济、文化、技术、法律环境，竞争者和原材料供应商，也包括具体项目方面的产业和市场、资本和获利、竞争优势、创业团队和致命缺陷等方面的客观有效评估。

思 考 题

1. 创意与市场机会的联系和区别是什么？
2. 如何激发创意？

3. 创业机会识别和判断的标准是什么？
4. 目前在创业中哪些行业还存在进入障碍？
5. 创业项目潜在的致命缺陷会有哪些？

第四章　确定目标市场与市场营销策略

【故事导读】

吹箫捕鱼的渔夫

有一个会吹箫的渔夫，带着他心爱的箫和渔网来到海边。他先是站在一块岩石上聚精会神地吹了好久，却连鱼儿的影子都没有见到。他生气地将箫放下，拿起渔网，向水里撒去，结果捕到了很多鱼。他将网中的鱼一条条地扔到岸上，看到活蹦乱跳的鱼，他气愤地说："喂，你们这些不识好歹的东西！我吹箫时，你们不跳舞，现在我不吹了，你们倒跳起来了。"鱼说："我们对你美妙的箫声并不感兴趣啊！"

对于创业企业来说，在从众多的创意中筛选发现创业机会形成产品概念后，还需要进一步明确自己的创业项目到底能够满哪些消费者的哪些需求，也就是定义目标市场。明确目标市场有助于创业者了解并认识到创业的关键问题。在明确目标市场后，还需要制定合适的市场营销策略。

第一节　市 场 分 析

在市场经济条件下，市场需求决定企业的生存和发展。创业项目是否有市场和能否实现市场目标是创业能否存在和发展的前提。市场分析是通过市场调查和市场预测，对创业项目的市场容量、价格、竞争力、营销策略以及市场风险进行分析预测和研究，进而做出"创业项目是否有市场"的专业判断。

一、市场供求分析

市场供求分析包括市场需求分析、市场供给分析和市场供求综合分析。

(一) 市场需求分析

市场需求分析是对在一定时期、一定条件下，在一定的市场范围内消费者愿意并能够购买某种产品的数量及其构成进行分析。在进行市场需求分析时，通过对销售部门、国家经济部门、客户或消费者的调查，来获取市场的消费总量、地区分布，不同消费群体对产品的品种、性能和服务质量的要求等方面的数据。根据过去一定时期内某种产品需求的变化趋势，据以推测未来的市场需求。同时应调查目前是否有部分需求不能得到满足，判断市场潜量有多大。

市场需求可分为现实需求和潜在需求，两者之和构成社会对该产品的最大可能市场需求量。由于潜在需求可能转化为有效需求，因此，需要对潜在需求转化为有效需求的主要约束条件予以分析，即分析促使潜在需求转化为有效需求的各种因素以及这些影响因素发生变化之后，可能给市场新增需求量造成的影响。

（二）市场供给分析

市场供给分析是指对在一定时期、一定条件下，一定市场范围内商品生产者或供应者愿意并能够向市场供应的某种产品的数量及其构成进行分析。对企业产品市场供给能力进行分析，不仅要研究国内的供给能力，而且还要研究国外的供给能力。产品的国内供给能力，主要决定于国内的生产能力。对它进行分析时，首先要调查全国或一定地区这项产品现有的生产能力。同时还应注意了解现有生产能力中是否还有一部分未加利用。如有这种情况，则应了解其比例有多大，原因何在（如技术问题、原材料不足、需求下降等），短期内有无扩大利用的可能，以免低估市场供给能力。掌握了目前的供给量后，就可以预测未来的供给量。对于国外商品供应能力的分析要调查国外供给量，这主要是指我国可能进口该项商品的数量。在进行预测时，可以向外贸部门了解进口量和今后可能采取的进口政策。

（三）市场供求综合分析

市场供求综合分析是在掌握了企业产品的市场容量和供求状况后，根据历史数据分析创业企业寿命期内的供求平衡状况。首先，分析市场的供求状况，其形成的原因和发展趋势、行业平均利润水平、行业竞争水平等；其次，需要获取并分析产品目前的价格水平，包括产品价格的历史走势，影响价格波动的主要因素等；最后，分析价格的形成机制，是市场定价还是行政控制价格，有无行业垄断或倾销；价格对行业利润率和行业竞争度的影响；国际国内市场价格变化有无相关性，关联程度的大小等。

市场供求关系的分析有三种情况，包括供不应求、供求平衡和供过于求。供不应求，即产品的需求量超过了供给量，说明产品有比较可靠的市场。如果已经判定企业产品有明确的市场，还必须考虑以下一些因素：第一，应注意是否有生产同类产品、同样规模的企业准备投资建设；第二，应分别分析内外销的可能性和比重；第三，如该企业产品有出口任务，应了解是否有其他企业的同类产品可出口、准备采用哪些向国外推销的措施。供求平衡或供过于求，则应对市场进行进一步分析，即对影响产品需求量的有关因素加以分析，如对消费对象、产品价格、竞争对象、收入增长等因素的分析。要调查是否有可能挤占一部分同类产品的市场份额或缩短产品的更新周期，以判断企业的产品是否有市场。

对产品价格变动的趋势需要结合供求关系进行分析。通过对目前产品的供求水平和近年来产品价格的波动状况的分析，确定价格和市场供求的相关性，并找出导致价格变化的其他主要因素，如新产品和替代品的出现、技术更新、消费者习惯改变、原材料供应的变化等，为未来产品价格和供求变化趋势预测提供依据。

二、创业目标市场选择

由于消费者需求的差异性和企业资源的有限性，创业者必须根据消费者需求的不同细分市场，评估选择对其最有吸引力的部分作为创业目标市场，以提供能更好地满足消费需求的产品。创业者应当经过细分市场、目标市场选定和市场定位，来确立创业企业在市场上的竞争地位，避免由于没有明确的目标市场而进行盲目创业。

(一) 市场细分

所谓市场细分，是指从区分消费者的不同需求出发，根据消费者购买行为的差异性，把整体市场划分为若干个具有类似需求的子市场的过程。由于市场细分是依据消费者本身的特点进行的，所以先要进行消费者行为分析。

1. 消费者行为分析

消费者行为分析是研究个人、集团和组织怎样选择、购买、使用和处置商品或服务以满足他们的需要和愿望的活动。

消费者的购买行为一般经过五个阶段：

(1) 生成消费需求。由于个人和周围环境的变化，消费者习惯、偏好的变化等产生新的消费需求。

(2) 产生购买目标。消费者由于不同的消费需求，产生不同的购买目标，如追求廉价、实用或是奢华等目标。

(3) 收集商品信息。消费者通过广告、传媒、经验等，了解商品的性能、价格等多方面信息。

(4) 评价待购商品。评价待购商品的性能、价格、品牌形象、服务等。

(5) 购买决策。消费者的购买决策要受社会、文化、个人、心理等多个因素的影响。社会因素包括参考群体、家庭、角色与地位等；文化因素包括文化、亚文化、社会阶层等方面；个人因素包括年龄、生命周期阶段、职业、经济环境、生活方式、个性和自我概念等；心理因素包括激励、知觉、学习、信念和态度等。

通过对消费者购买行为的分析，就可以根据消费者对商品的不同欲望与需求、不同的购买行为与习惯，对消费者整体市场进行细分。

2. 市场细分

购买者对产品的各种性能、样式、价格等因素存在不同的偏好和敏感度，可以根据特定方法进行市场细分，使企业产品更好地服务于特定的消费者。要进行有效的市场细分，首先，应选定产品市场范围，企业应当明确自己产品的市场范围，并以此作为市场细分研究的整个市场边界。其次，应确定市场细分变量，即明确市场细分标准。以消费者市场为例，一般可选择地理、人文、心理和消费行为四个因素作为细分标准。再次，应依据变量细分市场，通常采用综合的变量细分市场。例如，综合社会阶层、年龄和使用率三个变量来细分市场。最后，应评估各个细分市场。一般情况下，每一个细分的市场应该满足：有足够的规模和需求；细分市场内消费者偏好相似并具有一定的购买力；细分市场之间具有相斥性。表 4-1 列出了可供选择的市场细分变量。

表 4-1　　**市场细分的变量与因素**

细分变量	细分因素	细分结果举例
人口变量	年龄	老年、中年、青年、少年、婴儿等
	性别	男性、女性
	家庭规模	单身、两人、三人、多人
	收入水平	高收入、中等收入、一般收入、低收入等
	职业	工人、农民、教师、机关干部、白领、退休人员等
	教育程度	硕士及以上、本科、专科、初中等
	宗教信仰	佛教、基督教、伊斯兰教等
	兴趣爱好	书法、音乐、旅游、读书、运动等
心理变量	社会阶层	政府公务员、工薪收入者、打工仔等
	生活方式	时尚、简朴、刺激、冒险、谨慎等
	个性特点	自信、自主、支配、顺从、保守、适应等
人口变量	购买时机	渴求、必须购买、可有可无等
	追求利益	经济实惠、价格低廉、耐用可靠、品味高雅、服务便利等
	使用者情况	经常购买、首次购买、潜在购买者等
	使用数量	大量使用者、中量使用者、少量使用者
	品牌忠诚度	品牌忠诚者、品牌转换者、品牌挑剔者、无品牌消费者等
地理变量	国家	中国、韩国、英国、美国等
	地区	城市、城乡结合处、农村等
	气候	干燥、潮湿、多雨、风沙、严寒等

通过市场细分，可以清楚目前行业产品的各细分市场的供求和竞争状况，哪些属于供不应求，哪些已经供过于求，哪些细分市场的发展潜力较大；是否还有更合理的市场细分，可以帮助企业寻求到市场缝隙。创业者应结合产品自身的特点和对消费者行为的分析，发现市场供求缺口或是找到消费者未能满足的需求，从而为企业的建设确定目标市场。

【案例 4-1】

谁颠覆了印度旅游业

MakeMyTrip 等印度创业公司专注于车票销售等细分市场并取得成功，这些创业公司已经颠覆了印度的旅游行业，同时在全球范围内具有了知名度。

1. MakeMyTrip

MakeMyTrip 创立于 2000 年，由于互联网泡沫和美国“9 · 11”事件，该公司业务最初进展不顺，资金消耗殆尽。2004 年前后，随着本地廉价航空公司在印度首次投入运营，MakeMyTrip 才在旅游市场获得了立足之地。传统旅行社并不预订廉价航空公司的机票，这一惯例使得 MakeMyTrip 可以成为此类航空公司的机票销售代理。对于印度人来说，廉价航空公司让越来越多的人可以乘坐飞机出行，它们的火爆也推动了 MakeMyTrip 乃至整个在线旅游行业的发展。

2. IRCTC

也就是在 2000 年，印度铁路部门成立了 IRCTC（印度铁路餐饮和旅游公司），带头推动在线车票预订平台的发展，由此还创建了一个新的在线订票服务类别。对于在线旅游行业来说，IRCTC 横空出世的时机恐怕再好不过了，因为消费者当时都对在线交易心存疑虑，知名度不高的创业公司很难让消费者对这个领域有全面的认识。在印度在线旅游行业发展初期，在线支付是让消费者担忧的重要问题。印度信用卡普及率不高，同时网上购物的体验也差强人意。IRCTC 意识到，它只有抓住当前机遇服务于用户，才能成功创建一个新的在线订票类别，于是它开始建立离线车票预定点，用户向中介机构支付一定的现金即可实现在线订票。

离线车票预订点逐渐缓解了消费者的疑虑，让他们慢慢开始接受在线订票的概念。随着时间的推移，在线订票越来越容易，大批消费者开始自己采用这种方式订票。此外，像预付费银行卡等额外的支付机制还帮助没有信用卡的消费者进行在线购物。当银行开始将第三方服务整合到银行网站以后，在线交易量得到进一步提升。

3. RedBus

RedBus 的成功是近年来发生于印度旅游行业的最具颠覆性的事件。航空业与客运行业存在着四个方面的巨大差异，令后者颠覆现有订票系统的难度更大：（1）航空业更为先进，每一家航空公司都有自己的网站。因此，航空公司正充分意识到在线订票的种种优势。（2）客运行业极度碎片化。印度全国可能有十来家航空公司，但私营客运公司的数量却超过 2000 家。这给一切旨在收集票务信息的努力都带来了重大挑战。（3）鉴于上述两个原因，客运公司管理其票务的手段的确并不先进。而在航空公司方面，收益管理与票务信息监控是一项重要的内部功能。尽管这个问题导致客运公司出现亏损，经营效率低下，但用于解决该问题的技术普及程度却非常低。（4）平均而言，乘坐飞机出行的消费者往往比乘坐汽车出行的消费者更懂科技。让这些消费者在线预订车票，便需要 RedBus 将用户群定位于非消费类型的人。

由于上述几个原因，在印度颠覆客运行业确实面临独一无二的挑战。

颠覆航空业与颠覆客运行业存在着本质上的区别。当服务于航空公司的时候，MakeMyTrip 充当了旅行社的角色，对票务和预订进行管理。当服务于客运公司的时候，RedBus 则无力起到旅行社的作用，相反，它只能作为一个平台，存在的目的是：（1）在线显示客运公司及其票务情况；（2）让消费者在线预订车票；（3）在两者之间架起桥梁。

传统上，印度的旅行预订服务效率低下。客运公司与多家旅行社建立了合作关系，但这些旅行社之间在票务信息方面没有任何的协同性。结果，要么是车票超额预定，要么是剩下大量车票。对于这个链条上的每一个参与方（运营方、代理方和消费者）来说，这都是一个问题。

在上述情况下，平台的“初始播种”只有在独立模式下才能发挥出最佳的效果：基本上就是，生产商获得可令其管理票务信息的软件，一旦有足够的生产商将其票务信息放到这个系统上，消费者就会从上面购买车票，从而建立起一个车票预订系统，向消费者提供详细的余票信息。

RedBus 设计了一款名为 BOSS（客运公司软件服务）的 SAAS 产品，让客运公司可以管理他们的票务。通过这款软件，RedBus 可以实时掌握客运公司的票务情况。通过提供这种独立的票务管理软件，让其平台在部分客运公司得到一定的推广。最终，RedBus 通过自己的不懈努力，成功说服客运公司相信未来的车票销售效率更高。此外，由于许多客运公司尚未实现电脑化，RedBus 就向现有技术提供“反向兼容性”，采用人工方式将余票信息上传至系统。由于并非所有乘坐汽车出行的旅行者都在线订票，所以 RedBus 还向消费者提供“反向兼容性”，通过客服中心和离线售票点售票。

最后，RedBus 推出了一个名为 SeatSeller 的发布系统，支持全平台的车票销售。SeatSeller 可以让用户通过 RedBus 的服务，在第三方在线旅游网站预订车票。据报道，在征服了印度在线客运车票预订市场以后，RedBus 计划将业务拓展至东南亚。

资料来源：根据 http：//www. traveldaily. cn 等多家网站整理。

【思考与讨论】

1. 请问 MakeMyTrip 能够立足于机票预订市场的关键是什么？
2. 请问 IRCTC 是如何打消客户在线订票疑虑的？
3. RedBus 进入汽车票预订市场与机票预订相比遇到的困难是什么？是如何克服的？
4. 这三家公司是如何细分市场的？
5. 目前这三家公司都各自在自己的细分市场里运作，未来有无相互渗透的可能性？其相互渗透的障碍是什么？

（二）目标市场的确定和市场定位

所谓目标市场，就是企业在市场细分的基础上，从满足显在的或潜在的目标顾客的需求出发，并依据企业自身条件而为自己选定的特定市场。例如，宝马公司在汽车市场中的定位（豪华汽车）不同于雪佛兰的定位（功能汽车）。甚至在豪华汽车市场上，宝马的定位（适合运动驾驶）也与英菲尼迪的定位（偏重于豪华性能）有所不同。

一般需要从两大维度来考虑目标市场选择问题：外部市场吸引力和企业内部资源能力。前者包括市场容量，成长性，顾客和供应商的议价能力，竞争者情况，新进入者，市场准入和退出壁垒，宏观经济和政治环境，社会因素，技术因素，生态环境因素等。后者则涉及创业企业自身的资源状况，包括可利用的有形及无形资产，资金能力，成本优势，技术和管理能力等。最终综合对这两大维度的分析，确定企业进入一个、还是多个细分市场。

目标市场确定后，需要围绕目标市场对其产品进行市场定位，即根据实际情况确定产品在目标市场中应处的最佳位置。产品市场定位工作大致应包括：确认潜在的竞争优势；准确地选择竞争优势；有效地传播企业的市场定位观念。

通过目标市场选择分析，可以明确拟建企业的市场定位，从而可以避免投资的盲目性，提高企业的成功率。

【案例 4-2】

宝洁的细分市场与定位

一个经典的案例会随着时间而散发出历久弥新的光彩，宝洁在细分产品与市场定位上所取得的成绩就是其中之一。

宝洁公司自 1988 年进入中国市场以来，每年至少推出一个新产品，尽管推出的部分产品价格为同类产品的 3~5 倍，但并不阻碍其成为畅销品。可以说，只要有宝洁品牌销售的地方，该产品就是市场的领导者。

宝洁在中国推出的第一个品牌是海飞丝。当时，宝洁经过对中国市场的详细调查，发现许多中国人有头屑，而中国国内生产洗发水的厂家又没有这方面技术。于是宝洁决定将去头屑的海飞丝洗发水作为在中国打响的第一炮。经过一年多的时间，海飞丝成为国内去头屑洗发水的代表。

随后，宝洁根据不同的消费需求划分出不同的市场，并逐渐推出了一系列产品。如飘柔、潘婷、沙宣等。公司在把它们定位于高品位的同时，又分别宣传“去头屑、柔顺、营养与保湿”等功能。海飞丝的特点在于去头屑，潘婷的特点在于对头发的营养保健，而飘柔的个性则是使头发光滑柔顺，沙宣的个性在于美发定型。而且每个品牌下又有不同的产品，如飘柔有去头屑的、营养护发的、洗护二合一等好几种产品；海飞丝有怡神舒爽型、滋养护理型、丝质柔滑型等。这些产品的细分满足了不同消费者的需求，同时也占领了绝对的市场份额。

宝洁公司通过其卓越的市场细分，几乎垄断了中国洗发水的高端市场。

【思考与讨论】

1. 宝洁是根据什么变量或特点进行市场细分的？
2. 具体说明其他类似日用品怎么进行市场细分。

三、产品分析

创业的目的是通过向市场提供符合社会需要的产品来获取一定的利润，因此有必要对拟生产的产品进行分析研究，为制订营销计划奠定基础。产品分析最为主要的方法是产品生命周期研究，产品生命周期是指产品从投入市场开始，直到被市场淘汰所经历的全部时间。

产品生命周期形态可以分为典型和非典型产品生命周期两类。典型产品生命周期要经过开发期、导入期、成长期、成熟期、衰退期五个阶段，为 S 曲线；非典型产品生命周期有时尚型、热潮型、扇贝型等，了解产品生命周期对于初创企业的市场营销战略有重大影响。典型产品生命周期的曲线如图 4-1 所示。

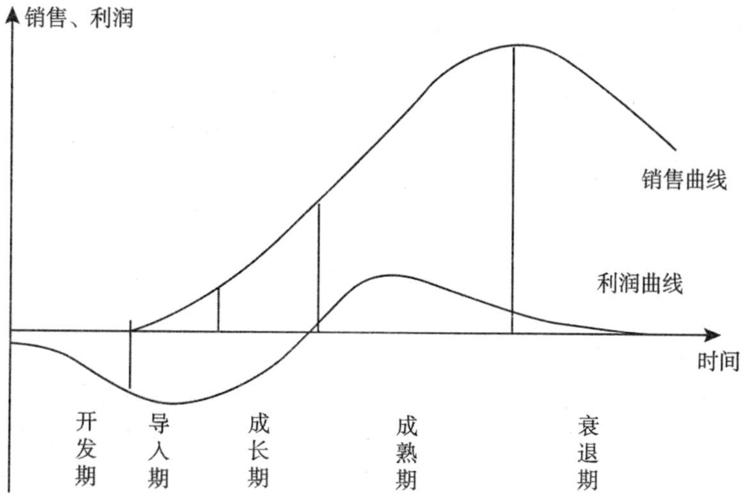

图 4-1 典型产品生命周期

典型产品生命周期曲线的特点：在产品开发期该产品销售额为零，公司投资不断增加；在导入期，销售缓慢，初期通常利润偏低或为负数；在成长期销售快递增长，利润也显著增加；在成熟期利润在达到顶点后逐渐走下坡路；在衰退期产品销售量显著衰退，利润也大幅滑落。

对产品生命周期进行研究，目的是要搞清创业企业投产时产品所处的阶段，判断产品进入市场的时机是否最佳，这对于创业企业的决策至关重要。投资在产品生命周期相关阶段的特点如表 4-2 所示。

表 4-2 **投资在产品生命周期相关阶段的特点**

序号	内容	导入期	成长期	成熟期	衰退期
1	阶段特点	设计尚未完全定型，基本无需求，成本高	设计已定型，销售增长迅速，出现竞争者	增长缓慢，利润多，市场饱和，竞争激烈	负增长，利润减少，竞争者陆续退出
2	投资优点	易抢占市场，为发展打下基础	竞争不激烈，易获利	推销和研制费用低，获利丰厚	为企业特殊需要服务
3	投资缺点	风险大，且开始时无利可图，导致亏本	起步迟，市场份额易被竞争企业抢走	竞争易处于劣势，获利期短	利润迅速减少，甚至亏损
4	投资目的	加速产品定型，引导需求	进行速度和产量竞争，提高市场占有率	提高质量、信誉，形成特色以挤占市场	降低成本，升级换代，增加功能，延长寿命周期

就一般企业而言，产品处于成长期时投资比较理想，因为这一时期销售增长迅速，市场竞争不激烈，易获利。若处于成熟期，则需要预测产品成熟期到衰退期可能经历的时间跨度，更加审慎地考察企业建设的必要性和建设规模。导入期和衰退期一般是在特定条件下的选择，在大型企业投资决策中，很少予以考虑。

应用生命周期理论时需要注意的是，产品所处的阶段并不是判断是否适宜投资的唯一因素，应用该理论进行投资决策分析时还应考虑如下几方面问题：

首先，生命周期的发展并非一成不变的，不少产品在进入成熟期以后，由于应用领域的拓展，又可以进入新的生命周期。与此相反，现阶段各领域的技术、知识更新极快，大部分产品的生命周期越来越短，对此更要充分的认识。

其次，产品生命周期中各阶段所经历的时间长短是不同的。如某些产品的成熟期可能比其他三个阶段之和还要长很多，需要经历成长中的成熟、稳定中的成熟和衰退中的成熟等阶段。因此，即使在成熟期投产，仍然有足够长的时间获得投资收益。

最后，同样产品在不同地区、不同经济发展水平下，所处生命周期的阶段是不同的。有些企业在经济发达地区已经进入成熟期、衰退期，而在相对落后地区却还是成长期。

综上可见，正确应用生命周期理论需要考虑多方面因素，要根据具体情况灵活运用。

四、竞争力分析

项目竞争力分析能够帮助企业明确目前行业和项目自身的竞争状况，预测未来竞争力的变化趋势，从而正确估计行业及项目自身的市场地位和面临的市场风险大小；帮助企业了解市场形式，确定项目的市场竞争战略，扬长避短，在市场竞争中找到自己的立足之地。

（一）市场竞争的威胁力量

竞争力分析的第一步就是要了解即将进入的新市场中，有来自哪些方面的竞争力量及其所带来的威胁。我们可以依据波特的五种竞争力模型来分析。

波特指出，市场的基本竞争威胁来自五个方面，如图 4-2 所示。

五种竞争作用力反映出的事实是：一个产业的竞争者大大超过了现有参与者的范围，顾客、供应商、替代品、潜在的进入者均为该产业的“竞争对手”。这五种作用力共同决定了产业竞争的强度及产业利润率，其中一种或几种作用力将起到关键性的主导作用。例如，假设一个企业有很强的市场控制力，也没有潜在竞争对手的威胁，但存在一个先进的、低成本的替代品，那么该项目仍旧仅能获得低收益。即便没有替代品出现，也不存在进入者威胁，现有竞争者的激烈竞争也将限制潜在收益。

许多变量可用来分析处于创业期企业的活动，但波特的五力模型可能最为简便有效。例如，许多企业通过一些创造性的手段建立了强大品牌或致力于差异化，其首要目标在于建立加入障碍以堵截新进入者；另外一些企业，如星巴克，通过在其业务领域向顾客提供舒适满意，旨在防止顾客转而青睐更便宜的替代品。然而，索尼公司的故事更加引人入胜，当索尼公司还是一家刚创立的小企业时，买方议价实力驱使它改变了整个经营方式。若非如此，恐怕索尼就不可能成为今天家喻户晓的品牌。

索尼创立于 1946 年，创立者是井深大（Masaru Ibuka）和盛田昭夫（Akio Morita）两

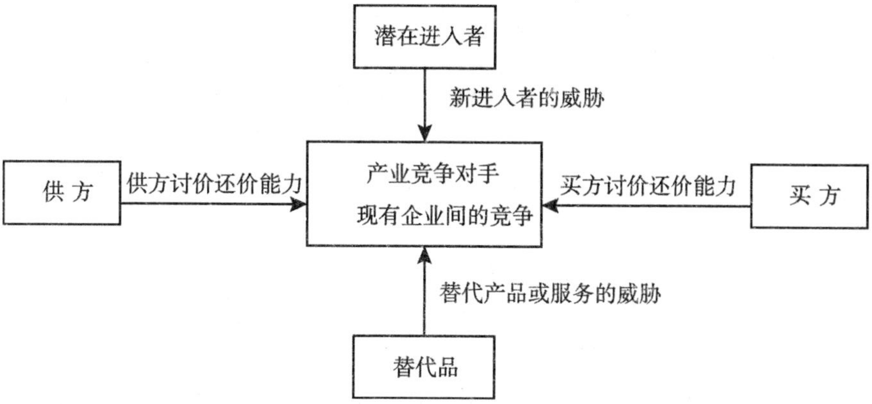

图 4-2 竞争力分析模型图

位日本商人，主要业务是为第二次世界大战后的日本重建提供通信设备。井深大和盛田昭夫必须在与政府部门的采购代表接触中赢得他们的信任。这绝非易事，但他们的努力工作换来了来自这些采购代表的订单。然而，在索尼公司还处于初创期的某一天，盛田昭夫费尽心思争取到的一位采购代表被调离，去了新岗位，他不得不重新开始去争取新的继任者的信任。

这样的事情重复发生多次以后，盛田昭夫开始慎重考虑这个问题。他为政府部门和大企业的采购代表给予索尼巨额订单感到欣慰的同时，也为索尼公司的销售受制于这些少数人的决定而忧心忡忡。与井深大讨论了这个问题之后，为避免索尼公司的未来受制于少数采购代表，盛田昭夫决定把索尼带到一个新的发展方向，即着手开拓消费者市场。“换句话说，我们决定与广大百姓做生意，而非仅仅几个特殊人，在此基础上，我们开始生产日本第一台录音机以及磁带。”盛田昭夫后来回忆道。

这个故事展现了买方议价实力的强制性本质，当大量卖方企业面对极少数买方时，这种强制性犹如重拳一样难以抵挡。盛田昭夫重新选择了索尼的发展方向，从而避免了这种威胁。索尼公司已经走过了大半个世纪的历史，其前途也掌握在青睐索尼产品的广大民众手中，而非少数强势买方手中。

（二）SWOT 分析

SWOT 即 Strengths（优势）、Weakness（劣势）、Opportunities（机会）、Threats（威胁）的简称，它在制定公司发展战略和进行竞争对手分析中经常被使用。它是竞争对手分析中最常用的组合技巧之一。SWOT 分析是将企业内外部条件各方面内容进行综合和概括，进而分析企业的优劣势、面临的机会和威胁的一种方法。其中，优劣势分析主要是着眼于企业自身的实力及其与竞争对手的比较，而机会和威胁分析将注意力放在外部环境的变化及对企业的可能影响上。在明确了创业企业所面对的各种威胁力量之后，就要对创业项目进行 SWOT 分析，发挥竞争优势，以应对各种威胁力量。

1. 优势与劣势分析

优势与劣势分析主要着眼于项目内部环境带来的优势和劣势。在做优劣势分析时，必须从整个价值链的每个环节上，将项目与竞争对手做详细的对比。

具体创业项目的优劣势分析内容包括：自然资源占有的优势、劣势；工艺技术和装备的优势、劣势；规模效益的优势、劣势；新产品开发能力的优势、劣势；产品质量性能的优势、劣势；价格的优势、劣势；商标、品牌、商誉的优势、劣势；区位的优势、劣势；人力资源的优势、劣势等。

优势与劣势分析，可以采用企业内部因素评价矩阵，通过加权计算，进行定量分析。

2. 机会与威胁分析

机会与威胁分析主要着眼于创业项目外部环境带来的机会与威胁。

创业项目外部环境的机会包括：政策支持、技术进步、良好的供应商关系、银行信贷支持等。这些有利因素将大大增强项目的竞争力。

创业项目外部环境的威胁包括：新产品替代、销售商拖延结款、竞争对手联盟、市场增长放缓、供应商讨价还价能力增强等。这些不利因素将削弱竞争力。

机会与威胁分析可以采用企业外部评价矩阵，进行定量分析。

总而言之，SWOT 分析通过建立优势、劣势、机会和威胁分析矩阵，有针对性地提出了抓住机会、规避威胁、发扬优势、弥补劣势的策略。

（三）创业项目市场竞争战略的选择

通过进行创业项目市场竞争状况和项目的 SWOT 分析之后，就可以初步确定创业项目的市场竞争战略。根据对产品性能、价格的定位，可以选择如下 7 种战略。各种战略相对应的产品性能和价格特点见图 4-3（图中数字代表各种竞争战略）。

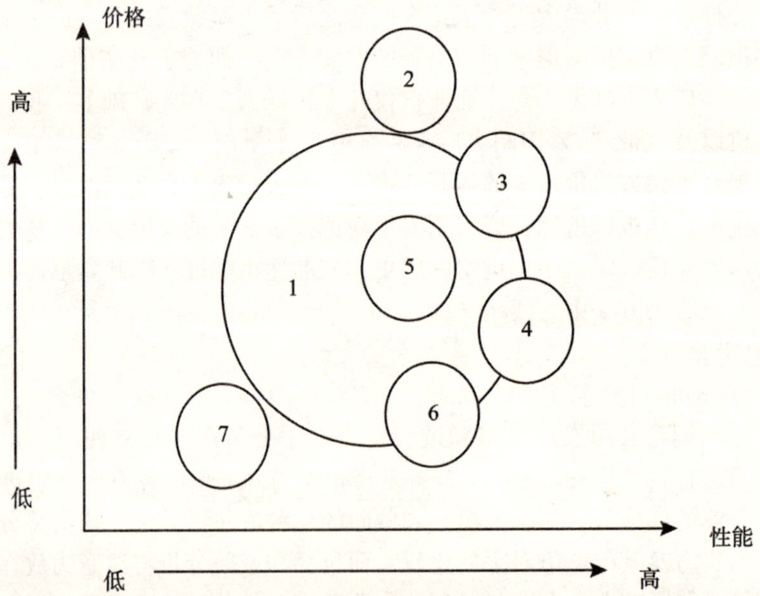

图 4-3 竞争战略分布

1. 领导者战略

产品市场占有率最大的企业即领导者，其产品性能和价格成为市场规范。其他企业可以根据自己的特点，选择以下几种竞争战略之一或其中的几种与之竞争。

2. 声望竞争者战略

声望竞争者由于历史或其他原因，产品的市场形象较好，品牌深入人心，较高的声望使其无论进入哪个领域，其产品均可以处于较高的定价水平，能以高于其他相同性能的产品甚至“领导者”产品的价格出售。

3. 性能竞争者战略

此类竞争者的产品性能好，故价格也高于领导者的产品。

4. 价值竞争者战略

价值竞争者的产品性能好，但价格却与领导者产品相同。想要价值上比竞争者更好，甚至好于领导者，但保持价格不变，通常对于初创企业来说有两种选择：一是充分的专业化，二是提供卓越的服务，提高产品的附加价值。

【案例 4-3】

“非常小器”指甲钳

梁伯强就是紧紧抓住指甲钳这个主业不放，在指甲钳上做精做强，所以他顺利进入了利润区。借助“非常小器”的指甲钳，圣雅伦牌成了中国第一、世界第三的指甲钳品牌，梁伯强也成为亿万富翁。

1998 年 4 月，梁伯强从茶几上用来包东西的旧报纸上读到一则名为《话说指甲钳》的文章，文中提到朱镕基以指甲钳为例，要求轻工企业努力提高产品质量开发新产品。他便产生了一个念头：做一个响当当的中国品牌指甲钳。很快他便赶去广州“555”国营指甲钳厂，但该厂已经停产。后来他又去了天津、北京、上海和苏州的 4 家具有代表性的国营指甲钳厂，这些工厂全都已经关门大吉。国企不行固然可惜，但也给民营企业腾出了市场。于是，梁伯强开始学技术，把目标锁定在韩国著名的“777”牌指甲钳上。

梁伯强从韩国订了 30 万元的货，然后组织人员研究“777”的技术，再把买来的指甲钳卖出去，研究人员一遇到什么不懂的地方，梁伯强就飞去韩国。由于梁伯强是以中国经销商的身份前去考察的，韩国人不仅详细解释了梁伯强提出的问题，还亲自带他去厂区参观。这样梁伯强仔细了解了他们的自动化生产技术和设备。

一年里，梁伯强飞了 20 多次韩国，买进了 1000 多万元的货。这段时间，他的研究人员基本上把“777”的技术学到了，通过做“777”的经销商，他也逐渐铺开了自己的销售网络，不久，他的第一批名为“圣雅伦”牌的指甲钳新鲜出炉。

梁伯强不惜重金请来各方专家，数次拿着精心改良的样品飞赴沈阳五金制品检测中心接受检测。2000 年 6 月，“圣雅伦”得到了全国五金制品协会有史以来颁发的第一张“指甲钳质量检测合格证书”。

当然，真正成就“非常小器”在中国指甲钳制造业的专家地位的，并非这一纸证书。做品牌必须增加产品的附加值，梁伯强就在产品的细节和文化含量上下工夫，强调产品的个性化和环保概念。仅仅一个小小指甲钳，就开发出了 200 多个品种。例如男人的指甲是什么样，女人的指甲又是什么样，小孩的指甲是什么样，老人的指甲又是什么样，脚指甲和手指甲有什么不同，并针对不同人群设计专门性产品。比如专门针对婴儿的指甲钳，指甲钳面是平的，比成人的要短一半，这样的设计充分考虑到婴儿指甲的特点，避免由于器具原因对婴儿造成伤害。产品一经推出就成为妈妈们的爱物。

这奠定了“圣雅伦”在指甲钳行业的专业地位。梁伯强始终循着专业化模式发展，不但让“圣雅伦”成为全世界的名牌，最关键的是让小器终成大器，凭借小小指甲钳获得了巨大的财富。

【思考与讨论】

1. “非常小器”指甲钳是通过什么方式提高产品附加值的？
2. 梁伯强是如何发现创业机会的？
3. 梁伯强又是如何细分市场的？

5. 跟随者战略

跟随者产品的价格和性能都与领导者产品相同。这对于初创企业来说是一种十分适合的战略模式。

6. 价格竞争者战略

价格竞争者产品的性能和领导者产品一致，但价格较低。要想获得价格优势，初创企业没有规模效应，往往就应依靠成本上更为精细的控制来实现。

【案例 4-4】

曹敬辉的意大利料理店

在人人饥肠辘辘的午餐时分，几个粉领族有说有笑，走进广州天河区一家门庭若市的意大利料理店。如果你跟着走进店门，可能很难相信自己的眼睛，因为菜单上清清楚楚地写着：“米兰风味饭 8 元”、“地中海式海鲜焖奶油饭 15 元”，翻遍菜单，你很难找到超过 20 元的东西。也许你已经开始怀疑，这家店的东西分量是不是很少或者味道很难吃。但是在这家店吃过的客户都竖起大拇指，因为它有着平民化的价格，却有着不输专业意式餐厅的绝佳风味。既然品质不输专业店，价位又这么便宜，顾客盈门自然不在话下。但真的能赚钱吗？这家店的老板曹敬辉透露说，秘诀就是在“维持品质的前提下降低成本”。

由于曹敬辉的理工科背景，他一向很习惯于用数字分析经营，把效率带到自己的餐厅。例如，透过制造业的“工作分析”方式，他把店内要忙的事情分成了 200 种，写成了一本“知识手册”，员工只要按照手册操作即可，手册中包括每道菜的调理成本分析、过去难以衡量的材料损耗信息，而通过对历史资料分析，他也会故意把顾客容易搭配着点的几道菜设计在菜单的同一页，以提高每位顾客的消费额。在人力配置方面，他会特别注意地方上组织的活动，或是特殊节日，以安排最适合的员工，把浪费减少到最低。但“厨艺”部分该如何解决呢？他把意式料理的方程式设定为：90%看材料、5%看材料管理、5%看厨艺，以对材料的重视弥补制作过程在分解和“效率化”后造成的减分。例如，生菜沙拉有7种，但番茄、小黄瓜等材料的切法、装盘方式都设计得一模一样，通过最上面所放虾等材料来变换。意大利面的肉酱，则设计为可用在饭或意式烩饭上。

资料来源：根据 http：//www.hbrc.com 整理。

【思考与讨论】

1. 曹敬辉是如何取得价格优势的？
2. 能否从你生活的环境中找到类似的案例并进行分析？

7. 经济竞争者战略

经济竞争者产品的价格和性能都比领导者产品低。

需要注意的是，在选择竞争战略时，除了要考虑项目市场竞争状况、项目的优劣势、产业机会与威胁之外，还要考虑项目产品投入的时机。由于产品生命周期的不同阶段，关注的重点不同，竞争性质也会发生变化，所以战略的选择也要有所不同。

第二节 市场预测

创业者在创业机会的评估阶段进行的市场调研和分析必须经过进一步的深化和细化，这一深化和细化的过程主要是就调查收集的数据进行处理和分析，其中的关键就是进行市场预测。

一、市场预测的程序

为了提高市场预测工作的效率与效益，保证预测工作的顺利进行，提高预测工作的质量，必须按预测工作的程序开展工作，以利于各环节之间的相互协调。市场预测的程序大致有以下几个阶段。

1. 确定预测目标

确定预测目标，是进行市场预测首先要解决的问题。预测目标的确定应包括以下内容：弄清预测对象、预测项目、预测的空间范围和时间范围等。预测目标应尽量准确、清楚和具体。

2. 拟定预测计划

根据预测目标的内容和要求，编制预测计划和确定参加人员，为全面展开预测工作做好组织上、行动上的准备。

3. 收集分析有关资料

预测目标确定后，应根据市场预测目标的具体要求，收集市场预测所需的各种历史和现实资料，其中包括预测对象本身的历史和现实资料、影响预测对象发展过程的各种因素的历史和现实资料等。然后，对这些资料进行初步分析，判别信息的真实程度和可用程度，剔除一些随机事件造成的信息不真实，对不具备可比性的信息要进行整理，以避免信息本身原因对预测结果所带来的误差。

4. 分析判断

分析判断是指对收集的历史和现实资料进行综合分析，对市场未来的发展变化趋势做出判断。分析判断的内容包括：分析各种市场影响因素对市场未来需求的影响，分析预测期内产、供、销关系及其变化，分析消费心理、消费倾向等对市场未来需求的影响等。

5. 选择预测方法，建立预测模型进行预测

在获得数据资料的基础上，应根据有关市场理论、预测对象的特点、精度要求、信息的占有情况和市场预测费用等各种因素来选择市场预测的方法，确定经济参数，分析各种变量间的关系，建立起反映实际的预测模型。方法和预测模型选定之后，根据加工整理的数据资料，进行外延类推计算和预测。

6. 分析预测结果

预测结果通过判断和评价，可能是肯定的，也可能是否定的，更多的是需要修正的。无论是哪一种情况，都要以周密的调查、可靠的数据和有说服力的分析作基础，其重点应放在预测误差的分析上，找出产生误差的原因，并相应修正预测结果。

7. 写出总结报告

全面、完整、系统地总结市场预测，提交总结报告。其主要内容包括预测目标、主要内容、具体方法、预测时间、参加人员、参考资料、预测结果以及分析评价意见。

二、市场预测的方法

市场预测主要是预测产品的需求和供给情况。由于市场供给的预测比较简单，一般根据生产该产品工厂的现有生产能力和拟建的生产能力即可大体估算出来。因此，一般讲的市场预测主要是指产品需求量的预测。

市场预测的方法很多，有定性预测法、定量预测法和定性与定量预测相结合的方法。常用的有德尔菲法、趋势分析预测法和回归分析预测法。

（一）德尔菲法

德尔菲法也叫专家小组法，是指预测者根据预测的目标与内容挑选若干专家，并使专家在匿名情况下充分、反复多次地进行信息交流，从而得到预测结果的一种方法。它是一种常用的定性预测方法，适合于长期需求预测。

用德尔菲法进行市场需求预测分三阶段进行：

1. 准备阶段。准备阶段的主要工作是准备背景资料，设计调查表和选择专家。

2. 征询阶段。专家选定之后，即可开始征询，征询采用函询方式进行，一般进行3~4轮。在进行征询的整个过程中，避免专家彼此发生联系，直接由预测人员函询或派专人与专家联系。

第一轮函询，向专家寄去预测目标的背景资料以及所需预测的具体项目。首轮函询，任凭专家回答，不设框框。预测人员对专家的各种回答，进行综合整理，把相同的事件、结论统一起来，剔除次要的、分散的事件，用准确的术语进行统一的描述。然后反馈给各

位专家，进行第二轮函询。

第二轮函询，要求专家对所预测目标的各种有关事件发生的时间、空间、规模大小等提出具体预测，并说明理由。预测人员对专家意见进行处理，再次反馈给有关专家。

第三轮征询，各位专家再次得到函询统计报告后，对预测人员提出的综合意见和论据进行评价，重新修正原先各自的预测值，对预测目标重新进行预测。

经过3~4轮函询，预测人员要求专家根据提供的全部预测资料，提出最后的预测意见，若这些意见收敛或基本一致，即可以此为依据进行预测。

3. 结果最终处理阶段。此阶段对最后一轮专家意见进行统计归纳处理，得出代表专家意见的预测值和离散程度，并对其做出分析评价，确定预测方案。

（二）趋势分析预测法

趋势分析预测法是时间序列预测法中最适合于长期预测的方法，也是项目评估中进行市场发展趋势预测时最常用的方法。

应用趋势分析预测法有两个假设前提：①预测对象的过去、现在和未来的客观条件基本保持不变，过去发生的规律会延续到未来；②预测对象的发展过程一般是渐进变化，而不是跳跃式变化。只要符合这两个条件，就可以时间（t）为自变量，以预测对象为因变量，寻求某种曲线（包括直线）建立预测模型进行预测。

趋势分析预测法可分为直线趋势延伸预测法和曲线趋势延伸预测法。

1. 直线趋势延伸预测法

它是指通过建立趋势直线方程来进行市场预测的方法。趋势直线方程如下：

$$y = a + bx \tag{4-1}$$

式中：y—— 预测值；

x—— 各年代号；

a，b—— 待定系数。

根据最小二乘法原理计算待定系数 a 和 b，公式为：

$$a = \frac{\sum y_i}{n} \tag{4-2}$$

$$b = \frac{\sum y_i x_i}{\sum x_i^2} \tag{4-3}$$

式中：y_i—— 各年的实际值；

x_i—— 经过修正的各年代号；

n—— 已掌握数据的年数。

在根据最小二乘法原理计算待定系数 a 和 b 过程中，我们令 $\sum x_i = 0$，要满足 $\sum x_i = 0$，当时间序列数据个数为奇数时，可将 $x = 0$ 放在时间序列中位的数据上，其时间序列 x 取值分别为 $\cdots -3, -2, -1, 0, 1, 2, 3, \cdots$ 当时间序列个数为偶数时，将中间两位分别取 -1 和 1，序数的间隔为 2，其时间序列 x 取值分别为 $\cdots -5, -3, -1, 1, 3, 5, \cdots$

当预测对象的时间序列资料在散布图上围绕一条直线上下波动，并且可以大体地判断长期趋势基本呈现直线趋势时，便可选用直线趋势延伸预测法进行预测。

2. 曲线趋势延伸预测法

由于各种因素的影响，市场经济变量，如商品供应、价格水平、市场需求等，其长期趋势变动轨迹并非都处于直线状态，有时会呈现为曲线状态，在这种情况下，就不宜采用直线趋势延伸预测法，而应运用曲线趋势延伸预测法进行预测，才能准确反映市场变动趋势。

常用的曲线趋势延伸预测法是二次曲线预测法。

二次曲线预测法是根据预测对象的历史数据具有二次曲线变动趋势，将其拟合成一条二次曲线，通过建立二次曲线模型进行预测的方法。

在市场预测中，将动态数列各时期的逐期变化称为一级增长量，各期增长量的逐期增减变化称为二级增长量。如果过去各期数据的二级增长量大体相同，则可以用二次曲线法进行市场发展趋势预测。

该法所建立的二次曲线预测方程式为：

$$y = a + bx + cx^2 \tag{4-4}$$

依题意，可建立以下联立方程组：

$$\begin{cases} \sum y_i = na + c\sum x_i^2 \\ \sum x_i y_i = b\sum x_i^2 \\ \sum x_i^2 y_i = a\sum x_i^2 + c\sum x_i^4 \end{cases} \tag{4-5}$$

解这个方程组，即可求出待定系数 a，b，c。

(三) 回归分析预测法

回归分析预测法，是通过对预测对象和影响因素的统计整理和分析，找出它们之间的变化规律，将变化规律用数学模型表示出来，并利用数学模型进行预测的一种分析方法。它是根据自变量来分析因变量的变化方向和程度。

回归分析预测法有多种类型，在这里主要介绍一元线性回归预测法和多元线性回归预测法。

1. 一元线性回归预测法

一元线性回归预测法就是根据自变量 x 和因变量 y 的相关关系，建立 x 与 y 的线性回归方程进行预测的方法。如果一个因变量的变动主要决定于某一个自变量，而且相互间的数据分布是线性趋势，就可用一元线性回归方程进行预测，即：

$$y = a + bx \tag{4-6}$$

式中：y—— 预测值；

x—— 自变量；

a 和 b—— 回归系数。

这一方程与“趋势分析预测法”中的一次(直线)方程式相同，其不同点在“趋势预测法”中以 x 代表年份，而在回归分析法中则以 x 代表“自变量”。

运用最小二乘法求得如下方程组：

$$\begin{cases} \sum y_i = na + b + \sum x_i \\ \sum x_i y_i = a\sum x_i + b\sum x_i^2 \end{cases} \tag{4-7}$$

运用这一方程组同样可求得回归系数 a 和 b。不过不能令 $\sum x_i = 0$，因为在回归预测方程中，x_i 代表影响预测值的某一主要因素，而不是时间序列。解上述方程，即可得出回归系数 a 和 b 的计算公式。

$$a = \frac{\sum y_i - b\sum x_i}{n} \tag{4-8}$$

$$b = \frac{n\sum x_i y_i - \sum x_i \sum y_i}{n\sum x_i^2 - (\sum x_i)^2} \tag{4-9}$$

2. 多元线性回归预测法

多元线性回归预测法，是选择预测目标为因变量，影响预测目标的多种主要因素为多个自变量，同时探讨两个或两个以上自变量与因变量之间的线性因果关系，建立线性回归预测模型，据此展开预测。

多元线性回归预测方程式为：

$$y = b_0 + b_1x_1 + b_2x_2 + \cdots + b_mx_m \tag{4-10}$$

式中：y—— 因变量(即预测值)；

x_1，x_2，…，x_m—— 自变量；

b_0，b_1，b_2，…，b_m—— 回归系数。

运用多元线性回归预测法进行预测，需要的数据多，计算复杂，除二元线性回归预测可用手工计算外，一般要借助计算机来完成。这里主要阐述二元线性回归预测法的计算方法和运用。二元线性回归方程的公式为：

$$y = b_0 + b_1x_1 + b_2x_2 \tag{4-11}$$

运用最小二乘法，同样可求得回归参数的计算公式：

$$\begin{cases} \sum y_i = nb_0 + b_1\sum x_{i1} + b_2\sum x_{i2} \\ \sum x_{i1}y_i = b_0\sum x_{i1} + b_1\sum x_{i1}^2 + b_2\sum x_{i1}x_{i2} \\ \sum x_{i2}y_i = b_0\sum x_{i2} + b_1\sum x_{i1}x_{i2} + b_2\sum x_{i2}^2 \end{cases} \tag{4-12}$$

运用上述计算公式即可求得回归参数。将求出的参数代入 $y = b_0 + b_1x_1 + b_2x_2$，得出二元线性回归预测方程式。

【案例 4-5】

绿雕塑作坊的市场调查与预测

Maurice 想了一个他认为很伟大的创意。他在花卉修整行业干过好些年头，又投资创立了新企业绿雕塑作坊（HT）。但是新创企业却面临一些问题。首先，在一个有 60000 多人的社区里，很多人只是把他的企业当做一家花店；正因如此，产品差异化仍处于艰难摸索阶段。其次，他在考虑将业务扩展到范围更大的地区，这需要他扩大作坊规模以及雇用更多的员工，但到底要扩大到多大规模雇用多少员工并不确定。此时缺少的是支持他这一决定的市场调查和预测。Maurice 联系到当地大学的卓越调研中心（CME）。CME 通过收取极少的费用或免费提供学生工来完成市场调查和预测服务，与很多不同的小企业合作过。

Maurice 向六名调研者讲了公司的历史，分享了他对预期扩张的看法。首先，调研团队认为确定总体消费者对 HT 的认知和对它扩张的可能反应是很重要的。其次，团队感到定义 HT 的目标市场（比如，批发商和零售顾客）将是一个关键性的要素。最后，做出一项可靠的商业决策需要对消费者和花商人口统计特征的透彻了解。双方同意让 CME 代表 Maurice 和绿雕塑作坊进行这项调研。

CME 团队拟定了一份针对中高收入家庭的问卷。这份问卷的目的是要确定消费者人口统计特征，比如处所、教育水平、婚姻状况、职业、收入水平、年龄以及潜在顾客的住所。还对本地花商进行了调查以确定 HT 开发批发业务的可行性。调查样本大小为 100，包括 80 位消费者和 20 位花商。所有的数据都是通过设计好的要满足本项目特定调研目标的结构问卷收集的，所有的信息都由电话得来。

大约两个月后，CME 团队向 Maurice 提交了一份书面报告，其中包括多条建议和图表说明，如调查对象是如何知道绿雕塑作坊的，对绿雕塑作坊的了解，对绿雕塑作坊的经营建议等。

资料来源：根据 http：//blog. Sina. com. cn 整理。

【思考与讨论】

1. 市场调查和预测对于创业的重要性是什么？

2. 市场调查和预测的内容是什么？

3. 绿雕塑作坊（HT）市场调查中，所有的样本都是针对中高收入家庭的问卷调查，也就是说此市场调查是非全面调查。为什么要采取非全面调查方式？

第三节　市场营销策略

在明确了目标市场并进行预测之后，关键就是如何进入市场，实现目标，这就是市场营销策略要解决的问题。市场营销策略是企业以顾客需要为出发点，根据经验获得顾客需求量以及购买力的信息、商业界的期望值，有计划地组织各项经营活动，通过相互协调一致的产品策略、价格策略、渠道策略和促销策略，为顾客提供满意的商品和服务而实现企业目标的过程。

一、产品（服务）策略

创业者应非常精确、具体地知道自己的产品、服务是什么，所要使用的技术又是什么。例如，戴尔计算机公司的产品是计算机，在外形上与其他现有的竞争者所提供的产品没有太多的不同，所不同的是它是由积压的零部件组装而成，依靠直接营销技术上市，交货快而且成本低。这样，该产品远超过它的物理组件本身。它包含包装、品牌、价格、保证、形象、服务、交货时间、特征和风格。在考虑营销战略时，创业者需要考虑产品的所有这些方面，牢记满足顾客的需要这个目标。

【案例 4-6】

ABC 银行创业计划书中的产品策略

1. 公司产品设计

1.1. 根据不同对象制定的基本业务

客户群	主要情况	现实需求	潜在需求
小型企业	年产值或年营业额在500万元以上的小型制造修理厂、服务零售业、个体经营企业等	1. 存款及存款组合 2. 担保贷款、抵押贷款等 3. 国内结算业务、保管箱业务、信托业务、单位信用卡业务 4. 公司理财、代理业务 5. 代理企业财务	1. 自动金库 2. 电子银行 3. 财务监管 4. 信息咨询
中型企业	年产值或年营业额在500万至1亿元之间的中型制造厂、商厦、宾馆、民营企业、“三资企业”等	1. 存款及存款组合 2. 国内各种贷款、国际贷款 3. 国内结算业务、国际结算业务、信托业务、租赁业务、信用卡业务 4. 公司理财、代理业务、代理外汇买卖	1. 电子银行 2. 投资策划、论证 3. 国际市场调查 4. 财务咨询 5. 投资银行业务
大型企业	年产值或年营业额在1亿元以上的大型工厂、商厦、宾馆、民营企业集团、连锁店、大型超市等	1. 存款及存款组合 2. 国内贷款、国际贷款、国内融资、国际融资、代理股票上市 3. 信托业务、租赁业务、代理公司理财、信用卡业务 4. 银行担保、银行表外业务	1. 投资银行业务 2. 企业银行 3. 代理资产经营 4. 被兼并企业清盘 5. 电子银行 6. 国外信息咨询
进出口企业（含外资企业）	从事进出口贸易、生产经营的产品主要销往国外，主要从事贸易，包括外资企业、合资企业等	1. 国内存款并通过国内银行海外分支机构取得当地货币的活期和储蓄账户，保付支票等 2. 进出口信贷、融资租赁、票据贴现等 3. 信用卡结算、托收票据等 4. 货币兑换、外汇买卖 5. 国外担保、银行保函、国外信托业务	1. 国外票据贴现 2. 资金调查报告 3. 国际银行支票 4. 表外业务 5. 国外信息咨询

1.2. 创新业务

1. 核心产品——楚天助业贷款

面向中小企业的助业贷款——“楚天助业贷款”是 ABC 银行系统开发的系列金

融产品，它将长期作为ABC银行的核心产品。

ABC助业贷款以武汉中小企业为对象，提供小额贷款（主要是300万元以内）。按抵押方式可分为：小额信用贷款、商铺抵押贷款、房屋抵押贷款、仓单质押贷款、互相担保贷款、出口退税抵押贷款、商业票据抵押贷款等。

2. 中小企业全方位服务

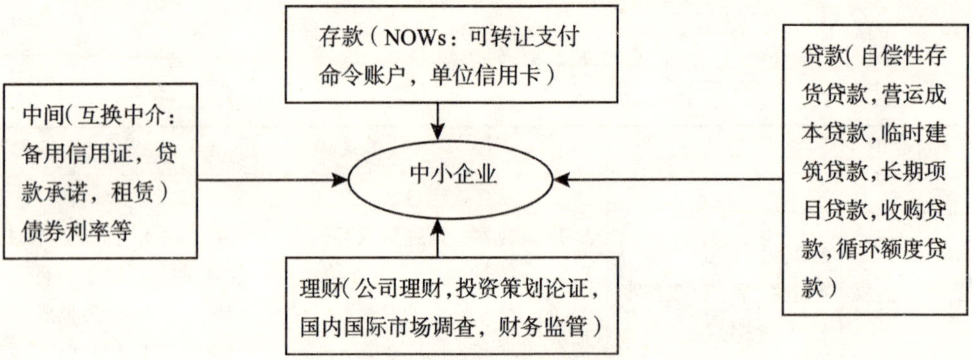

3. 教育业务

武汉地区高校云集，ABC银行将重视教育领域的业务，加强与高校的业务往来。对高校基础设施的投资。包括基础设施建设、改善教学条件、购置教学设备和服务设施、改善学生就学条件等方面的投资。

（1）提供多种形式的贷款。

（2）ABC银行与高校高科技结合。

2. 个人产品及其他产品和服务（略）

【思考与讨论】

1. 这个案例是创业计划书中的一部分，作为一家即将建立的小商业银行，ABC银行有哪些产品？

2. 在强手如林的商业银行界，ABC银行的产品有何优势？

二、价格策略

在营销中最难的决策就是为产品或服务确定适当的价格。产品或服务的最低价格包括把产品或服务卖给顾客的成本，所以价格必须同时包括生产和市场营销成本。创业者还应该考虑其他很多因素，如果本企业提供的产品是独一无二的产品，则起码可以在最初的一段经营时间里采取高价策略，而一个质量好而且零部件较贵的产品需要以较高的价格来维护其产品形象。另外还要研究与产品关系密切的竞争对手的情况以确定价格，为了进入一个新的市场，新产品或服务通常要留有足够的竞争空间。

一般定价有三种方法：成本定价法、价值定价法和渗透定价法，其中渗透定价法对初创企业更为实用。

1. 成本定价法

成本定价法中，价格是在产品成本基础上由一定百分比的加成而来的，这种方法的优势在于直截了当，较容易理解和解释产品或服务的价格，劣势在于产品成本不容易估算出来，而且价格一旦确定就很难提高。

2. 价值定价法

价值定价法是指价格是在估计消费者购买产品时愿意支付的金额的基础上制定的。消费者愿意支付的价格，取决于他对产品价值的感知以及产品的稀有度，企业可以通过产品定位、品牌等因素对消费者进行营销。

3. 渗透定价法

渗透定价法是指用低价手段向目标市场进行渗透，在短时间内扩大销量，获得市场占有率，对于初创企业，前期没有过多的广告投入成本以及品牌影响力，所以可以采用低价的方式打开市场。渗透定价还可以遏制新的竞争对手。渗透定价法必须与存货管理协调好，不能发生缺货或囤货过多的情况。

【案例 4-7】

"价格屠夫"格兰仕

自 1978 年创立至今，格兰仕由一个 7 人创业的乡镇小厂发展成为拥有近 5 万名员工的跨国白色家电集团，是中国家电业最具影响力的龙头企业之一。广东格兰仕集团有限公司成立于 1992 年 6 月，它的前身是 1979 年成立的广东顺德桂洲羽绒制品厂，主要以手工操作洗涤鹅鸭羽毛供外贸单位出口，是一家名不见经传的普通乡镇企业。几年之后，格兰仕集团竟会一跃而成为中国家电市场上微波炉产品的垄断企业，格兰仕已经稳稳地占据了其行业龙头老大的位置。当格兰仕开始进军微波炉市场时，已有好几种国际品牌的微波炉牢牢占领了市场。在微波炉市场的发展过程中，格兰仕成功地运用价格因素，经历"三大战役"，在市场中确立起霸主地位。

(1) 1996 年 8 月，格兰仕集团在全国范围内打响微波炉价格战，降价幅度平均达 40%，带动中国微波炉市场从 1995 年的销量不过百万台增至 200 多万台。格兰仕集团占据中国微波炉市场的 34. 7%，部分地区和月份的市场占有率超过 50%，确立了市场领先者地位。(2) 1997 年格兰仕看到了市场形势的变化，趁洋品牌尚未在中国站稳脚跟，国内企业尚未形成气候之际，抓住时机，于春节后发起了微波炉市场的"第二大战役"——阵地巩固战。这次是变相的价格战。格兰仕采用买一送一的促销活动，发动新一轮的让利促销攻势，凡购买格兰仕任何一款微波炉均赠送一个豪华高档电饭煲。1997 年 5 月底，格兰仕进一步"火上浇油"，突然宣布在全国许多大中城市实施"买一赠三"，甚至"买一赠四"的促销大行动。品牌消费的高度集中使得格兰仕的产销规模迅速扩大，1997 年格兰仕已经成为一个年生产能力达 260 万台微波炉的企业，市场占有率节节攀升，1998 年 3 月最高时达到

58.69%，史无前例地创造了行业新纪录。到1997年底，市场上的价格激战无疑极大地促进了整个市场潜在消费能力的增长，市场容量快速扩大，格兰仕也因此成为全球最具规模的微波炉生产企业之一。(3) 在取得市场的绝对优势后，格兰仕并没有因此而停滞，反而乘胜追击，加紧了市场的冲击力度，发动了微波炉市场的“第三大战役”——品牌歼灭战。

1997年，东南亚爆发了金融危机，韩国企业受到重创，政府下令调整亏损企业，这再度给格兰仕创造了一个绝好的市场契机。1997年10月，格兰仕凭借其规模优势所创造的成本优势，再度将12个品种的微波炉降价40%，全面实施“薄利多销”的策略，以抑制进口品牌的广告促销攻势，“格兰仕”微波炉在全国的市场占有率始终保持在50%左右。1998年6月13日，微波炉生产规模已经成为全球最大的广东格兰仕集团有限公司，在国内微波炉市场又一次实施“组合大促销”：购买微波炉除可获得高档豪华电饭煲、电风扇、微波炉饭煲等赠品外，还有1998年世界杯世界顶级球星签名的足球赠品和千万元名牌空调大抽奖。这种以同步组合重拳打向市场，被同行业称为毁灭性的市场营销策略，再度在全国市场引起巨大震动。

格兰仕靠着规模优势所创造的成本优势连续几次大降价，获得了微波炉的霸主地位，同时也加速了微波炉这一产业的价格下降趋势。通过降价，格兰仕成功地为这个行业竖起了一道价格门槛：如果想介入，就必须投巨资去获得规模，但如果投巨资做不过格兰仕的盈利水平，就要承担巨额亏损，即使做过格兰仕的盈利水平，产业的微利和饱和也使对手无利可图。凭此，格兰仕成功地使微波炉变成了鸡肋产业，并成功地使不少竞争对手退出了竞争，使很多想进入的企业望而却步。

资料来源：根据 http：//finance.sina.com.cn 等网站管理。

【思考与讨论】

1. 格兰仕为什么要采用低价策略进入市场？
2. 格兰仕第二次降价销售的目的是什么？
3. 格兰仕为什么要进行第三次降价？
4. 你认为通过创业成功成为大企业的格兰仕未来应该采取什么价格策略？

三、分销策略

分销的任务是产品在顾客需要的时候方便他们的购买。创业者在考虑分销产品的时候有许多选择。由于创业的高成本，一个新的创业企业也许比较适合采用直接邮购或电子商务的分销方式来分销产品或服务。通常情况下，创业企业选择已有的中间商作为自己的分销渠道，这样可以缩短销售过程，减少投资。分销策略必须与其他市场营销策略相一致。例如，一个高质量的产品不仅有较高的价格而且应该在质量形象较好的批发店分销。

【案例 4-8】

《美女与野兽》的分销新渠道

1992 年美国圣诞节市场爆出一个大冷门：沃特·迪斯尼公司发行的卡通录像带《美女与野兽》成了最畅销和最赚钱的商品，从 10 月底到年末的两个多月时间里，卖出 2000 万盘，盈利 2 亿美元。

迪斯尼公司的成功之道在于率先推出了“营销渠道革新”。就习惯而言，录像带应出现在文化商店和电器商店之中，这是人们通常想到也是通常使用的销售渠道。然而，文化市场总是为流行风云左右，今天还十分红火的东西，明天说不定就会遭冷落。更重要的是，由于现代人的生活高度紧张，有兴趣也有时间专门逛录像带市场的人毕竟有限。问题的症结找出来了：录像带的滞销在于销售渠道不畅。

为此，迪斯尼公司大胆选择在超级市场和儿童玩具店出售录像带，把录像带与色拉油、蔬菜、瓜果及游戏机、洋娃娃列在一起。果然，那里川流不息的人潮给迪斯尼公司带来滚滚财源。

【思考与讨论】

1. 可供企业选择的分销渠道策略有哪几种？
2. 就习惯而言，录像带经营者通常采取的是哪种分销渠道策略？
3. 迪斯尼公司采取的是哪种分销渠道策略？与习惯做法相比，其成功之处在哪？

四、促销策略

促销策略是引起顾客对产品或服务关注和促使顾客购买产品或服务的方法。创业者可以运用广告媒体如印刷资料、广播、网络或电视等来教育消费者。较大的市场可以通过直接邮寄、商贸杂志或报纸来接近顾客。创业者应该对每个可选媒体仔细评价，不仅考虑成本，也要考虑这些媒体满足市场目标的效果。独特的或创造性的营销设想常常会引起媒体的特别兴趣。地方报纸或贸易杂志常常会刊登有关新办企业的文章。通过运用公共关系战略向这些媒体发布消息，往往会起到免费广告的作用。创业者应该考虑把这些宣传方式与其他促销手段结合起来。

【案例 4-9】

采用混合促销活动，提升网站流量

哥伦比亚广播公司（CBS）于 2008 年 7 月播放真人秀节目《最伟大的美国狗》（*Greatest American Dog*），共有 12 个团队（包括狗及其主人）参加，经由各种测验考察各团队的能力，最终获胜团队将获得 25 万美元奖金。

该节目对于 CBS 和狗主人社交网站 Dogster 而言都是成功而风行一时的事件。Dogster 与 CBS 合作推广该节目，但方式很独特。不是在节目期间做广告或者作为节目的赞助商，Dogster 通过节目前后展示其 Dogster. com 网站，观众可以登录该网站对参赛狗进一步了解并与其他观众迷进行聊天。他们可以注册为《最伟大的美国狗》地方粉丝俱乐部成员。结果，该节目使得 Dogster 网站流量大幅提升。

其实，在此之前，Dogster 遭遇了惨痛的失败，但也收获了宝贵经验。2006 年，Dogster 是 *National Dog Show* 节目的赞助商，尽管节目的观众有 2000 万人，但 Dogster 的网站流量没有显著增加。最终总结原因时发现，尽管在节目中可以进行推广，但观众没有理由登录网站。相对照，在《最伟大的美国狗》节目中，Dogster 通过向观众提供关于参赛狗的更多信息（如果他们登录网站）而吸引观众。换句话说，Dogster 创造了观众浏览网站的理由。

资料来源：根据 http：//finance. sina. com. cn 整理。

【思考与讨论】

1. 该案例的混合促销策略体现在哪些方面？

2. 该案例的注册会员赢利模式在今天已经广为应用非常普遍，你还能举出哪些类似网站？

本章小结

市场分析包括市场供求分析、目标市场的选择、产品分析和竞争力分析，创业者应通过市场分析进一步明确自己的概念产品的细分市场和市场定位。

市场分析是通过市场调查和市场预测的方法，对企业概念产品的市场容量、价格、竞争力、营销策略以及市场风险进行分析预测和研究，进而做出“产品是否有市场”的专业判断。

市场预测的方法主要有德尔菲法、趋势分析预测法、回归分析预测法（包括一元线性回归预测法、多元线性回归预测法），其中德尔菲法为定性预测方法，其他的均为定量预测方法。

市场营销策略组合是潜在投资者考察的重点，包括产品、价格、分销渠道和促销等策略的组合。

思 考 题

1. 什么是市场分析？它包括哪些内容？
2. 市场竞争战略有哪些选择？
3. 市场预测有哪些主要方法？
4. 市场营销组合的关键决策变量有哪些？

第五章　规划财务

【故事导读】

洛克菲勒的女婿

在美国一个农村，住着一个老头，他有三个儿子。大儿子、二儿子都在城里工作，小儿子和他在一起，父子相依为命。

突然有一天，一个人找到老头，对他说："尊敬的老人家，我想把你的小儿子带到城里去工作?"

老头气愤地说："不行，绝对不行，你滚出去吧!"

这个人说："如果我在城里给你的儿子找个对象，可以吗?"

老头摇摇头："不行，快滚出去吧!"这个人又说："如果我给你儿子找的对象，也就是你未来的儿媳妇是洛克菲勒的女儿呢?"

老头想了又想，终于让儿子当上洛克菲勒的女婿这件事打动了。

过了几天，这个人找到了美国首富石油大王洛克菲勒，对他说："尊敬的洛克菲勒先生，我想给你的女儿找个对象?"

洛克菲勒说："快滚出去吧!"

这个人又说："如果我给你女儿找的对象，也就是你未来的女婿是世界银行的副总裁，可以吗?"

洛克菲勒同意了。

又过了几天，这个人找到了世界银行总裁，对他说："尊敬的总裁先生，你应该马上任命一个副总裁!"

总裁先生摇头说："不可能，这里这么多副总裁，我为什么还要任命一个副总裁呢，而且必须马上?"

这个人说："如果你任命的这个副总裁是洛克菲勒的女婿，可以吗?"总裁先生当然同意了。

对创业项目进一步仔细地从财务角度进行可行性分析，既有助于增大创业成功的可能性，也为潜在投资者提供决策的依据，让潜在投资者明确创业者怎样来满足各项资金需求，并维持适当的流动性，保证债务的偿付和获得良好的回报。

第一节 创业企业资金与成本

现金流量、投资、成本、收入、利润和税金等基本概念是创业者规划拟创企业财务的基础，本节主要介绍这些基本概念的内涵和外延。

一、现金流量

现金流量是创业者在创业过程中必须首先铭记于心的一个重要概念。据调查，33%的创业者表示在筹建和经营企业时存在现金流管理方面的问题。由于不重视现金流管理，或是在初创时不考虑自己企业的现金流支撑，而盲目增加投资，扩大生产，从而导致现金危机，继而破产。因此对于初创企业来说，拥有足够的现金，能够持续经营是非常重要的，

那么，什么是现金流？在分析现金流时，最容易混淆的概念是利润与现金。利润是企业的总收益和总支出之差，以权责发生制为基础。而现金是企业实际拥有的随时可以支配使用的资金。现金流是企业在一定时期的实际现金流入量和流出量，现金流入与现金流出的差额称为净现金流量。

当企业用现金的方式进行采购时，企业的现金流量就会减少；而如果使用赊账的方式进行采购，当期现金流量就会增加，但这要求企业具有较好的信誉，对于初创企业来说有一定难度。同样，当企业生产的产品以应收账款的形式赊销的话，企业当期现金流会下降，但预期现金流会增加且销售额一般会有较大提高。这就需要创业者自己在现金流入与流出之间进行权衡，以保证净现金流量的相对平稳。

【案例 5-1】

从一开始就看紧现金流

克莱格·马丁自他有记忆起就对火车很感兴趣。在 15 岁时，他就自己制作了模型火车零件并将其销售给一些爱好者。随着销售日益火爆，他逐渐开始将模型火车作为事业而不是爱好来做。2005 年末，他创办了 BLMA 模型公司，在全球销售各种火车模型及其零配件。

现金流管理是马丁在创业过程中经历的最大挑战。这主要表现在两个方面：第一，BLMA 模型公司在赢得新产品收入之前，严重超支。例如，一个新的火车模型必须由马丁自行设计和研发，同时他又需要雇用一个工程师来协助进行计算机图纸设计。中国制造商必须制造生产产品模具必备的工具，并将其改装到生产线中去。这些先期成本必须在产品投产之前支付。因此，马丁对新产品开发进行了详细规划，确保既有产品的利润可以用于支撑开发新产品必需的先期成本。第二，一旦产品制造完成，无论产品是否离开中国，公司必须全额支付制造款项。也就是说，从支付款项到产品销售，往往间隔着数月的时间。

资料来源：http：//blog. sina. com. cn.

【思考与讨论】

1. 请问马丁为增加公司的现金流，可以采取什么手段？在哪些环节还有潜力？

2. 假设未来 BLMA 模型公司会不断盈利，预测产品的需求也非常旺盛，马丁可以从朋友和家人那里获得贷款来填补现金流缺口，请问他还需要在现金流管理方面做什么？

二、投资与资产

（一）投资的概念及其构成

投资（Investment）一词有动态和静态双重含义：动态意义上的投资是指特定的经济活动，即为了将来获得收益或避免风险而进行的资金投放活动，如产业投资和证券投资；静态是指投放的资金，即为了实现生产经营目标而预先垫付的资金，包括固定资产投资和流动资金。创业学中的投资着重于后一种含义的阐述。

（二）资产

当创业企业投入运行以后，投资就转化为各种资产，包括固定资产、无形资产、递延资产和流动资产。

1. 固定资产（Fixed Assets）

固定资产与无形资产都属于企业的长期资产，也可以说都是固定资产。前者是有形固定资产，即通常所说的固定资产；后者是无形固定资产，简称无形资产。

固定资产是指使用年限在一年以上，单位价值在规定标准以上，并在使用过程中保持原有物质形态的资产。具体来说，企业的固定资产包括使用在一年以上的房屋、建筑物、机械、运输设备和其他与生产经营有关的设备、器具、工具等。不属于生产经营主要设备的物品，单位价值在 2000 元以上，使用年限超过两年的也作为固定资产。在会计核算中，购建固定资产的实际支出即为固定资产的原始价值，称为固定资产原值。当投入运营后，固定资产在使用过程中会逐渐磨损和贬值，其价值逐步转移到产品中去，这种伴随固定资产损耗发生的价值转移称为固定资产折旧。转移的价值以折旧费的形式计入产品成本，并通过产品的销售以货币形式收回到投资者手中。固定资产使用一段时间后，其原值扣除累计的折旧费总额称为当时的固定资产净值。

由于社会经济条件的变化，固定资产净值往往不能反映当时的固定资产的真实价值，根据社会再生产条件和市场情况对固定资产的价值重新进行评估所得到的固定资产价值称为固定资产重估值。

当固定资产寿命期结束时固定资产的残余价值称为固定资产期末残值，对于某一创业项目，固定资产期末残值是一项在项目寿命期末可回收的现金流入。

2. 无形资产（Intangible Assets）

无形资产是指由特定主体控制的不具有独立实体，对生产经营能长期持续地发挥作用，并具有获利能力的资产。无形资产具有以下特点：

（1）无形资产无独立实体，但又依托于实体。例如土地使用权、专利权与机器设备、厂房等各项实物资产相比，最明显的区别是不具有独立实体，但它又往往必须依托于实体而存在。如土地使用权必须依托于土地，商誉蕴含于企业或项目的整体资产组合之中。

（2）无形资产具有排他性。无形资产对生产经营活动能长期持续地发挥作用，具有获利能力，并由一定的主体排他性地占有。如果仅仅是偶尔对经济发挥作用不具有持续性，就不能视为无形资产，即使能持续地发挥作用，但因不能被排他性地占有，如政府发布的经济信息、公有技术、未经技术鉴定和未入贸易市场的技术等，也不是无形资产。

（3）无形资产是一种无形财产权。无形资产与固定资产相比不具有实物形态，但无形资产也属于生产资料或生产条件范畴，不是其他神秘莫测的东西。例如技术专利权、商标权、土地使用权等都是通过企业的生产和经营活动以及土地的使用开发加以体现的，无形资产的存在使有形的资产运营更有效益。

无形资产可以分为可确指的和不可确指的两大类。无形资产的分类构成如图 5-1 所示。

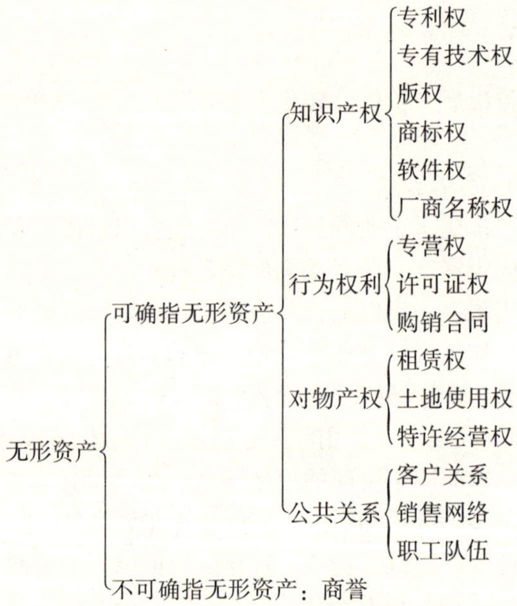

图 5-1 无形资产分类构成

3. 递延资产（Deferred Assets）

递延资产是指不能全部计入当年损益，应当在以后年度内分期摊销的各项费用。包括开办费、租入固定资产的改良支出以及摊销期限在一年以上的其他待摊费用。

4. 流动资产（Floating Assets）

流动资产是指可以在一年内或者超过一年的一个营业周期内变现或者耗用的资产，包括存货、应收账款、预付账款、短期投资、现金及存款。

创业总投资中的流动资金形成运营过程中的流动资产。流动资金是保证企业生产经营活动得以正常进行所必需的资金。流动资金根据其在再生产过程中的价值形态，有储备资金、生产资金、成品资金、结算资金和货币资金五种价值形态，如图 5-2 所示。

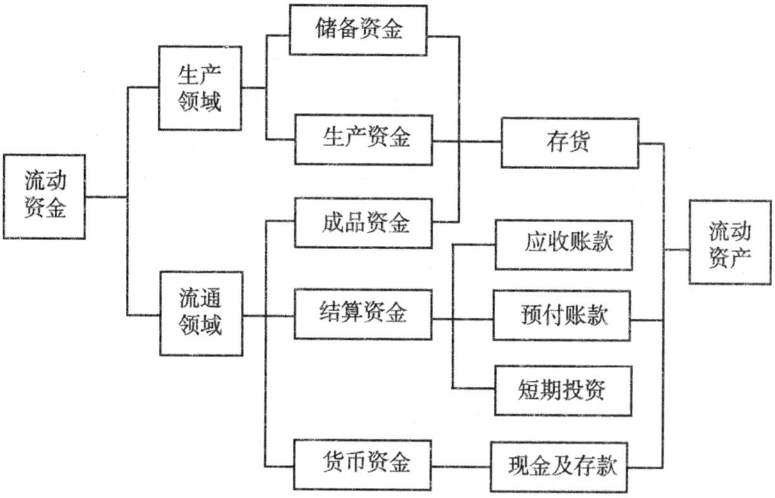

图 5-2　流动资金的价值形态

三、成本及其构成

成本是反映创业企业经营过程中资源消耗的一个主要基础数据，是形成产品价格的重要组成部分，也是影响经济效益的重要因素。

（一）成本概念

1. 经营成本

经营成本指总成本中扣除固定资产折旧费、无形资产及递延资产摊销费和利息支出以后的全部费用。

经营成本 = 总成本 − 折旧费 − 摊销费 − 借款利息支出

经营成本是为经济分析方便从总成本中分离出来的一部分费用。顾名思义，经营成本是项目运营期间的生产经营费用，属于各年的现金流出。由于投资已在期初作为一次性支出计入现金流出，所以折旧费和摊销费不能再计为现金流出，否则会重复计算。另外由于全投资现金流量表中不考虑资金来源，不存在利息的问题，自有资金现金流量表中已将利息单独列出，因此经营成本中也要扣除利息支出。

2. 固定成本和可变成本

成本按其与产量变化的关系可分为固定成本、变动成本和半可变（固定）成本。

固定成本是指在一定生产规模限度内不随产品产量增减而变化的费用，如固定资产折旧费、修理费、管理人员工资及福利费、办公费、差旅费等。这些费用的特点是产品产量增加时，费用总额保持不变，反映在单位产品成本上，则这些费用减少。

变动成本是指随产量增减而变化的费用，如直接材料费、直接燃料和动力费等。这些费用的特点是当产品产量变动时，费用总额成比例地变化，反映在单位产品成本中的费用是固定不变的。

半可变（半固定）成本是指其费用总额随产量增减而变化，但不是成比例地变化，如制造费用中的运输费用，一般随产量的增加而增加，但在前期递增缓慢，后期增加明显。

3. 其他成本概念

机会成本是将一种具有多种用途的有限资源置于特定用途时所放弃的最大收益。当一种有限资源具有多种用途时，可能有许多获取相应收益的机会，如果将其置于某种特定用途，必然放弃其他投入机会，从而放弃了相应的收益，所放弃的最大收益就是这种资源利用的机会成本。

沉没成本是指以往发生的与当前决策无关的费用。因为管理决策的制定是针对未来的，不是针对过去，以往发生的费用只是造成当前状态的一个原因，当前状态是决策的出发点，当前决策所要考虑的是未来可能发生的费用及所能带来的收益。

边际成本是指生产一个单位产品所产生的总成本增加额。例如，当产量为 1500 吨时，总成本为 450000 元；当产量为 1501 吨时，总成本为 450310 元，则第 1501 吨产量的边际成本等于 310 元。因为边际成本考虑的是单位产量变动所增加的成本，故固定成本可以视为不变，边际成本实际上是生产一单位产品时所增加的变动成本的数额。

（二）制造成本法的成本构成

成本是用货币表示的，为实现某一既定目标所必须付出或已经付出的代价。

制造成本法是在核算产品成本时，只分配生产经营过程中最直接和关系密切的费用，与生产经营没有直接关系和关系不密切的费用计入当期损益。即直接材料、直接工资、其他直接支出和制造费用计入产品制造成本，也称生产成本，管理费用、财务费用和销售费用则直接计入当期损益。

（1）直接费用是指直接为生产商品和提供劳务所发生的各项费用，包括直接材料费、直接燃料、动力费和直接工资及其他直接费用。

（2）制造费用是指企业各生产单位为组织和管理生产活动而发生的费用，包括生产单位管理人员工资及福利费、生产单位房屋建筑物、机械设备等的折旧费、租赁费（不包括融资租赁费）、修理费、机物料消耗、低值易耗品、取暖费、水电费、办公费、差旅费、保险费、设计制图费、试验检验费、劳动保护费、季节性和修理期间的停工损失以及其他制造费用。

（3）期间费用包括管理费用、财务费用和销售费用三部分。

①管理费用是指企业或项目行政管理部门为管理和组织经营活动而发生的各项费用，包括公司经费、工会经费、职工教育经费、劳动保险费、待业保险费、董事会费、咨询、审计费、资产评估费、诉讼费、排污费、绿化费、税金、土地使用费、技术转让费、技术开发费、无形资产摊销、递延资产摊销、业务招待费、坏账损失以及其他管理费用。

②财务费用。财务费用是指企业为筹集资金而发生的各项费用，包括企业生产经营期间发生的利息净支出、汇兑净损失、调剂外汇手续费、金融机构手续费以及筹资发生的其他财务费用等。

③销售费用。销售费用是指企业在销售产品、自制半成品和提供劳务等过程中发生的各项费用以及专设销售机构的各项经费，包括应由企业负担的运输费、装卸费、包装费、保险费、委托代销手续费、广告费、展览费、租赁费（不含融资租赁费）、销售服务费用

和销售部门人员工资、职工福利费、差旅费、办公费、折旧费、修理费、物料消耗、低值易耗品摊销以及其他经费。

制造成本法的成本构成如图 5-3 所示。

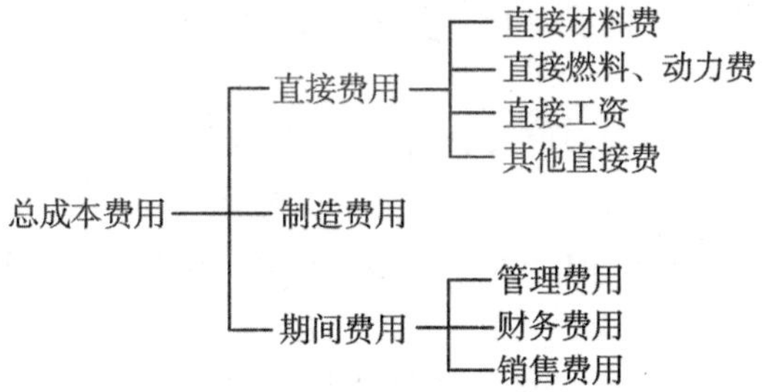

图 5-3　制造成本法成本构成

（三）成本费用中的折旧费与摊销费

1. 固定资产折旧费的计算

折旧费是固定资产在使用过程中逐渐损耗的那部分价值。折旧额大小的影响因素主要有折旧基数、固定资产净残值、使用年限。

计算折旧费的方法有直线折旧法、工作量法和加速折旧法。

2. 无形资产、递延资产的摊销费

无形资产从开始使用之日起，按照有关协议或合同在受益期内分期平均摊销，没有规定受益期的按不少于 10 年的期限平均摊销。

递延资产从项目开始运营之日起，按照有关协议、合同在受益期内分期平均摊销，没有规定受益期的按不少于 5 年的期限平均摊销。

无形资产、递延资产的摊销价值通过销售收入得到补偿，增加企业盈余资金，可用于还款、周转资金或其他用途。

折旧费和摊销费在会计中被计入产品的总成本，在进行现金流量分析时，折旧费和摊销费既不属于现金流入也不属于现金流出。

四、销售收入、利润和税金

（一）销售收入

销售收入是创业企业向社会出售商品或提供劳务的货币收入，是创业企业生产成果的货币表现。

创业企业的销售收入包括产品销售收入和其他销售收入。产品销售收入包括销售产成品、自制半成品取得的收入；其他销售收入包括材料销售、技术转让、包装物出租、外购商品销售等非工业性劳务所取得的收入。销售收入的计算公式如下：

$$销售收入=商品销售量\times单价$$

销售收入与总产值是有区别的。总产值是企业生产的成品、半成品和处于加工过程中的在制品的价值总和，可按当前市场价格或不变价格计算；而销售收入是指出售商品的货币收入，是按出售时的市场价格计算的。企业生产的产品只有在市场上出售，才能成为给企业带来收益的有用的劳动成果。因此销售收入才是反映企业真实收益的经济参数。

（二）利润

利润是创业企业在一定时期内全部生产经营活动的最终成果。利润的实现表明创业企业生产耗费得到了补偿，并取得了盈利。企业利润既是国家财政收入的基本来源又是企业扩大再生产的重要资金来源。

创业企业投产后所获得的利润可分为销售利润、利润总额和税后利润三个层次。

销售利润＝销售收入－生产成本－期间费用－销售税金及附加

利润总额＝销售利润＋投资净收益＋营业外收支净额

税后利润＝利润总额－所得税

企业的税后利润一般采用下列顺序进行分配：

①弥补以前年度亏损；

②提取法定公积金，用于弥补企业亏损及按照国家规定转增资本金等；

③提取公益金，主要用于职工福利设施支出；

④向投资者分配利润。

（三）税金

税金是国家依据法律对有纳税义务的单位和个人征收的各种税款，是纳税人为国家提供积累的重要方式，具有强制性、无偿性、固定性的特点。

第二节　财务报表的预估与编制

为了客观、公正、科学地对创业项目进行盈利能力、清偿能力的分析与评估，通常要对拟创企业进行财务预估，并在此基础上计算一系列评估指标，用静态和动态分析相结合的方法，对一系列相互联系、相互补充的指标进行综合分析，确定创业项目的财务盈利水平、清偿能力等。基本的的预估报表有现金流量表、损益表、资金来源与运用表、资产负债表等。

一、现金流量预估表

（一）现金流量表的基本概念

现金流量表对初创企业而言是最重要的财务报表，以现金支付的费用（即现金流出）和以现金取得的收入（即现金流入）为内容编制的反映创业企业经济活动过程的表格。现金流量表的作用是：记录现金流入和流出的数量及时序，计算净现金流量，并在此基础上，计算内部收益率、净现值和投资回收期等指标，反映盈利性和财务清偿能力，是财务分析的基础。

（二）现金流量表的编制

现金流量表的编制可以分两步完成。第一步，按照“现金流入量－现金流出量＝净现金流量”的逻辑关系，结合企业的现金流入、流出的具体项目编制现金流量预估表；第二步，根据创业企业启动资金、成本、销售收入的估计，通过分析计算并将有关结果填入相应栏目。表5-1是某旅游服务公司的现金流量预估表，可以看出现金流量表的基本内容包括：

（1）现金流入的估算。现金流入估算的主要依据是销售收入和其他各项收入的预估。一般将全年的销售收入预估数分解为各月的销售收入预估数，计算各月销售收入货款在本月的回笼数，估算其他项目的每月现金流入量。

（2）现金流出的估算。现金流出主要来自成本项目的现金支出，如直接材料、直接人工和制造费用，还包括销售费用、管理费用和财务费用以及税金的支付、固定资产的购买等。

（3）现金净流量的计算。现金净流量是现金流入量减去现金流出量的差额。

在编制现金流量表时，必须注意以下几个问题：

（1）现金形式的转换不会产生现金的流入和流出。例如企业从银行存款中提取现金，是企业现金存放形式的转换，并未使现金流出企业，不构成现金流量；同样现金与现金等价物之间的转换也不属于现金流量，如企业用现金购买3个月期的国库券。

（2）现金流量并不等同于利润。利润是从销售收入中扣除支出后的余额，而现金流量则是真实的现金收入与现金支出的差额。只有当真实的偿付行为发生时，才会有现金数额的增减。

（3）销售收入不能等同于现金，因为销售收入可能只是应计收入，一个月之内可能还拿不到实实在在的现金。况且，并不是每一张票据都要立即支付。另一方面，归还贷款本金而支付的现金，并非经营支出，但却是现金减少的成分之一。还有，对资产的折旧是一项支出，可以减少利润额，但却没有现金的支出。

现金流量预估表的格式见表5-1。该表中的年份均指该年年末，每年的净现金流量等于每年的现金流入减去现金流出。

表5-1 **某旅游服务公司创业计划的现金流量预估表** 单位：万元

项目 \ 年份	2016	2017	2018	2019	2020
一、经营活动产生的现金流量：					
销售收入	7435.73	7904.18	8931.48	10728.11	13697.97
现金流入小计	7435.73	7904.18	8931.48	0728.11	13697.97
购买商品、接受劳务支付的现金	7371.75	7835.48	8852.43	0630.95	13570.89
支付给职工的现金					
支付的所得税					
支付其他与经营活动有关的现金					
现金流出小计	7371.75	7835.48	8852.43	10630.95	13570.89
经营活动产生的现金流量净额	63.98	68.70	79.05	97.15	127.08
二、投资活动产生的现金流量：					

续表

项目 \ 年份	2016	2017	2018	2019	2020
收回投资所收到的现金	—	—	—	—	—
取得投资收益所收到的现金	—	—	—	—	—
处置固定资产所收到的现金净额	—	—	—	—	—
收到其他与投资活动有关的现金	—	—	—	—	—
现金流入小计	—	—	—	—	—
购建固定资产所支付的现金	22.70	—	—	—	—
投资所支付的现金	—	—	—	—	—
支付的其他与投资有关的现金	150.00	—	—	—	—
现金流出小计	172.70	—	—	—	—
投资活动产生的现金流量净额	-172.70	—	—	—	—
三、筹资活动产生的现金流量：					
吸收权益性投资所收到的现金	300.00	—			
借款所收到的现金	—	—	—	—	—
现金流入小计	300.00	—	—	—	—
偿还借款所支付的现金	—	—	37.84	46.90	61.86
分配股利所支付的现金	—	—	—	—	—
偿付利息所支付的现金	—	—	—	—	—
现金流出小计	-	-	37.84	46.90	61.86
筹资活动产生的现金流量净额	300.00	—	-37.84	-46.90	-61.86
四、现金及现金等价物净增加额	191.28	68.70	41.21	50.26	65.22

二、损益预估表

（一）损益表的基本内容

损益表又称利润表，是反映企业在一定时期（月度或年度）经营成果的报表，是根据“收入-费用=利润”的会计恒等式和收入与费用的配比原则编制的。通过损益表可以考核企业的获利能力和分析利润增减变化的原因，预测企业利润的发展趋势。如果销售额超过成本额，则损益表中的余额为正，说明企业赢利，如果为负，说明企业亏损。损益表的基本内容大致包括以下几部分：

（1）销售收入：企业销售产品或提供服务的收入；

（2）生产成本总额：单位生产成本乘以销售总量；

（3）毛利润：销售额减去生产成本；

（4）营业成本：经营企业必须支付的费用，如固定成本和变动成本。包括公用事业费、工资、广告费、保险费、利息和房租等。

（5）营业利润：扣除所有成本后和缴纳各种税之前的利润。

（6）各种税赋：企业必须缴纳各种销售税、所得税和其他各种营业税。

（7）净利润或净亏损：企业在纳税后的利润或亏损。

（二）损益表的编制

在编制损益表之前，创业者必须首先进行销售预测，即预估每月销售额。销售收入预估应立足于市场研究、行业销售情况以及一些试销的经验，既可以利用诸如国民经济发展预测、市场预测和企业销售成绩动态等方法得到，也可以运用购买动机调查、销售人员意见汇总、专家咨询等方法预测。对新创企业来说，总要经过一段时间的经营，销售收入才能达到一定的规模。

表5-2是某旅游服务公司创业计划未来五年的损益表。一般创业计划要求第一年的损益预估表要按月编制，未来3年的按年编制。

表5-2 **某旅游服务公司创业计划的损益预估表** 单位：万元

年份 项目	2016	2017	2018	2019	2020
一、主营业务收入	7435.73	7904.18	8931.48	10728.11	13697.97
其中：省内游	709.11	753.78	851.75	1023.09	1306.31
国内游	7658.39	8140.87	9198.93	11049.36	14108.15
出境游	4254.66	4522.70	5110.51	6138.53	7837.86
减：主营业务成本	6692.15	7113.76	8038.33	9655.30	12328.17
主营业务税金及附加	44.61	47.43	53.59	64.37	82.19
二、主营业务利润	698.96	742.99	839.56	1008.44	1287.61
减：管理费用	168.14	177.39	197.67	233.14	291.76
营业费用	440.34	468.09	528.92	635.32	811.19
财务费用及其他	–	–	–	–	–
三、利润总额	90.47	97.52	112.97	139.99	184.65
减：所得税	29.86	32.18	37.28	46.20	60.94
四、净利润	60.62	65.34	75.69	93.79	123.72

三、资产负债预估表

资产负债表描述新创企业经营后的各年年末的资产负债状况。资产负债表的编制必须利用损益表和现金流量表，与它们保持一致。资产负债表反映企业各年末资产、负债、所有者权益的增减变化及对应关系，以考核项目资产、负债、所有者权益的结构是否合理，用以计算资产负债率、流动比率、速动比率，进行清偿能力分析。企业经营的每一笔业务都将影响资产负债表，但是考虑到时间、成本和必要性等因素，资产负债表通常是按一定的时间间隔分期（如季度、年度等）编制的，因此，资产负债表描绘的是企业一定时期而不是任何时刻的经营状况。

表 5-3 某旅游服务公司的资产负债预估表，表中显示总资产等于负债和所有者权益之和。

表 5-3　　**某旅游服务公司创业计划的资产负债预估表**　　单位：万元

年份 资产	2016	2017	2018	2019	2020
流动资产：					
货币资金	191.28	259.98	301.18	351.44	416.66
应收账款	—	—	—	—	—
减：坏账准备	—	—	—	—	—
应收账款净额	—	—	—	—	—
其他应收款	150.00	150.00	150.00	150.00	150.00
存货	—	—	—	—	—
流动资产合计	341.28	409.98	451.18	501.44	566.66
固定资产：					
固定资产原价	22.70	22.70	22.70	22.70	22.70
减：累计折旧	3.36	6.73	10.09	13.45	16.82
固定资产净值	19.34	15.97	12.61	9.25	5.89
无形资产：	—	—	—	—	—
减：累计摊销	—				
无形资产净值	—				
资产合计	360.62	425.95	463.79	510.69	572.55
负债及权益					
流动负债：					
应付账款	—	—	—	—	—
应付利息	—	—	—	—	—
流动负债合计	—	—	—	—	—
长期负债：					
银行借款	—	—	—	—	—

续表

年份 资产	2016	2017	2018	2019	2020
负债合计	—	—	—	—	—
所有者权益：					
实收资本	300.00	300.00	300.00	300.00	300.00
资本公积	—				
盈余公积	9.09	18.89	30.25	44.31	62.87
未分配利润	51.52	107.06	133.55	166.38	209.68
所有者权益合计	360.62	425.95	463.79	510.69	572.55
负债及权益合计	360.62	425.95	463.79	510.69	572.55

1. 资产（Assets）

资产包括企业拥有的任何具有价值的东西。这里的价值未必是其替换成本或市场价值，而是其事实成本或为其支出的资金数量。资产分为流动资产和固定资产两部分。流动资产包括现金和任何在一年内有望转化为现金，或被企业经营消费的资产。固定资产是供企业长期使用的有形资产。

流动资产的主要成分常常是应收账款，或者说是客户对新创企业的欠款。应收账款的管理对企业的现金流量是非常重要的，因为客户欠款时间越长，对新创企业的现金压力就越大。

2. 负债（Liabilities）

负债中的会计项目代表企业对授信人的欠款。其中有的项目可能在一年内到期即流动负债，而其他的则可能是长期负债，例如为购买设备和维持现金流量的贷款。尽管立即偿还欠款（应付账款）可以换来良好的声誉，并与供货商建立良好的关系，但为了更有效地管理现金流量，延期付款常常是必要的。

3. 所有者权益（Owner Equity）

所有者权益是资产总额超出负债总额的部分，反映的是企业的净价值。任何收入都将增加资产和所有者权益，而任何支出都将减少所有者权益，同时，或者增加负债，或者减少资产。

四、资金来源与运用预估表

资金来源与运用预估表反映营业收入及其他渠道获得的资金的使用情况，编制的目的在于展示净收入怎样用于增加资产或偿还债务，用于选择资金筹措方案，制订适宜的借款及偿还计划，并为编制项目资产负债表提供依据。编制该表时首先要计算项目计算期内各年的资金来源与资金运用，然后通过资金来源与运用的差额反映项目各年的资金平衡情况。这种平衡并不是指年年都需要平衡，而是要求资金筹措及还款计划应能使累积盈余资金始终不小于零，以保证资金使用计划顺利进行。

资金来源主要包括利润总额、折旧费、摊销费、长期借款、流动资金借款、自有资金以及期末回收固定资产和流动资金等栏目。其中，利润总额数据可从基本报表“损益表”中获得，折旧费和摊销费数据可以在辅助报表“总成本费用估算表”中取得，长期借款、流动资金借款、自有资金和流动资金数据可以在辅助报表“投资计划与资金筹措表”中取得，而回收固定资产余额数据可以在“固定资产折旧表”中取得，或通过计算项目营运期间的折旧情况而直接得到。

资金运用主要指投资、利息和流动资金以及项目营运期间发生的所得税和借款偿还情况。盈余资金等于相应各年的资金来源和资金运用的差额。

资金来源及运用预估表强调资金来源、运用与流动资金之间的相互关系，可以帮助创业者及投资者更好地了解公司的财务状况是否良好，公司的财务决策是否有效等问题。

第三节 财务可行性分析

创业项目是否可行，取决于现金流的情况。好的项目一般有令投资者满意的净现值、内部收益率和较短的投资回收期。本节在学习资金时间价值与等值计算的基础上，学习创业项目可行性分析的基本方法。

一、资金时间价值与等值计算

资金时间价值与等值计算是创业项目动态财务评价计算的理论基础。

（一）资金时间价值及相关概念

1. 资金时间价值

资金的一个重要特征就是它具有时间价值。为什么资金具有时间价值呢？对资金时间价值的含义可以从以下两方面理解：首先，资金投入流通，与劳动者的劳动相结合其价值发生增值，其增值的实质是劳动者在生产过程中创造了剩余价值。因此，从投资者的角度来看，资金的增值特性使资金具有时间价值。其次，从消费者的角度看，资金一旦用于投资，就不能用于现期消费，牺牲现期消费是为了能在将来得到更多的消费，因此资金时间价值体现为对放弃现期消费的损失应给予的必要补偿。

资金运动的规律是资金的价值随时间的变化而变化，影响资金时间价值的因素是多方面的，从投资角度分析主要有：

（1）投资盈利率或收益率，即单位投资额所能获得的盈利额或纯收益额。

（2）通货膨胀、货币贬值，即对因通货膨胀及货币贬值引起的损失应作出补偿。

2. 利息的计算

广义的利息是指资金投入生产和流通领域中，一定时间后的增值部分。它包括存款（或贷款）所得到（或付出）的报酬额和投资的净收益（或利润），是衡量资金时间价值大小的绝对尺度。

狭义的利息是指占用资金所付出的代价（或放弃使用资金所得到的补偿）。

计算周期是计算利息的时间单位。计息周期通常有年、半年、季、月、周等。按计息周期的长短，利率可以相应的有年利率、半年利率、季利率、月利率和周利率等。

计算利息的方法有单利和复利之分。

（1）单利计息。单利计息指仅对本金计算利息，对所获得的利息不再计息的一种计息方法。

设本金为 P，贷款年利率为 i，贷款年限为 n，本金与利息和用 F 表示，n 年末本利和的单利计算公式为：

$$F=P(1+in) \tag{5-1}$$

（2）复利计息。复利计息指不仅本金计算利息，而且先前周期的利息在后继周期中还要计息的一种计息方法。复利的本利和公式为：

$$F=P(1+i)^n \tag{5-2}$$

3. 资金等值的概念

资金具有时间价值，这一客观事实不仅告诉人们，一定数量的资金，在不同时间，代表着不同的价值。而且也提示我们，在不同时间，绝对值不等的若干资金可能具有相等的价值。例如现在的 100 元与一年后的 112 元，其数额并不相等，但如果年利率为 12%，则两者是等值的。因为现在的 100 元，在 12%的利率下，一年后的本金与资金时间价值两者之和为 112 元。

等值资金是指在特定的利率下，在不同的时间上绝对数额不同，而价值相等的若干资金。

利用等值概念，将一个时点发生的资金金额按一定利率换算成另一时点的等值金额，这一过程叫资金等值计算。在各种资金等值计算中，把某一个时间上的资金值，换算成与之等价的、n 个周期前的资金值的计算叫“贴现”或“折现”。把与某时间上资金值等价的几个周期前的资金值称为现值。把与现值等价的未来某时间上的资金值称为未来值或终值，或将来值。

（二）资金等值计算原理

为方便起见，在本章中下面符号的意义规定为：

i——每一利息期的利率，通常是年利率；

n——计息周期数，通常是年数；

P——资金的现值，或本金；

F——资金的未来值，或本利和、终值；

A——资金的等额年值，表示的是在连续每期期末等额支出或收入中的每一期资金支出或收入额。由于一般一期的时间为一年，故通常称为年金。

另外约定，除非特别说明，各项资金的支出或收入都发生在计息期初或期末。

1. 一次支付终值公式

一次支付又叫整付。一次支付终值公式就是前述求本利和的复利计算公式。它是普通复利计算的基本公式，其他计算公式都可以由此派生出来。

该公式的经济含义是，已知支出本金（现值）P，当利率为 i 时，在复利计息的条件下，求第 n 期期末所取得的本利和，即终值 F。其现金流量图如图 5-4 所示。

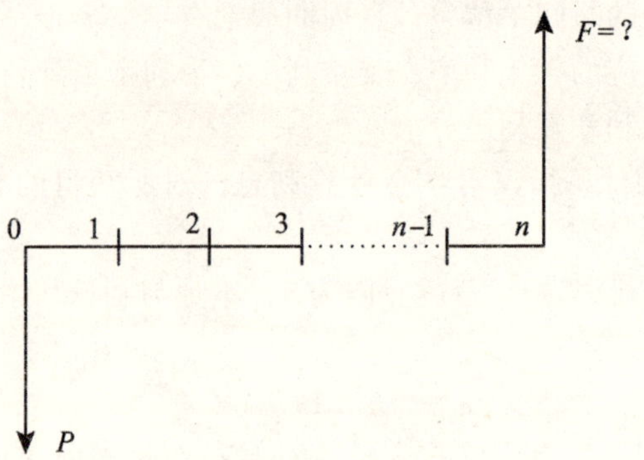

图 5-4 一次支付终值现金流量图

一次支付终值公式为：

$$F=P(1+i)^n=P(F/P,\ i,\ n) \tag{5-3}$$

式中 $(1+i)^n$ 称为一次支付终值系数，也可以用符号（F/P，i，n）表示，其中斜线下的 P 以及 i 和 n 为已知条件，而斜线上的 F 是所求的未知量。系数（F/P，i，n），可查复利系数表得到。

2. 一次支付现值公式

一次支付现值公式的经济含义是，如果想在未来的第 n 期期末一次收入 F 数额的现金流量，在利率为 i 的复利计息条件下，求现在应一次支出（投入）本金 P 是多少，即现值 P 是多少？其现金流量图如图 5-5 所示。

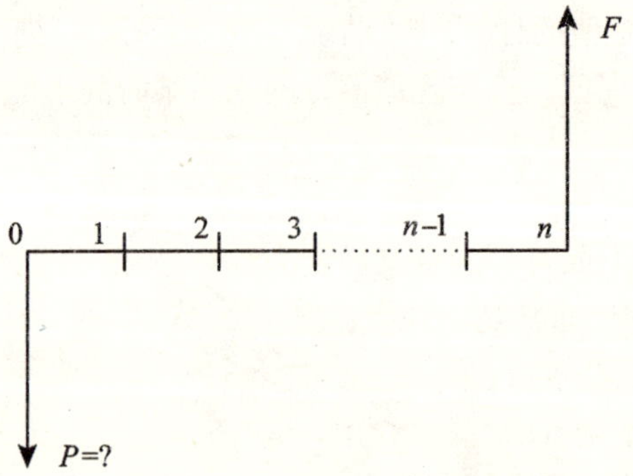

图 5-5 一次支付现值现金流量图

由公式（5-3）可得，一次支付现值公式为：

$$P=F\cdot\frac{1}{(1+i)^n}=F(P/F,\ i,\ n) \tag{5-4}$$

式中 $\frac{1}{(1+i)^n}$ 称为一次支付现值系数，或称贴现系数，可用符号（P/F，i，n）表示，其系数值可查复利系数表求得。

例 5-1 某人计划 5 年后从银行提取 2 万元，如果银行利率为 10%，问现在应存入银行多少钱？

解：

$$P=F\cdot\frac{1}{(1+i)^n}=\frac{2}{(1+10\%)^5}=1.2418\text{（万元）}$$

即该人现在需存款 1. 2418 元。这也就意味着在利率 10%的条件下，5 年后的 20000 元相当于现在的 1. 2418 万元。

3. 等额分付终值公式

等额分付终值公式的经济含义是，对连续若干期期末等额支付的现金流量 A，按利率 i 复利计息，求其第 n 期期末的终值 F，即本利和。其现金流量图如图 5-6 所示。

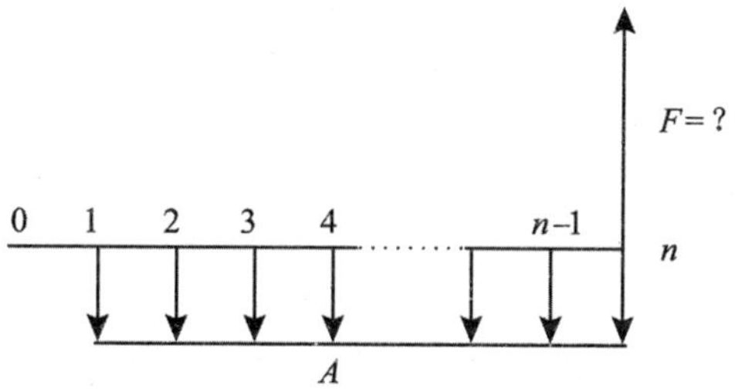

图 5-6 等额支付终值现金流量图

由图 5-6 可看出，第 n 年末资金的终值总额 F 等于各年存入资金 A 的终值总和，即

$$\begin{aligned}F&=A(1+i)^{n-1}+A(1+i)^{n-2}+\cdots A(1+i)+A\\&=A\left[1+(1+i)+(1+i)^2+\cdots(1+i)^{n-1}\right]\end{aligned}$$

式中 $[1+(1+i)+(1+i)^2+\cdots+(1+i)^{n-1}]$ 为一等比级数，其公比为 $(1+i)$，根据等比级数求和公式，它等于 $\frac{1-(1+i)^n}{1-(1+i)}$，因此

$$F=A\cdot\left[\frac{(1+i)^n-1}{i}\right]=A(F/A,\ i,\ n) \tag{5-5}$$

式中，$\frac{(1+i)^n-1}{i}$ 称为等额分付终值系数，也可用符号 $(F/A,\ i,\ n)$ 表示，其系数值可从复利系数表中查得。

4. 等额分付偿债基金公式

公式的经济含义是，在利率为 i，复利计息的条件下，如果要在 n 期期末能一次收入 F 数额的现金流量，那么在这 n 期内连续每期期末等额支付（支出）值 A 应是多少？即已知 F、i、n，求 A。其现金流量图如图 5-7 所示。

等额分付偿债基金公式是等额分付终值公式的逆运算，因此可由公式（5-5）直接导出，公式为：

$$A=F\left[\frac{i}{(1+i)^n-1}\right]=F(A/F,\ i,\ n) \tag{5-6}$$

式中 $\frac{i}{(1+i)^n-1}$ 称为等额分付偿债基金系数，可用符号 $(A/F,\ i,\ n)$ 表示，其系数值可从

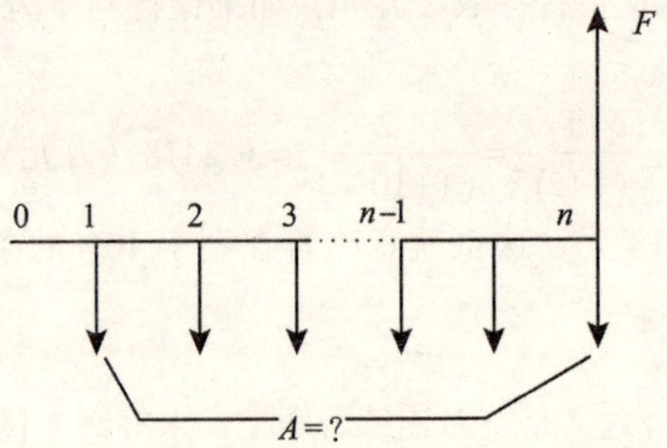

图 5-7　等额分付偿债基金现金流量图

复利系数表中查得。

5. 等额分付现值公式

公式的经济含义是，在利率为 i，复利计息的条件下，求 n 期内每期期末发生的等额分付值 A 的现值 P，即已知 A、i、n，求 P。其现金流量图如图 5-8 所示。

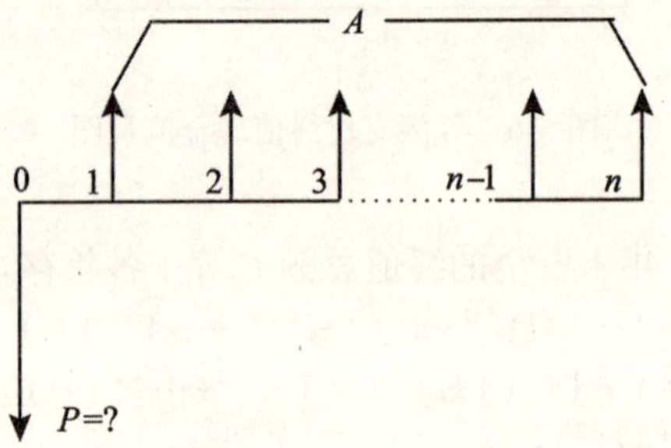

图 5-8　等额分付现值现金流量图

等额分付现值公式，可用公式（5-5）代入公式（5-4）直接得到：

$$\because P=\frac{F}{(1+i)^n} \qquad F=A\left[\frac{(1+i)^n-1}{i}\right]$$

$$\therefore P=A\left[\frac{(1+i)^n-1}{i}\right]/(1+i)^n$$

即
$$P=A\left[\frac{(1+i)^n-1}{i(1+i)^n}\right]=A(P/A,\ i,\ n) \tag{5-7}$$

式中$\frac{(1+i)^n-1}{i(1+i)^n}$称为等额分付现值系数，可用符号（$P/A$，$i$，$n$）表示，其系数值可从复利系数表中查得。

6. 等额分付资本回收公式

这个公式的经济含义是，有现金流量现值 P，在报酬率为 i 并复利计息的条件下，在 n 期内与其等值的连续的等额分付值 A 应是多少？这是已知 P、i、n，求 A。其现金流量图如图 5-9 所示。

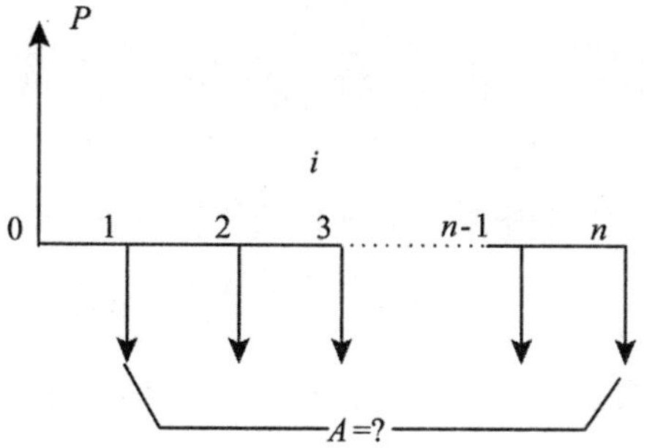

图 5-9　等额分付资金回收现金流量图

等额分付资本回收公式可由公式（5-7）直接得到：

$$A=P\left[\frac{i\ (1+i)^{n}}{(1+i)^{n}-1}\right]=P\ (A/P,\ i,\ n) \tag{5-8}$$

式中$\frac{i\ (1+i)^{n}}{(1+i)^{n}-1}$称为等额支付资金回收系数，可用符号（$A/P$，$i$，$n$）表示，其系数值可从复利系数表中查得。

二、财务可行性分析

财务可行性分析主要是对创业项目获利能力及发展前景的定量分析。具体步骤是：在对创业项目投资成本、投资支出及其来源，销售收入、税金和产品成本、利润、贷款的还本付息等进行预测的基础上，如上节所述得出现金流量预估表，再以预估的现金流量为依据，分析该项目在财务上是否可行。

财务分析具体可以从项目盈利能力和债务清偿能力两方面进行。其分析指标如图 5-10 所示。

- 财务效益分析指标
  - 盈利能力指标
    - 财务净现值
    - 财务内部收益率
    - 投资回收期
    - 投资利润率
    - 投资利税率
    - 资本金利润率
    - 资本金净利润率
  - 清偿能力指标
    - 借款偿还期
    - 财务比率
      - 资产负债率
      - 流动比率
      - 速动比率

图 5-10　财务可行性分析指标分类

（一）反映项目盈利能力的指标

反映盈利能力的指标包括静态指标和动态指标。

1. 静态指标的计算与分析

静态指标是指在计算时不考虑货币时间价值因素影响的指标，主要包括投资利润率、投资利税率、资本金利润率、资本金净利润率和投资回收期等。

（1）投资利润率。投资利润率是创业项目的年利润总额与总投资之比，即：

$$投资利润率=\frac{年利润总额}{总投资}\times 100\%$$

（2）投资利税率。投资利税率是项目的年利税总额（年利润总额、销售税金及附加之和）与项目总投资之比，即：

$$投资利税率=\frac{年利税总额}{总投资}\times 100\%$$

（3）资本金利润率。资本金利润率是创业项目的年利润总额与项目资本金之比，即：

$$资本金利润率=\frac{年利润总额}{资本金}\times 100\%$$

（4）资本金净利润率。资本金净利润率是项目的年税后利润与项目资本金之比，即：

$$资本金净利润率=\frac{年税后利润}{资本金}\times 100\%$$

资本金净利润率反映了投资者自己的出资所带来的净利润，是投资者最关心的指标。

（5）静态投资回收期。静态投资回收期是指在不考虑货币时间价值因素的情况下，用年净收益回收全部投资所需用的时间，一般用年表示。其表达式为：

$$K=\sum_{t=0}^{T_p} NB_t \tag{5-9}$$

式中：K——项目总投资；

NB_t——项目第 t 年的净收益；

T_P——静态投资回收期。

上述五个公式中的年利润总额与年利税总额，可选择正常生产年份的数据，也可以计算出生产期平均数据，即用生产期利润或利税总额之和除以生产期。选择前者还是后者，根据项目的生产期长短和总额波动的大小而定。计算出的指标要与规定的行业标准指标或行业的平均指标进行比较，若优于或等于标准或平均数，则认为项目是可以考虑接受的。

2. 动态指标的计算与分析

动态指标是指在计算时考虑货币时间价值因素影响的指标，主要包括财务净现值和财务内部收益率。

（1）净现值。净现值是指在项目计算期内，按行业基准折现率或设定折现率计算的各年净现金流量现值的代数和，简称净现值，记作 NPV。其表达式为：

$$\mathrm{NPV}=\sum_{t=0}^{n}(\mathrm{CI}_t-\mathrm{CO}_t)(1+i_0)^{-t} \tag{5-10}$$

式中：CI_t——第 t 年的现金流入；

CO_t——第 t 年的现金流出；

i_0——基准折现率；

n——寿命周期。

净现值的计算值可能有三种情况，即 NPV>0，或 NPV=0，或 NPV<0。当 NPV>0 时，说明用其净效益抵付了相当于用折现率计算的利息以后，还有盈余，从财务角度考虑，是可以考虑接受的。当 NPV=0 时，说明净效益正好抵付了用折现率计算的利息，这时，判断是否可行，要看分析所选用的折现率。在财务效益分析中，若选择的折现率大于银行长期贷款利率，是可以考虑接受的；若选择的折现率等于或小于银行长期贷款利率，一般可判断不可行。当 NPV<0 时，说明净效益不足以抵付用折现率计算的利息，甚至有可能是负的效益，一般可判断不可行。

（2）内部收益率。内部收益率是指投资实际可望达到的报酬率，即能使投资的净现值等于零时的折现率，记作 IRR。显然，内部收益率 IRR 满足下列等式：

$$\sum_{t=0}^{n}(CI_t - CO_t)(1 + IRR)^{-1} = 0 \qquad (5\text{-}11)$$

内部收益率与净现值的表达式基本相同，但计算程序却截然不同。在计算净现值时，预先设定折现率，并根据此折现率将各年净现金流量折算成现值，然后累加得出净现值。在计算内部收益率时，要经过多次试算，使得净现金流量现值累计等于零。一般可借助计算机或有特定功能的计算器完成。如用手工计算时，可采用插值法。

插值法的计算公式为：

$$IRR = i_1 + \frac{NPV_1}{NPV_1 + |NPV_2|} \cdot (i_2 - i_1) \qquad (5\text{-}12)$$

式中：i_1——偏低折现率；

i_2——偏高折现率；

NPV_l——i_1对应的正净现值；

NPV_2——i_2对应的负净现值。

计算出的内部收益率要与投资者的目标收益率进行比较，如果前者大于或等于后者，则说明盈利能力超过投资者的目标收益率，因而是可以考虑接受的。

（3）动态投资回收期。动态投资回收期是指在考虑资金时间价值的条件下，以创业项目净现金流量的现值抵偿原始投资现值所需要的全部时间。其表达式为：

$$\sum_{t=0}^{n} k_t(1 + i_0)^{-1} = \sum_{t=0}^{T_P^*} NB_t(1 + i_0)^{-t} \qquad (5\text{-}13)$$

式中：T_P^*——动态投资回收期；

k_t——项目第 t 年的投资。

（二）反映清偿能力的指标

反映清偿能力的指标包括借款偿还期、资产负债率、流动比率和速动比率。

1. 借款偿还期

借款偿还期是指可用于偿还借款的资金来源还清贷款本息所需要的全部时间。计算出借款偿还期后，要与贷款机构的要求期限进行对比，等于或小于贷款机构提出的要求期限，即认为创业项目是有清偿能力的。否则，认为项目没有清偿能力，从清偿能力角度考虑，则认为项目是不可行的。

2. 资产负债率

资产负债率是反映财务风险程度及偿债能力的指标，其计算公式为：

$$资产负债率=\frac{负债合计}{资产合计}\times 100\%$$

从提供贷款的机构来看，项目资产负债率越高，提供借款的风险就越大，反之亦然。

3. 流动比率

流动比率是反映偿付流动负债能力的指标，其计算公式为：

$$流动比率=\frac{流动资产总额}{流动负债总额}\times 100\%$$

计算出的流动比率，一般应大于200%，即1元的流动负债至少有2元的流动资产作后盾，保证项目按期偿还短期债务。

4. 速动比率

速动比率是反映快速偿付流动负债能力的指标，其计算公式为：

$$速动比率=\frac{流动资产总额-存货}{流动负债总额}\times 100\%$$

计算出的速动比率，一般应接近于100%，即1元的流动负债有1元的速动资产以资抵偿。

第四节　盈亏平衡分析

如果能在创业的起始阶段就知道何时可以获利，对创业者会很有帮助，盈亏平衡分析就是希望找到企业既不盈利也不亏损的平衡点，也就是说在这点上使总收入等于总成本。

一、销售收入及成本分析

（一）销售收入

销售收入等于产品单价与销售量的乘积。一般假定销售收入与销售量呈线性关系，即产品价格是一个常数，不随产品销售量的变化而变化。

用公式表示：

$$B=P\cdot Q \tag{5-14}$$

式中，B——销售收入；

P——单位产品价格；

Q——产品销售量。

但实际中生产销售量明显影响市场价格，随着销售量增多，市场趋于饱和，价格下降，从而使销售收入与产量并非呈严格的线性关系。假定 $P(Q)$ 为价格随产量变化的某种函数关系，则对应于给定销售量 Q_t，销售收入为

$$B=\int_0^{Q_t}P(Q)\,dQ \tag{5-15}$$

（二）成本

生产和销售产品的总成本按照其是否随产量变动而变动可细分为固定成本、变动成本和半变动成本。两者的区别如图 5-11 所示。半变动成本随产量的变化而有所变动，但不呈严格的正比例关系，而呈阶梯形变化，如运输费、加班工人工资、维修费用等。对这部分成本可按一定的方法将其分解成固定成本和变动成本，因此总成本等于固定成本与变动成本之和。

$$C=C_f+C_v \cdot Q \tag{5-16}$$

式中，C——总成本费用；

C_f——固定成本；

C_v——单位产品变动成本；

Q——产品销售量。

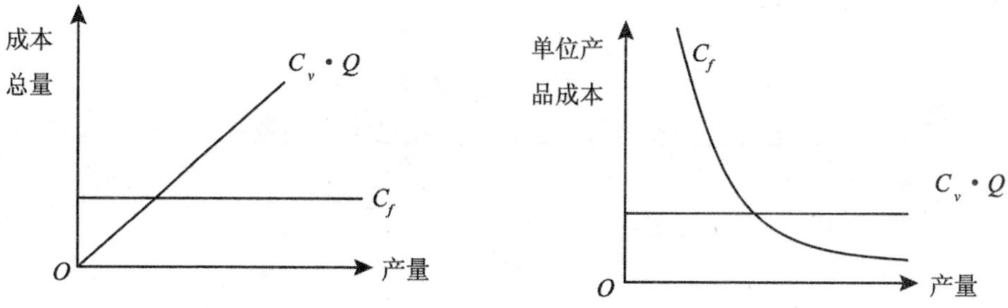

图 5-11　成本与产量关系图

二、单产品盈亏平衡分析

根据以上对销售收入及成本的分析，创业项目的利润可表示为：

$$R=B-C=PQ-C_f-C_v \cdot Q \tag{5-17}$$

而对产量这一因素进行盈亏平衡分析就是要确定产量的最低值，既不盈又不亏，或者说盈利等于零，把盈利为零时的产量点称为盈亏平衡点产量（或销售量），设平衡点产量为 Q^*，在公式（5-17）中令 $R=0$，得：

$$Q^*=\frac{C_f}{P-C_V} \tag{5-18}$$

若在平面坐标中取销售量（Q）为横坐标，销售收入（B）或总成本（C）为纵坐标，做出 B、C 随 Q 的变化曲线，二者交点所对应横坐标 $Q*$ 即盈亏平衡时的销售量，如图 5-12所示。

从图可见，当 $Q<Q*$ 时，$C>B$，$R<0$，此时项目亏损，亏损额为三角形 DAO 的面积；而当 $Q>Q*$ 时，$C<B$，$R>0$，此时项目盈利，赢利额为三角形 BAC 的面积。

如果项目设计生产能力为 Q_0，则项目盈亏平衡的生产能力利用率为：

$$E^*=\frac{Q^*}{Q_0}\times 100\% \tag{5-19}$$

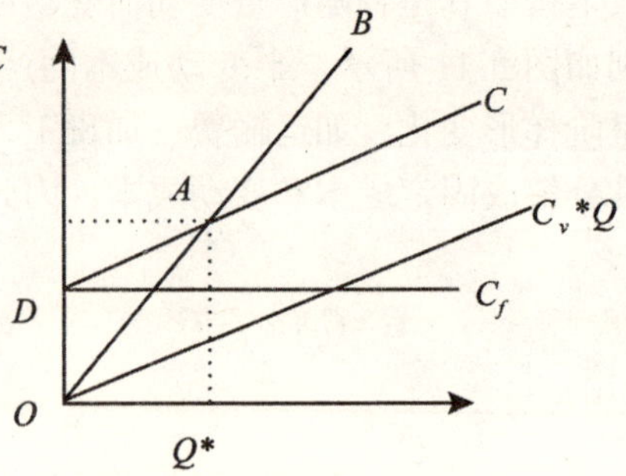

图 5-12 线性盈亏平衡图

若按设计生产能力 Q_0进行生产和销售，则盈亏平衡时价格为：

$$P^* = \frac{B}{Q_0} = \frac{C}{Q_0} = C_V + \frac{C_f}{Q_0} \tag{5-20}$$

同理若按设计能力进行生产和销售，且销售价格已定，则盈亏平衡时单位产品变动成本为：

$$C_V^* = P - \frac{C_f}{Q_0} \tag{5-21}$$

为了说明经营风险性大小，引入经营安全率（S^*）：

$$S^* = \frac{Q_0 - Q^*}{Q_0} \times 100\% = 1 - \frac{Q^*}{Q_0} \times 100\% = 1 - E^* \tag{5-22}$$

一般说来，$S^* > 30\%$时，认为企业经营较安全。即盈亏平衡时的销售量 $Q^* \leqslant 70\%$（正常年份销售量），才可认为风险性较小，经营安全。

以上各式对盈亏平衡点的计算没有考虑税金因素。如果考虑税金因素，设 T 为单位产品的税金，则上述各平衡点的计算公式分别为：

$$Q^* = \frac{C_f}{P - T - C_v} \tag{5-23}$$

$$E^* = \frac{C_f}{(P - T - C_v)\ Q_0} \times 100\% \tag{5-24}$$

$$P^* = T + C_v + \frac{C_f}{Q_0} \tag{5-25}$$

$$C_v^* = P - T - \frac{C_f}{Q_0} \tag{5-26}$$

从上述盈亏平衡点的计算公式可知，盈亏平衡点的产量越高、盈亏平衡点的销售收入越高、盈亏平衡点生产能力利用率越高、盈亏平衡点价格越高和单位产品变动成本越低，项目的风险就越大，安全度越低；反之，则项目安全度越大，项目盈利能力越强，项目承受风险的能力也就越强。

同样可知，固定成本占总成本的比例越高，平衡点产量就越高，平衡点单位变动成本就越低。高的盈亏平衡产量和低的盈亏平衡单位产品变动成本意味着项目的经营风险较大，即会导致项目在面临不确定因素的变动时发生亏损的可能性增大。固定成本占总成本的比例一般取决于产品生产的技术要求及工艺设置的选择。通常资金密集型项目的固定成本占总成本的比例较高，因而其风险也较大。

例 5-2　某拟创企业计划生产某种产品，年设计生产能力为 20000 件，产品售价为 15 元/件，总成本费用为 230000 元，其中固定成本 30000 元，求产量、生产能力利用率、销售价格、单位产品变动成本的盈亏平衡点，并分析其风险性大小。

解：首先计算变动成本：$C_V=\dfrac{C-C_f}{Q_0}=\dfrac{230000-30000}{20000}=10$（元/件）

盈亏平衡产量：$Q^*=\dfrac{C_f}{P-C_V}=\dfrac{30000}{15-10}=6000$（件）

盈亏平衡生产能力利率：$E^*=\dfrac{Q^*}{Q}\times 100\%=\dfrac{6000}{20000}\times 100\%=30\%$

盈亏平衡销售价格：$P^*=C_V+\dfrac{C_f}{Q_c}=10+\dfrac{30000}{20000}=11.5$（元/件）

盈亏平衡单位产品变动成本：$C_V^*=P-\dfrac{C_f}{Q_c}=15-\dfrac{30000}{20000}=13.5$（元/件）

经营安全率：$S^*=1-E^*=70\%>30\%$，经营安全。

通过计算可知，若未来产品销售价格及生产成本与预期值相同，项目不发生亏损的条件是年销售量不低于 6000 件。生产能力利用率不低于 30%，若生产成本与预期值相同，按设计生产能力进行生产，不亏损的销售价格最少为 11.5 元，而若销售量、产品价格与预期值相同，项目不发生亏损的条件是单位产品变动成本应不高于 13.5 元。

三、多产品盈亏平衡分析

（一）多产品盈亏平衡销售收入计算公式

如果拟创企业生产多种产品，由于生产中的总固定成本很难分摊到每一种产品上，即使每种产品达到了盈亏平衡，也未必说明整体达到盈亏平衡。因此引入综合法和产品分别计算法计算多种产品盈亏平衡销售收入，这两种方法均使用了边际贡献率的概念。所谓边际贡献率（M'）即边际贡献（M）与销售收入之比，或单位贡献与售价之比。用公式表示为：

$$M'=\frac{M}{B}=\frac{B-C_VQ}{B}=\frac{(P-C_V)\ Q}{PQ}=\frac{P-C_V}{P} \tag{5-27}$$

因此，多品种产品盈亏平衡的销售收入为：

$$B^*=PQ^*=P\ \frac{C_f}{P-C_V}=\frac{C_f}{M'} \tag{5-28}$$

式中：B^*——多品种产品盈亏平衡销售收入；

C_f——总固定成本；

M'——边际贡献率；

因此当已知总固定成本时，只要求出多品种产品的边际贡献率，就可求出平衡时销售收入。

（二）边际贡献率的计算方法——综合法

该方法首先分别求出总边际贡献与总销售收入，然后求两者的比率，即：

$$M' = \frac{\sum_{i=1}^{n} Q_i(P_i - C_{vi})}{\sum_{i=1}^{n} Q_i P_i} \tag{5-29}$$

式中：Q_i——第 i 种产品的销售量；

n——产品品种数；

P_i——第 i 种产品的价格；

C_{vi}——第 i 种产品的单位产品变动成本。

（三）产品分别计算法计算盈亏平衡销售收入

该方法是将各产品生产费用分开计算，对于总固定成本，按一定比例分配到各产品中去，分配方式可按销售收入的比例分配，也可按其他已知成本比例进行分配，计算步骤如下：

各种产品分摊的固定成本：

$$C_{fi} = \frac{B_i}{\sum_{i=1}^{n} B_i} C_f \tag{5-30}$$

式中：C_{fi}——第 i 种产品分摊的固定成本；

B_i——第 i 种产品的销售收入。

各种产品盈亏平衡时的销售收入为：

$$B_i^* = \frac{C_{fi}}{M_i} = \frac{C_{fi}}{\frac{P_i - C_{vi}}{P_i}} \tag{5-31}$$

式中：B_i^*——第 i 种产品盈亏平衡时的销售收入。

则盈亏平衡时的总销售收入为：

$$B^* = \sum_{i=1}^{n} B_i^* \tag{5-32}$$

很明显，两种方法计算出的盈亏平衡总销售额并不相等，原因在于总的边际贡献率并不等于各种产品边际贡献率之和。综合法便于分析全局情况，而产品分别计算法则有利于分析每种产品的盈亏情况。

本章小结

创业学中的投资是指为了实现生产经营目标而预先垫付的资金，包括固定资产投资和流动资金投资。根据资产特性，资产可分为固定资产、无形资产、递延资产和流动资产。创业者更应特别关注现金流量。

在预估完成后，就应进行基本财务报表的编制，主要的预估财务报表包括现金流量表、损益表、资产负债表等。现金流量表是以预估的现金流出和现金流入为内容编制的反映企业经济活动的过程的表格。损益表是反映企业在一定时期（月度或年度）经营成果的报表，是根据“收入-费用=利润”的会计恒等式和收入与费用的配比原则编制的。资产负债表反映企业各年末资产、负债、所有者权益的增减变化及对应关系，以考核项目资产、负债、所有者权益的结构是否合理，用以计算资产负债率、流动比率、速动比率，进行清偿能力分析。资金来源及运用表反映营业收入及其他渠道获得的资金的使用情况，编制的目的在于展示净收入怎样用于增加资产或偿还债务，用于选择资金筹措方案，制订适宜的借款及偿还计划，并为编制项目资产负债表提供依据。

资金的价值随时间的变化而变化，不同时间发生的等额资金在价值上的差别称为资金的时间价值。资金时间价值计算可分为单利和复利两种方法，单利指仅对本金计算利息，对所获得的利息不再计息；复利指不仅本金计算利息，而且先前周期的利息在后继周期中还要计息。创业者应了解并运用复利计息原理，分析一次支付和等额分付资金的等值换算方法。

财务可行性分析的主要目的是分析创业项目的盈利能力和偿债能力。反映盈利能力的指标有净现值、内部收益率、投资回收期、投资收益等，反映项目偿还债务能力的指标有借款偿还期、资产负债率、流动比率、速动比率。

在财务指标计算基础上进行项目的盈亏平衡分析，通过对项目的收入和成本之间的平衡分析，找出创业项目盈亏平衡点，分析项目的风险程度。

思考题

1. 什么是资产？如何进行分类？
2. 什么是成本？如何估算成本？
3. 什么是现金流量预估表？如何编制？
4. 什么是损益预估表？什么是资产负债预估表？
5. 为什么要编制资金来源与运用预估表？
6. 财务盈利能力分析包括哪些主要指标？如何运用这些指标进行投资决策？
7. 某创业企业，第 1 年末需要投资 100 万元，第 2 年末又需要投资 200 万元，第 3 年末需要投资 150 万元。从第 3 年起，连续 5 年每年年末获利 150 万元。假定企业残值不计，折现率为 12%，从财务角度判断该项目是否可行。
8. 财务计划主要包括哪些内容？

9. 案例分析：

庄妈妈的风雨创业路

庄妈妈名叫庄红卫，曾是上海第六搪瓷厂的一个下岗女工。失业一段时间后，庄红卫筹集了几万元资金，带了三个人，办起了“庄妈妈净菜社”。净菜社有一个很别致也很响亮的口号：“以妈妈的精神为客户服务。”正是缘于这个响亮的口号和在当时市场潜力还较大的净菜业务，净菜社迅速发展，并吸引了各个媒体和当地政府的关注，庄红卫本人也成为当地家喻户晓的再就业模范人物，获得了“上海市十大杰出青年”、“上海市自强不息再就业先进个人”、“上海市新长征突击手标兵”等一系列荣誉。

成名之后，庄妈妈更是得到了政府和社会各方的鼎力支持，社会的资金资助和无息贷款先后就有将近70万元。市自来水公司为庄妈妈公司水扩容时，6.2万元的费用只收取了2000元。同时，庄妈妈净菜社还享有税收优惠，这是别的同类企业所没有的。

就在这样的大好形势下，当所有人都认为净菜社的发展会欣欣向荣之际，庄妈妈净菜社却最终因拖欠19个月的房租被封门，宣告解体。为什么会出现这种情况呢？究其原因是多方面的，但其中最重要的一点就是由于不懂财务和管理，无法进行精准的成本核算和成本控制。

在企业出现危机之后，庄妈妈曾扛了5袋的账本，找到了上海震旦财务咨询有限公司董事长。他免费替庄妈妈作了财务分析，发现在财务管理上庄妈妈犯了一个低级的错误：计算成本时，她认为净菜利润很高，但对于毛利的真正概念并不了解，只计算了原料，而没有将工资、场地费、水电费等也计算进去，使得企业的利润虚高。还有一点，在企业遇到发展困难时，庄妈妈一味在外部寻求资金支持，而不考虑从自身机构的精简下手，忽视了借贷资金的成本。以其向财政局借贷的一笔50万元的款项为例，每月要支付0.725%的利息，但这些都没有在财务上得到足够的关注。最终导致了净菜社的倒闭。

资料来源：根据 http：//hbhr.org.cn 等网站内容整理。

【分析与讨论】

（1）请问导致庄妈妈创业失败的根本原因是什么？

（2）结合本章学习内容讨论如何在创业企业尚未建立就规划好财务，增加创业成功的可能性。

第六章 组建创业团队

【故事导读】

大象和猴子

大象和猴子本来是一对要好的朋友，有一天，它们为争论谁的本领大而吵了起来。吵来吵去也分不出个高低，这时乌鸦飞来了，它们就请乌鸦来裁决。乌鸦说："河的对岸有一棵桃树，谁能把桃子摘下来，就算谁的本领大。"它们想这还不容易，它们来到了河边，猴子望着那滚滚的河水，害怕极了，这时大象大摇大摆地走过来，说："猴子，难道你不知道我的力气大吗？跳到我背上来吧，我背你过去。"到了对岸，大象用鼻子去够桃子，可是树太高，大象够不着。猴子说："大象，难道你不知道我善于爬树吗？这下该看我的了吧！"说着就爬上了树上，把桃子一个一个地摘了下来。猴子下了树，与大象一起过了河，把桃子给了乌鸦。乌鸦说："你们各有各的长处和短处，你们团结起来发挥各自的长处不是很好吗？"

现代经济社会的复杂性已经使个人创业变得十分困难，成功的创业案例大多有一个高效的创业团队。创业团队具有良好的工作绩效，并且能够避免创业者个人认识的偏颇造成的风险，能够给创业企业带来巨大的经济效益和社会效益。优秀的创业团队对于新创企业迅速走上平稳发展的道路至关重要。如何组建创业团队就成为成功创业中至关重要的一步。

第一节 创业团队

创业团队是由技能互补的创业成员构成的，为实现共同的目标而共同承担责任，分享快乐，为了达到更高的目标而紧密团结在一切，用团结的力量为企业的发展提供了源源不断的动力。

一、创业团队的含义

不同的学者从不同的角度界定了团队（Team）的定义。盖兹贝克和史密斯（Katezenbach and Smith，1993）认为一个团队由少数具有"技能互补"的人所组成，他们认同于一个共同目标和一个能使他们彼此担负责任的程序。盖兹贝克和史密斯提到了共同目标，并提到了成员"技能互补"和分担责任的观点，同时还指出团队是个少数人的集合，保证相互交流的障碍较少，比较容易达成一致，也比较容易形成凝聚力、忠诚感和相互信赖感。但是，团队必定是以达到一个既定结果为最终目标，共同的目标是团队区别于群体的重要特征。

因此，团队可以定义为由少数具有技能互补的人组成，他们认同于一个共同目标和一个能使他们彼此担负责任的程序，并相处愉快，乐于一起工作，共同为达成高品质的结果而努力。团队就是合理利用每一个成员的知识和技能协同工作，解决问题，达到共同的目标的共同体。而创业团队，就是由少数具有技能互补的创业者组成，他们为了实现共同的创业目标和一个能使他们彼此担负责任的程序，共同为达成高品质的结果而努力的共同体。

任何团队，都包括五个必不可少的要素，简称“5P”，即人员（people）、目标（purpose）、定位（place）、权限（power）和计划（plan）。对于创业企业更要明确这几个要素，以加强团队的凝聚力和抗风险能力。

1. 人员

团队成员是创业成功的关键因素，只有适合创业的成员被吸收进入创业团队，进行企业的管理运作，才能够保证创业企业的稳健经营。不适合的人进入创业团队，会给企业的管理以及发展带来巨大的危害性。选择成员的方法主要是根据团队的目标和定位明确团队成员需要的技能、学识、经验及才华等，然后根据个人加入团队的目的、知识结构、性格、个性、兴趣、价值观念选择合适的人选。

创业团队中，成员的知识结构越合理，创业的成功性越大。纯粹的技术人员组成的公司容易形成以技术为主、产品为导向的经营理念，从而使产品的研发与市场脱节。在创业团队的成员选择上，必须充分注意团队整体的知识结构：技术、管理、市场、销售等，充分发挥每个成员的优势。

创业团队中，成员的价值观念和道德品质决定了今后企业文化的形成。一个人的价值观念很难改变，因此，在创业团队形成之前，必须进行深入的交流和充分的了解，价值观念相近的人在一起组成的团队，创业的成功性更大。

2. 目标

高效的团队对其所要达到的目标具有明确的认识，并坚信这一目标具有重大的意义和价值。这种目标的重要性激励着团队成员把个人目标升华到群体目标中去，团队成员在实现共同目标的过程中得到了自我实现的满足。这种团队中，成员愿意对团队目标做出承诺，清楚地知道团队希望他们做什么工作以及他们应当怎样共同工作最终完成任务。因此，在创业团队工作开展之前，应当让所有成员充分参与讨论并确定创业目标。共同、远大的目标可以使创业成员振奋精神，与企业的政策和行动协调、配合，充分发挥个人的潜能，创造超乎寻常的成果。

3. 定位

定位是团队通过何种方式同现有的组织结构相结合，以产生新的组织形式。创业团队的定位包含两层意思：

（1）创业团队的定位。包括创业团队在企业中处于什么位置，由谁选择和决定团队的成员，创业团队最终应对谁负责，创业团队采取什么方式激励下属。

（2）团队成员的定位。作为成员在创业团队中扮演什么角色，是制订计划还是具体实施或评估。是大家共同出资，委派某个人参与管理；还是大家共同出资，共同参与管理；或是共同出资，聘请第三方（职业经理人）管理。这体现在创业实体的组织形式上，是合伙企业或是公司制企业。

4. 权限

权限是指团队负有的职责和拥有的权力。对团队权限进行界定也就是要明确：团队的工作范围、工作重心、不同团队的界限。团队的权限范围必须和它的定位、工作能力和所赋予的资源相一致。适当的、合理的授权是调动团队积极性的关键因素。不同的团队类型、目标和定位就有不同的团队工作范围、工作重心和界限，这主要取决于组织的基本特征，如规模、结构和业务类型等。

5. 计划

计划就是将团队的职责和权限具体分配给团队成员，并明确团队成员如何进行分工合作。好的团队工作计划一般包括：团队需要多少成员、团队领导的特征、领导者的权限和职责、团队沟通的方式、团队沟通的工作任务、每位团队成员的工作时限、完成团队任务的界定、评价和激励团队成员的方式。这些内容的确定应根据组织本身的特点和实际需要进行合理选择。

二、组建创业团队的重要意义

团队是介于组织与团体之间最流行的一种合作方式，其精髓是沟通、分工、合作、共同进步，以形成一个目标明确、有战斗力的集体。创业团队就是由少数具有技能互补的创业者组成，以实现创业这一目标的正式团队。许多调查显示，团队创业成功的几率要远远高于个人独自创业的几率。虽然个人创业也有不少成功的案例，不过一般而言，个人创业企业成长较为缓慢，且容易因为创业者个人的风险而造成企业的破产，因此风险投资者通常不愿意给这种个人创业类型的企业投资。当然也并非团队创业就一定会获得成功，但创业投资者普遍认为，团队创业成功后所产生的回报价值一定相对较高，所以他们更愿意对团队创业企业进行投资。事实上，创业团队的素质才是决定创业成败的关键因素，因此风险投资者在评估投资对象的时候，除了考虑创业团队成员的能力与经验外，也会对准备投资的团队提供许多利于提升团队运作水平的管理咨询服务。

组建团队与管理团队也是成功创业家需要具备的主要能力之一。组建创业团队的基石在于创业远景与共同的价值观，因此创业家需要提出一套能够凝聚人心的远景规划与经营理念，形成共同目标、行为、语言、文化，作为互相信任与利益分享的基础。组建创业团队是一种结合远景、理念、目标、文化、共同价值观的机制，使之成为一个生命与利益共同体的组织，因此创业者对于组建团队与奠定团队基石，承担着非常重要的责任。

三、创业团队的类型

一般说来，创业团队大体上可以分为星状创业团队和网状创业团队两大类。

1. 星状创业团队

星状创业团队如图 6-1 所示。在星状创业团队中，一般有一个核心主导人物充当领军的角色。这种团队在形成之前，一般是核心领袖有了创业的想法，然后根据自己的设想组织创业团队。因此，在团队形成之前，核心领袖已经就团队的组成进行过仔细思考，根据自己的想法选择相应人物加入团队，这些加入创业团队的成员也许是核心领袖以前熟悉的人，也有可能是不熟悉的人，但其他的团队成员在企业中更多时候是支持者角色。

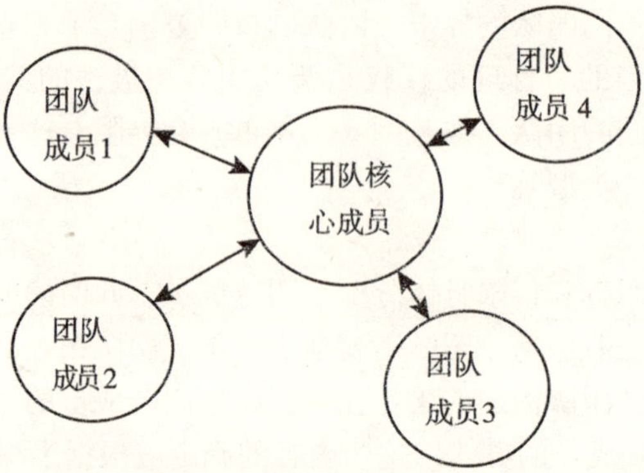

图 6-1 星状创业团队

这种创业团队组织的优点有：结构紧密，向心力强，主导人物在组织中的行为对其他个体影响巨大；决策程序相对简单，组织效率较高。缺点就是容易形成权力过分集中的局面，从而使决策失误的风险加大。特别是当其他团队成员和核心领袖发生冲突时，因为核心领袖的特殊权威，使其他团队成员在冲突发生时往往处于被动地位，在冲突严重时，一般都会选择离开团队，这会对团队的组织产生较大影响。

【案例 6-1】

尚德电力的星状创业团队①

2000 年，施正荣初到无锡时，除了一台笔记本，几页商业计划书外，就只剩下对资本的渴求。6 年之后，一位所谓的“中国首富”伴随着尚德电力（NYSE：STP）市值达到 40 亿美元而诞生了。无锡尚德太阳能电力有限公司有一个以创始人施正荣为核心的创业团队。在业界，尚德和施正荣是连在一起的；在尚德这个开明的决策团队里，施正荣基于对市场和行业的了解提出建议，经董事长同意，就能把决策执行起来。董事会的股东们在对经营的把握和决策上基本都听他们的，这是一个很开明的团队。尚德的第 2 条生产线甚至是施正荣和董事长先斩后奏，先决策并实施起来以后，再向董事会汇报。无疑，作为核心决策者的施正荣在尚德的发展中起到了核心作用。正是得益于这样一个以核心人物主导的开明团队，尚德才取得了飞跃发展，创业仅 3 年销售额就已过亿元，成为业界明星企业。

① 根据 http：//www.89189.com/school/的内容整理。

【思考与讨论】

1. 施正荣在团队中发挥着什么作用？
2. 星状团队的优势和缺陷各是什么？

2. 网状创业团队

在网状创业团队中没有明确的核心人物，其成员一般在创业之前都有密切的关系，比如同学、亲友、同事、朋友等，大家根据各自的特点进行自发的组织角色定位。网状创业团队如图 6-2 所示。因此，在企业初创时期，各位成员基本上扮演着协作者或者伙伴的角色。这种创业团队没有明显的核心，整体结构较为松散，组织决策时，一般采取集体决策的方式，通过大量的沟通和讨论达成一致意见。因此组织的决策效率相对较低。由于团队成员在团队中的地位相似，因此容易在组织中形成多头领导的局面。当团队成员之间发生冲突时，一般采取平等协商、积极解决的态度消除冲突，团队成员不会轻易离开。但是一旦团队成员间的冲突升级，某些团队成员撤出团队，就容易导致整个团队人心涣散。

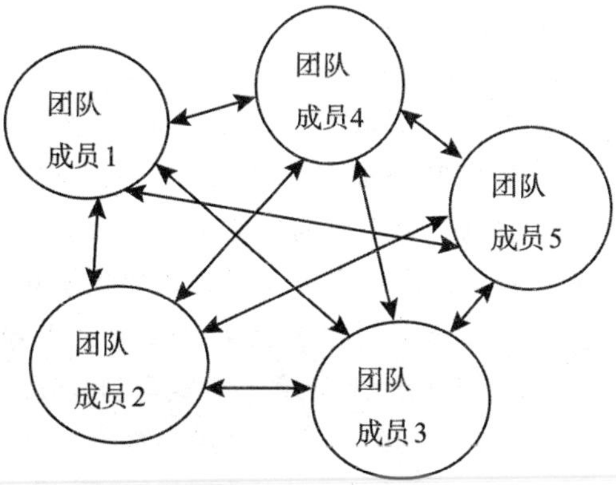

图 6-2　网状创业团队

【案例 6-2】

俞敏洪创业团队①

1991 年 9 月，俞敏洪从北京大学辞职，开始了自己的创业生涯。1993 年，俞敏洪创办了新东方培训学校，创业伊始，俞敏洪单枪匹马，仅有一个不足十平方米的漏风的办公室，零下十几度的天气，自己拎着糨糊桶到大街上张贴广告，招揽学员。1994 年，俞敏洪已经投入 20 多万元，新东方已经有几千名学员，在北京也已经是一个响亮的牌子，他看到了一个巨大而诱人的教育市场。

在新东方创办之前，北京已经有三四所同类学校，参加新东方培训的多是以出国留学为目的。新东方能做到的，其他学校也能做到。就当时的大环境而言，随着出国

① 根据 http：//wenku. baidu. com/view/的有关资料整理。

热以及人们在工作、学习、晋升等方面对英语的多样化要求，国内掀起了学习英语的热潮，越来越多的优秀教师加入英语培训这个行业，如何先人一步，取得自己的竞争优势，把新东方做大做强，俞敏洪认识到英语培训行业必须具备一流的师资。

培训学校普遍做不大是有原因的，由于对个别讲师的过分倚重，每个讲师都可以开一个公司，但是每个公司都做得不大。所以，俞敏洪需要找到更多的合作伙伴，帮他控制住英语培训各个环节的质量。而这样的人，不仅要有过硬的专业知识和能力，更要和俞敏洪本人有共同的办学理念。他首先想到的是远在美国的王强、加拿大的徐小平等人，实际上这也是俞敏洪思考了很久才做的决定——这些人不仅符合业务扩展的要求，更重要的是这些人作为自己在北大时期的同学、好友，在思维上有着一定的共性，肯定比其他人能更好地理解并认同自己的办学理念，合作也会更坚固和长久。

这时他遇到了一个和他有着共同梦想的惺惺相惜的朋友——杜子华，杜子华像一个漂泊的游侠，研究生毕业后游历了美国、法国和加拿大，凭着对外语的透彻领悟和灵活运用，在国外结交了各色朋友，也得到了不少让人羡慕的机会。但是他在国外待的时间越久，接触的人越多，就越是感觉到民族素质提高的重要和迫切。要提高一个人、一个民族的素质唯有投资教育。

1994 年在北京做培训的杜子华接到了俞敏洪的电话，几天后，两个同样钟爱教育并有着共同梦想的“教育家”会面了，谈话中，俞敏洪讲述了新东方的创业和发展、未来的构想、自己的理想、对人才的渴望……这次会面改变了杜子华单打独斗实现教育梦想的生活，杜子华决定在新东方实现自己的追求和梦想。

1995 年，俞敏洪来到加拿大温哥华，找到曾在北大共事的朋友徐小平。这时的徐小平已经来到温哥华 10 年之久，生活稳定而富足。俞敏洪不经意地讲述自己创办新东方的经历，文雅而富有激情的徐小平突然激动起来：“敏洪，你真是创造了一个奇迹啊！就冲你那 1000 人的大课堂，我也要回国做点事！”

随后，俞敏洪又来到美国，找到当时已经进入贝尔实验室工作的同学王强。1990 年，王强凭借自己的教育背景，3 年就拿下了计算机硕士学位，并成功进入著名的贝尔实验室，可以说是留学生中成功的典型。白天王强陪着俞敏洪参观普林斯顿大学，让他震惊的是，只要碰上一个黑头发的中国留学生，竟都会向俞敏洪叫一声“俞老师”，这里可是世界著名的大学啊。王强后来谈到这件事时说自己当时很震惊，受到了很大的刺激，俞敏洪说，你不妨回来吧，回国做点自己想做的事情。

就这样，徐小平和王强都站在了新东方的讲台上。1997 年，俞敏洪的另一个同学包凡一也从加拿大赶回来加入了新东方，新东方就像一个磁场，凝聚起一个个年轻的梦想，这群在不同土地上为了求学，洗过盘子、贴过广告、做过推销、当过保姆的年轻人，终于找到一个突破口，年轻人身上积蓄的需要爆发的能量在新东方充分得到了释放。就这样，从 1994 年到 2000 年，杜子华、徐小平、王强、胡敏、包凡一、何庆权、钱永强、江博、周成刚等人陆续被俞敏洪网罗到了新东方的门下。

【思考与讨论】

1. 俞敏洪凭什么吸引到新东方的最初创业人员？
2. 请分析新东方创业团队成员之间的共同性和互补性。

以上关于创业团队的划分也不是绝对的，现实中往往是星状网状混合型的，还有一些团队的核心也不一定就是一个成员，这种创业团队的典型例子有：微软的比尔·盖茨和童年玩伴保罗·艾伦，HP的戴维·帕卡德和他在斯坦福大学的同学比尔·休利特，Google的拉里·佩奇（Larry Page）和塞吉·布林（Sergey Brin）等。多家知名企业的创建是先由于创业者的关系和结识，基于一些互动激发出创业点子，然后合伙创业，再寻找创业所需的其他成员，这种例子比比皆是。

第二节　创建高效的创业团队

建立团队并不意味着一定能够实现高效率。因此，如何创建高效团队，就成为一个重要问题。

一、高效创业团队的特征

根据大量的调研资料，一个高效率的团队一般应具有以下的特征：

（一）凝聚力

凝聚力的原意，是指物质内部分子间的相互吸引力，分子间距离愈小，凝聚力就愈大。这一原理运用于社会现象，是比喻使人或事物聚合到一起的力量。团队是一个整体，其成败关系到每个人的利益，成员能够同甘共苦，经营成果能够公开且合理地分享，团队就容易形成坚强的凝聚力。

（二）专业技能的完美搭配

团队的成员应当达到技能互补，领导能力、调研能力、公关能力、市场开拓能力、谈判能力、财务能力、协调能力相互协调补充，使团队的各项工作完美无缺。良好的合作精神和品质也很重要，人品是十分重要的因素，没有良好的合作精神和品德，即使具有精湛的技能也难以形成合作的团队。高效率的团队的成员往往是由一群具有精湛技能和良好品德的成员共同组成的。

（三）相互信任

成员的目标与团队的目标是一致的，因此成员之间的个人愿望是统一的。在此基础上形成的良好的信任关系应该是稳定的，每个成员对其他人的品行和能力都应确信不疑。只有相互信任才能形成良好和高效率的工作氛围，实现团队目标。

创业之初团队成员之间没有建立起深厚的信任感，这种信任危机往往在利益分配的阶段，随着矛盾激化而会逐渐突显出来，产生了一系列破坏性后果。近年来中关村每年的企业倒闭率在25%左右，其中很重要的一个原因就是创业团队内部不团结。要增强创业团队中的信任，就要求团队成员对集体忠诚，彼此以诚相待、公平相处，并在制度上加以保证，在创业初期建立完善的管理制度和利益分配制度。

（四）有效沟通

在团队内部，在前述特征基础上形成了良好的沟通基础、渠道与形式，包括各种言语和非言语信息的沟通。在成员之间和管理者与团队成员之间形成了规范的、经常的沟通。这种有效的沟通，有助于指导和协调团队成员的行为，清除误解，使成员之间能够迅速而准确地了解彼此的想法和情感，避免内部矛盾消耗企业的资源。

（五）合理分享

创业团队通过恰当的形式将经营成果与团队成员进行合理分享是留住员工和延揽人才的关键因素之一。个人的努力需要通过经营成果的分享得到企业的认可，这种认可是个人目标和企业目标相一致的体现，也是对成员的一种激励措施，能够促使成员更加努力地工作，在实现团队目标的同时实现自我的价值。

（六）正确领导

正确的领导能够让团队成员跟随自己共同度过最艰难的时期，获得成员的信任，使大家相信他能为团队指明前途，并带领大家去实现目标。正确的领导还能够不断鼓舞成员的自信心，帮助成员发掘自己的潜力，并创造条件使其充分发挥。正确的领导能经常抓住机遇、实施变革，促使团队实现目标。这样的领导不是专断独裁式的领导，他们往往以团队的教练和后盾的角色出现，通过合理授权与分工，领导团队实现目标。

二、组建高效创业团队的基本条件

组建一个健康、高效率和有战斗力的创业团队应具备以下条件。

（一）树立正确的团队理念

拥有正确团队理念的成员相信他们处在一个命运共同体中，共享收益，共担风险。团队工作，即作为一个团队而不是靠个别的“英雄”工作，每个人的工作相互依赖和支持，依靠事业成功来激励每个人。

拥有正确团队理念的成员相信他们正在为企业的长远利益工作，正在成就一番事业，而不是把企业当做一个快速致富的工具。没有人打算现在加入进来，而在困境出现之前或出现时退出而获利，他们追求的是最终的资本回报及带来的成就感，而不是当前的收入水平、地位和待遇。拥有正确团队理念的成员承诺为了每个人而使“蛋糕”更大，包括为顾客增加价值，使供应商随着团队成功而获益，为团队的所有支持者和各种利益相关者谋利。

（二）确立明确的团队发展目标

目标在团队组建过程中具有特殊的价值。首先，目标是一种有效的激励因素。如果一个人看清了团队的未来发展目标，并认为随着团队目标的实现，自己可以从中分享到很多的利益，那么他就会把这个目标当成是自己的目标，并为实现这个目标而奋斗。从这个意义上讲，共同的未来目标是创业团队克服困难，取得胜利的动力。其次，目标是一种有效的协调因素。团队中各种角色的个性、能力有所不同，但是“步调一致才能得胜利”。孙子曰：“上下同欲者胜。”只有真正目标一致、齐心协力的创业团队才会得到最终的胜利与成功。

（三）建立责、权、利统一的团队管理机制

1. 创业团队内部需要妥善处理各种权力和利益关系

（1）妥善处理创业团队内部的权力关系。在创业团队运行过程中，团队要确定谁适合于从事何种关键任务和谁对关键任务承担什么责任，以使能力和责任的重复最小化。

（2）妥善处理创业团队内部的利益关系。这与新创企业的报酬体系有关。一个新创企业的报酬体系不仅包括诸如股权、工资、奖金等金钱报酬，而且包括个人成长机会和提高相关技能等方面的内容。每个团队成员所看重的并不一致，这取决于其个人的价值观、奋斗目标和抱负。有些人追求的是长远的资本收益，而另一些人不想考虑那么远，只关心短期收入和职业安全。

由于新创企业的报酬体系十分重要，而且在创业早期阶段财力有限，因此要认真研究和设计整个企业生命周期的报酬体系，以使之具有吸引力，并且使报酬水平不受贡献水平的变化和人员增加的限制，即能够保证按贡献付酬和不因人员增加而降低报酬水平。

2. 制定创业团队的管理规则

要处理好团队成员之间的权力和利益关系，创业团队必须制定相关的管理规则。创业团队管理规则的制定，要有前瞻性和可操作性，要遵循先粗后细、由近及远、逐步细化、逐次到位的原则。这样有利于维持管理规则的相对稳定，而规则的稳定有利于团队的稳定。

企业的管理规则大致可以分为三个方面：

（1）治理层面的规则，主要解决剩余索取权和剩余控制权问题。治理层面的规则大致可以分为合伙关系与雇佣关系。在合伙关系下大家都是老板，大家说了算；而在雇佣关系下只有一个老板，一个人说了算。除了利益分配机制和争端解决机制，还必须建立进入机制和退出机制。没有出入口的游戏规则是不完整的，因此要约定以后创业者退出的条件和约束以及股权的转让、增股等问题。

（2）文化层面的管理规则，主要解决企业的价值认同问题。企业章程和用工合同解决的是经济契约问题，但作为管理规则它们还是很不完备的。经济契约不完备的地方要由文化契约来弥补。它包括很多内容，但也可以用“公理”和“天条”这两个词简要地概括。所谓“公理”，就是团队内部不证自明的东西，它构成团队成员共同的终极行为依据。所谓“天条”，就是团队内部任何人都碰不得的东西，它对所有团队成员都构成一种约束。

（3）管理层面的规则，主要解决指挥管理权问题。管理层面的规则最基本的有三条：① 平等原则，制度面前人人平等，不能有例外现象；② 服从原则，下级服从上级，行动要听指挥；③ 等级原则，不能随意越级指挥，也不能随意越级请示。这三条原则是秩序的源泉，而秩序是效率的源泉。当然，仅有这三条原则是不够的，但它们是最基本的，是建立其他管理制度的基础。

【案例 6-3】

创业玩家 Levchin 的团队建议

Max Levchin 23 岁时和小伙伴共同创建了 PayPal，后来创办的 Slide 在 2010 年被

Google 用 2 亿美元收购，随之成了 Google 的一员。除 Slide 之外，他还联合创办了 LinkedIn、YouTube、Yelp、Yammer、SpaceX 等。在 2011 年，Slide 服务被 Google 关闭，Levchin 也从 Google 离职，成了一位天使投资人。在硅谷，可能没有人比 Max Levchin 更出风头了，从 PayPal 到 Slide，他创造了创业的奇迹，与很多创业者不同的是，他更喜欢不停地缔造一个公司然后卖掉。这种人在硅谷被称为创业玩家，他们更像一个天真顽皮的孩子，按自己的意愿不停地制造自己喜欢的玩具，当新鲜感丧失后，就找个下家卖掉，再去制造新的玩意。以下是 Max Levchin 对创业者的一些建议：

(1) 合伙人一起创业比独自一人创业好，但不能雇佣一个联合创始人——你只能打动他。

(2) 找一个总体来说差不多的（背景、教育、价值观、其他素质等）团队要好得多——你可以节省不少争论的时间。

(3) 不要让高级管理组之间产生芥蒂，一旦出现了这类情况，你需要立刻进行调解或仲裁。

(4) 如果你创业的时候对所雇的前 5~6 个职位的人选还不太确定的话，那么毫无疑问你还不到创业的时候。

(5) 以身作则是最高效的方式。如果你希望团队夜以继日地工作，那么最好你也这样做，即使你实际上并没有参与到团队的任务中来。这有点荒谬，但是这是真的。

(6) 通过好的故事或者好的结果来融资，在启动项目之前或者刚刚启动时集资，不要打算在启动许久之后再融到资金。

【思考与讨论】

1. 以上六条建议中有五条都是关于创业团队的，说明创业团队在创业中重要性。为什么创业团队（合伙人）创业比独自一人创业容易成功？

2. 为什么创建团队要找背景差不多的？

3. 为什么创业团队之间产生芥蒂要及时调整？

4. 你是否同意他所说的第四条，为什么？

5. 作为团队核心成员，他强调以身作则，你怎么理解？

三、组建高效创业团队的关键

要使团队运作迅捷有效，达到上述特征应主要从如下关键环节着手：

（一）形成一致的创业理念和创业思路

一致的创业理念和创业思路是形成团队凝聚力、相互信任和有效沟通的基础。如果未能形成一致的创业思路，即使再高技能的人组合在一起也难以保证创业目标的实现。许多创业团队后来分化和解体的根本原因就在于缺乏共同的创业思路，使得公司只好分化，使创业目标化为泡影。

（二）建立共同的行动纲领和纪律制度

如果一个创业团队没有经过大家共同议定的行动纲领，团队就会失去行动目标，因而很难形成凝聚力；如果没有完善有效的纪律制度，则很难保证成员协调一致地工作。纪律是一切制度的基石，组织与团队要能长久存在，其重要的维系力就是团队纪律。要建立团队的纪律最首要的一点是：领导者自己要身先士卒维护纪律。

（三）设计合理的工作绩效评估和激励体系

企业在创立之初，就应建立适合团队性质、任务和行为规范的绩效评估体系。绩效考评能够为成员的奖惩、职务调整和薪资安排提供依据，为成员与领导者之间提供一个正式沟通的机会，也能让员工了解自己工作的实际效果以及公司对他的期望，使员工有明确的改进方向和目标。绩效考评应是全面的，主要包括对工作效果、工作潜能、工作态度、工作精神、人际沟通能力以及员工行为过程的考评。绩效考核的方式，可以采取量化或者面对面交流的方式，这两种方式各有其长，各企业可以参考其实际情况采取不同方式。只有考核制度和指标体系还不够，还要有一个员工职业发展规划，帮助员工在工作中、企业内部培训中以及自学中不断提高自己的能力和职级。对于高新企业，这样一个职业发展规划有时候比丰厚的薪酬更能吸引和激励高素质的员工。

（四）动态地调整团队成员

创业团队并非一蹴而就，往往是在新企业发展过程中才逐渐孕育并形成的。创业团队中或许有的人不能认同创业理念，或许有的人有其他的打算，或许有的人不称职。创业企业在发现问题以后要果断换人，使企业保持行为和意识的一致性，这种调整还能够并且保持企业的活力。

正确的创业理念是创业成功的基础，也决定了公司未来能走多远，但正确的理念要靠一系列的团队管理机制来体现和落实，创业团队的目标才能得以实现。图 6-3 总结和概括了本节主要内容，勾画出了它们之间的逻辑线索。

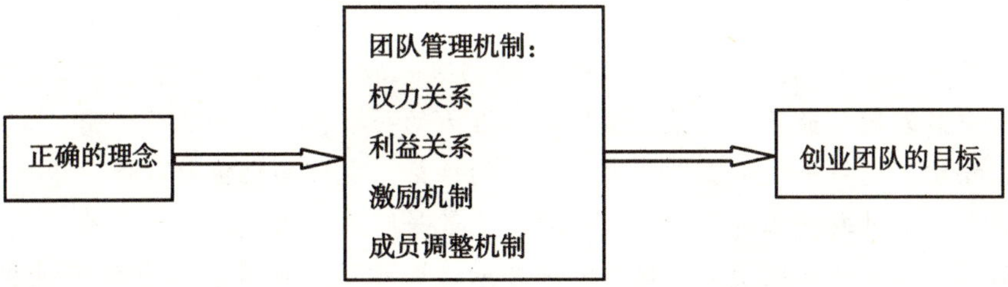

图 6-3 创业团队理念、团队管理机制和目标之间的关系

【案例 6-4】

腾讯创业 5 兄弟

腾讯创业 5 兄弟，堪称难得，其理性堪称标本。12 年前的那个秋天，马化腾与他的同学张志东“合资”注册了深圳腾讯计算机系统有限公司。之后又吸纳了三位股东：曾李青、许晨晔、陈一丹。这 5 个创始人的 QQ 号，据说是从 10001 到 10005。

为避免彼此争夺权力，马化腾在创立腾讯之初就和4个伙伴约定清楚：各展所长、各管一摊。马化腾是CEO（首席执行官），张志东是CTO（首席技术官），曾李青是COO（首席运营官），许晨晔是CIO（首席信息官），陈一丹是CAO（首席行政官）。

之所以将创业5兄弟称为“难得”，是因为直到2005年的时候，这5人的创始团队还基本是保持这样的合作阵形，不离不弃。直到腾讯做到如今的帝国局面，其中4个还在公司一线，只有COO曾李青挂着终身顾问的虚职而退休。

都说一山不容二虎，尤其是在企业迅速壮大的过程中，要保持创始人团队的稳定合作尤其不容易。在这个背后，工程师出身的马化腾从一开始对于合作框架的理性设计功不可没。

从股份构成上来看。5个人一共凑了50万元，其中马化腾出了23.75万元，占了47.5%的股份；张志东出了10万元，占20%；曾李青出了6.25万元，占12.5%的股份；其他两人各出5万元，各占10%的股份。

虽然主要资金都由马化腾所出，他却自愿把所占的股份降到一半以下，47.5%。“要他们的总和比我多一点点，不要形成一种垄断、独裁的局面。”而同时，他自己又一定要出主要的资金，占大股。“如果没有一个主心骨，股份大家平分，到时候也肯定会出问题，同样完蛋。”

保持稳定的另一个关键因素，就在于搭档之间的“合理组合”。《中国互联网史》作者林军回忆说，“马化腾非常聪明，但非常固执，注重用户体验，愿意从普通用户的角度去看产品。张志东是脑袋非常活跃，对技术很沉迷的一个人。马化腾技术上也非常好，但是他的长处是能够把很多事情简单化，而张志东更多是把一个事情做得完美化”。

许晨晔和马化腾、张志东同为深圳大学计算机系的同学，他是一个非常随和而有自己的观点，但不轻易表达的人，是有名的“好好先生”。而陈一丹是马化腾在深圳中学时的同学，后来也就读深圳大学，他十分严谨，同时又是一个非常张扬的人，他能在不同的状态下激起大家的激情。

如果说，其他几位合作者都只是“搭档级人物”的话，只有曾李青是腾讯5个创始人中最好玩、最开放、最具激情和感召力的一个，与温和的马化腾、爱好技术的张志东相比，是另一个类型。其大开大合的性格，也比马化腾更具备攻击性，更像拿主意的人。不过或许正是这一点，也导致他最早脱离了团队，单独创业。

后来，马化腾在接受多家媒体的联合采访时承认，他最开始也考虑过和张志东、曾李青三个人均分股份的方法，但最后还是采取了5人创业团队，根据分工占据不同的股份结构的策略。即便是后来有人想加钱、占更大的股份，马化腾说不行，“根据我对你能力的判断，你不适合拿更多的股份”。因为在马化腾看来，未来的潜力要和应有的股份匹配，不匹配就要出问题。如果拿大股的不干事，干事的股份又少，矛盾就会发生。

当然，经过几次稀释，最后他们上市所持有的股份比例只有当初的1/3，但即便是这样，他们每个人的身价都还是达到了数十亿元人民币，是一个皆大欢喜的结局。

可以说，在中国的民营企业中，能够像马化腾这样，既包容又拉拢，选择性格不同、各有特长的人组成一个创业团队，并在成功开拓局面后还能依旧保持着长期默契的合作，是很少见的。而马化腾成功之处，就在于其从一开始就很好地设计了创业团队的责、权、利。能力越大，责任越大，权力越大，收益也就越大。

资料来源：根据 http：//www. china2. com 等网站改写。

【思考与讨论】

1. 请问腾讯初始创业团队是如何保持稳定的？
2. 马化腾为什么要将他所持股份降低？
3. 曾李青离开腾讯又去创业，从个人素质和性格角度看是否必然？

本章小结

创业团队是由少数具有技能互补的创业者组成的为了实现创业目标的正式团队。创业团队具有良好的工作绩效，并且能够避免创业者个人认识的偏颇造成的风险，能够给创业企业带来巨大的经济效益和社会效益。优秀的创业团队对于新创企业迅速走上平稳发展的道路至关重要。创业团队有星状和网状两种结构，它们各有特点。

高效创业团队是具有凝聚力，专业技能合理搭配，能够有效沟通，相互信任，合理分享和正确领导的团队。组建一个健康、高效率和有战斗力的创业团队应该树立正确的团队理念，确立明确的团队发展目标，建立责、权、利统一的团队管理机制。高效创业团队建立的关键在于，建立共同的行动纲领和纪律制度，设计合理的工作绩效评估和激励体系，适时、动态地调整团队成员。

思考题

1. 什么是创业团队？
2. 创业团队的优势主要有哪些？
3. 创业团队的类型有哪些？
4. 如何组建高效创业团队？
5. 如果立志创业，是否就应该在大学阶段甚至中学阶段有意构建创业团队？

第七章　撰写创业计划

【故事导读】

猴子的悲剧

一只猴子在四处寻找食物，它从一个岩石的间隙中看到在岩石那边有一棵结满果子的果树。于是拼命想从岩石狭小的间隙中钻过去。如果对于猴子来说，岩石那边的果实是它渴求的利润，猴子会怎么做呢？它选择的是意志坚定地一直使劲钻，身体都被岩石磨破了好多处。因为劳累和饥饿，猴子瘦了。就这样，在第3天时，它竟然很轻松地钻了过去，并美美地吃上了果子。等树上的果子全部吃完后，猴子准备继续寻找食物，这时他才发现，因为太饱了，它又钻不出来了。这只可怜的猴子因为没有事先进行总体的规划，结局一定是很悲惨的。

在企业创立前，往往是在没有任何记录的情况下来筹集资源，创业者向潜在的投资者争取投资时，唯一能做的事就是描述未来，展示创业机会及其实现这一机会的前景和行动的方针，而创业计划正是创业者描述未来的重要蓝本。对迫切需要融资的创业者来讲，只能通过创业计划向创业投资者描绘未来的企业；而创业投资者面对大量潜在可行的创意，也只能通过对创业计划的评估作出自己的选择。因此创业计划是创业企业和创业投资者发生利益关系的第一载体。本章首先明确创业计划的概念、作用和特点，然后介绍创业计划的撰写方法及撰写应注意的问题和应避免的误区。

第一节　了解创业计划

创业计划是创业的蓝图，是创业融资的关键文件，一份完整的创业计划能充分体现创业者的创意或企业的价值，是向潜在的投资者提交的全面介绍企业运作计划和未来发展前景及融资要求的书面文件。它应该清楚地说明创业者或企业能够足够多地销售产品或提供服务，获得令人满意的利润，从而有效地吸引投资方对创业项目的投资。

一、什么是创业计划

创业计划（Business Plan）是对创建一个企业的基本思想以及与企业创建有关的各项事项进行总体安排的文件，它从企业内部的人员、制度、管理以及企业的产品、营销、市场等各个方面对即将创建的企业进行可行性分析。对于创业者来讲，创业计划有4个基本的目标：第一，分析和确定创业机遇和内容；第二，说明创业者计划利用这一机遇发展新的产品或服务所要采取的方法；第三，分析和确定决定企业能否成功的关键因素；第四，确定实现创业所需要的资源以及取得这些资源的方法。在创业者选定了创业目标与确定创业的动机且资金、资源和市场等各方面的条件都已准备妥当或已经累积了相当实力后，这时候，就必须提出一份完整的创业计划，创业计划是整个创业过程的灵魂，创业计划中主要详细记载了一切创业的内容，包括创业的种类、资金规划、阶段目标、财务预估、营销策略、可能风险评估、内部管理规划等，在创业的过程中，这些都是不可或缺的元素。在创业之前做一个翔实的创业计划，不仅可以作为自己创业的行动指南，还可以作为吸引风险资本的“敲门砖”。事实上，创业计划常常被认为是创业者吸引风险投资的一份报告性文件，下面主要以吸引风险投资为目的探讨如何制订创业计划。

二、创业计划的作用

创业计划是一次全面的“纸上谈兵”，是一次对创业活动或项目操作深入分析的梳理过程。其作用是：

（1）梳理作用。一个新产品的创意或者是一个正在酝酿中的项目，初期往往是非常模糊的。撰写创业计划的整个过程，需要从比较客观和务实的角度，全面分析创意或项目成因、自身优势、行业优势、市场动态并从正反两个方面对经营的思路进行梳理，发现其中没有考虑到的问题，从而使策划者能够保持清醒的认识，把握清晰的经营脉络。

（2）导向作用。当创业计划成为一项比较完善的计划被确认实施时，就会成为未来企业营运管理的工作指南或行动大纲并加以落实，从而保证企业运营建设的方向按照预定目标发展。这就相当于旅游之前预先准备好了地图和指南针——保证了基本方向的正确性。

（3）融资作用。创业计划被用来吸引投资者，帮助投资机构更好地了解拟创企业或项目。创业计划经常是集项目产业运作与资本运营于一身，能够充分阐述项目的运作资源、行业竞争、经营战略、商业模式与运作策略，完美展示项目的投资价值，是敲开融资与合作大门的必备武器，是投资者、合作者决策是否投资与合作的重要材料。

（4）沟通作用。创业计划为机构（或项目）的发展制定出了比较具体的经营目标和战略方向，描绘了机构（或项目）发展的宏图，从而使合作者、供应商、企业员工等能够了解机构（或项目）的经营方向和目标，并激励他们为实现目标而努力奋斗。

（5）评价作用。一份计划书应该是创业者精心制订的，是今后实施相关行动的依据。其实现的结果，是对创业团队能力及远见的评价依据。

此外，书面形式的创业计划，还解决了不同时机、不同场合需要重复解释、反复说明的问题，有利于节省创业团队的时间。

对于创业者来说，创业计划的具体作用是：

（1）为创业者提供自我评价的机会。创业计划通过明确指出企业内部竞争优劣势与外部机会威胁、可能遭遇到的问题以及预期的经营结果，使创业者能够清楚地知道自身创业的经营与发展过程及结果。

（2）明确创业的可行性和创业战略，是创业者的行动纲领和执行方案。

（3）是与投资者（包括可能的投资人）、政府官员、内部员工、合作伙伴、供应商、顾客及相关人员有效沟通的工具。

(4) 作为获取创业融资的敲门砖。它通过对创业项目的描述及发展，为创业者吸引资金提供佐证依据。

(5) 作为对外宣传材料的依据。

三、成功创业计划的特征

为了从创业投资家那里获得资金，创业计划必须是“正确”的创业计划，也就是说，它必须说投资者想听的话，并打动他们。所以创业者必须知道什么是对投资者最重要的、什么对投资者是不重要的以及如何用一种能吸引投资者的方法表述其计划。虽然一份有效的计划书并不具有某种固定的模式，但它们往往仍然具有一些共性，例如有效的创业计划必须简洁、完整、条理清晰，语言通畅易懂，意思表述准确，不要超过50页，最好在30页左右。以下列出了一份有效的创业计划应具备的特征：

1. 总体性

在总体性发面，撰写创业计划要把握好三点：

(1) 突出计划书的目的性。阐述问题既要突出主题，也要客观现实，中心明确。

(2) 要有一定的高度。既要体现领导者、策划者的战略意图和方向，又要顾及项目(或产品) 的方方面面，从全局考虑。

(3) 要有可操作性。作为机构（或项目）日后的行动计划，从能力与实现的可能角度出发，能够满足指导机构人员按计划实施的操作要求。

2. 独特性

在独特性方面，写好创业计划，要注意四点：

(1) 突出经济效益。通过强调和渲染项目（或产品）前景，突出其价值，让人感到计划很完美，值得参与拼搏。

(2) 突出竞争策略。让人认为你的竞争策略是最恰当的。

(3) 突出风险管理。让人相信你对市场研究是透彻的，你的专家队伍及你的管理能力与风险防范控制有较高水平。

(4) 表明行动计划。对行动或措施方案作出周密安排，让人确认你的计划是无懈可击的，运营成本也是相当合理的。

3. 翔实性

在翔实性发面，起草创业计划，要精心准备素材、数据并注意三点：

(1) 了解国家政策，并掌握国际、国内发展趋势，引用权威信息。

(2) 了解行业内发展态势，优势与劣势各是什么，急需什么，引用行业发布的数据。

(3) 分析机构自身现状、地位、规模、财力情况，引用财务积累数据。

4. 创新性

在创新性方面，撰写创业计划，可以从以下三点入手：

(1) 计划内容要有创新。思路要清晰，内容要全面，指标要适当，这将体现策划者的战略思想。

(2) 实施手段要有创新。方法要可行，步骤要明确，标准要严格，这将体现策划者的管理方法。

（3）文本写作要有创新。格式要规范，言语要精练，用词要准确，这将体现策划者的语言水平。

5. 规范性

在规范性方面，创业计划要做到工整、规范，努力消除文字错误、语句失误，创业者要拿它去融资或是求得支持，良好的写作技巧是非常必要的。

6. 务实性

在务实性方面，创业计划应是基本正确的“经营”计划，应是客观的、完整的，具备可行性和可操作性。

（1）引用数据准确，佐证材料翔实。只要提到数字就必须有根据，多引证官方或学术研究机构的客观统计资料，注明出处；如为假设，必须说明假设条件。表明未来几年内（如3~5年）机构（或项目）将实现的不同目标和获得的利益回报是有分析依据的，不是空想的，或是不现实的。

（2）提供产品或服务销售能力强的证据。从财务上证明销售产品或服务的方法。

（3）创业计划如果是用于融资的话，一定要适应投资者的口味。投资者所关心的是市场前景、回报率和回报期，而不是你的专利。

7. 完善性

在完善性方面，创业计划起草完成后，策划者一定要多听、多看、多了解不同人员的想法，多征求意见，反复研究修改，不断补充完善。包括正反两方面的考虑，前期和后期工作安排等。只有这样，写出的创业计划才有分量，才有高度，才经得起讨论，才具备实施的可行性。

同时，潜在投资者反感的特征包括：（1）只关注自己的产品或服务，而不熟悉或没有意识到市场需求问题；（2）财务计划违反通行的行业准则；（3）不现实的增长计划；（4）不愿意承担风险。

第二节 创业计划的撰写及主要内容

创业计划是对未来企业的计划，所以在撰写前必须通过市场调查获得必要的信息，然后根据所获得的信息进行预估，根据一般的创业计划格式撰写出完整的创业计划来。

一、撰写创业计划的原则和程序

（一）创业计划的撰写原则

要撰写出成功的创业计划，就应该在撰写过程中牢记并遵循以下几个原则。

1. 始终把顾客价值和投资回报放在第一位

这是撰写创业计划的基本原则。创业计划的一个显著特点是对外宣传性，而顾客价值以及企业的投资回报是企业未来发展的基础和重要衡量指标。因此，创业计划的撰写应该始终围绕顾客价值及企业未来的投资回报这两个中心来进行。

2. 以潜在投资者最关心的问题作为出发点

创业计划应从读者出发，用简明、清晰的表达方式，使潜在投资者能够在尽可能短的时间内领会计划书的内容，并且创业计划的内容应该从投资者最关心的问题入手。

3. 创业计划要有针对性

不同的创业计划有不同的目的，有不同的针对性。如风险投资商对创业计划中的市场增长有兴趣，银行所关心的首要问题是贷款能否得到迅速的偿还，大客户所注重的是寻找一个长期固定的供货渠道，关注企业的生产能力、产品质量及售后服务等。针对不同的对象，创业计划应有不同的侧重。对于创业者来讲，完全可以准备二到三种或更多版本的创业计划。

（二）创业计划的撰写程序

一份良好的创业计划包括附录在内一般 20~40 页，过于冗长的创业计划反而会让人失去耐心。整个创业计划的写作是一个循序渐进的过程，可以分成五个阶段完成。

（1）创业计划构想细化，初步提出计划的构想。

（2）市场调查。和行业内的企业和专业人士进行接触，了解整个行业的市场状况，如产品价格、销售渠道、客户分布以及市场发展变化的趋势等因素。可以进行一些问卷调查，在必要时也可以求助于市场调查公司。

（3）竞争者调查。确定你的潜在竞争对手并分析本行业的竞争趋势。分销渠道如何？形成战略伙伴的可能性？谁是潜在盟友？准备一份一到两页的竞争者调查小结。

（4）财务分析。包括对企业的价值评估。必须保证所有的可能性都考虑到了。财务分析量化本企业的收入目标和战略。要求详细而精确地考虑实现创业所需的资金。

（5）创业计划的撰写与修改。根据所收集到的信息制定公司未来的发展战略，把相关的信息按照上面的结构进行调整，完成整个创业计划的写作。在计划完成以后仍然可以进一步论证计划的可行性，并根据信息的积累和市场的变化不断完善整个计划。

二、撰写创业计划的关键

那些既不能给投资者以充分的信息也不能使投资者激动起来的创业计划，其最终结果只能是被扔进垃圾箱里。为了确保创业计划能“击中目标”，创业者应做到以下几点：

（一）关注产品

在创业计划中，应提供所有与企业的产品或服务有关的细节，包括企业实施的所有调查，如产品正处于什么样的发展阶段？它的独特性怎样？企业分销产品的方法是什么？谁会使用企业的产品，为什么？产品的生产成本是多少，售价是多少？企业发展新的现代化产品的计划是什么？把投资者拉到企业的产品或服务中来，这样投资者就会和创业者一样对产品有兴趣。

（二）敢于竞争

在创业计划中，创业者应细致分析竞争对手的情况。竞争对手都是谁？他们的产品如何？与本企业的产品相比有哪些相同点和不同点？竞争对手所采用的营销策略是什么？要明确每个竞争者的销售额、毛利润、收入以及市场份额，然后再讨论本企业相对于每个竞争者所具有的竞争优势，要向投资者展示，顾客偏爱本企业的原因：本企业的产品质量好，送货迅速，定位适中，价格合适等。

（三）了解市场

创业计划要给投资者提供企业对目标市场的深入分析和理解。要细致分析经济、地理、职业以及心理等因素对消费者选择购买本企业产品这一行为的影响以及各个因素所起的作用。创业计划中还应包括一个主要的营销计划，计划中应列出本企业打算开展广告、促销以及公共关系活动的地区，明确每一项活动的预算和收益。

（四）表明行动的方针

企业的行动计划应该是无懈可击的。创业计划中应该明确下列问题：企业如何把产品推向市场？如何设计生产线，如何组装产品？企业生产需要哪些原料？企业拥有哪些生产资源，还需要什么生产资源？生产和设备的成本是多少？企业是买设备还是租设备？分析与产品组装，储存以及发送有关的固定成本和变动成本的情况。

（五）展示你的创业团队

把一个思想转化为一个成功的创业企业，其关键的因素就是要有一支强有力的创业团队。这支队伍的成员必须有较高的专业技术知识、管理才能和多年工作经验，要给投资者这样一种感觉："看，这支队伍里都有谁！如果这个公司是一支足球队的话，他们就会一直杀入世界杯决赛！"管理者的职能就是计划、组织、控制和指导公司实现目标的行动。在创业计划中，应首先描述一下整个管理队伍及其职责，然而再分别介绍每位管理人员的特殊才能、特点和造诣，细致描述每个管理者将对公司所做的贡献。创业计划中还应明确管理目标以及组织机构图。

（六）出色的执行摘要

创业计划中的摘要也十分重要。它必须能让投资者有兴趣并渴望得到更多的信息，它将给读者留下长久的印象。执行摘要是创业者所写的最后一部分内容，但却是投资者首先要看的内容，它将从计划中摘录出与筹集资金最相关的细节：包括对公司内部的基本情况、公司的能力以及局限性、公司的竞争对手、营销和财务战略、公司的管理队伍等情况的简明而生动的概括。如果企业是一本书，它就像是这本书的封面，做得好就可以把投资者吸引住。它会使风险投资家有这样的印象："这个公司将会成为行业中的巨人，我已等不及要去读计划的其余部分了。"

三、创业计划的版式

创业计划无论从哪个角度，出于什么目的，都具有一般的格式，形成特定的行业规范，尤其是从吸引风投的角度来说，对其格式和内容的规范性、完整性要求更加严格。下面分别介绍三种国际上经典的计划书版式，并在其后就版式一具体讨论每一部分的写作内容。

（一）创业计划版式一

这种创业计划版式的特点可以概括为三大部分，十大板块，四大要素，满足 6C 规范。

所谓三大部分是：第一部分是新事业的主要内容；第二部分是关于创业的一些财务数据，比如计划期收入、成本、利润等；第三部分是一些用来证明的补充文件，如专利证明、专业的执照或证书等。

十大板块是：

1. 封面或导言
2. 执行摘要
3. 市场（或环境、行业和竞争）分析
4. 新企业（业务）概述
5. 战略与执行（包含公司战略、营销计划和生产或运营计划、进度安排）
6. 营销计划
7. 组织计划
8. 财务计划
9. 风险评估
10. 附录

四大要素是：人、商业机会、外部环境与协议

6C 规范是：concept、customers、competitors、capabilities、capital、continuation。

Concept（商业概念）：就是让市场知道你的业务是什么，要卖的是什么。

Customers（顾客）：顾客的范围要很明确，比如说你的顾客在哪里，是农村还是城市，是女性还是男性，是 50 岁以上的女性还是 5 岁以下的小女孩等。

Competitors（竞争者）：需要回答的问题是：你的东西有人卖过吗？谁在卖？是否有代替品？竞争者跟你的关系是直接竞争还是间接竞争等。

Capabilities（能力）：需要回答的问题是：要卖的东西自己懂不懂？如果没有这个能力，至少合伙人要会做，再不然也要有鉴赏能力。

Capital（资本）：资本可能是现金，也可以是有形资产或无形资产。要很清楚资本在哪里、有多少，自有的部分有多少，可以借贷的有多少。

Continuation（持续经营）：有没有长期打算？当事业做得不错时，将来的计划是什么？

（二）创业计划版式二

这是由著名的会计师和管理咨询师 Edward Blackwell 所采用的版式，他本人也经营了多年自己的企业。

该版式由 10 个部分组成：

1. 概述
2. 市场描述
3. 相关技能、经验和资源
4. 产品特色
5. 方法
6. 长期计划
7. 财务目标
8. 资金运用
9. 附录
10. 企业历史

（三）创业计划版式三

这是国际劳工组织推荐的版式，用在 KAB 创业教育课程中。这种板式结构包括如下 14 个部分：

1. 企业概况
2. 商业构想和市场分析
3. 主营产品
4. 定价计划
5. 选址计划
6. 促销计划
7. 法律形式
8. 启动资金
9. 启动资金来源
10. 组织结构与员工
11. 企业运营与成本预测
12. 现金流计划
13. 盈利情况预测
14. 资产负债表

四、创业计划的主要内容

（一）封面

封面应包括以下内容：（1）企业名称和地址；（2）创业者姓名、电话、传真、电子邮箱、网址和通信地址；（3）企业或产品的标志、口号（用一句话来描述企业的性质或理念）；（4）对报告机密性的陈述。

（二）执行摘要

创业计划是敲门砖，执行摘要则是点燃投资商投资意向的火种，执行摘要列在创业计划的最前面，它是浓缩了的创业计划的精华，以便潜在投资者能在最短的时间内评审计划并做出判断。如果没有好的摘要，你的创业计划就不可能卖给投资者。创业计划的摘要是你的全部计划的基本框架。它的基本功能是用来吸引投资者的注意力，所以摘要不要过长，不超过两页的篇幅。它必须能让潜在投资者有兴趣并渴望得到更多的信息。

执行摘要一般包括以下内容：公司介绍；主要产品和业务范围；市场概貌；营销策略；销售计划；生产管理计划；管理者及其组织；财务计划；资金需求状况等。

在执行摘要中，要回答下列问题：

（1）企业所处的行业，企业经营的性质和范围；

（2）企业主要产品；

（3）企业的市场在哪里，谁是企业的顾客，他们有哪些需求；

（4）企业的合伙人、投资人是谁；

（5）企业的竞争对手是谁，竞争对手对企业的发展有何影响。

摘要要尽量简明、生动。特别要详细说明自身企业的不同之处以及企业获取成功的市场因素。

(三) 市场(或环境、行业和竞争)分析

市场分析是估测可能影响创业计划的外部不可控因素，评审行业趋势及拟定竞争战略。这一部分要阐明以下问题：顾客、市场容量和趋势、竞争和各自的竞争优势、估计的市场份额和销售额、市场发展趋势。

分析方法有：环境分析的PEST方法、环境与竞争分析的SWOT分析法、行业竞争分析的波特五力模型、利润变动预测的收入成本法、营销分析的4Ps法、行业需求量分析等。

环境和行业分析的关键问题：

1. 国内国际经济、科技和政策方面的主要趋势是什么？
2. 过去5年里，整个行业的每年总销售额是多少？
3. 这个行业的发展潜力如何？
4. 过去3年中这个行业有多少新企业进入？
5. 该行业最近有什么新产品上市？
6. 在你的特定市场上，将会有什么样的发展趋势？
7. 你的顾客概况是什么？

竞争分析的关键问题：

1. 谁是目前的竞争者？他们控制着什么资源？其优势和劣势分别是什么？
2. 他们会对我们进入这个业务的决策做出什么反应？
3. 对他们的举动，我们会如何反应？
4. 我们独特的优势在哪？
5. 你的顾客情况与竞争对手的顾客情况有什么不同？
6. 其他还有哪些人能够发现并利用与我们相同的机会？

(四) 新企业(业务)概述

这部分是对新企业的产品、服务和运营情况作整体的描述，以帮助投资者确定企业的规模和经营范围。需列出能充分形容新建企业，并能使阅读者深入理解其所经营业务的一系列要素，包括：产品或服务、企业选址和规模、人员和办公设备需求、创业者背景和风险企业的历史。

具体来说，对新建企业的描述包括：

1. 新建企业的使命是什么？
2. 你为什么要进入这个行业？
3. 你凭什么可以在这个行业取得成功？
4. 到目前为止已经取得的成果有哪些？
5. 你的产品或服务是什么？描述一下产品或服务，包括商标、专利等。
6. 公司将开在哪里？办公楼是租的还是买的？为什么这个场地适合你的生意？
7. 你需要哪些办公设备？你打算租还是购买这些设备？
8. 你有什么经验？如果成功地执行这份计划，你需要什么样的经验？

（五）战略与执行

在整个创业计划里，第五部分的安排有不同的选择，有的公司以公司战略作为一部分，有的直接将营销计划和营运计划放在一起，这通常取决于公司规模和业务范围的大小。

如果将战略与营销、运营计划放在一起，则这部分需阐述公司应如何竞争，它包括四个问题：

1. 进入市场策略：低成本、差异化与目标集聚或其他方式？
2. 营销计划：定价、分销与促销
3. 研究与开发计划：研发状态和目标、困难和风险
4. 制造和运营计划：运作周期、设备和改进

（六）生产计划或营运计划

生产计划是对制造产品的细节流程的陈述。如果生产过程有分包，则应有对分包商的厂址、选择分包商的原因、分包成本及分包协议内容的描述。

如果制造过程全部由创业者来完成，则需要描述生产所必需的厂房设施、机器和设备的情况以及原材料和供应商的名称、地址、供应条款。还应列出制造成本及未来可能需要的固定资产投入。

生产计划或营运计划的关键问题是：

1. 你将负责生产过程的全部还是一部分？
2. 如果制造过程被外包，那么分包人是谁？为什么选择这样的分包人？分包部分成本如何计算？
3. 生产过程的布局是怎样的（最好有图示）？
4. 急需的生产设备有哪些？
5. 制造过程所需的原材料有哪些？谁是原材料供应商？合理的供应成本是多少？
6. 生产成本是多少？
7. 新建企业未来所需的固定资产投资是多少？

（七）营销计划

营销计划是对营销状况以及与产品和服务的分销定价和促销相关的策略的描述。营销计划是新建企业能否成功的关键。它能让投资者明白企业的具体目标以及实现目标所采取的策略，也为创业者实现目标提供了一个行动框架；并通过这些战略进行成本预算，为预测财务状况提供依据。

营销计划的关键问题有：

1. 谁是顾客？
2. 产品或服务的哪方面在多大程度上能打动顾客？
3. 如何对产品或服务定价？
4. 如何赢得具体顾客群体的支持？
5. 维持一个消费者需要花费多少成本？
6. 留住一个消费者的难易程度如何？

【案例 7-1】

绿色净菜机创业计划的市场营销策略组合①

××绿色净菜机是一种家用的用于处理水果蔬菜上残留农药的小家电。本着“关注大众健康”的宗旨，我们的产品将把真正干净的蔬菜送入千家万户。根据市场调研的结果，我们的产品将做成微波炉大小、具备检测功能、操作简单、使用方便、耗电量小的装备。随着产品日渐被消费者接受，它将成为厨房设施中的一部分。我们将在原有的基础上，开发多种规格和档次的该种产品，比如高档豪华型可以作为馈赠朋友、师长的礼品，而大型商用果蔬处理装置可以占领商业机构等大规模使用者这一市场。

1. 价格

最初我们的产品将以“关注大众健康”的高科技产品的形象出现在市场上，面向高收入与高知识层次的顾客。我们的批发价是700元每台，零售价为980元每台。根据我们市场调研的结果，有2.2%的人表示即使产品价格在1000元左右，他们也会购买。综合考虑我国当前市场的宏观形势，中低收入居民的购买力和购买欲望都不是很高。因此我们在第一年把高收入、高知识层次者定为我们的目标顾客，占领利润最大的高端市场。同时高价位也有利于我们的产品形象，预先刺激高收入者的购买欲望。

定高价的风险在于会削弱我们在市场渗透的能力，目标人群比较窄。但这也会产生较高的销售利润，给投资者以高的回报，并且为后续扩大再生产提供资金。

我们在第一年把高收入、高知识层次者定为我们的目标顾客，占领利润最大的高端市场，产品零售价为980元。从第H年起，随着生产规模的扩大，生产成本会有较大幅度的降低。我们将逐步降低售价（第三年为780元，第五年为590元），占领中低收入者市场。降低价格还可以击退跟进的竞争者，维持我们的市场占有率。

2. 促销

我们的促销将从三个方面同时进行。在进行促销之前，我们将对产品功效进行一系列检测实验，据此取得相关权威部门的肯定，并获得其颁发的检验证书等。

我们将在产品还未投放市场之前三个月内，把蔬菜清洁的概念传递给人们。我们将在各种新闻报纸和杂志（有影响的，发行面广的如《北京青年报》；定位于家庭妇女的杂志；还有一类就是和我们的产品联系紧密的卫生健康类杂志，如《家庭医生》杂志、《大众健康报》等）上发表文章，利用权威机构，如中国医学会、农科研究所等单位的专家对农药问题的评论或组织机构予以的鉴定，提高公众对农药残留问题的认知程度。同时发表对我们产品肯定性的评论文章，以使大众在注意农药问题的同时也会产生对我们产品的兴趣。在这些方面。我们的合作者××公司有着丰富的经验，可以给我们提供强有力的支持。

由于我们最初面向高知识层次的顾客，所以进行网上宣传与开展网上购物活动也

① 管理在线，http：//www.managecn.org/Soft/17399.html.

是我们的促销手段之一。

依据我们的市场调研，对瓜果蔬菜最关心的是家庭主妇。而且这类产品的购买决定权也在她们手里。我们将针对家庭主妇制定周密的广告策略。首先在家庭主妇最爱的有线台肥皂剧中插播产品广告。这种广告的效果，据调查比一般台的广告效果要好，而且广告费也比较低廉；另外，在女性节目如“半边天”、少儿节目如“大风车”中播出广告。我们注意到大多数家庭很担心农药残留对孩子健康的影响，因此，少儿节目中的广告是不可缺少的。

我们考虑在电视评论节目中进行关于农药残留问题的追踪和关于我们产品的探讨，以提高人们对健康问题认知和对产品关注的程度。我们的广告播出频率大致为每三天一次，持续三个月。

最后，可以采取一些小的销售技巧。比如我们将在产品投放市场后对其在公众中掀起的对农药问题的关注举行相关的电视知识竞赛，对部分消费者推行产品试用，然后针对这部分消费者作现场的电视采访，增加公众对产品性能的感性认识。

3. 分销渠道

鉴于我们的合作者——A公司在北京和天津已经有非常完备的销售网络，我们可以直接利用。在调研中我们发现，产品质量和售后服务是影响顾客购买决策的第H个重要因素。A公司在北京有6个直营连锁店，顾客直接从这里购买比较放心。由于我们的产品在市场上是一种全新的产品，与A公司合作对我们初期市场的开拓非常有好处，并且会极大地降低我们的市场风险。因此第一年我们将尽力集中在产品的研制、开发和生产上。从第二年起，我们将在利用A公司全国销售网络的同时，设立我们自己的销售网点。一般说来，我们将委托外地代理商对我们的产品进行销售，而不再设立专门的销售机构。

【思考与讨论】

1. 该创业计划是如何进行营销组合的，各自的策略是什么？
2. 请对该创业计划的市场营销策略组合进行分析和评价。

（八）组织计划

潜在投资者寻求管理优良的企业，在他们所考虑的因素中，管理团队的素质是首要的，它甚至比产品或服务更重要。风险投资家的理念是宁愿向有二流创意的一流团队投资而不向有一流创意的二流团队投资。企业管理的好坏，直接决定了企业经营风险的大小。而高素质的管理人员和良好的组织结构是管理好企业的重要保证。因此，风险投资家会特别注重对管理队伍的评估。

企业的管理人员应该是互补型的，而且要具有拥有团队精神。一个企业要具备负责产品设计与开发、市场营销、生产作业管理、企业理财等方面的专门人才。在组织计划中，要对主要管理人员加以介绍，介绍他们所具有的能力，他们在本企业中的职务和责任，他们过去的详细经历及背景。此外，在这部分创业计划中，还应对公司结构做简要介绍，包括：公司的组织机构图；各部门的功能与责任；各部门的负责人及主要成员；公司的报酬体系；公司的股东名单，包括认股权、比例和特权；公司的董事会成员；各位董事的背景资料。

(九) 财务计划

财务计划是将市场机会转化为财务指标的实施方案，要使潜在投资者明确创业者怎样来满足各项资金需求，维持适当的流动性，保证债务的偿付，获得良好的投资回报。财务计划需要花费较多的精力去做，包括预估现金流量表、预估资产负债表以及预估损益表的制作。财务计划中要详述财务需求，预测资金来源和支出，展示收入、成本和利润计划。这一部分应该包括过去3~5年的或能够得到的历史财务报表（如果有的话）；预计的未来3~5年的财务报表。一份好的财务计划对评估创业企业所需的资金数量，提高创业企业取得资金的可能性是十分关键的。要完成财务规划，必须明确下列问题：

(1) 产品在每一个期间的生产量有多大？

(2) 什么时候开始产品线扩张？

(3) 每件产品的生产费用是多少？

(4) 每件产品的定价是多少？

(5) 使用什么分销渠道？所预期的成本和利润是多少？

(6) 需要雇佣哪几种类型的人？

雇佣何时开始，工资预算是多少等。

(十) 风险评估

风险评估是确定潜在的风险或可选的策略，以实现创业目标的过程。风险评估需要考虑三个问题：

1. 指出新建企业面临的主要风险。

2. 描述潜在风险一旦发生会产生什么后果。

3. 陈述将采取什么措施规避、减弱或对抗这样的风险。

新建企业面临的风险通常包括：竞争对手的反应；企业自身在营销、生产和管理方面的弱势；技术进步所造成的产品过剩等。

(十一) 附录

附录部分通常包括一些补充材料，这些材料在正文中没有必要详细展示，只要在正文的相应文字或段落表明供参阅的附件名称即可。

附件信息可能包括：顾客、分销商或分包商的来信；租约、合同或已签订的其他协议；供应商和竞争者的报价资料等。

正式的创业计划一般在30页左右，由于篇幅限制，本书无法提供一篇完整的案例模板，这里仅提供一篇缩略的计划书样本以供参考：

【案例7-2】

形象设计工作室创业计划

一、概况

(1) 项目名称：出色色彩设计；形象咨询工作室。

（2）经营范围：个人整体形象咨询、特色服装设计及制造、商场导购专业和色彩顾问。

（3）项目投资：约18万元。

（4）场地设置：广州市中山三路中华广场六楼约80m^2。

（5）项目概况：为顾客提供自我形象设计（包括个人色彩分析、着装款式风格指导、个人化妆指导并以色彩理论为依据进行特色服装设计及制造），帮助失业人员开发职业岗位，提供商场导购专业和色彩顾问行业的培训与指导，满足大都市人们追求精神生活的需要，提供优质的服务。

（6）回报期：1年左右。

二、市场分析

该行业在欧美发达国家和地区得到了蓬勃发展。世界最权威的色彩咨询机构之一美国CMB（Color Me Beautiful，CMB）色彩咨询公司，其分支机构已遍布30多个国家和地区，显示出了色彩市场强大的生命力。

1998年，中国第一色彩大师西蔓女士将CMB色彩季节理论带入了中国，创办了中国第一家色彩工作室，经过4年的发展，西蔓色彩工作室为近4000人提供了全套的个人形象设计指导，培训了近300名专业的色彩顾问，成为我国色彩市场的传播种子。

目前，我国的色彩咨询行业还处于初始阶段，人们对色彩革命带来的效应还未充分认识，国内的商家和企业在自身的色彩规划方面大多处于一种比较模糊、无序、滞后的状态，这使其在日益激烈的国际国内市场竞争中缺少了一定的优势，因此将色彩设计快速推广，不仅可以使众多的国内企业有效提高其品牌的影响力，而且满足了广州地区的人们追求高品位、多姿多彩的精神生活的需要。

所以，色彩咨询的发展，将有巨大的潜力。例如：企业产品色彩设计、服装色彩搭配、美容美发系列、色彩装潢设计等。更重要的是，广州目前的商场导购咨询职业尚处于空缺，因此可以通过自身的专业知识，培训有就业需要的失业人员，帮助开发职业岗位，使该项目在解决自身创业、带动下岗失业人员就业的同时满足现阶段人们追求高层次精神生活的需要。

三、成本预算

1. 一次性固定投资125000元。

其中包括：

（1）房租首付20000元。

（2）装修费30000元。

（3）开办费用5000元。

（4）杂项支出20000元。

（5）设备用具购置50000元。

2. 流动资金及原材料备用金55000元。

四、盈利情况

咨询服务业的毛利较高，为50%~60%，但是由于色彩咨询是新兴行业，开业初期估计要为顾客提供各项优惠服务，所以毛利率初步计算为30%~40%。项目分别定价为：全套设计服务为2880元；单项设计指导为500元；如果每天有10~15人进入咨询，月咨询人数为300~450人，预计：

营业收入：全套服务10人。

10×2880=28800（元）。

单项指导15人。

15×500=7500（元）。

月营业收入为36300元。

减：原材料等8300元。

房租、水电费12000元。

实得利润：16000元。

投资回报期：18万/1.6万=11个月。

五、市场风险预测

1. 营收风险

现阶段，尽管色彩工作室的经营模式在欧美地区及我国的北京等城市的营运已取得成功，但广东地区的发展会有一定的风险。其一，广东地区的消费能力及消费观念还未达到普遍要求的水平，与北京、上海相比，存在比较大的地域文化差异，广东人的民俗习惯历来是重吃不重穿，所以在北京的成功并不意味着在广东能成功。其二，由于服务的内容比较抽象，属于无形商品，体现的是无形资产，其价值难以量化，顾客还需有一个认识和接受的过程。

2. 技术风险

色彩顾问是引领新时尚的职业，随着日益增长的物质和文化需要，技术要不断更新，要涉猎各种综合知识，为各个不同需求的群体提供服务。为了防范技术风险，必须在原有的基础上，通过工作实践提高，创新品牌，独树一帜，做出自己的特色。否则技术滞后于社会发展，必然遭到社会淘汰。

3. 管理风险

由于本行业技术要求、人员素质要求和服务水平要求都相对较高，所以管理方法必须借鉴和参照外资或合资企业的体制，运用中外结合的管理模式，在严格执行各种管理制度中体现经济收益，为了防止因管理造成失误，必须有良好的团队合作精神，发挥精干人员的战斗力，减少内耗造成的损失。

4. 政策风险

近几年来政府相继推出各种促进就业和鼓励创业的优惠政策，结合广州进入全面的环境整治阶段，本项目的政策风险会很低。

六、行业相关的法律法规

（1）按照开业有关的法律法规向相关的政府部门：工商、税务、消防、劳动和社会保障部门办理有关的开业手续。

（2）按照《中华人民共和国经济合同法》、《中华人民共和国劳动法》等，签订各种相应的合同。

七、人员机构配置

(1) 本项目所聘人员以本市失业人员为主，初步拟定为7人。设有：经理兼色彩顾问1人，色彩指导1人，创意策划1人。色彩专业知识培训人员2人，文秘兼财会2人。

(2) 岗位设计原则：以岗设人，用其所长，不求最优秀的但求最合适的，用合适的成本让合适的人在合适的岗位上发挥合适的作用。做到人尽其才，物尽其用。

八、自身优势

色彩顾问是新兴行业，主要创业者有较超前的思维，率先步入开创广州色彩新天地的行列，凭着自己对色彩设计的热爱和执著的追求，曾专程前往北京拜师学艺，成为中国第一色彩大师于西蔓女士的学生。

由于自己对色彩设计有着浓厚的职业兴趣，个性特点也与职业要求相匹配，并且具有诚实、热情、稳重的良好品格和刻苦努力、勇于开拓的坚强性格，对开创新事业有一定的技术和职业能力作基础，拥有善于沟通、亲和可爱、易于让人接受的美德，所以我坚信我的努力不会白费，机会是留给有准备的人的。

九、环境及地理优势

位于广州市中山三路的中华广场，属于广州市较具有档次的大型多功能商铺，商品琳琅满目，适合各种消费群体，特别是六楼的特色文化城吸引了不少中、高层次文化人士和慕名而来的中外名人，客流量与客源要求都比较适合需求层次。色彩顾问落户其中，与整层的特色文化交相辉映，在引起人们注意的同时能够与目标客户零距离接触。这种使定位较高的服务走进大众，把人们认为的专为有钱人服务的形象设计行业平民化的选择远远胜于其他城市开设该项目定位于宾馆和写字楼的做法。所以，选址中华广场，环境可谓得天独厚。

十、可行性分析

1. 目标客源的范围

(1) 个人咨询：①主要对象是25~35岁的年轻人，希望通过改变形象谋求高一层次的发展，提高中年就业者就业竞争力；②特殊行业人员（保险、推销、公关、节目主持人）；③有需要的人员（求职者、大学毕业生、企业领导人）；④月收入超过6000元的人群。

(2) 集体咨询：①外资、合资企业高级管理人员；②国内大公司大企业高级管理人员、公关公司；③政府机关妇女干部、医护人员、老师；④服装专卖店的顾客群，美容、美体中心的顾客群等。

2. 开设以色彩理论为依托的特色服装专卖店

我们在为顾客提供形象咨询时，开创性地在服务中赠送一套顾客最佳色彩。款型服务，将抽象的服务具体化，顺应配套开设特色服装专卖店（可连锁经营）。在增加经济收入的同时也为社会提供就业岗位。

3. 提供商品导购专业和色彩顾问行业的培训与指导

我们为创业和就业或从事与色彩行业相关工作的人员提供系统有效的专业培训，使他们掌握四级色彩理论、款式风格理论、顾客色彩心理、人与色彩的匹配等知识和技能，尽可能为他们的创业和就业提供帮助和指导，使更多的人能通过掌握技能自主就业和创业，使行业素质不断提高，以达到全面提升广州人整体形象和促进再就业的目的。

4. 项目特色

结合广州的环境整治工程，引进新行业，开拓新思路，寻求新突破，以满足人们日益增长的物质文化需要和精神文明需要，更重要的是通过改变形象，提高企业产品、商品品牌、个人在社会中的竞争力。通过技术传播开发职位空缺，让社会充满和谐。项目适合广州市乃至全国，需求潜力巨大，市场前景广阔，更能得到政府的支持和潜在顾客的认可并受到下岗失业人员的欢迎。

资料来源：http：//795. com. cn.

【思考与讨论】

1. 请从总体上对此创业计划作出评价。
2. 该创业计划撰写于几年前，目前这一行业的发展如何？
3. 请问该创业计划的市场分析和市场定位是否有缺陷？如有，请指出存在的缺陷。
4. 该创业计划的财务分析和预估还可以怎样改进？

第三节　创业计划的检查和应当避免的误区

创业计划中的各个方面都会对筹资的成功与否产生影响，所以在创业计划撰写完后应当仔细地进行检查，看看是否陷入了一些误区。

一、创业计划的检查

在创业计划写完之后，创业者最好多对它检查几遍，看一下该计划是否能准确回答投资者的疑问，争取投资者对本企业的信心。通常，可以从以下几个方面对计划加以检查：

（1）创业计划是否显示出创业者具有管理企业的经验。如果创业者缺乏能力去管理公司，那么一定要明确地说明已经雇了一位经营大师来管理企业。

（2）创业计划是否显示有能力偿还借款。要保证给潜在的投资者提供完整的财务比率分析数据。

（3）创业计划是否显示出你已进行过完整的市场分析。要让投资者坚信你在计划中阐明的产品需求量是确实的。

（4）创业计划是否容易被投资者所领会。创业计划应该备有索引和目录，以便投资者可以较容易地查阅各个章节。此外，还应保证目录中的信息流是有逻辑的和现实的。

（5）创业计划中是否有执行摘要并放在了最前面。为了引起投资者的兴趣，执行摘要应写得引人入胜。

（6）创业计划是否在语法语句上全部正确。如果不能保证，那么最好请人检查一下。计划的拼写错误和排印错误能很快就使创业者的机会丧失。

（7）创业计划能否打消投资者对产品/服务的疑虑。如果需要，你可以准备一件产品模型。

二、创业计划应当避免的误区

一个成功的创业计划应该具有结构清晰、风格一致、通俗易懂、避免使用含糊的用语、外观精美等特点。另外在写作的过程中还要避免一些误区。

（一）以自我为中心

一些创业团队在撰写创业计划的过程中往往是从自身的角度出发，泛泛而谈自己要做什么，偏偏对自己的产品和服务有没有市场，产品的销售渠道如何等缺乏必要的分析。要知道顾客才是上帝。只有以客户为中心的产品和服务才会获得认可，企业的价值也才会得到实现。此外，还有的创业计划对于创业企业或项目本身谈得很多（这无疑是正确的），但对于创业企业所处的行业则惜墨如金，这也是不可取的。因为对于创业企业来说，行业是其生存发展的重要外部环境，创业企业所处的行业发展如何，对于创业企业发展的影响虽然不是决定性的，但却是绝对不可忽视的。行业的发展前景如何，行业处于生命周期的哪一阶段，都是风险投资者十分关注的问题，风险投资者对于创业企业所处行业的选择，犹如招聘人才的大公司选择大学，他们都愿意到名牌大学招聘人才。如果创业计划不分析行业环境和市场，往往会给投资者留下创业者对行业的了解有限的印象，使投资者的信心大打折扣。

（二）过于乐观

对于市场过分乐观，是创业者容易犯的一个毛病。创业的冲动和热忱，对创业未来美好蓝图的憧憬，往往使创业者忘乎所以，只看到项目好的一面，而忽视了项目潜在的风险。同时，为了吸引风险投资，他们往往故意把项目往好的方面写，唯恐把项目"不好"（风险）的方面写出来会失去投资者。有些创业者会拿出一些与产业标准相去甚远的数据来预测公司未来的市场份额，得出过分乐观的结果。这也是不足取的，因为任何精明的投资者都明白，没有风险的项目是不存在的，项目的收益与风险是成正比的。不提示风险并不等于风险不存在。在投资者的眼中，如果你没有考虑风险，要么你不是一个成熟理性的创业者，没有意识到风险；要么是你不诚实，故意隐瞒风险。无论是哪种情况，投资者都将会避而远之。现代会计准则中有一条十分重要的原则叫谨慎原则，这条原则在创业计划中同样适用。无论是产品销售预测，还是企业现金流量预测、盈利预测都宜采用谨慎原则。

（三）不分析竞争对手的情况

在现代市场经济中，完全垄断性的市场很少见，竞争性市场是普遍的。因此，创业计划的撰写者应当直面竞争，敢于竞争。很多创业计划恰恰在此时忽视了这一点。其表现之一是，在创业计划中对于竞争对手轻描淡写，有的创业计划大谈特谈企业产品或服务的独特性和优势，大谈市场的潜力有多大，而对于竞争对手则轻描淡写，有的只简单罗列竞争对手的名单，有的甚至根本就没有竞争这部分内容。

（四）缺乏可行的盈利模式

盈利模式是企业通过投入经济要素后获取现金流的方式和获取其他经济利益手段的混

合，其核心是获得现金流入的途径组合。从商业角度看，盈利模式决定商业价值。很多创业计划对公司未来运行收入来源的描述非常模糊，靠讲故事的办法获得投资者认可的机会不多，稳健的投资者最关心的是企业未来的盈利前景。一个优秀的企业只有拥有较为成功的盈利模式，才能为企业创造稳定和源源不断的利润。

（五）财务预测太粗

尽管对未来财务状况的预测主观性很强，但是进行充分的预测告诉投资者可能的盈利时间仍然是十分必要的。在很多创业计划中，有的财务计划只告诉投资者未来12个月中资金的使用情况，这显然是不够的，其给人的印象是公司的前景难以预料，现金总是处在流出阶段。

本章小结

创业计划是对构建一个企业的基本思想以及与企业创建有关的各项事项进行总体安排的文件，它从企业内部的人员、制度、管理以及企业的产品、营销、市场等各个方面对即将创建的企业进行可行性分析。创业计划是创业者创建企业的蓝图，是获得创业投资的敲门砖，是创业者沟通理想与现实的桥梁。

创业计划有三种常见的经典模式。其主要内容包括封面或导言、执行概要、市场（或环境、行业和竞争）分析、新企业（业务）概述、战略与执行（包含公司战略、营销计划和生产或运营计划、进度安排）、营销计划、组织计划、财务计划、风险评估和附录。

撰写创业计划时，应当始终把顾客价值和投资回报铭记于心，以读者最关心的问题作为出发点，并且要注意使计划书具有针对性。创业计划的撰写是一个循序渐进的过程，可以分成五个阶段。撰写创业计划的关键是关注产品、敢于竞争、了解市场、表明行动的方针、展示管理队伍和出色的执行摘要。撰写创业计划应当避免以自我为中心、过于乐观、不分析竞争对手的情况、盈利模式不明确和财务分析过粗等误区。

思　考　题

1. 什么是创业计划？创业计划的作用是什么？
2. 撰写创业计划的关键是什么？
3. 创业计划的内容有哪些？
4. 撰写创业计划时，容易陷入的误区有哪些？

【本章扩展阅读】

“挑战杯”中国大学生创业计划竞赛

随着人类社会进入21世纪，科学发现、技术发明与商品产业化之间的关系越来越紧密，科技成果转化为现实生力的周期越来越短，科技进步和创新越来越成为经济社会发展的重要决定性因素。这些都给处于改革攻坚阶段的中国带来巨大的机遇和严峻的挑战。同时，加入世贸组织，使中国在更高层次和更广领域直接面对全球技术、信息和资本市场的竞争。因此，大力实施“科教兴国”战略，努力培养广大青年的创新、创业意识，造就一代符合未来挑战要求的高素质人才，已经成为实现中华民族伟大复兴的时代要求。为了适应这一要求，从1999年开始，共青团中央、中国科协、教育部和全国学联共同主办了“挑战杯”中国大学生创业计划竞赛。

创业计划竞赛源于美国，又称创业计划竞赛。自1983年德州大学奥斯汀分校举办首届创业计划竞赛以来，包括麻省理工学院、斯坦福大学等世界一流大学在内的十多所大学每年都举办这一竞赛。Yahoo！、Netscape、Excite等公司就是在美国大学的创业氛围中诞生的。创业计划竞赛大大推动了美国高科技产业的发展，甚至从某种意义上说，创业计划竞赛已成为美国经济发展的直接驱动力之一。

创业计划竞赛是近几年风靡全球高校的重要赛事。它借用创业投资的运作模式，要求参赛者组成优势互补的竞赛小组，围绕一个具有市场前景的技术产品或服务概念，以获得风险投资为目的，完成一份包括企业概述、业务与业务展望、风险因素、投资回报与退出策略、组织管理、财务预测等方面内容的创业计划，最终通过书面评审和秘密答辩的方式评出获奖者。

1998年，清华大学举办了中国最早的创业计划竞赛。1999年、2000年、2002年共青团中央、中国科协和全国学联主办，清华大学、上海交通大学、浙江大学分别承办了第一、二、三届“挑战杯”中国大学生创业计划竞赛。竞赛的成功举办在全国高校中掀起了创新、创业的热潮，产生了良好的社会影响。讯飞、中华行知网、澳视等一批学生创业公司从众多参赛作品中脱颖而出，进入实际运行阶段并逐步走向成熟。

目前，创业计划竞赛已与课外学术科技作品竞赛一道，成为“挑战杯”旗帜下的重要赛事，并形成两赛隔年举办的格局。作为学生科技活动的新载体，创业计划竞赛必将在培养复合性、创造性人才，促进高校产学研结合，推动国内风险投资体系建立方面发挥越来越积极的作用。

创业计划竞赛是一项全国性的大学生科技竞赛活动，为大学生学术作品提供了展示的舞台，被誉为中国大学生学术科技的“奥林匹克”。“挑战杯”创业计划大赛能培养学生主体创新意识，对于激发在校大学生崇尚科学，追求真知，勤奋学习，有着直接的促进作用。

“挑战杯”创业大赛为同学们提供一种全新的社会实践形式。通过创业大赛这一广阔的平台，让同学们在参赛的过程中进一步去挖掘自己的潜能，发挥自己的潜力，施展自己的才华，让自己的闪光点更加发扬光大。制订创业计划，更需要同学们加深专业学习，因为这是创业活动的根本源泉，是创业的基点所在，这将使同学们在课业学习和实践这两种课内与课外的学习中相得益彰。

创业计划大赛有利于培养参赛者的团队精神、协作意识和责任感。从原始创意到市场调研，再到财务分析，最终形成执行文案，每一个步骤都要求有团队的合力协作、无间配合。不仅需要时间精力上的无私奉献，更需要观点思路上的互相分享，从而才能真正发现团队的力量以及每个成员的优势。因此在准备创业方案的同时，也是一个彼此学习团队精神、协作意识和加强对团队责任感的过程。一个具有极强协作精神的团队才可能成功地完成一个优秀的创业方案。对每个成员而言，团队精神、协作意识和责任感都将是一笔无价的精神财富。“挑战杯”创业大赛是以创业小组形式参赛的，利用跨学科、跨年级组建优势互补的团队创作出的作品进行比赛，创业作品需要各学科专业知识的有机结合。

创业计划大赛将塑造一种学生与社会互动互利求知求学的新模式：从最基本的技术知识到营销、财务知识，从大量的社会常识到社会发展动态的预测、估计，每一位参赛者都面临着巨大的学习任务。这是一种真正有别于传统的灌输式被动型的学习模式的新的互动式的求知模式，创业计划大赛将成为参与者们掌握这样一种求知模式的契机。

参赛者通过比赛，可以结识风险投资家，有利于构建属于自己创业的商业关系网络。风险投资家若对作品表示了浓厚兴趣，将对具有实际运作价值的作品，进行投资可行性分析。参赛者可以向风险投资家充分展现自己的产品或服务的巨大市场前景，为进一步创业赢得资金。参赛者还将结识商界和法律界人士，为将来创业建立良好的商业网络。

参赛者通过参加竞赛，可以对产品或服务进行从构想变为现实的全局把握。在完成创业计划的过程中，培养商业能力、创新能力、沟通能力、说服能力、组织能力和市场意识。在接受挑战的过程中，增强创业的勇气、信心和能力。

第三编　实 施 创 业

第八章　寻找创业资金

【故事导读】

穷人的石头汤

在一个暴风雨的夜晚，有一个穷人到一个富人家讨饭。

“滚开！”仆人说，“不要来打搅我们。”

“只要让我进去，在你们的火炉上烤干衣服就行了。”穷人说。

仆人觉得这不需要花费什么，就让他进去了。进屋之后，这个可怜的穷人请求厨娘给他一个小锅，以便他“煮点石头汤喝”。

“石头汤？”厨娘说，“我倒想看看你怎样用石头做成汤。”

她答应了。于是穷人到路上捡了块石头洗净后放在锅里煮。

“可是，你总得放点盐吧。”厨娘说，她给他一些盐。

后来厨娘又给他一些豌豆、薄荷、香菜。最后，又把能够收拾到的碎肉末儿都放在汤里。

当然，你也许能猜到，最后这个聪明的穷人把石头捞出来扔回路上，美美地喝了一锅肉汤。

创业活动需要创业资金，企业的创立、生存和发展，必须以一定数量的资金来支撑，必须以一次次筹资、投资为前提。对于创业者来说，融资问题的解决，特别是创业启动资金的落实，是关系到创建企业能否成功的最关键因素。没有足够的资金，创意、高新技术的转化都是空中楼阁，所以融资问题也是创业团队需要解决的第一个棘手的问题。

第一节　创业资金来源渠道和方式

创业融资是创业者根据其创业计划通过不同渠道、采取各种方式经济有效地筹集资金。创业离不开一定的资金，创业者要使企业成立并能够走向正常经营，最重要的一步就是如何筹集到所需资金。而且一个企业在创立之初对资金的需求相对来讲往往是巨大的。创业企业一旦成立，就要继续研发、制造某一新产品，并把该产品推向市场，通过一系列的营销努力扩大市场规模和市场份额，更需要大量的资金。

一、创业融资的重要性

创业之初的筹资是企业所面临的最初筹资，它的成败是至关重要的，关系到企业以后的生死存亡，筹资成功企业得以发展起来，筹资失败企业也就不能成立。当然，一个企业在持续经营和成长过程中出于各种目的，或是为了重置设备、引进技术、开发新技术和新产品，或是为了偿债、调整资本结构，或是为了扩大企业规模和并购其他企业等原因，还会不断地产生对资金的需求，可能要面临多次筹资。总之，企业的创立、存在和发展，必须以一定的资金为基础，必须一次次地筹资、投资、再筹资、再投资。

二、创业融资渠道和融资方式

选择适宜的融资渠道和方式，对创业企业的创立来说至关重要。目前企业的融资渠道有多种形式，各种形式都有自己的优缺点，创业团队要结合自身的特点与各种融资渠道的特点选择合适的融资方式，并确定稳健的资本结构，这也是创业企业降低运营成本和财务风险的需要。

（一）融资渠道

创业融资渠道是指创业企业的资金来源通道，体现着资金的源泉和流量。了解融资渠道的种类和每种渠道的特点，有利于创业者充分利用各种融资渠道，筹集企业所需资金。从我国的现实情况来看，新创企业的融资渠道主要有以下几种。

1. 财政资金

财政资金主要体现了国家对新创企业特别是高新技术企业的扶持，包括财政补贴、税收返还、财政担保贷款、基金等。如专门针对下岗失业人员的再就业小额担保贷款，专门针对科技型企业的科技型中小企业技术创新基金、专门为中小企业“走出去”准备的中小企业国际市场开拓资金等。科技创业企业创新基金支持方式主要有：（1）贷款贴息：对已具有一定水平、规模和效益的创新项目，原则上采取贴息方式支持其使用银行贷款，以扩大生产规模。一般按贷款额年利息的50%~100%给予补贴，贴息总额一般不超过100万元，个别重大项目可不超过200万元；（2）无偿资助：主要用于中小企业技术创新中产品的研究、开发及中试阶段的必要补助、科研人员携带科技成果创办企业进行成果转化的补助，资助额一般不超过100万元；（3）资本金投入：对少数起点高，具有较广创新内涵，较高创新水平并有后续创新潜力，预计投产后有较大市场，有望形成新兴产业的项目，可采取成本投入方式。

2. 银行信贷资金

银行是专门经营货币信用的特殊企业，它以一定的成本聚集了大量储户的巨额资金，然后运用这些资金出去赚取利润。银行就像一个资金“蓄水池”，随时准备向符合其条件的企业提供他们所需要的各种期限和数量的贷款。银行对企业的各种贷款，是各类企业重要的资金来源。其贷款形式具体可分为抵押贷款、信用贷款、担保贷款和贴现贷款。当前许多银行为支持创业企业推出了创业贷款。

创业贷款是指具有一定生产经营能力或已经从事生产经营活动的个人，因创业或再创业提出资金需求申请，经银行认可有效担保后而发放的一种专项贷款。符合条件的借款人，根据个人的资源状况和偿还能力，最高可获得单笔50万元的贷款支持；对创业达一定规模或成为再就业明星的，还可提出更高额度的贷款申请。创业贷款的期限一般为1年，最长不超过3年；为了支持下岗职工创业，创业贷款的利率可以按照中国人民银行规定的同档次利率下浮20%，许多地区推出的下岗失业人员创业贷款还可以享受60%的政府贴息。

大学生创业贷款是国家给大学生提供的创业优惠措施，为支持大学生创业，国家各级政府出台了许多优惠政策，涉及融资、开业、税收、创业培训、创业指导等诸多方面。大学生创业贷款优惠政策主要包括：

（1）大学毕业生在毕业后两年内自主创业，到创业实体所在地的工商部门办理营业执照，注册资金（本）在50万元以下的，允许分期到位，首期到位资金不低于注册资本的10%（出资额不低于3万元），1年内实缴注册资本追加到50%以上，余款可在3年内分期到位。

（2）大学毕业生新办咨询业、信息业、技术服务业的企业或经营单位，经税务部门批准，免征企业所得税两年；新办从事交通运输、邮电通信的企业或经营单位，经税务部门批准，第一年免征企业所得税，第二年减半征收企业所得税；新办从事公用事业、商业、物资业、对外贸易业、旅游业、物流业、仓储业、居民服务业、饮食业、教育文化事业、卫生事业的企业或经营单位，经税务部门批准，免征企业所得税一年。

（3）各国有商业银行、股份制银行、城市商业银行和有条件的城市信用社要为自主创业的毕业生提供小额贷款，并简化程序，提供开户和结算便利，贷款额度在5万元左右。贷款期限最长为两年，到期确定需延长的，可申请延期一次。贷款利息按照中国人民银行公布的贷款利率确定，担保最高限额为担保基金的5倍，期限与贷款期限相同。

以上优惠政策是国家针对所有自主创业的大学生所制定的，各地政府为了扶持当地大学生创业，也出台了相关的政策法规，而且更加细化，更贴近实际。例如：根据国家和上海市政府的有关规定，上海地区应届大学毕业生创业可享受免费风险评估、免费政策培训、无偿贷款担保及部分税费减免四项优惠政策。

3. 非银行金融机构资金

非银行金融机构主要有信托投资公司、证券公司、租赁公司、创业投资公司等。它们能够为创业者提供融资融物、承销证券以及其他的融资服务。随着我国金融市场的不断发展，非银行金融机构将能够为创业企业提供更为广泛的融资服务。

4. 其他企业资金

企业在生产经营过程中，往往会形成暂时闲置的资金，有些企业为了提高资金的利用效率、拓宽经营范围、进行战略性投资，会考虑对新创企业进行投资，或者对科技成果转化提供资金支持，或者与其他机构联合设立创业投资基金，这也是新创企业特别是企业内创融资的重要渠道。

5. 创业者的自有资金

尽管有些创业者没有动用个人资金就办起了新的企业，但这种情况很少。这不仅因为从资金成本或企业经营控制的角度来说，个人资金成本最为低廉，而且还因为在试图引入外部资金，尤其是获得银行、私人投资者以及创业资本家的资金的时候，必须拥有个人资本。

6. 其他私人资金

许多企业在创业初期，依靠的是亲戚、朋友或熟人的财力。这些资金可以采取借款和产权资本的形式。个人、企业中也会有资金充裕者将钱借给短缺者进行周转，收取一定的利息，这种以亲情、友情、交情为纽带，并不一定以赢利为目的的资金融通方式，就是在我们身边广泛存在的民间借贷。

7. 外商资金

外商资金是外国投资者以及我国香港、澳门和台湾地区投资者投入的资金。我国自改革开放以来大量引进外资，特别是20世纪90年代以来，美国国际数据集团、华登国际等国外机构开始进入中国从事风险投资，到目前外商资金已经成为我国创业资金的一个重要来源。

根据美国中小企业协会（SBA）2013年的统计（如图8-1所示），美国创业三年内的公司的资金来源中，来自创业者家庭和创业者个人信用卡借款的比例均为13%，股权包括创业家庭股权和外部股权所占比例较低共有19%，其他大部分来自于各种借贷。

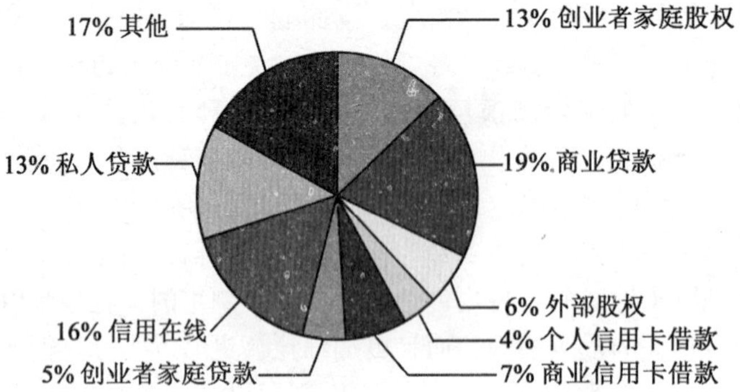

图8-1　美国创业三年内的公司资金来源

（二）融资方式

创业融资方式是创业企业融资所采用的具体形式和工具，体现着资本的属性和期限，从各种资金来源总体上看，可以划分为债务资金和股权资金两类。债务资金包括发行债券、借款、租赁融资等；股权资金包括吸收直接投资、发行股票、企业的保留盈余资金等。

1. 发行债券

债券是借款单位为筹集资金而发行的一种信用凭证，它证明持券人有权按期取得固定利息并到期收回本金。我国发行的债券又可分为国家债券、地方政府债券、企业债券和金融债券。债券筹资的优点：（1）支出固定。不论企业将来盈利如何，它只需付给持券人固定的债券利息；（2）企业控制权不变。债券持有者无权参与企业管理。因此公司原有投资者控制权不因发行债券而受到影响；（3）少纳所得税。合理的债券利息可计入成本，实际上等于政府为企业负担了部分债券利息；（4）可以提高自有资金利润率。如果企业投资报酬率大于债券的利息率，由于财务杠杆的作用，发行债券可提高股东投资报酬率。但债券筹资也存在缺点：（1）固定利息支出会使企业承受一定的风险。特别是在企业盈利波动较大时，按期偿还本息较为困难；（2）发行债券会提高企业负债比率，增加企业风险，降低企业的财务信誉；（3）债券合约的条款，常常对企业的经营管理有较多的限制，如限制企业在偿还期内再向别人借款、未按时支付到期债券利息不得发行新债券、限制增发股票等，所以企业发行债券在一定程度上约束了企业从外部筹资的扩展能力。

一般来说，当企业预测未来市场销售情况良好、盈利稳定、预计未来物价上涨较快，企业负债比率不高时，可以考虑以发行债券的方式进行筹资。

2. 借款

借款是指企业向银行等金融机构贷款以及向其他单位借入的资金，包括信用贷款、抵押贷款和信托贷款等，主要用于固定资产投资和流动资产投资。

3. 租赁

租赁是指出租人以租赁方式将出租物租给承租人，承租人以交纳租金的方式取得租赁物的使用权，在租赁期间出租人仍保持出租物的所有权，并于租赁期满收回出租物的一种经济行为。租赁已成为现代企业筹资的一种重要方式。现代租赁主要有金融租赁、经营租赁两种形式。

4. 吸收直接投资

按经营方式分，吸收直接投资包括两大类：一类是合资经营；另一类是合作投资经营。合资经营是由出资各方共同组建有限责任公司，其特点是：共同投资、共同经营、共担风险、共负盈亏。出资各方可依法以货币资金、实物、工业产权等向联营企业投资，形成法人资本，投资方对所投入的资本负有限责任，并按资本额分配税后利润，享受所有者权益。合作投资经营是契约式或合同式合营。在这种经营方式下，双方的合作不以股权为基础，合作各方的投资或合作条件、收益或产品的分配、风险和亏损的承担、经营管理方式以及合作期满后的财产归属等合作事项，均由合作各方在合作合同中规定。它是一种比较灵活的直接投资方式。

5. 发行股票

股票是股份公司发给股东作为已投资入股的证书和索取股息的凭证，是可作为买卖对象或质押品的有价证券。按股东承担风险和享有权益的大小，股票可分为普通股和优先股两大类。

优先股是在公司利润分配方面较普通股有优先权的股份。优先股的股东按一定的比例取得固定股息；企业倒闭时，能优先于普通股得到剩下的可分配给股东的部分财产。

普通股是在公司利润分配方面享有普通权利的股份。普通股股东除能分得股息外，还可在公司盈利较多时再分享红利。普通股获利水平与公司盈亏息息相关。股票持有人不仅可据此分摊股息和获得股票涨价时的利得，且有选举公司董事、监事及参与公司管理的权利。

发行股票筹资的优点：（1）股票筹资是一种有弹性的融资方式。由于股息或红利不像债券利息那样必须按期支付，当公司经营不佳或现金短缺时，董事会有权决定不发股息或红利，因而公司融资风险低；（2）股票无到期日。其投资属永久性投资，公司不需为偿还资金而担心；（3）发行股票筹集资金可降低公司负债比率，提高公司财务信用，增加公司今后的融资能力。发行股票筹资也存在缺点：（1）资金成本高。购买股票承担的风险比购买债券高，投资者只有在股票的投资报酬高于债券的利息收入时，才愿意投资于股票。另外债券利息可在税前扣除，而股息和红利需在税后利润中支付，这样就使股票筹资的资金成本大大高于债券筹资的资金成本；（2）增发普通股需给新股东投票权和控制权，降低了原有股东的控制权。

6. 企业保留盈余资金

企业保留盈余资金的主要来源是折旧、盈余公积金和税后未分配利润。企业保留盈余资金的优点是它本身属于企业自有资金，投入使用比较快速便捷，可迅速到位，而且不需要筹集资金的费用，成本低于来源于其他融资渠道的资金成本。缺点是企业保留盈余资金数量比较有限，很难满足大规模的融资需要。

（三）融资渠道和融资方式的配合

企业的融资渠道和融资方式之间存在密切的联系。一方面，同一融资方式筹集的资金可能来自不同的融资渠道；另一方面，由于国家法规和政策的限制，同一渠道的资金可能只适用于特定的一些融资方式。企业在融资时要注意融资渠道与融资方式的配合，以更好地筹资到资金。融资渠道和融资方式的配合情况如表 8-1 所示。

表 8-1 融资渠道与融资方式的配合

融资方式 融资渠道	发行债券	借款	租赁	吸收直接投资	发行股票	企业保留盈余资金
财政资金				△	△	
银行信贷资金		△				
非银行金融机构资金	△	△	△	△	△	
其他企业资金	△	△	△	△	△	
创业者的自有资金				△	△	△
其他私人资金	△	△			△	
外商资金	△		△	△	△	

【案例 8-1】

众筹，互联网时代的筹资新形式

众筹（crowdfunding）即大众筹资或群众筹资。由发起人、跟投人、平台构成，具有低门槛、多样性、依靠大众力量、注重创意的特征，是指一种向群众募资，以支持发起的个人或组织的行为。一般而言是通过网络上的平台连接起赞助者与发起者。不同时代的企业有不同的筹资渠道和方式，新的时代也会发明新的筹资方式，众筹就是与移动互联网时代相适应的筹资方式。2013 年全球总募集资金已达 51 亿美元，其中 90%集中在欧美市场。世界银行报告预测 2025 年总金额将突破 960 亿美元，亚洲的占比将大幅成长。众筹真正体现了互联网的精神，不论身份、地位、职业、年龄、性别，只要有想法、有创意、有创造能力都可以发起项目。发起人先将自己的创意

(设计图、成品、策划等)进行展示,通过平台的审核,就可以申请众筹了。支持者也就是投资者通常是普通的草根民众,而非公司、企业或是风险投资人。

当今众筹做得最好的是Kickstarter众筹公司,它最大的众筹项目是2012年的Pebble蓝牙智能手机及手表,筹到1030万美元,在这笔众筹资金的帮助下,Pebble终于能如期在2013年把产品推出,现在已经成为美国圣诞节最火热的礼品之一。2012年4月,Pebble的创始团队在Kickstarter上通过一个酷炫的视频和多张精美设计图展示了Pebble,与普通手表相比,它的最大特点是能够与iPhone和Android手机配对,显示电话、短信等信息。几天内,该创业团队就收到了8.5万多份订单和超过1000万美元的支持资金,使得Pebble一举成为KickStarter创立以来最成功的融资项目。在Kickstarter融资1000万美元后,Pebble团队承诺将在2012年9月开始供货,但由于种种原因被推迟。团队于2013年1月10日在国际消费电子展(CES)上宣布,Pebble已交付生产,于2013年1月23日起开始供货。Pebble创始人兼CEO埃里克·米基科夫斯基(Eric Migicovsky)表示:"看到Pebble在KickStarter平台上大受欢迎,我们就确信能将它打造成主流产品。我们花费大量时间来完善Pebble的硬件构造和软件设计,我们想要它一鸣惊人。这也是Pebble发售被推迟的原因。"首批发售的Pebble具备视频中演示的大多数功能,包括与iOS或Android智能手机通过蓝牙配对,下载Pebble应用,配置Pebble使之能够显示短信、邮件和漏接电话提醒。此外,用户还可以更换Pebble的"桌面",或用它播放音乐。

【思考与讨论】

1. 众筹是互联网金融的一种重要形式,建立众筹平台(公司)本身就是一种创业,通过这个平台发布项目筹集资金帮助创业者融资,这是最近几年方兴未艾的事业,如何充分利用互联网金融筹集创业资金呢?

2. Kickstarter成功的原因是什么?

3. Pebble为什么会取得成功?

三、创业企业融资的基本原则

(一)效益性原则

新创企业进行融资的目的是进行投资从而获得更大的经济效益,而通过融资吸纳进来的资金大多要支付一定的成本(主要是利息)。不同融资方式吸收的资金,其支付的成本也是不尽相同的。企业在进行融资活动时,应当考虑资金的成本,综合平衡资金的效益性。效益性原则一方面要保证企业能通过融资获得自己所需的资金,另一方面也要用最低的成本来获取资金,以期将来能产生更大的经济效益。

(二)合理性原则

由于资金使用成本和企业风险承受能力的限制,创业企业在融资时要合理地确定融资的金额和期限,并确定合理的融资结构。融资规模过大,不仅会导致资金闲置浪费,而且会导致融资成本增加,加大企业财务风险;融资规模过小,则导致企业资金供应紧张,影响企业正常运营和业务发展。总之合理性原则要求企业既能合理地确定融资金额和期限，又要考虑企业的偿还能力，合理确定融资结构，降低和控制财务风险。

（三）及时性原则

在市场经济条件下，创业机会往往稍纵即逝，如果企业不能及时获得所需要的资金进行投资而致使新产品不能及时开发，不仅有可能导致新产品过时而丧失市场机会，还有可能由于竞争对手的提前进入而使其获得时间优势和“先入者优势”，致使自身产品丧失竞争力。及时性原则要求企业需要资金时能顺利、及时地筹集到符合企业所要求的资金，快速抢占市场。

（四）合法性原则

合法性原则要求新创企业在融资时，融资目的和采用的融资方式要符合国家的法律、法规，通过合法的渠道来筹集企业所需要的资金，不能非法集资。

【案例 8-2】

丹尼尔·罗维格的融资

丹尼尔·罗维格原来只是密歇根州一个普通人家的孩子，从小生活非常贫困。有一次，他发现一艘损坏的 26 英尺长的轮船被当作废品扔在路边，就把它运回家。那个冬天，丹尼尔什么也没干，就是在修理这条船。第二年夏天，他把修好的船租了出去，这样一年就能赚到 50 美元。

在此后的时间里，他做的全部是买船、卖船、修船、租船这些船圈子里的活儿，虽然赚钱不多，但却逐渐改善了贫穷的生活。当然，丹尼尔也在寻找机会，渴望快速致富。

突然有一年，由于石油的消费量和生产量的日益增长，油船开始成为更加有利可图的工具。丹尼尔·罗维格没有资金来购买油船，但是他不甘心机遇就这样从身边溜走，于是开始千方百计筹措资金。他一连跑了几家银行，想筹集一笔贷款，却都碰了钉子。然而丹尼尔·罗维洛并没有灰心，他仔细地总结了经验并想出了一个迂回取胜的好办法。

这一次，他专门找到大通银行去“碰运气”。经理上下打量着他的衣着，问他有没有什么作为担保和抵押的。

丹尼尔·罗维格痛快地说明，自己确实没有什么一般意义上的那种担保和抵押，然而他有一条旧的油船，已出租给石油公司运输石油，根据租约，可以按期收取石油公司的租金。他可以此作为抵押。当然，如果银行认为包租出去的船可以作为抵押，那么他就可以获得贷款了。

银行经过反复研究，认为有实力雄厚的石油公司租用油船，丹尼尔的收益很有保障，这样的话贷款风险就很小，于是同意了这种做法。丹尼尔·罗维格用这笔贷款买了一艘旧货船，并改造成油船。他把这艘油船出租给石油公司之后，再以它为抵押，从银行获得新的贷款；利用贷款又购进旧货船，改装成油船。像这样相继地干下去，丹尼尔·罗维格获得了一笔又一笔的贷款，他的油船队伍也日益壮大。日渐增多的资金积累使丹尼尔·罗维格的事业蒸蒸日上，很快成了闻名一时的成功人士。

资料来源：根据 http：//www.cnnsr.com.cn 等网站内容改写。

【思考与讨论】

1. 请问案例中的创业者面临的融资风险是什么？

2. 请问他还有没有其他的融资渠道或方式可以选择？

第二节　创业企业的融资决策

创业融资过程中必须进行合理科学的融资决策，合理预测和确定资金需要量、确定筹集时间、选择资金来源，这样才能既满足创业企业对资金的需求，又能有效规避风险。

一、创业融资的基本要求

（一）合理确定资金需要量

无论通过什么渠道、采取什么方式筹集资金，都应首先确定资金的需要量。资金不足会影响项目的生产经营和发展；资金过剩不仅是一种浪费，也会影响资金使用的效果。在实际工作中，必须采取科学的方法预测与确定未来资金的需要量，以便选择合适的渠道与方式，筹集所需的资金。这样，可以防止筹资不足或筹资过剩，提高资金的使用效果。

（二）合理确定资金筹集时间

筹集资金也有时间上的安排，这取决于投资的时间。合理安排筹资与投资，使其在时间上互相衔接，避免取得资金过早而造成投放前的闲置或取得资金滞后而耽误投资的有利时机。

（三）认真选择资金来源

项目筹集资金可以采用的渠道和方式多种多样，不同渠道和方式筹资的难易程度、资金成本和风险各不一样。但任何渠道和方式的筹资都要付出一定的代价，包括资金占用费（利息等）和资金筹集费（发行费等）。因此，在筹资中，必须选择最经济、最方便的渠道和方式，以使综合资金成本最低。而且处在不同发展阶段的企业应该选择与之相匹配的融资渠道和方式，图 8-2 显示了与不同发展阶段相匹配的资金来源和融资方式。

（四）适当维持自有资金比例

举债经营可以给创业企业带来一定的好处，因为借款利息可在所得税前列入成本费用，对企业净利润影响较小，能够提高自有资金使用的效果。但负债的多少必须与自有资金和偿债能力的要求相适应。如负债过多，会发生较大的财务风险，甚至会由于丧失偿债能力而导致破产。因此，创业者既要利用举债经营的积极作用，又要避免可能产生的财务风险。

二、资金需求量的预测

资金是企业开展生产经营的重要条件，保证资金的合理供应，提高资金的利用效率是

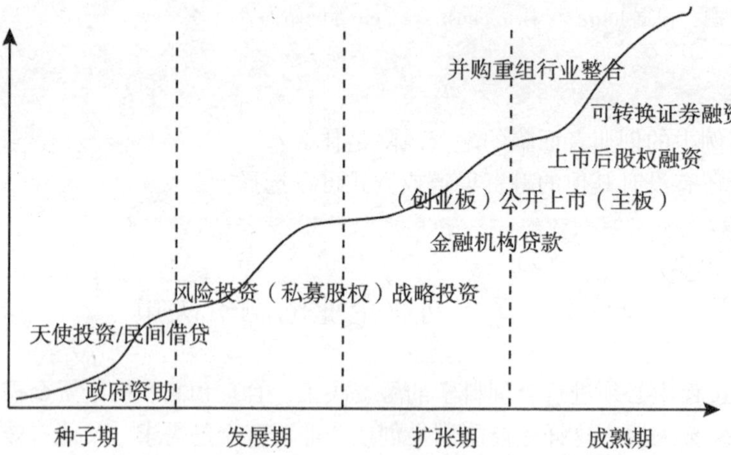

图 8-2 不同发展阶段的企业融资渠道和方式

企业正常运作的前提和保证。对新创企业而言，不但需要大量的资金购买厂房、设备等固定资产，还需要大量的现金维持企业运营，其对资金的需求远远高于成熟企业。资金需求量预测就是在销售预测、成本预测和利润预测的基础上，根据企业内外的各种情况和市场前景预测出企业所需的资金量，并提前制订融资方案，以此来提高企业对不确定事件的反应能力减少不利事件带来的损失，增加利用有利机会带来的收益。资金需求量预测方法可分为两类：定性预测法和定量预测法。

（一）定性预测法

定性预测法是指利用其他同类型企业的有关资料并结合预测者的个人经验，对企业未来的资金需要量做出主观判断的方法。这种方法仅适用于企业在缺乏完备、准确的历史资料的情况下采用，其一般过程是，通过搜集相同或相似类型企业的资料，并考虑企业的地域和不同发展阶段等因素，根据其资金需求资料做出对自身企业创业所需资金的初步预测，经熟悉该行业的相关专家讨论对初步预测做出修订后得到最终的资金需要量预测值。一般可采取以下步骤和方法。

1. 请教专家

通过专家的分析与帮助，弄清楚你所要进入的行业是否有准入机制，是否有资格限制，这对于初创企业来说十分重要。如果是一个有着特殊要求的行业，而你事先没有进行专家咨询，就有可能白辛苦一场。通过请教专家，不仅可以解决行业要求与发展前景的问题，还可以大致估算出行业内同等规模企业的资金需求情况。因为仅仅把公司注册下来，远不能算作是创业了，还必须使得公司真正进入运营阶段。

2. 行业分析

通过行业分析，可以了解到最起码的进入资本需求量。比如，如果要创办一家钢铁制造型企业，没有几千万元的资金根本无法涉足；而如果只是开一家小吃店，可能只要几万元就足够了。每个行业都有其最一般的规律，创业者通过行业分析不仅可以了解行业的特征，还可以为今后创业经营积累基本的信息。

3. 目标企业类比

在进行了行业分析之后，创业者可以选择一家规模与自己准备开办的公司大致相当的企业进行类比分析。通过观察与了解该企业的资产状况、人员开支情况、经营现金需求等基本信息得出一些可供参考的基本结论。比如，你准备开办一家某品牌的婴儿用品专卖店，如果在同一个城市或地区中有其他品牌的婴儿用品商店，你不妨从它的店面规模、人员数量以及每天出入的客户数量进行观察与分析，以得出你所需的数据。

4. 逐项罗列

完成了以上几个步骤之后，就可以将自己开业所需的一切条件一一罗列了。比如，公司场所、生产设备、办公设备及用品、人员工资、企业流动资金、基本准备金等。将所有必需的投入列出之后，就可以计算出最基本的资金需求了。但企业只有固定资产是不够的，还需要进行商品流通的资金。这就需要计算你在流通领域会滞留多少资金。一般来讲，企业的资产与销售额之间会存在一定的比例关系，这一比例会由于地区及行业的不同而不同，但在某一地区的特定行业中，它是相对稳定的。比如，北京地区从事培训业务的企业，资产占销售额的百分比平均为30%。通过这种比例分析的方法可以为你准备所需资金提供参考。

（二）定量预测法

定量预测法就是根据资金需要量与各有关因素的依存关系，详细地预测企业每一项如设备、各项费用及流动资金等所需的资金量，最终给出一个较为准确的资金需求量。定量预测法实质上是一种详细估算法，主要预测方法包括销售收入百分比预测法和现金收支预测法等。

1. 销售收入百分比预测法

销售收入百分比预测法以企业未来的销售额为基础，假定资产、负债和费用等与销售收入之间都存在稳定的百分比关系，最后根据预计的销售收入和相应的百分比预计出资产、负债和所有者权益，最后根据会计恒等式确定企业资金需求量。其基本公式为：

$$\Delta C=K(A-F)-R+M \tag{8-1}$$

公式中：ΔC——预计需要追加的资金数额；

K——销售收入变动率；

A——随销售收入变动的资产项目基期数额；

F——随销售收入变动的负债项目基期数额；

R——计划期净利润与预期发放股利的差额；

M——计划期企业其他支出数额；

其预测步骤如下：

（1）确定销售收入变动比率K，$K=$（计划期销售收入−基期销售收入）/基期销售收入。

（2）分析基期资产负债各相关科目，找出随销售收入变动的资产负债科目。周转中的货币资金、应收账款、存货等科目会随销售收入变动而变动，应列入A；应付账款、应付票据、应付税金等科目一般也会随销售收入增加而增加，应列入F。

（3）根据预计销售收入和基期的销售净利润率计算出预期净利润，减去预计股利发放金额，得到R。

（4）根据相关的支出计划确定企业新增其他支出金额M。

（5）将预测的各数据代入公式，计算出企业未来需要融资的资金量。

2. 现金收支法

现金收支法是根据企业未来经营活动可能引起的现金流入量和现金流入量来预测企业现金需要量的方法。其基本步骤如下：

（1）预测企业的现金流入量。企业的现金流入量主要是销售业务实现的现金收入，应当在企业销售量和价格预测基础上，适当考虑企业赊销政策等因素来估计企业各期可能收到的现金收入，并估算非营业性的现金收入。

（2）预测企业的现金流出量。企业的现金流出包括购买原料、支付工资及利息等相关费用、缴纳税收等所需的现金及营业外现金支出。

（3）确定计划期现金不足或多余，制订融资计划。用预测企业现金流入减去预测企业现金流出，若值为正说明企业未来现金有剩余，多余的现金可进行短期投资或偿还债务；若值为负说明企业未来现金不足，可制订筹资方案筹措新的资金。

三、创业融资成本与融资结构

（一）创业融资成本的概念

创业融资成本是企业为筹措和使用资金而付出的代价，包括筹资过程中发生的筹资费用和资金使用过程中支付的利息或股息。它包括筹资费用和资金成本，即

融资成本=筹资费用+资金成本

筹资费用主要包括律师费、资信评估费、公证费、证券印刷费，发行手续费、担保费、承诺费、贷款管理费等。资金成本主要包括借款利息、债券利息、股利、红利等。资金成本通常以资金成本率表示，常以利率形式表示。

创业融资成本在创业融资中具有重要的作用：（1）融资成本是创业融资决策的基本依据。项目在融资时，面对众多的资金来源渠道与筹资方式，需要做出筹资决策，取得所需资金。在这个决策过程中，除了考虑各种筹资来源及方式的可适用性、可行性、负债比率等因素外，资金成本是一个十分重要的因素。如果仅就筹资方式进行比较，在其他条件相同的情况下，应选择资金成本最低的筹资方式。如果更进一步分析比较，不同资金的数量及其成本的大小会影响项目总资金成本的大小，因此，在筹资决策中必须考察所选择的筹资方式对项目总资金成本的影响，只有使项目总资金成本最小的筹资方案才是最佳筹资方案。（2）融资成本是进行创业项目方案决策的基本依据。投资人在进行投资决策时，要从所设计的众多方案中，选择最经济、最有效的方案，从而合理地分配资金。由于资金成本是某项投资必须达到的最低报酬率，这一报酬率对创业项目投资方案的选择至关重要，所以，资金成本就成为衡量投资项目取舍的客观标准。

（二）不同来源的融资成本

1. 债券融资成本

企业债券的资金成本主要包括利息费用和筹资费用。债券的筹资费用即发行费用，主要包括申请费、注册费、印刷费和上市费及推销费用等，由于利息费用可以在事前扣除，

在计算债券筹集资金的成本时应当考虑税收因素。

$$K_b=\frac{I_b\ (1-T)}{B\ (1-F_b)} \tag{8-2}$$

其中：K_b——债券筹集资金的成本；

I_b——债券的票面利率；

T——企业所得税率；

B——债券的发行价格；

F_b——债券的筹资费用率。

2. 借款融资成本

借款融资成本包括企业支付给借款者的利息费用和筹资费用，借款的筹资费用主要是借款的手续费用，其计算公式和债券筹集资金的成本计算公式类似。

$$K_l=\frac{I_l\ (1-T)}{L\ (1-F_l)} \tag{8-3}$$

其中：K_l——借款筹集资金的成本；

I_l——借款年利率；

T——企业所得税率；

L——向银行贷款的本金；

F_l——借款的筹资费用率。

3. 融资租赁成本

融资租赁的成本主要是定期支付给出租方的租金费用，除此之外是手续费。融资租赁成本的计算公式为：

$$K_r=\frac{F\ (1-T)}{A} \tag{8-4}$$

其中：K_r——融资租赁的成本；

F——企业租赁每年平均支付的租金；

T——企业所得税率；

A——租赁设备的市场价值。

4. 优先股融资成本

优先股是债券与普通股的混合体，与负债相似之处在于，公司对优先股负有定期支付的义务；在清算时，优先股股东比普通股股东具有优先得到清偿的权利。然而，不能支付优先股红利时并不像无法支付债券利息一样会导致项目公司破产。这样，对于项目公司来说，优先股比普通股风险小，但比负债风险大，对于投资者来说，也是如此。

优先股资金成本包括股息和筹资费，优先股股息一般按固定比率支付，这类似于债券。与债券不同的是，其股利是税后支付的，因此，优先股资金成本的计算公式为：

$$K_p=\frac{D}{Q-F} \tag{8-5}$$

式中：K_p——优先股资金成本；

D——优先股股息总额；

Q——优先股筹资金额；

F——优先股筹资费用。

5. 普通股筹资成本

普通股筹资成本包括筹资费用和使用费用两部分，由于普通股的使用费用即股利的支付与企业的经营状态、利润的增减及企业的股利政策等有关，因此情况较为复杂，从而决定普通股资金成本的计算也相对复杂，主要采用股利折现法和风险收益调整法两种方法。

（1）股利折现法：它是一种将未来的期望股利收益折为现值，以确定其成本的方法。如果普通股股利每年均按固定数额支付，其资金成本计算公式同优先股融资成本计算公式。

如果股利具有逐年上升趋势，每年递增率为 g，则普通股资金成本的计算公式为：

$$K_s=\frac{D_1}{Q\ (1-f)}+g \tag{8-6}$$

式中：K_s——普通股资金成本；

D_1——第一期普通股股息总额；

Q——普通股股本；

f——普通股筹资费用率；

g——股息年增长率。

（2）风险收益调整法：它是从投资者的风险与收益对等的观念出发，来确定股票成本的方法，其基本思想是：投资总收益=无风险收益+风险收益贴水率。

常用的公式为：

$$K_s=R_f+\beta\ (R_m-R_f) \tag{8-7}$$

式中：K_s——普通股资金成本；

R_f——无风险证券投资收益率，一般取短期国库券利率；

R_m——资金市场平均投资收益率；

β——公司股票投资风险系数。

6. 保留盈余资金成本

表面上看，企业保留盈余资金似乎没有成本，实际上股东留在企业里的资金，不仅可以用来追加本企业的投资，而且还可以把资金投放到别的企业。因此，使用保留盈余资金意味着要承受机会成本。保留盈余资金成本的计算与普通股资金成本计算方法基本相同，区别仅在于保留盈余资金成本没有筹资费用。

（三）资金加权平均成本

为一项投资活动筹措资金，往往不止一种资金来源，所有各种来源资金成本的加权平均值即为全部资金加权平均成本，计算公式为：

$$K=\sum_{i=1}^{n}W_iK_i \tag{8-8}$$

式中：K——资金加权平均成本；

W_i——第 i 种资金占总资金的比重；

K_i——第 i 种资金的成本；

n——资金来源种数。

（四）创业企业融资结构

融资结构是指创业企业所使用资金的来源及数量构成，实质上也就是债务资金与股权资金的数量比例。不同的资金来源结构给创业企业带来的财务风险是不同的。财务风险是企业有负债时，由于要支付固定的利息和还本，当企业的收益不确定时，可能使企业自有资金收益率发生变动而给企业带来的风险。所以，选择资金来源与数量不仅与企业所需要的资金量有关，而且与企业的效益和资金成本有关。因此有必要对资金结构加以分析。以下以自有资金与借款的比例结构为例说明资金结构和资金来源选择、使用量的关系。

一般说来，在有借贷资金的情况下，全部投资的效果与自有资金投资的效果是不相同的。就投资利润率指标来说，全部投资的利润率一般不等于贷款利息率。这两种利率差额的后果将为项目（或企业）所承担，从而使自有资金利润率上升或下降。

设全部投资为K，自有资金为K_0，贷款为K_l，全部投资利润率为R，贷款资金成本为R_l，自有资金利润率为R_0，由资金利润率公式，可得：

$$K=K_0+K_L$$

$$R_0=\frac{K\cdot R-K_L\cdot R_L}{K_0}=\frac{(K_0+K_L)\cdot R-K_L\cdot R_L}{K_0}$$

$$=R+\frac{K_L}{K_0}(R-R_L) \tag{8-9}$$

由公式（8-9）可知，当$R>R_l$时，$R_0>R$；当$R<R_L$时，$R_0<R$。而且自有资金利润率与全投资利润率的差别被资金构成比$\frac{K_l}{K_0}$所放大。这种放大效应称为财务杠杆效应。贷款与全部投资之比$\frac{K_l}{K}$称为债务比。杠杆效应是向两个方向作用的：企业收益增加对企业有利，反之会加剧不利。带有杠杆作用的创业项目把两个方向结合在一起，一方面具有取得更高利润的潜力；另一方面使项目更容易遭受意外风险的打击。

四、创业融资决策

创业企业的融资决策指新创企业在自身的风险承受能力范围内，确定以何种方式、通过何种融资渠道制定和实施融资方案获得自身发展所需资金的决策过程。融资决策主要包括确定合理的融资规模和融资期限，选择最佳的融资方案，寻求合适的资金结构及控制融资风险等。

（一）确定合理的融资规模

由于新创企业风险远高于比较成熟的同类型企业，其刚开始的融资能力非常有限。企业在融资时，首先要确定企业的融资规模。筹资过多，一方面可能造成资金闲置浪费，导致融资成本的增加；并可能导致企业负债过重，超出了企业所能承受的限度，增加了偿还难度，加大了财务风险。反之，如果企业筹资不足，就会影响企业经营与投融资计划的实施以及其他业务的正常开展。因此，企业在进行融资决策时，要量力而行，必须根据企业对资金的需求、企业的实际偿债能力、融资的难易程度以及融资成本的高低等因素，来合理地确定融资规模。

（二）确定合适的融资期限

企业融资按照期限来划分，可分为短期融资和长期融资。创业企业要合理确定融资期限，首先取决于资金的用途，其次是资金的成本。从资金用途角度来看，如果融资的目的是补充企业的流动资产，根据流动资产周转快、易于变现、经营中所需补充数额较小及占用时间短等特点，可以选用各种短期融资方式，如商业信用、短期贷款等；如果融资的目的是长期投资或购置固定资产，由于这类用途要求资金数额大、占用时间长，选择各种长期融资方式更为合适如长期贷款、企业自有盈余资金、租赁融资等。从资金成本来考虑，以银行贷款为例，银行贷款一般分为短期贷款和中长期贷款，贷款期限越长，利率越高。如果创业者所需资金的时间不是太长，应尽量选择短期贷款，如可以将两年期贷款分解为连续办理两次一年期贷款，以更好地节约利息成本。

（三）确定合适的资金结构

融资的资金结构是企业融资决策的核心问题，其目的是在不超过企业可承受风险能力的前提下，确立合适的资金结构，并尽可能地降低资金成本，获得财务杠杆收益。合适的资金结构既要考虑企业自身的风险承受能力，又要考虑资金的成本和可得性，在资金成本、财务杠杆收益和财务风险三方面做出平衡。

1. 筹资方案的资金成本

资金成本是选择资金来源、确定融资方案的重要依据。在其他条件相同时，企业应当选择资金成本最低的融资方案。只有新创企业的收益高于资金成本时，创业才是可以考虑的。我们在前面花大量的篇幅来说明各种融资方式的成本如何确定就是为了强调资金加权平均成本在融资决策中的重要性，即在创业项目和风险水平确定的情况下，资金成本的高低是进行融资决策时的最基本依据。

2. 财务杠杆收益和财务风险

财务杠杆和财务风险是企业在筹措资金时必须考虑的重要因素，由于负债融资可以给企业带来财务杠杆收益，债务的利息成本可以提前扣除给企业带来避税优惠，而在投资收益率高于借债成本时，负债融资会提高企业的股东权益报酬率给企业带来财务杠杆利益。但过高的财务杠杆也会加大企业所面临的财务风险。所以创业企业在筹措资金时，面临提高企业收益与降低财务风险之间的两难选择，即常常会在利用财务杠杆作用与避免财务风险之间处于一种两难处境：企业既要尽力加大债务资金在企业资本总额中的比重，以充分享受财务杠杆利益，又要避免由于债务资金在企业资本总额中所占比重过大而给企业带来过大的财务风险。融资决策也就是在财务杠杆利益和财务风险之间保持均衡的过程。

（四）控制融资风险

由于新创企业的不稳定性，新创企业的融资风险远远高于成熟企业，而新创企业的风险抵御能力远低于成熟企业，所以融资风险也是融资决策时的一个重要考虑因素。除了如国家经济政策变化、市场形势变化等因素对企业融资造成的外部风险外，我们可以从财务角度把新创企业面临的融资风险分为现金性融资风险和收支性融资风险。

现金性融资风险是指企业在特定时点上，现金流出量超过现金流入量，而产生的不能按期支付债务本息的风险。现金性融资风险是一种个别风险，其产生是现金短缺、债务的期限结构与现金流入的期间结构不相匹配而引起的。新创企业的融资中，应当选择适当的还款方式，并预测未来投资产生的现金流，使企业未来现金流出和现金流入相匹配，降低现金性融资风险。

收支性融资风险是指企业在收不抵支的情况下出现的无力偿还到期债务本息的风险。收支性融资风险是一种整体风险，其产生可能由两方面原因造成，一方面是企业经营不当导致未来企业收入减少；另一方面是企业负债融资过多或融资成本太高致使企业到期还本付息支出增大。收支性融资风险实质是一种过度使用财务杠杆而导致的财务风险。

新创企业在融资决策中一定要合理确定融资的规模和融资期限，选择适当的负债融资比例并权衡不同融资方案的融资成本，根据现金流匹配的原则确定合适的还款方式，使企业能在自身的风险承受能力前提下，选择融资成本最低并且在财务杠杆收益和财务风险之间做出平衡的融资方案。

第三节 天使投资

天使投资是非正式的私人股权投资，是创业者获得创业资金的一个重要渠道，天使投资往往是对人的投资，带有强烈的感情色彩，而且融资速度快，也有助于创业者获得有关创业的经验和相关的经营管理知识。

一、天使投资概述

（一）天使投资

天使投资（Angel Investment）一词起源于纽约百老汇的演出捐助，即百老汇当地一些富有的个人资助具有社会公益意义的文艺演出。对于被资助的文艺团体及演员来说，这些赞助者就像天使一样，从天而降。后来，天使投资被引申到支持创业者的早期投资。天使投资不是指亲戚朋友之间的相互支持和相互帮助。

在中国，许多创业者的初始资金主要靠亲戚朋友的相互帮助。在美国，这种现象也存在。美国人将这种资金称为“爱心资金”。美国社会每年所提供的这种“爱心资金”大约有100亿美元，而天使投资者的投入大约为300亿美元。投资天使，是指那些愿意投资于高风险企业，愿意投资于创业企业的前期高风险阶段的富有家庭和个人。这些人是非正式的私人风险投资家。因为他们在创业者最艰难、最需要帮助的时候给予支持和关爱，对创业者来说，他们都是可爱的天使。投资天使更正式的称呼是“非正式的私人股权投资者”，但人们更愿意形象地称他们为“天使”，因为他们的投资行为对创业者而言确实如同下凡的天使，为创业者提供难得的资金。“天使”通常是富有人士，他们通过自己的职业经历积累了足够的财富，可以用于支持一些小型的创业项目。此外，他们共有的特征是他们通常能够为创业者提供经营上的建议和顾问意见，不仅仅只是提供一笔资金。例如，搜狐的创造者张朝阳的最初资本来自于数字化时代的鼓吹者著名的IT专家尼葛洛·庞蒂等人，而张朝阳放弃ITC最初的网络经营模式转向开发搜狐网络搜索引擎，在一定程度上尼葛洛·庞蒂也起到了作用。

（二）天使投资的特点

（1）通常只提供“第一轮”融资，这也是和天使本身的资金实力有限联系在一起的，

"天使"只是利用了自己的积蓄，显然不足以支持较大规模的资金需要，只有那些处于最初发展阶段的创业计划能够得到他们的青睐。

（2）天使投资方式带有强烈的感情色彩。创业者说服"天使"的过程常常需要一定的感情基础，或者是志同道合的朋友，或者是亲戚朋友，或者是得到了熟悉人士的介绍等，例如，尼葛洛·庞蒂对搜狐的投资便是基于对张朝阳本人的高度欣赏。

（3）可以为创业者提供极为宝贵的咨询顾问意见。"天使"往往自己本身曾经是创业者，而且常常是某一行业的专家，他们所追求的除了赚钱之外，还有个人的兴趣、爱好和个人的价值实现。在天使投资者中，有的是为了老有所为，投资的目的是取得一个管理岗位；有的是为了亲手培养一个创业企业和创业者，自己能从中找到一种成就感和快乐感。正如许多天使投资者所说，"参与一个新公司的诞生和成长的经历是让人感到十分满足和振奋的"；也有的是为了承担一定的社会责任和社会义务。他们可以提供技术顾问、管理顾问、公关顾问（帮助介绍各种关系）甚至对创业者手把手地进行指导。对于经验不足的创业者来说，以上这些比资金更重要。特别是创业的早期，有这样一些智者的加盟，不仅能帮助公司制定正确的发展战略，还能为公司的日常管理把关。

（4）天使融资的速度快。其融资时间最短只要三个星期，最长为九个月。当然，这其中有很大的伸缩性。时间的长短在一定程度上取决于融资者的各种准备工作。私人投资进展快、效率高的一个主要原因，是因为它不需走那么多繁琐的程序，不需要办理那么多复杂的手续。

（5）天使投资的融资成本要低于其他各种融资渠道。自从20世纪90年代后期以来，由于机构投资者的大批投入，风险投资基金的规模越来越大，为了降低投资成本，它们逐渐提高了每笔投资的投资规模，而投资的数量却没有按比例增加。不断增大的投资规模限制了风险投资基金对于早期企业的投资，它们越来越转向企业的扩张期投资甚或晚期投资。而天使投资规模小，投资成本较低，更偏向于对早期企业的投资。由于天使投资不存在风险投资的双重代理问题，代理成本和管理成本都要小得多。天使投资是由投资者将自己的钱直接交给融资者，中间没有第三者，成本相对要低。

（三）发达国家的天使投资

美国有十分发达的风险投资市场，但绝大部分投资于种子期的资金，并非来自美国的风险投资市场，而是来自被称为"创业天使"的天使投资者。美国的天使投资已经有很长的历史，当今很多商业巨头，如贝尔电话公司、福特汽车等都曾从天使投资那里获得启动资金。1874年贝尔作为天使投资者投资并创建了贝尔科技，造就了如今庞大的电信帝国；1903年，5个天使投资者给亨利·福特投资了40000美元，后来便造就了一个庞大的汽车王国；如今的很多商业神话中，天使投资的成功案例屡见不鲜，苹果电脑、亚马逊网络等这些国际知名公司最初的启动资金都来自天使投资者。

在美国，天使投资市场是一个巨大的、隐蔽的市场，每年发生的560亿美元交易额中，天使投资约占300亿美元。这其中有20亿~40亿美元的资金被直接投入种子期和创始期的创业企业中。每年有50多万家公司从天使投资者市场获得资本。一个创业企业一般可从天使投资团体获得35万美元的投资；每年的投资回报率大约为35%，欧洲潜在天使投资者约有近百万人，英国和荷兰的天使投资基金相应达到30亿、15亿欧元，估计欧洲天使资金规模在 100 亿~200 亿欧元。

随着计算机[illegible]展，天使投资网络开始走向互联网。目前，世界上大部分的天使投资已实现网络化[illegible]使投资网络业已在实现信息共享、在小企业与潜在投资人之间架构桥梁方面发挥了重要作用。在美国，天[illegible]投资网络已发展至成熟阶段，相当多创业企业与天使投资者借用网络服务寻求配对；在英国，天使投资网络已在这片古老的土地上迅速成长壮大；瑞典国家工业科技发展局通过介绍精英企业的经营理念和计划给天使投资者、创业资本家和机构投资人，使企业获得创业资本；在韩国，税收优惠等新措施的实施，激励天使投资者有组织地发起投资机构为小企业融资。由此可见，互联网已赋予传统的天使投资方式以新的活力，推动着天使投资业的快速发展。

二、天使投资者的选择

中国天使投资是随着互联网企业和高科技企业的兴起而发展起来的。目前中国天使投资的规模还很小、还很不成熟，而且绝大部分以个体形式出现。中国的天使投资者主要有外资公司的代表或者高级管理者；外国人、海外华侨和海归人士；国内成功的民营企业家和先富起来的人；另外以政府出面的各种创业基金也是创业企业天使投资的主力。创业者在选择融资者时需要非常小心，首先要分析自己的需要和可行的各种资金来源，如果决定了争取天使投资者的策略，就必须认真考虑自己应寻找什么样的天使投资者，也就是要正确地选择天使投资者。由于创业者不同的处境和需要，选择天使投资者会有各自特殊的一些需要和标准，投资天使可以是企业公司，也可以是个人，一般而言，创业者可以从以下方面筛选：

（一）与证券监管有关的研究

由于创业企业将来往往着眼于公司发行股票并在证券交易所上市，因此必须考虑到天使投资者的资本市场背景。创业者应该对天使投资者的一些有关证券监管的背景有所了解，如果是企业，应该了解公司背景、投资策略、公司章程、管理层的个人情况，而且特别是要了解该公司有没有受到过证监会的处罚，以防止将来遇到公募和上市方面的困难。如果是个人，也要了解他是否受到过有关证券法规的处罚，如果受到过处罚对于公司未来的发展是不利的。

（二）天使投资者的投资记录

要找那些有着成功投资历史记录的天使投资者，这样有助于创业的成功。任何一个投资者都有着自己的投资组合的历史记录，创业者应该对这些投资项目进行研究，探究为什么有些项目成功了，而有些项目失败了，特别重要的是要探究失败的原因是否为投资者不恰当的干预和压力，如果是这样，显然不能选择这一投资者。由于天使投资者只是起一个承前启后的作用，创业者要特别关注天使在策划“第二轮”融资方面的能力，那些过去曾经成功地导演过“第二轮”融资的天使投资者应该是优先之选。

（三）天使投资者投资的规模和重点

创业者在选择投资天使的时候，要对天使投资者的投资策略进行研究分析，创业者应该寻找最适合自己所需要规模的投资者。其中，最重要的是要考虑投资方投资的规模特点和投资方向，包括两个问题：

（1）该投资天使能够有足够的资金投资于创业项目。实际上，创业者应该寻找最适合自己需要的投资者。有些投资者习惯于投资很大的项目，而自己只需要投入较小的资金，因此也并不适合自己的需要，而如果投资资金太少，则可能难以负担创业项目的需要。

（2）该投资天使是否为熟悉有关行业的专家？创业者最好能找到一个对自己项目所属行业非常了解并有着广泛客户或其他关系网的专家投资者，这对于创业的成功有着极为重要的意义。

（四）天使投资者能否提供足够的管理支持

投资天使如果曾经是一个成功的企业家，他就不仅仅是提供风险资金那么简单了，他提供的管理支持具有重大的附加价值。因此，像张朝阳那样找到尼葛洛·庞蒂这样的投资天使实在是找到了真正的天使。

（五）天使投资者在投资银行界的资源

如果天使投资者背后有着投资银行背景，则对创业者具有很大的价值，因为该条件能够为将来的公开募股和上市交易提供极大的便利。在创业投资市场上，不仅仅是创业者在寻找创业投资家，而且创业投资家也在寻找高素质的创业者和创业项目，交易的达成，是双方讨价还价的结果，也是一个相互选择的过程，创业投资家要考察创业者，创业者同样要考察投资者，只有有效地结合双方的比较优势，才能带来最好的投资回报，创业者才能够实现创业成功的梦想。

三、如何获得天使投资

经过30多年的改革开放，我国居民收入稳步提高，投资开始成为家庭理财的重要内容。而且，社会富裕阶层已经初步形成。天使投资无疑将为这些个人资本提供一个良好的投资渠道。我国天使投资者包括：外资公司的代表、高管人员、海外华侨和海归人士以及国内成功的民营企业家和先富起来的一部分人。从投资领域看，我国的天使投资逐渐渗入高科技产业、存在较大市场潜力的传统产业以及新开放的产业和具有新的经营管理方式的产业。在投资阶段上呈现以种子期为主，早期次之，扩张期极少的特征。从组织形式上看，我国已经产生了一些天使投资团队，如：天使俱乐部、天使投资集团等。我国已经初步具备了本土天使投资大量涌现的现实条件，必将迎来一轮天使投资的高潮。寻找天使投资者的主要方式包括：

（一）通过朋友介绍

据统计，在国外有相当一部分天使投资是通过朋友或亲戚介绍而达成的，特别是对一些真正非正式的股权投资者而言更是这样。

（二）直接寻找自己心目中的天使

创业者往往都有一些崇拜的企业家或成功企业，他们在创业者所属于的行业内具有很高的声望和实力。创业者在适当的情况下可以直接上门，去说服这些行业内的权威。例如张朝阳就直接找到了尼葛洛·庞蒂。

（三）参加天使的聚会

投资天使们常常有一些经常性的聚会，以交流投资心得、寻找投资项目和探索合作机会，创业者如果知道有关活动的消息，可以直接前去参加并提交自己的商业计划书或做一些有关的项目展示。在国外，这种机会很多，国内由于风险投资发展的历史很短，天使更少，所以这种活动不多。但目前已经开始有了这样的一些沙龙活动或研讨会形式的聚会，可以成为一个渠道。

（四）根据天使名录按图索骥

国外的风险投资研究机构或协会（如 AVCA——美国全国风险投资协会，BVCA——英国风险投资协会）都出版了风险投资机构的名录，其中往往单独出版一本风险投资天使名录的小册子，里面收录了大量的天使名单，创业者如果要到国外去融资，可以按图索骥，一个一个地联系。此外，还有一些网站的在线服务，如美国的创业投资资源馆（Venture Capital Resource Library），也提供大量的投资者名录。

（五）利用中介

创业者可以通过自己的财务顾问、法律顾问或者有关的金融咨询机构来寻找天使投资者。当创业者面对风险投资的天使时，说服天使的技巧和方法与说服风险投资公司并无区别，大致而言也需要准备好一份高质量的商业计划书，进行简练而生动的幻灯片演示，发挥说服的技巧和演说的能力，展示自己的职业素质和创业精神。当然说服天使投资和风险投资公司也有所不同，主要在于天使投资更看重创业者个人的素质和品质，带有强烈的感情色彩，因而创业者要说服天使，不仅仅需要以好项目、好方案、好产品、好技术来晓之以理，更要发挥其个人的能力来动之以情。

【案例 8-3】

雷军：拉卡拉的天使

拉卡拉是中国最大的社区金融服务及社区电商服务运营商，是线上线下融合的社区金融服务及社区电商服务平台，以支付为基础，以互联网技术为手段，以小微商户为依托，为小微商户及社区提供金融服务及电子商务服务。目前，拉卡拉在全国超过300个城市运营着超过30万商户，覆盖80%以上社区，月交易额超过1000亿元。拉卡拉与中国银联以及工、农、中、建、交五大行在内的上百家金融机构建立了战略合作伙伴关系，全国主要银行的信用卡用户平均约有15%主要通过拉卡拉平台还款，个别银行甚至超过40%。拉卡拉的创业发展与天使基金的投资是分不开的。多次成功创业的孙陶然，在天使投资人雷军看来，是个业界名人。

“他不仅和其他合作伙伴缔造了风靡一时的‘商务通神话’，还参与创办了蓝色光标、《生活速递》等，2004年年底，休息了两年的孙陶然找到我，说想开始新一次创业，搞便民的金融支付网络，当时我确实没搞懂他想干的事情，但我还是毫不犹豫地决定投资，因为我一直希望能有这样一个近距离向他学习的机会。”在最近雷军的博客上，雷军透露了孙陶然的拉卡拉是他的第一个投资项目，也是他唯一不熟悉这个行业就投资的项目。

雷军认为，投资就是投人，“人和项目之间，人是决定性因素”。正是这个原因，让雷军选择了孙陶然。2004年年底，孙陶然获得联想、雷军等第一轮融资200万美元。但孙陶然刚开始创办拉卡拉的时候，拉卡拉的业务并不是太清晰，甚至走了近两年的弯路。"金融服务虽然说是'遍地有黄金'，可以做的事情很多，潜力也很大，但难题是很难切入。当时，我们尝试过进入金融服务行业的多个方向，有些方向上甚至把产品都研发出来了，但后来发现缺乏支撑的渠道和网络。"孙陶然很有感触地说，经过很多波折之后，他看到了便利店这个方向，但还是不够坚定。在全国的便利店铺设网点，投入很大，这使他有点犹豫。2007 年 3 月，他终于完成了第二轮 800 万美元的融资。但投资人同时在协约中明确规定，拉卡拉必须全力进入便利店，否则就不投。现在看来，当初的这个约定让拉卡拉明确了目标，开始了快速发展。

目前，拉卡拉累计用户已超过 8000 万，累计服务用户超过 8 亿人次。截至 2014 年 6 月，拉卡拉已有 30%的交易量经由移动互联网完成。拉卡拉移动支付业务交易额位于行业第二。

资料来源：根据：http：//money. 163. com 等多家网站内容整理。

【思考与讨论】

1. 现在很多人在使用"拉卡拉"，证明了该投资的成功，请问雷军为什么会投资"拉卡拉"？

2. 请问雷军作为天使投资人在拉卡拉的发展中起到了什么作用？

第四节　风 险 投 资

风险投资（venture capital），也被称为创业投资，源于 20 世纪 40 年代的美国硅谷，与传统的金融服务不同，它是在没有任何财产抵押的情况下，以资金与创业者持有的公司股权相交换，投资是建立在对创业者持有的技术甚至理念的认同的基础之上的。因此，风险投资对于创业企业来说无疑是最直接、最快捷、最有效的资金来源，吸引风险投资也是创业者创建企业可以考虑的融资方式。

一、风险投资概述

（一）风险投资的内涵

风险投资是指向创业企业进行股权投资，以期所投资创业企业发育成熟或相对成熟后主要通过股权转让获得资本增值收益的投资方式。典型的风险投资要放弃一定比例的公司所有权及管理控制权。投资者因承担了高风险因而可以获得高额的回报。投资形式一般是股票或可以在未来转换成股票形式的工具。随着公司经营的成熟，可以通过公开发行股票，公司合并或者出售，或用其他方式获得资本。只要风险投资者有退出的意愿，上述任何一种形式都有可能被采用。风险投资者通常希望在退出时获得每年 20%～50%的投资回报。风险投资者一般会投资那些有可能快速发展的公司，这些公司中任何一家都有潜力产生极高的年收入。

风险投资的对象大多数是处于初创时期或快速成长时期的高科技企业。如通信、半导体、生物工程、医药等企业。风险投资业务的失败率一般高达 70%～80%。政府一般无力参与这类业务，银行等金融机构以传统的运作方式为标准也不愿或不敢涉足这类业务。风险投资具有高风险、高收益的特点。以美国为例，美国在20世纪80年代脱颖而出的高科技企业绝大多数是靠风险投资起家的。科学研究的早期成果有风险投资的参与，使科研成果转化为商品的周期已由20年缩短到10年。微软、英特尔、苹果、戴尔、雅虎等公司在创业之初就是依靠风险投资的支持才获得了它们的“第一推动力”。美国高新技术产业对美国经济增长的贡献率是30%，而新兴产业的发展，风险投资又是第一功臣。可以说，风险投资对美国20世纪90年代以来的经济持续高增长功不可没。

（二）风险投资的特点

（1）风险投资的投资风险大，要求的回报高。在市场经济条件下，虽然任何投资都或多或少地存在风险，但由于风险投资主要投资于高新技术领域，面临的风险更大，主要包括技术风险、市场风险、知识产权风险、融资风险、管理风险等。业内人士有一种说法“成三败七”，也就是说投资十个项目，能成功的是三个项目，另外七个项目是失败的，所以风险投资是一种高风险投资。由于风险投资集中于产业的扩展期，此时市场尚未饱和，竞争也不激烈，因此难于以此时的表现判断企业今后的发展前景。根据萨哈曼在20世纪90年代的研究，34.5%的风险投资以亏损而告终。而Bob Zider的另一项工作则表明，在美国的创业企业中，勉强维持的为40%，投资完全失败、血本无归的为20%，仅有10%到20%的投资可获得25%到30%的预期回报率。实际上，风险投资的声誉和利润往往只是建立在一或两项成功投资的基础上。高额的筹资成本和不确定的收益使风险投资成为一种高风险的产业。因此，它对风险规避工作提出了很高的要求。表8-2列出了美国1945年到2007年较长时段各类投资平均每年的回报率，这里的私人股权投资包括天使投资和一部分风险投资，回报是最高的。

表8 2　　1945—2007年美国各类投资的平均回报率

投资部门	回报率（%）
私人股权投资	16.7
新型市场股票	15.6
小企业股票	14.9
标准普尔500	12.9
国际股票	11.4
房地产	8.0
商品	7.8
公司债券	5.8
长期国债	5.5
银行	5.0

资料来源：美国托马斯金融和国家风险投资协会。

（2）风险投资是一种组合投资。风险投资的对象为处于创业时期的高新技术领域的中小型企业，几乎没有盈利的历史，失败率很高，因此，创业资金投资的企业被称为风险企业。风险投资要获得回报，必须实行组合投资的策略，也就是说要投资一系列项目群，坚持长期运作，将成功的项目通过出售或上市回收的价值，去弥补其他失败项目的损失后，并且还能获得较高的收益。否则只有高风险而没有回报，风险投资本身也不可能存在。从这个意义上讲，风险投资是又一种组合投资。

（3）风险投资是一种长期投资，一般要经过 3~7 年的时间才能通过退资获得收益。从风险企业的成长过程来看，一般要经历种子期、导入期、成长期、成熟期等几个阶段，投资期限至少在 3 至 5 年以上，才能取得效益，在此期间，风险投资公司要不断地对有成功希望的风险企业进行增资、管理、培植，所以，风险投资又是一种长期投资。

（4）风险投资公司的目的不在于获得企业短期的经营利润，而在于企业资产的不断增值。风险企业在发展初期，其现金流量是负数，从经营业绩来看是亏损的，因为风险企业有一个开拓市场的过程，一般的投资者是不感兴趣的。但风险投资公司是从所有者权益角度考虑，只要风险企业资产增值就行，以便将来通过上市或出售取得高额回报。所以，风险投资又是一种权益投资。

（5）风险投资的过程是高度组织化和精心安排的过程，风险投资公司不仅要向风险企业提供资金，还必须利用其经验、知识以及广泛的社会联系去帮助风险企业创业，改造组织结构，制定业务方向，加强财务管理，配备管理人员。风险投资公司必须拥有市场调研、生产规划、经营战略、财务、法律等各方面的专家，才能开展风险投资活动。所以，风险投资是一种专业化的投资。

【案例 8-4】

以色列的风险投资

人口只有近 800 万的以色列，却拥有 4000 家以上高科技企业，近十余年，在美国纳斯达克上市的以色列企业超过 100 家，其已成为全球公认的科技创新热点国家，其创新与创业水平位居世界前列。2012 年，该国人均风险投资是美国的 2.5 倍，欧洲的 30 倍，中国的 80 倍，印度的 350 倍。在这组数据的背后，是健全的创新与创业体系的强力支持。高度发达的创业投资（人均风险投资额全球第一）是以色列科技创业勃发的主要推力。

政府强力推动是以色列风险投资业的显著特点，也是它得以迅速成长的重要原因。据以色列风险投资协会（IVA）介绍，1993 年，以色列政府为促进高科技产业发展，启动了一项名为“Yozma”的计划，将风险投资业作为国家的战略方向。这项计划的主要内容是，由政府与外国投资商合资设立 10 支风险投资基金，外资持有 60%的股份，以政府持有 40%。在 5 年的时限内，外方可按约定的价格收购政府手中的股权；政府方面则被允许以其拥有的部分资本进行直接投资。

后来的事实证明了“Yozma 计划”的成功。总资本逾 2 亿美元的首批 10 支风险投资基金很快建立起来，被吸引来的外方投资者包括美国、欧洲和亚洲的诸多知名公司。12 年后的今天，以色列已有大约 80 支活跃的本土风险基金，总资本超过 100 亿美元。

同刚起步时的情形相比，以色列政府在风险投资中的主导地位已有所下降，但政府仍通过参股风险基金来支持高科技产业发展，每年政府预算中用于研发的费用约有 90%是以这种方式支出的。对于达到一定规模的风险投资以及外资进入风险投资业，政府还会给予免税等优惠政策。今天，当以色列已经褪去农业经济的传统外衣，以高科技产业强国的形象出现在国际市场上时，人们再回头审视这个嬗变的过程，不能不承认：先行一步的风险投资业真是功不可没。风险投资既像纽带，更像催化剂和助推器——它把以色列强大的国防科技同市场对接起来，使之成为世界上军用技术民用化最成功的国家；它把以色列领先的教育、科研力量同市场对接起来，使之成为世界上学术成果产业化最成功的国家；它也把众多雄心勃勃的创业者同市场对接起来，使以色列成为世界公认的主要创业和创新技术中心之一。

资料来源：根据 http：//www. mofcom. gov. cn 等网站内容整理。

【思考与讨论】

请问以色列的风险投资对以色列的发展有什么作用？它对创业者的帮助体现在哪些方面？

（三）风险投资的阶段

风险企业所处阶段可以分为种子阶段、导入阶段、成长阶段和成熟阶段，与此相应的，风险投资也可分为对四个阶段的投资。

1. 种子阶段（Seed Stage）的风险投资

在这个阶段，风险企业还没有建立或刚刚建立，既没有形成核心创业团队，也没有开始生产产品或提供服务。创业者需要资金进行早期产品或服务的开发和深入的市场调研，确立商业计划，并建立自己的核心团队和销售渠道，寻求商业合作伙伴等。这个时期通常需要 1 到 1. 5 年时间，风险投资公司会投入投资组合中 10%～15%的资金。在美国，种子阶段的风险投资金额一般在 300 万～500 万美元，风险企业价值为 1000 万美元左右。

2. 导入阶段（Start-up Stage）的风险投资

导入阶段的风险投资主要用于开拓市场，其资金需求量比种子期要大，企业必须寻求外部融资。由于风险企业产品的商业性销售还没有开始，银行很难评估其风险，同时企业能作为抵押担保的有形资产很少，因此，从银行融资有很大的困难，主要的外部融资就是风险投资。在美国，导入阶段的风险投资金额一般在 700 万美元左右，此时风险企业价值为 3500 万美元，整个阶段历时 1. 5 到 2 年。

3. 成长阶段（Expansion Stage）的风险投资

这一阶段风险企业致力于扩大生产以实现规模经济，谋求占领较大的市场份额甚至领导市场。企业进行规模化生产、维持迅速增加的库存和应收账款以及促销产品和服务，都需要大量资金。但是从销售收回的现金流还不足以支持其发展，因此企业需要比导入期更多的资金。在美国，成长阶段的风险投资额在 1000 万美元左右，风险企业价值为 6500 万美元左右。到成长阶段结束时，风险企业一般已经处于盈利状态，其产品或者服务也占领了一定的市场份额，这一阶段通常需要 2 到 3 年时间。

4. 成熟阶段（Mezzanine Stage）的风险投资

成熟期需要大量的发展资金，也是风险投资的退出阶段。在这个时期，创业者会确定风险企业未来的发展方向，或公开上市，或被其他公司并购，还可以继续以私有形式独立存在。风险企业不同的发展方向决定了风险投资不同的退出途径，从而也决定了风险投资的收益率。为了使风险投资价值最大化，风险投资公司通常促使风险企业上市或被并购。在美国，成熟阶段的风险企业价值为 12000 万美元左右，历时半年到 1 年。

二、风险投资运作的过程

风险投资运作既是一种艺术，也是一种科学。就其艺术的一面来说，这需要风险投资者在运作过程中发挥自己的直觉、灵感和创造性思维。而就科学的一面来说，则需要在评估过程中采用系统的步骤，根据一定的原则进行分析评估。运作的过程始于风险投资公司确立自己的经营宗旨与投资目标，公司必须确定其投资组合的构成，包括启动期的企业，扩张期的公司以及购并管理的数目；行业类型；投资的地理区划以及产品或行业的专门化。

风险投资的投资活动一般分为五个连续的步骤。第一步是交易发起，即风险投资家获知潜在的投资机会；第二步是投资机会筛选（Screening）和评价（ Evaluation），风险投资家在众多的潜在投资机会中初选出小部分进行进一步分析，对选定项目的潜在风险与收益进行评估。如果评价的结果可以接受，风险投资家与企业家一道进入第三步谈判和签署投资协议，一旦谈判成功，风险投资家要与企业家签订最后合同，并进入最后一步——投资后管理即培育创业企业。后一步的内容包括设立控制机制以保护投资、为企业提供管理咨询、募集追加资本、将企业带入资本市场运作以顺利实现必要的兼并收购和发行上市。风险投资的运作过程如图 8-3 所示。

（一）交易发起

在交易发起阶段，风险投资家面对的是一个内容十分宽泛的投资机会选择范围，通常遇到的问题是潜在投资机会因规模太小而可见度低。在这种情况下，风险投资家与企业之间的中介扮演了十分重要的角色，它向风险投资家和需要投资的企业提供信息服务。

风险投资的投资机会获取方式主要有三种，第一种是企业家主动提出投资申请，并提供相应的商业计划。大约 1/4 的投资机会通过这种方式获取。第二种方式是推介，即通过其他风险投资家、银行或投资中介者（机构）推荐介绍。在风险投资家获取的投资机会中，有大约 50%是通过推介获取的。推介方式中，有一种被称为辛迪加的方式越来越普遍。在这种方式下，一位风险投资家作为某个企业的主要投资人，由他向其他风险投资家推介，让其他风险投资家参与进来，进行联合投资。辛迪加的优势是能够联合多个风险投资家进行投资，使个体风险投资家的投资组合更多样化，降低了投资风险。同时，投资管理的责任大部分由牵头的风险投资家承担，使其他风险投资家免去了大量繁琐的管理事务。投资机会获取的第三种方式是由风险投资家主动搜寻潜在的投资机会。风险投资家经常会主动寻找那些处于创业阶段或急需扩张资金的企业。他们主要通过非正式的业内网

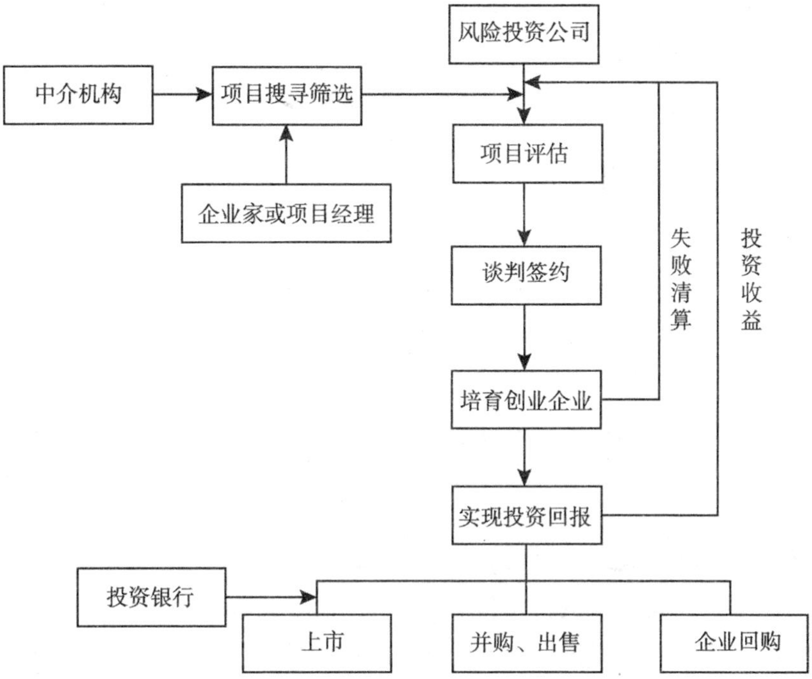

图 8-3　风险投资的运作过程

络、参加贸易洽谈会、展览会、科技专业学术会等方式掌握及时的科技、商业动态，并寻找潜在的投资机会。当风险投资家要选择自己投资的科技领域或为所投资的企业选择管理人员时，通常采用上述积极主动的搜寻方式。在这种情况下，风险投资家部分地充当了企业家的角色。

（二）筛选和评估

这一过程从接受创业计划书开始。良好的创业计划书是风险投资运作的基础，对没有计划书的创业者，大多数风险投资者连一次面谈也不愿意安排。作为一个良好的开端，创业计划书必须确定恰如其分的经营方针，明确陈述经营目标，再辅以深入的行业及市场分析和细致的损益预估表。这一过程中一般要考虑以下四个方面的问题。

（1）投资规模与投资政策。投资规模的选择是一个规模效益与风险分散的平衡问题。如果单项投资的规模过小整个基金的管理成本就会上升，出现规模不经济的问题。但如果规模太大，单项投资的成败决定整个基金的收益，则基金的风险太高。风险投资家要从上述两方面的平衡中确定合适的投资规模。由于他们的风险偏好和基金规模不同，所确定的合理规模也有差异。另外为了克服上述两方面的矛盾，越来越多的风险投资家采用辛迪加式的投资政策。多家风险投资联合对规模较大的项目进行投资。

（2）技术与市场。多数风险投资在进行机会筛选时会把技术与市场作为选择标准之一。从某种意义上说，风险投资所投资的不是一个企业，而是一种技术或市场的未来。因此，他们必须对项目所涉及的技术和市场有深入的了解。由于他们不可能了解所有的技术，因而在项目筛选时只能考虑自己熟知的领域内的技术。风险投资家一般倾向于新兴技术而非成熟的技术。

(3) 地理位置。对地理位置的考虑主要是从方便管理出发。投资一旦发生，风险投资家就要和企业家保持经常性的接触。从时间和费用两方面考虑，风险投资家希望选择离自己较近的项目，一般倾向于选择位于主要城市附近的项目。然而，随着通信技术的发展，地理位置方面的考虑正趋于淡化。

(4) 投资阶段。创业企业对风险投资的需求发生在企业生命周期的不同阶段。对不同发育阶段的企业进行投资选择体现了风险投资家不同的风险偏好和对收益与风险的平衡。一般来说，企业早期投资的风险投资较大，但收益较高；反之，后期投资的风险较小，但收益也小。风险投资家必须依据个人的风险偏好在收益与风险中做出平衡。根据美国风险投资业 1988 年的统计，种子投资和风险投资占整个风险投资总投资的 12.5%，而扩张性投资和后期投资占 67.5%。这表明多数风险投资的投资发生在企业具有一定规模以后，但这并不说明这两类投资在项目数量上有差异，因为种子投资和风险投资所需的资本额一般较小。

传统的公司财务理论认为，投资者寻求的回报应与该项投资的非分散性风险有关。投资所需获取的报酬应与无风险的长期利率正相关，同时也随股票市场预期报酬率与长期利率之差同方向变化。因此，标准的投资评价方法是以现金流现值和分红现值作为基础。但是，这种方法显然不适用于风险投资的投资评估。对一个处于发育早期、充满不确定性的企业进行未来现金流的预测是不现实的，同时，这种企业几乎没有现金分红，投资者的报酬体现在退出时的股份增值中。由于风险投资时投资的是未来的增长机会，期权理论为风险投资项目的评价提供了一个极好的理论工具。风险投资的多阶段特征使投资者拥有现在投资或稍后投资的选择权利。当第一次投资发生后，投资者没有义务做后续投资，但有权利在获取进一步的信息后进行后续再投资。由于后续投资是一种权利而非义务，投资者在企业未来的价值增值中拥有一个有价期权。

每评估一家企业，风险投资者首先要确定此项目或类似项目是否曾经出现过，然后决定项目是否适合他们的长期经营政策或短期投资组合均衡的需要。在这初始筛选过程中，风险投资者研究行业的经济状况，评估他们自己是否有足够的知识或能力在此行业进行投资。投资者还要研究所呈报的数据以判断企业是否有能力满足其对投资回报的要求。此外，对领导层的信用或能力也需要评估，以判断他们是否能有效地实施其呈报的计划。

(三) 谈判和投资协议的签署

在风险投资家和企业家的关系中，企业家是占有信息的一方，而风险投资家是信息不对称中缺乏信息的一方。如果不存在合理的合同约束，风险投资家要承担几乎所有的风险。因此，风险投资合同的一个关键特征是要将风险部分地从风险投资家转移到企业家身上，让企业家感知风险并做出回应，回应的结果是使企业家更加努力工作，并使风险投资家能够获得正确信息以做出判断和评估。应用可转换优先股份可以设计出满足上述要求的合同。在该种合同下，企业家的收入少量来自工资，绝大部分来自企业的股份增值。这种合同可以为新生企业的创始人提供有效的激励，并将风险投资家与企业之间潜在的冲突最小化。目前，这种合同已在实践中被大量运用。风险投资家做出投资决策后，必须和企业家一道设计出一个双方都可以接受的投资协议。

（四）投资后管理

谈判完成并签订合同后，风险投资家的角色从投资者转变为合作者，他们通过在董事会中的席位影响企业的决策，通过在产品市场、原料市场和资本市场上的优势帮助企业发展。风险投资家之间对企业正常管理活动的参与程度差别较大，总的说来，大多数风险投资家不倾向于过多涉及企业日常管理。但在出现财务危机或管理危机时，风险投资家会进行干涉，直至更换企业管理队伍。在投资退出阶段，风险投资家也会扮演十分积极的角色，他会直接指导企业的收购兼并和股票发行上市。

风险投资家参与企业管理的程度受多种因素的影响，其中最主要的因素包括企业高级主管的经验与技能、企业所处的发育阶段、企业所采用技术的创新程度以及企业高级主管与风险投资家在企业内的合作关系等。

（五）创业资本的退出

资本的生命在于流动，风险投资者一旦进行风险投资，资金就将在一定时期内固化为资产。如果没有灵活有效的退出机制，风险投资业将难以维系并获得长足的发展。由于风险投资的特点是阶段性投资，退出便成为结束阶段性投资的重要手段。

1. 首次公开上市（IPO）

在美国，大约30%的风险投资的退出采用这个方式。尤其是在知识经济时代，创业企业的公开上市可以让许多创业家和风险投资家一夜暴富，成为亿万富翁。白手起家的神话在美国华尔街经常出现。远的有苹果、微软、英特尔公司，近的则有雅虎、美国在线等。

采用IPO方式具有以下优势：第一，提高上市公司的市场价值，为企业发展筹集更多资金，并增强了原有股份的流动性；第二，提高了企业在客户供应商和借贷机构的信誉，容易招聘到专业技术人才，有利于企业的进一步发展；第三，企业成功上市使风险投资家获得数目可观的资本收益，因而有动力为企业提供最优服务。公开上市还是外部投资者衡量风险投资家业绩的标准，而且可以保持企业的独立性。具有一个支持创新的资本市场是风险投资存在的必不可少的条件。在美国，风险投资之所以发展如此迅猛，与其有风险投资成熟的退出机制（美国的第二板市场——纳斯达克证券市场）是分不开的。

2. 股份转让

尽管IPO方式是风险投资退出的最佳选择，但这种方式也是最困难的一种方式，即使在美国这样存在权威的评估机构和成熟二板市场的情况下，成功的风险企业通过IPO方式退出的比例也逐年下降。这是因为：第一，通过IPO的方式需要的周期比较长，再加之风险投资在首次公开发行股票之后尚需一段时间才能完全退出，投资者不能立即获得资本增值的收益；第二，IPO上市的企业在资产规模、年销售额、连续盈利时间等方面都需达到法律规定的标准，并不是所有的风险企业都能满足这些条件。另外，股票上市需要披露大量信息、定期报送财务报表，而且需要耗费一定的人力、物力、财力用于企业上市的准备工作。因而许多风险投资家采取股份转让的方式退出。

股份转让时，选择的对象可以是创业公司或创业家本人，此种方式称为股份回购；也可以是新的投资者，这种形式的出售分为两种：一般购并和第二期购并。一般购并是指公司间的收购与兼并；第二期购并是指由另一家风险投资公司收购，接手第二期投资。统计表明，在风险投资退出方式中，一般购并、第二期购并、股份回购总量上比公开上市还要多，但在收益率上仅为公开上市的1/5。

出售是风险投资家退出投资的一种主要方式。近年来，以出售的方式退出的比重越来越大，在这一过程中，了解收购者的计划、会计准则、法律结构和其他业务是十分重要的。通过这种调查了解，可以获得最好的出售价格，顺利地出售，以确保投资收益。

3. 清理公司

相当大部分的风险投资的投资不成功，越是处于早期阶段的风险投资，投资失败的比例越高。据统计，美国有风险投资所支持的企业，20%～30%完全失败，约60%受到挫折，只有5%～10%的创业企业可获得成功。因此，对于风险投资家来说，一旦确认创业企业失去了发展的可能或者成长太慢，不能给予预期的回报，就要果断地撤出，将能收回的资金用于下一个投资循环。根据研究，清算方式退出的投资大概占风险投资基金总投资的32%。这种方法一般仅能收回原投资额的64%。

清算方式的退出是痛苦的，但是在很多情况下是必须断然采取的方案，不能及时抽身而出，只能带来更大的损失。即使是仍能正常经营，但成长缓慢，收益很低，没有发展前途，也要果断退出。沉淀在这一类公司中的投资资本的机会成本巨大，风险投资一般不愿意承受这样巨大的投资成本。

总之，只有安全地退出所投资的创业企业，风险投资才可能实现高额的投资回报和进入下一轮投资计划。所以，可行的退出机制是风险投资的关键。

三、如何获得风险投资

风险投资的获得除取决于创业企业的素质外，还需要一定的融资技巧。也就是说，获取创业资本支持的过程就是展示创业企业投资价值和发展创业企业家融资技巧的过程。

（一）文件准备

首先在准备和风险投资人洽谈融资事宜之前，应该准备四份主要文件，提前递交创业计划书，并争取得到风险投资人外延网络（network）的推荐，这通常是使本企业的创业计划书得到认真考虑的重要一步。在大多数情况下，能够承担这种推荐任务的可以是律师、会计师或其他网络成员，因为风险投资人最容易相信这些人对业务的判断能力。

这四份文件是：（1）投资建议（Business Proposal），对创业企业的管理状况、利润情况、战略地位等做出概要描述；（2）创业计划，对创业企业的业务发展战略、市场推广计划、财务状况和竞争地位等做出详细描述；（3）尽职调查报告，即对创业企业的背景情况和财务稳健程度、管理队伍和行业做出深入细致的调研后形成的书面文件；（4）营销材料，这是任何直接或间接与创业企业产品或服务销售有关的文件材料。正式和风险投资人接触之前，一般需要提前向风险投资人递交创业计划书，及其行动纲要（Executive Summary）。

（二）心理准备

在和风险投资人正式讨论投资计划之前，创业企业家还需做好四个方面的心理准备。

1. 准备应对一大堆提问

一般来说，风险投资人所提的大多数问题应该在一份详尽而又精心准备的业务计划书中已经有了答案。值得提醒的是，一些小业主通常会认为自己对所从事的业务非常清楚并认为自己的资历很好，这样的错误务必要避免，否则会让你非常地失望。企业家可以请一名无需担心伤害自己的专业顾问来模拟这种提问过程，虽然请这样一名顾问的费用并不低，但和有可能吸引到的投资额相比，付出一点代价通常是值得的，毕竟给风险投资人留下好的第一印象的机会只有一次。

2. 准备应对风险投资人对管理的查验

企业家千万不要认为这种查验是对管理层或个人的侮辱。比如：虽然你10年以来所取得的成就让你自豪，风险投资基金的经理依然可能会问你：你既没进过商学院，又不是律师或会计师，也没有毕业文凭，你凭什么认为你可以将这项业务开展得合乎我们所设想的目标？对这样的提问，大多数人可能会非常气愤并做出过激反应，而作为创业企业家，在面对风险投资人时，这样的提问确实很有可能会碰到，因为这已构成了风险投资人对创业企业的管理进行查验的一部分，因此需要提前做好准备。

3. 准备放弃部分业务

在某些情况下，风险投资人可能会要求企业家放弃一部分原有业务以使其投资目标得以实现。放弃部分业务对那些业务分散的创业企业来说既很现实又很必要，因为在投入资本有限的情况下，企业只有集中资源才能在竞争中立于不败之地。

4. 准备做出妥协

从一开始，企业家就应该明白，自己的目标和风险投资人的目标不可能完全相同。因此，在正式谈判前，企业家要做的第一也是最重要的一个决策就是：为了满足风险投资人的要求，企业家自身能做出多大的妥协。一般来说，由于创业资本不愁找不到项目来投资，寄望于风险投资人来做出这种妥协是不大现实的。

（三）掌握必要的应对技巧

引资谈判通常需要通过若干次谈判才能完成。在大部分谈判中，风险投资人和企业家就企业家先前递交的创业计划书进行探讨、询证和分析。要尽可能让风险投资人认识、了解本企业的产品或服务；要始终把注意力放在创业计划书上。事前了解所谓“六要”和“六不要”两类行为准则，有利于企业家顺利地进行引资谈判。

（1）“六要”准则：①要对本企业和本企业的产品或服务持肯定态度并充满热情；②要明了自己的交易底限，如果认为必要甚至可以放弃会谈；③要记住和风险投资人建立一种长期合作关系；④要对尚能接受的交易进行协商和讨价还价；⑤要提前做一些应对风险投资人的功课；⑥要了解风险投资人以前投资过的项目及其目前投资组合的构成。

（2）“六不要”准则：①不要逃避风险投资人的提问；②回答风险投资人的问题不要模棱两可；③不要对风险投资人隐瞒重要问题；④不要希望或要求风险投资人立刻就是否投资做出决定；⑤在交易定价问题上不要过于僵化；⑥不要带律师去参加会议。

（四）风险投资人的典型提问

风险投资人的典型提问包括产品、竞争、市场、销售、生产、供应、人员、财务等方面。在约见风险投资基金经理之前，创业企业家最好提前就问题清单作好应答准备，做到了然于心。风险投资人典型提问包括以下方面：

1. 产品

产品如何满足顾客的特定需求并适应这种需求的敏感性和细微特征？顾客对产品是否已经有了品牌认知度？产品是否具有重复使用价值？这是一种高质量还是低质量产品？产品的顾客是否为产品的最终消费者？该产品是一种具有广泛吸引力的产品还是只有少数大宗买主？

2. 竞争

谁是企业主要的竞争对手？相对于自己的企业而言，他们具有哪些竞争优势？而自己的企业相对于这些竞争对手又具有哪些竞争优势？面对这些竞争对手，企业在价格、服务、销售渠道、促销手段和产品品质保证等方面如何应对？贵企业产品是否存在替代品？你认为竞争对手对自身企业的兴起会有何反应？

3. 市场

如果你打算拿到一定的市场份额，你会如何去做？在企业的营销计划中关键的要点是什么？该营销计划主要遵循的是一种零售营销战略还是产品市场营销战略？在贵企业的营销计划中，广告的重要性如何？当产品或服务步入成熟期时，企业的营销战略会如何变动？直销对贵企业产品的推广重要吗？

4. 销售

产品或服务的客户群有多大？在全部客户中哪些人是最典型的顾客？从产品最初与顾客接触到形成实际销售，这中间的时滞有多长？

5. 生产

产品的生产能力有多大？当规模发展到何种程度时会出现生产瓶颈？产品质量控制的重要性如何？目前积压的订单有多少？产品是流水线生产还是按照顾客定制进行生产？产品生产过程中对员工的健康和安全是否会造成什么影响？主要包括哪些？

6. 供应

企业目前的供应商有哪些？这些供应商和企业的合作关系有多长时间了？目前还可以找到哪些供应商？现在还有哪些零部件或原材料是短缺的？

7. 人员

企业目前共有多少雇员？在不久的将来预计对劳动力的需求将是多少？这些劳动力的主要供给来源是什么？企业员工的构成如何？即全职员工和兼职员工各占多少？从事管理的员工有多少？从事后勤的员工有多少？在生产或服务一线的员工又有多少？培训员工的成本有多高？全部员工主要是由熟练工人还是非熟练工人构成？企业是否存在工会，如果存在，那么工会与企业的关系如何？

8. 财务

企业主要生产设备的新旧程度如何？这些设备每年的维护成本是多少？五年之后企业对资本的需求将会怎样？企业的竞争对手在设备方面是否具有优势？企业的设备、房屋建筑物等是租赁的还是自有的？如是租赁的，租期有多长？企业背负的抵押贷款有多少？企业现有的生产设施是否能够满足未来建立在业务计划书基础上的扩张需要？这种扩张是否还需要重新设厂？企业的有关专利归谁所有？在专利所有人和企业之间有哪些专利许可安排？企业现在的研究开发能力如何？每年的研究开发支出是多少？研究开发在多大程度上影响着企业未来的销售？

【案例 8-5】

阿里巴巴的早期融资①

阿里巴巴董事局主席马云这样看待创业者和投资者的关系：投资者可以炒我们，我们当然也可以换投资者，这个世界上投资者多得很。我希望给中国所有的创业者一个声音——投资者是跟着优秀的创业者走的，创业者不能跟着投资者走。

1. 创业伊始，第一笔风险投资救急

1999 年年初，马云决定回到杭州创办一家能为全世界中小企业服务的电子商务站点。回到杭州后，马云和最初的创业团队开始谋划一次轰轰烈烈的创业。大家集资了 50 万元，在马云位于杭州湖畔花园的 100 多平方米的家里，阿里巴巴诞生了。

这个创业团队里除了马云之外，还有他的妻子、他当老师时的同事、学生以及被他吸引来的精英。比如阿里巴巴首席财务官蔡崇信，当初抛下一家投资公司的中国区副总裁的头衔和 75 万美元的年薪，来领马云几百元的薪水。

他们都记得，马云当时对他们所有人说："我们要办的是一家电子商务公司，我们的目标有三个：第一，我们要建立一家生存 102 年的公司；第二，我们要建立一家为中国中小企业服务的电子商务公司；第三，我们要建成世界上最大的电子商务公司，要进入全球网站排名前十位。"狂言狂语在某种意义上来说，只是当时阿里巴巴的生存技巧而已。

阿里巴巴成立初期，公司是小到不能再小，18 个创业者往往是身兼数职。好在网站的建立让阿里巴巴开始逐渐被很多人知道。来自美国的《商业周刊》还有英文版的《南华早报》最早主动报道了阿里巴巴，并且令这个名不见经传的小网站开始在海外有了一定的名气。

有了一定名气的阿里巴巴很快也遇到资金的瓶颈：公司账上没钱了。当时马云开始去见一些投资者，但是他并不是有钱就要，而是精挑细选。即使囊中羞涩，他还是拒绝了 38 家投资商。马云后来表示，他希望阿里巴巴的第一笔风险投资除了带来钱以外，还能带来更多的非资金要素，例如进一步的风险投资和其他的海外资源。而被拒绝的这些投资者并不能给他带来这些。

就在这个时候，现在担任阿里巴巴 CFO 的蔡崇信的一个在投行高盛的旧关系为阿里巴巴解了燃眉之急。以高盛为主的一批投资银行向阿里巴巴投资了 500 万美元。这一笔融资让马云喘了口气。

2. 第二轮投资，挺过互联网寒冬

更让他意料不到的是，更大的投资者也注意到了他和阿里巴巴。1999 年秋，日

① 根据 http：//www.99inf.com/chuangye/的有关材料改写。

本软银总裁孙正义约见了马云。孙正义当时是亚洲首富。孙正义直截了当地问马云想要多少钱，而马云的回答却是他不需要钱。孙正义反问道："不缺钱，你来找我干什么？"马云的回答却是："又不是我要找你，是人家叫我来见你的。"

这个经典的回答并没有触怒孙正义。第一次见面之后，马云和蔡崇信很快就在东京又见到了孙正义。孙正义表示将给阿里巴巴投资3000万美元，占30%的股份。但是马云认为，钱还是太多了，经过6分钟的思考，马云最终确定了2000万美元的软银投资，阿里巴巴管理团队仍绝对控股。

从2000年4月起，纳斯达克指数开始暴跌，长达两年的熊市寒冬开始了，很多互联网公司陷入困境，甚至关门大吉。但是阿里巴巴却安然无恙，很重要的一个原因是阿里巴巴获得了2500万美元的融资。

那个时候，全社会对互联网产生了一种不信任，阿里巴巴尽管不缺钱，业务开展却十分艰难。马云提出关门把产品做好，等到春天再出去。冬天很快就过去了，互联网的春天在2003年开始慢慢到来。

【思考与讨论】

1. 请问马云是怎么获得第一笔风险投资的？
2. 请问马云在遇到资金瓶颈时为什么还要拒绝一些投资者的投资？
3. 孙正义为什么会给马云投资？

创业处在不同阶段创业资金的来源和渠道是不同的，作为本章的结尾，表8-3给出了与创业不同阶段相适应和配合的创业资金来源。

表8-3　**创业不同阶段的资金来源**

	←负现金流阶段→			←正现金流阶段→	
发展阶段	**概念**	**产品原型**	**新产品**	**成长**	**获利**
融资资源	**个人**	**家庭或朋友**	**天使投资**	**风险投资**	**公开发行**

本章小结

创业融资是创业者根据其创业计划通过不同渠道、采取各种方式经济有效地筹集资金。选择适宜的融资渠道和方式，对创业企业的创立来说至关重要。创业融资渠道包括财政资金、银行信贷资金、非银行金融机构资金、其他企业资金、创业者的自有资金、其他私人资金和外商资金。创业融资方式可以划分为债务资金和股权资金两类。债务资金包括发行债券、借款、租赁融资等；股权资金包括吸收直接投资、发行股票、企业的保留盈余资金等。创业者在融资时要注意融资渠道与融资方式的配合，以更好地筹资到资金。创业企业融资时应当遵循效益性、合理性、及时性和合法性等基本原则。

创业融资过程中必须进行合理科学的融资决策，合理预测和确定资金需要量、确定筹集时间、选择资金来源，这样才能既满足创业企业对资金的需求，又能有效规避风险。资金需求量预测方法分为定性预测法和定量预测法两类。创业融资成本是企业为筹措和使用资金而付出的代价，包括筹资过程中发生的筹资费用和筹资过程中支付的利息或股息。新创企业在融资决策中一定要合理确定融资的规模和融资期限，选择适当的负债融资比例并权衡不同融资方案的融资成本，

天使投资是非正式的私人股权投资，是创业者获得创业资金的一个重要渠道，天使投资往往是对人的投资，带有强烈的感情色彩，而且融资速度快，有助于创业者获得有关创业的经验和相关的经营管理知识。风险投资对于创业企业来说无疑是最直接、最快捷、最有效的资金来源，吸引风险投资也是创业者创建企业可以考虑的融资方式。风险投资是指向创业企业进行股权投资，以期所投资创业企业发育成熟或相对成熟后主要通过股权转让获得资本增值收益的投资方式。风险投资的投资风险大，要求的回报高，风险投资是一种组合投资和长期投资。风险投资的获得除取决于创业企业的素质外，还需要一定的融资技巧。

思 考 题

1. 比较各种融资方式的优缺点。
2. 创业企业融资的基本原则和特点是什么？
3. 创业融资的资金成本如何计算？
4. 请比较各种融资方式的程序。
5. 天使投资有何特点？
6. 风险投资基金如何运作？

第九章 创建企业

【故事导读】

狗熊和农夫的合伙公司

有一只狗熊和农夫合伙种地，有一天，狗熊对农夫说："好朋友，你教我种庄稼的本领吧，我们事先对收成的处理定出一个办法来，免得秋收后为这些事情争吵，伤了感情。"农夫听了狗熊的话，说道："这个办法很好。你觉得收成怎么样分配才合理?"

狗熊听说让它先提一个方案，也就不客气地说道："地里的活我们俩人一起动手去做，到秋后我收枝叶，你收根。"

农夫同意了狗熊的方案，他们俩便动手翻地；地翻好以后，农夫拿了一些土豆，便和狗熊一道把它播种下去：秋后，狗熊便急急忙忙把土豆的枝叶都收割捆好，放在地边，又去看农夫在地里刨什么。农夫从地里挖出了很多土豆，狗熊一看，知道自己吃了亏。可是这办法是早定下来的，又是自己提出来的，也不好说什么。

第二年，狗熊又跟农夫合伙种庄稼。春耕时，狗熊不等农夫说话便先开了口。它想，去年农夫收获了很多东西，今年应当让农夫收枝叶，它自己收根。当它把这个要求告诉农夫以后，农夫立刻同意了它的意见。这年，狗熊劳动得更加卖劲，庄稼长得比去年还要好：不过，这年农夫种的不是土豆而是小麦。到了秋后，狗熊便催着农夫把枝叶收了，它要在地里刨根。

农夫在地边修建了一个麦场，把所有的小麦都堆到场上。

这时，狗熊准备好了工具，在麦地里乱刨一通。可是，他除了得到一些麦草根以外，什么也没有得到。狗熊感到很奇怪，便站在地里发起呆来，农夫看到这种情况，便把麦捆拆散，用一根棍子敲打起来。

狗熊看见农夫在敲打麦子，便走过去，站在旁边看着。农夫敲打了一会，便扬出了很多金黄色的麦粒。狗熊感到更加奇怪，便问农夫："我去年收的枝叶什么也没有得到，你却在地里刨出了很多东西；今年我在地里什么也刨不出来，你却在枝叶里得到了很多东西，这究竟是什么原因?"

当创业者拥有创意，对创业机会做出评价和选择，并且已经做好了资本、人员、场地、设备及企业名称等各方面的前期准备工作后，就进入了企业的创办阶段。要创办企业，创业者首先要确定适合自己创业的企业组织形式，按照有关法律和行政法规要求，到工商行政机关登记注册取得营业执照并到税务登记部门等机关办理其他手续后，一个新的企业就能宣告成立了。

第一节 企业组织形式的选择

目前，企业的组织形式有个人独资企业、合伙制企业、有限责任公司、股份有限公司等几种形式。合适的组织形式对于企业今后的发展壮大以及管理都有着重要的影响，因此，创业者要根据企业现有的资源如人数、能力、偏好等，并结合这几种组织形式的特点，选择合适的企业组织形式。

一、独资企业

独资企业起源最早，也是最普遍、最简单的企业组织形式，流行于小规模生产时期。独资企业在小型加工、零售商业、服务业领域中较为活跃，十分普遍。在数量上，个人独资企业的数量占据了大多数，其对社会经济生活的影响力不容忽视。

（一）个人独资企业的法律规定

个人独资企业，也称个人业主制企业，是依照《个人独资企业法》，在中国境内设立，由一个自然人投资，财产为投资人个人所有，投资人以其个人财产对企业债务承担无限责任的经营实体。个人独资企业的特点是：（1）一个自然人投资设立，如果由一个法人或两个以上的自然人投资设立企业，则不能成为个人独资企业；（2）企业财产为投资人个人所有；（3）企业的投资人承担无限责任。对独资企业的规定和它自己的一些特征使得它的经营十分灵活，而且具有很强的独立性。

根据《中华人民共和国个人独资企业法》（1999 年 8 月 30 日第九届全国人民代表大会常务委员会第十一次会议通过）的规定，个人独资企业的设立条件是：（1）投资人为一个自然人。（2）有合法的企业名称，不能使用“有限”、“有限责任”或“公司”字样。（3）有投资人申报的出资。（4）有固定的生产经营场所和必要的生产经营条件。（5）有必要的从业人员。

（二）个人独资企业的优点

（1）企业的独立性强。独资企业的开设、转让与关闭等行为，一般仅需要业主向政府工商管理部门登记即可，手续简单；在决定如何管理方面有很大的自由，企业经营方式灵活多样，处理问题简便、迅速。同时独资企业在经营管理上有着完全的自主权，不受他人的制约。个人独资企业的强独立性可以使得它对市场的变化做出迅速的反应。

（2）企业信息易于保密。在激烈的市场竞争中，有关企业销售数量、利润、生产工艺、财务状况等一切商业秘密，是企业获得竞争优势的基础。个人独资企业由业主负责，除非他自己促使商情外泄，否则个人独资企业除了所得税表格中需要填的项目以外，其他均可保密。易于保密的特性可以让企业保持其核心技术的垄断地位和竞争优势。

（3）税务负担轻。企业由个人出资，财产归个人所有，利润也全部归个人所得和支配，不需要和别人分摊。与法人企业不同，个人独资企业只需交纳个人所得税，不需双重课税，减轻了企业的财务负担。

（4）企业主能够得到个人的满足。个人独资企业可以按照自己的方式来经营，将生活与工作融为一体。企业目标往往也是自己个人的目标，企业成败与个人荣辱集于一身。对许多人而言，他们在经营企业中获得的主要是个人满足，其次才是利润。

（5）独资企业成立或解散的程序简单。在美国，独资企业的成立只需缴纳低廉的市府档案费或填写州营业税缴纳申请表，无需其他任何手续。在我国，独资企业成立时，仅需到当地的工商行政管理机关登记，并缴纳少许费用，即可领取营业执照。独资企业在解散时，只需把债务偿清即可，由自己或委托他人充当清算人，免掉了经过重大议程等程序，既节约了时间也减少了成本费用。

（三）个人独资企业的缺点

（1）由个人负无限财产责任。企业主要对企业的全部债务负无限责任，即当企业的资产不足以清偿企业债务时，法律规定企业主不是以投资企业的财产为限，而是要用企业主个人的其他财产来清偿企业的债务。企业主的全部财产都与企业的经营风险相关，一旦经营失败，就有倾家荡产的可能。因此，风险较高的行业不宜采用这种企业组织形态。

（2）企业投资规模有限。个人独资企业在发展规模上，受到资金和管理的限制。一方面，个人资金有限、信用有限，企业的发展主要是依靠自身的积累，很难凭借自身的信誉从市场上筹集到较多的资金来扩大生产规模；另一方面，企业主一人承担经营管理的全部职能，个人能力有限，超出一定规模，企业经营就难以控制。

（3）企业寿命有限。企业完全依赖于企业主个人的素质，如果业主无意经营或因健康状况无力经营，企业的业务就要中断，甚至导致企业的关闭。这时，企业一般很难由外部人员经营，企业主的继承人也不一定有足够的经营能力来维持企业的生存。企业的寿命有限，企业的雇员和债权人不得不承担较大的风险。因而企业的连续性较差。

【案例 9-1】

他为什么不能创业成立个人独资企业

江某是某国家机关的工作人员，由于他的工作比较清闲，收入也不高，因此很想从事一些其他的职业，并借此增加自己的收入。江某通过调研打算成立一家餐馆，采取个人独资企业的形式。但是由于担心自己的资金以及管理水平有限，因此在和自己的表弟王某商量后，决定两人共同出资成立该餐馆。两人决定将该餐馆命名为“好味来酒楼”，酒楼登记注册的企业名称为“好味来餐饮公司（个人独资）”。江某了解到成立个人独资企业的出资由自己自愿申报，为了减少自己的责任风险，他打算不予申报。同时，由于经营场所对于饮食业非常重要，两人商量后，打算好好挑选，所以想在工商局进行营业登记，获得了个人独资企业的营业执照后再行确定酒楼的营业地点。接着，江某拿着自己和王某的身份证明以及填写好的个人独资企业设立申请书，到当地工商行政管理部门办理设立登记。最终他的申请被退回。

【思考与讨论】

1. 请问为什么江某的申请被退回？
2. 如果江某想创业开餐馆，他该怎么做？

二、合伙企业

（一）合伙企业的法律规定

合伙企业是指自然人、法人和其他组织依照《中华人民共和国合伙企业法》在中国境内设立的普通合伙企业和有限合伙企业，是由两个以上合伙人订立合伙协议，共同出资，合伙经营，共享收益，共担风险，并对合伙企业债务承担无限连带责任的经营性组织。成立合伙企业，应当遵循自愿、平等、公平、诚实信用原则。合伙人可以用货币、实物、知识产权、土地使用权或者其他财产权利出资，也可以用劳务出资。合伙人以实物、知识产权、土地使用权或者其他财产权利出资，需要评估作价的，可以由全体合伙人协商确定，也可以由全体合伙人委托法定评估机构评估。合伙人以劳务出资的，其评估办法由全体合伙人协商确定，并在合伙协议中载明。

合伙人对执行合伙事务享有同等的权利。按照合伙协议的约定或者经全体合伙人决定，可以委托一个或者数个合伙人对外代表合伙企业，执行合伙事务。合伙人的法人、其他组织执行合伙事务的，由其委派的代表执行。依照《中华人民共和国合伙企业法》第二十六条第二款规定委托一个或者数个合伙人执行合伙事务的，其他合伙人不再执行合伙事务。不执行合伙事务的合伙人有权监督执行事务合伙人执行合伙事务的情况。设立合伙企业，应当具备下列条件：

（1）有两个以上合伙人。合伙人为自然人的，应当具有完全民事行为能力；

（2）有书面合伙协议；

（3）有合伙人认缴或者实际缴付的出资；

（4）有合伙企业的名称和生产经营场所；

（5）法律、行政法规规定的其他条件。

合伙协议依法由全体合伙人协商一致、以书面形式订立。合伙协议应当载明下列事项：

（1）合伙企业的名称和主要经营场所的地点；

（2）合伙目的和合伙经营范围；

（3）合伙人的姓名或者名称、住所；

（4）合伙人的出资方式、数额和缴付期限；

（5）利润分配、亏损分担方式；

（6）合伙事务的执行；

（7）入伙与退伙；

（8）争议解决办法；

（9）合伙企业的解散与清算；

（10）违约责任。

合伙企业对其债务，应先以其全部财产进行清偿。合伙企业不能清偿到期债务的，合伙人承担无限连带责任。合伙人由于承担无限连带责任，清偿数额超过按照合伙协议规定的亏损分担比例的，有权向其他合伙人追偿。

合伙制企业数量不如个人独资企业和公司制企业多，一般在广告、商标、咨询、会计师事务所、律师事务所、股票经纪人、零售商店等行业较为常见。合伙制企业与个人信誉、个人责任密切相关，因此规模也较小。

合伙人有很多类型，有的经营企业，有的是企业的顾问，有的只是提供资金，有负无限责任的，也有负有限责任的，等等。具体可划分为以下类型。

（1）普通合伙人。对企业债务负无限责任，并从事企业的经营业务。每一个合伙企业至少有一名普通合伙人，在企业中起最积极的作用，有权代表企业对外签订合同，对企业全部债务负最后的责任。当普通合伙人不止一个人的时候，由普通合伙人共同来承担责任，而不论其出资额的多少。

（2）有限合伙人。以其对企业投入资本的数额为限对企业债务承担有限责任，无需用自己的其他财产抵偿债务。由于承担的风险小，在合伙企业中也不起重要作用。

（3）其他合伙人。一般是指不参加企业具体经营管理的合伙人、秘密合伙人、匿名合伙人和名义合伙人等。不参加具体管理的合伙人，没有经营权利，在企业决策上也不起多大作用；秘密合伙人，在企业经营管理中的地位很重要，但一般不为人所知；匿名合伙人，只出资而不出名，只参与利润分配而不介入经营管理；名义合伙人，只是在名义上挂名合伙，既不出资也不参与经营。

（二）合伙企业的优点

当企业需要扩大规模时，业主往往会吸收其他业主来创办合伙企业，与个人独资企业相比，合伙企业具有以下优点。

（1）有利于扩大资金来源和信用能力。合伙企业的每一个合伙人都有自己的专长和社会背景，能从多方面为企业提供资金，也容易向外筹措资金，如从银行获得贷款，从供货商那里赊购产品。

（2）有利于提高决策能力和经营管理水平。合伙企业的业主人数多，各有所长，大家可以集思广益，利用众人的才智和经验，更好地经营和管理企业，提高企业的市场竞争力。

（3）有利于保护小股东的利益。在进行企业的决策时，每个股东都有投票权，故小股东与大股东地位平等，小股东的利益也就有了充分的保障。

（三）合伙企业的缺点

（1）合伙人要承担无限连带责任。合伙企业是自然人企业，普通合伙人不仅要对企业债务负无限责任，使其家庭财产也具有经营风险，而且对其他合伙人还存在一种连带责任。因此，合伙关系要以相互之间的信任为基础。

（2）产权难以流动。根据法律规定，合伙人不能自由转让自己所拥有的财产份额，产权转让必须经过全体合伙人的同意；同时，接受转让的人也要经过所有合伙人的同意，才能购买产权，成为新的合伙人。

（3）管理协调成本较高。原则上，全体普通合伙人都有权参与企业经营，都有决策权，因此重要事项要协商一致才能决策。如果产生意见分歧，互不信任，就会影响企业的有效经营。这对于有些需要迅速决策的企业来说，机会成本太高。

（4）企业规模仍受局限。与个人独资企业相比，合伙企业规模也许较大，但与公司制企业相比，仍有很大的局限性。如果企业规模过大，任何一个合伙人都无法了解其他合伙人的财产状况和可能承担的债务责任。企业产权难以流动，投资风险不好转移，因其筹资能力有限，就不能满足企业大规模扩张的要求。

【案例 9-2】

某甲、某乙、某丙三人共同出资创办一个从事房屋装修室内环境监测的合伙企业，某甲、某丙各出资人民币 5 万元，而某乙以设备和修理工具出资。某甲、某丙委托某乙执行合伙企业事务，其他合伙人不再执行合伙企业事务。三位合伙人订立了一份合伙协议，协议做出如下规定：

（1）某甲、某丙的出资以人民币现款出资，于合伙企业成立后 1 月内，第 1 期出资 2 万元，6 个月内全部缴付。某乙以设备和检测仪器工具出资，三方协商估价为 8 万元，设备和检测仪器工具不办理过户手续，仍由某乙使用和处置。

（2）某甲、某丙不参与企业的事务管理，全部委托某乙执行企业事务。某乙在执行事务中所产生的收益与另外两个合伙人按 4 比 6 分成，如发生亏损则由某乙承担。

资料来源：根据 http：//www. law114. com. cn. 整理。

【思考与讨论】

1. 假设你是某乙你愿意与其他二人合伙创业吗？
2. 该合伙协议有关合伙企业事务执行的约定以及亏损分担的约定是否符合法律规定？

三、有限责任公司

（一）有限责任公司的概念和特点

有限责任公司是经政府相关部门批准，由股东共同出资设立，股东以其出资额为限对公司承担责任，公司以其全部资产为担保对外承担责任的法人组织。

公司股东作为出资人按投入公司的资本额享有获得所有者的资产收益、参与重大决策和选择管理者等权利。公司享有由股东投资形成的全部法人财产权，依法享有民事权利、承担民事责任。

有限责任公司这种企业组织形式一般适合于中小企业，其主要的法律特征是：

（1）有限责任公司的股东，仅以其出资额为限对公司承担责任。有限责任公司是以股东出资为基础建立起来的法人组织，股东只对公司负以其出资额为限的有限责任，对公司的债权人不负直接责任。

（2）我国现行《公司法》规定：有限公司由五十个以下股东出资成立。新《公司法》同时规定：一人有限责任公司的注册资本最低限额为人民币 10 万元。股东应当一次足额缴纳公司章程规定的出资额。一个自然人只能投资设立一个一人有限责任公司。该一人有限责任公司不能投资设立新的一人有限责任公司。

（3）有限责任公司不能公开募集股份，不能发行股票。我国《公司法》规定公司设立的方式有两种，一种是发起设立，另一种是募集设立。对于有限责任公司来说，只能采取发起设立的方式，即公司总股本全部由发起人认购，公司由股东共同出资设立，不向发起人之外的任何人募集股份，也就是不能向社会公开募集股份。有限责任公司成立后，股东所持有的是载明其出资额的权利证书——出资证明书。这种出资证明书，不能像股票那样在证券市场上买卖。

（4）有限责任公司兼有资合性和人合性。有限责任公司是将人合公司与资合公司的优点综合起来的公司形式。有限责任公司的人合性表现在以下方面：股东人数有一定的限制，一般为 50 人以下；股东出资的转让有严格的限制，股东之间可以相互转让其出资，但股东向股东以外的人转让其出资时，必须经过全体股东过半数同意，并且股东享有在同等条件下的优先购买权，同时还应在公司依法记载；公司不得向社会集资；公司的经营状况，不需要向社会公开。

有限责任公司的资合性表现在：股东对公司的债务只负有限责任，即以其出资额为限对公司承担责任；股东以货币、实物、工业产权、非专利技术、土地使用权等出资，但不得以信用和劳务出资；实行“资本三原则”。即：“资本确定原则”，指公司在设立时，必须在章程中对公司的资本总额做出明确规定，并须由股东全部认足，否则公司不能登记成立；“资本维持原则”，指公司在其存续过程中，应经常保持与其资本额相当的财产，以防止资本的实质减少，保护债权人的利益，同时也防止股东对盈利分配的过高要求，确保公司本身业务活动的正常开展。“资本不变原则”，指公司的资本一经确定，就不得随意改变，如需增减，必须严格按法定程序进行。有限责任公司的组织比较简单。可以由一个（国家独资）或几个以上的人发起，其组织也比较简单，可设一名或几名董事；股东人数少，规模较小的公司，还可以不设监事。

（二）有限责任公司设立的条件

（1）股东符合法定人数。有限责任公司的股东应为 50 人以下。国家授权投资的机构可以单独设立国有独资的有限责任公司，也就是说。在特殊情况下，有限责任公司的股东可为一人。现有的国有企业，符合《公司法》规定设立有限责任公司条件的，单一投资主体的，可改组为国有独资有限责任公司；多个投资主体的，可改组为有限责任公司。国有企业改组为公司的实施步骤和具体办法，由国务院另行规定。

（2）股东出资达到法定资本最低限额。公司资本是公司从事经营活动的物质基础，也是公司承担各种民事责任的信用担保。因此，公司资本成为公司设立的必要物质要件，现代公司法也对公司资本给予了足够的关注。我国《公司法》规定，有限责任公司注册资本的最低限额为人民币三万元，并可以按照规定的比例分两年缴足，其中投资公司可以在五年内缴足。按照资本确立原则，公司设立时必须在章程中规定注册资本，公司注册资本必须由全体股东于公司设立时全额缴足，且必须达到《公司法》规定的最低限额。

（3）股东共同制定公司章程。有限责任公司，必须有章程。公司章程，是经公司全体股东同意，依法签订的规定公司组织和活动的根本准则。它从总的方面规定了公司的组织原则、业务活动范围、方式以及公司的发展方向。有没有章程，是一个公司是否存在的重要标志之一。有限责任公司章程，必须经全体股东同意并签名盖章，报登记主管机关批准后，才能正式生效。

（4）有公司名称，建立符合有限责任公司要求的组织机构。公司的名称又称字号，是公司之间相互区别的标志。同时，公司要以自己的名义进行民事活动，从事经营生产，享受权利，承担义务，必须有自己的名称，而且这种名称必须作为绝对必要的事项记载于公司章程。公司不得使用下列名称：

①对国家、社会或者公共利益有损害的名称；

②外国国家（地区）名称；

③国际组织名称；

④以外国文字或汉语拼音字母组成的名称；

⑤以数字组成的名称。

⑥除全国性公司外，公司不得使用有“中国”、“中华”等字样的名称，而且公司冠以每一级行政区域地名的，由该级工商行政管理局核准。

依法设立的有限责任公司，必须在公司名称中标明“有限责任公司”字样。公司的名称一经登记，就产生法律效力，公司即取得名称权。这种权利是一种排他性的使用权，他人如果假借公司名称进行活动时，公司有权禁止，并要求其赔偿公司因此受到的损失。有限责任公司要从事经营活动，也必须有一定的组织机构，也就是对内管理公司事务，对外代表公司进行民事经营活动的常设机构或机关。但其组织机构应符合有限责任公司的要求。

（5）有固定的生产经营场所和必要的生产经营条件。生产经营场所是公司进行业务活动的所在地。没有一定的场所，公司就无法进行业务活动，他人也无法同公司进行业务联系和结算。公司住所是指其主要办事机构所在地。有些公司组织庞大，分布广泛，在全国各地以至国外都设有分支机构，其对整个公司统一管理，全权负责的核心机构即为该公司的主要办事机构，该机构所在地即为公司的住所。确定公司住所主要是为了实行国家有关机关对公司的行政管理，便于他人与公司的民事往来和民事诉讼等。公司的场所范围要比公司住所范围广一些，公司场所除住所外，还包括公司进行各种业务活动的各个固定地点和设施。公司的住所只有一个；而场所则可能有多处。我国的公司，以其主要办事机构所在地为其住所，这是公司章程的必备事项。

必要的生产经营条件是指公司必须具有的其他条件，比如生产企业需要有相应的厂房、设备等，运输企业需要有相应的交通运输工具等以及生产经营所需的有关技术和专业人员等。这是公司进行活动的基本条件。公司没有一定的必要条件，就无法从事经济活动，也无力在市场上进行竞争。对于有限责任公司而言，必要的生产经营条件主要是指公司运转所必需的物资、技术和人员等条件。

（三）有限责任公司的优点

（1）投资人风险有限，资本相对集中。出资人只以其出资额为限承担公司的经营风险，出资额以外的财产不受赔偿的影响。公司可以吸收来自多个投资人的资本，促进资本的有效集中，在一个比较大的规模上从事生产经营活动。

（2）产权主体多元化，有助于形成有效的公司治理结构。产权主体多元化，各投资方就会要求按照投资比例享有权利、承担义务，就会重视公司章程的制定，要求建立有效的公司治理结构，促进公司决策的科学化与民主化。因此，有限责任公司一般要设立股东大会、董事会和监事会，在决策、执行和监督环节上形成委托代理和相互制衡的运行机制。

（3）公司经营稳定，有利于企业扩张和保持连续性。有限责任公司股东会选举和更换董事，由董事会聘任或解聘公司经理，公司财产所有权与经营权的分离，使公司的存续不受某些股东出让股份或亡故的影响，因此能够保证公司经营的稳定和企业的长远发展。

（4）设立程序简单，内部机构设置灵活。发起设立的程序比较简单，一般有两个以上的发起人即可，也不必发布公告、公开账目和资产负债表等；公司内部机构上，可设几名或一名董事；股东较少、规模较小的公司还可以不设监事会，甚至不设股东大会；股东大会的召集方法和决议方法也简便易行。

（四）有限责任公司的缺点

（1）双重纳税。即公司盈利首先要上缴公司所得税；当红利以股息的形式派给股东后，股东还要就投资收益部分或个人所得额上缴企业（投资）所得税或个人所得税。这种双重纳税的制度会增加企业的财务负担。

（2）企业规模有限。由于不能公开发行股票，筹集资金的范围和规模一般不会很大，难以适应大规模的生产经营需要；同时，由于股权不能充分流动，企业兼并收购等资产运作方式也受到很大限制。

四、股份有限公司

（一）股份有限公司及其法律特征

股份有限公司，是指其全部资本分为等额股份，股东以其所持股份为限对公司承担责任，公司以其全部资产对公司的债务承担责任的企业法人。较大的大型企业和中型企业可以采取这种组织形式。其法律特征主要表现在：

（1）它是典型的资合公司。公司股东的身份、地位、信誉不再具有重要的意义，任何愿出资的人都可以成为股东，不受资格限制。

（2）股东人数有法律上的最低限制。我国《公司法》规定，设立股份有限公司，应当有5人以上为发起人，即至少为5人，但无上限规定，其目的是分散股权，保证股份公司的社会公开性。

（3）资本总额均分为每股金额相等的股份。出资多的股东占有股票数量多，但不能增大每股的金额。股票数量的多少决定股东应享有的权益，作为普通股，应该是同股、同权、同利。

（4）股东以其认购的股份对公司承担有限责任。公司以其全部资产对公司债务承担责任，但股东只限于以其所认购的股份对公司负责。当公司解散或破产清算时，公司债权人只能向公司追偿，无权向任何股东直接提出还债要求。

（5）所有权与经营权相分离。随着股份公司股权的多元化和分散化，股东投资于企业，并不一定参与企业的经营活动；事实上，由于股东投资份额不同，持有不同比例股份的股东也并非享有同样的股东权利。公司通常推举熟悉业务，有管理才干的人担任董事，组成董事会，由董事会聘任总经理（可以不是股东），负责公司的日常经营管理工作。股东大会与董事会，董事会与公司经理之间形成相互制衡的委托代理关系，通过规范公司治理结构实现股东财产所有权和企业经营管理权的有效分离。

(二) 股份有限公司设立的条件

我国《公司法》对股份有限公司设立的条件作了明确的规定，设立股份有限公司，应当具备下列条件：

(1) 发起人符合法定人数；应当有二人以上二百人以下的发起人，其中须有半数以上的发起人在中国境内有住所。

(2) 有符合公司章程规定的全体发起人认购的股本总额或者募集的实收股本总额；

(3) 股份发行、筹办事项符合法律规定；

(4) 发起人制定公司章程，采用募集方式设立的经创立大会通过；

(5) 有公司名称，建立符合股份有限公司要求的组织机构；

(6) 有公司住所；

(7) 依法登记。股份有限公司的企业法人登记，必须按照《公司法》和《中华人民共和国企业法人登记管理条例》的规定，申请取得政府授权部门的批准，在召开创立大会三十天内，由董事会向工商行政管理部门递交登记申请书、有关主管部门的批准文件，公司章程等文件，申请办理登记手续。待批准后，公司即取得法人资格。

(三) 股份有限公司的利弊分析

股份有限公司是最典型的现代企业组织形式，是现代企业组织形式的高级形态，产权关系明晰、权责界定明确，具有规范的公司治理结构和良好的运行机制，与其他组织形式相比较，有更大的优越性。

(1) 股份有限公司是迅速聚集资本的最便利的形式。它可以向社会公众发行股票或债券，更广泛地吸收社会小额闲散资金。若无法律明文禁止事项，任何人都可以通过购买股票成为股东。这就使得股份公司更易于大规模地吸收社会闲置资本、筹集资金，使企业迅速发展壮大。

(2) 股票易于转让，股份具有良好的流动性。一方面，股东只按投资份额承担有限的财产责任；另一方面，可以比较方便地转让股份，就有可能挂牌上市，成为国内或国外上市公司，在广阔的资本市场上，通过资本运作，优化资源配置，提高企业经营价值，以此加速公司产权的流动与重组。

(3) 对股份公司所有的信息公开，有利于社会监督，提高企业的经营效率。股份公司，尤其是上市公司，必须坚持公开性原则，使公司全部经营活动置于社会监督之下。公司财产所有权与经营管理权的分离，能够促使公司的经营管理工作由各方面的专家担任，进一步提高企业的经营效率，更易于适应竞争激烈、多变的市场环境。

但是，与其他企业组织形式相比，股份公司的设立手续比较复杂，组建费用也较高，公司股东要缴纳双重所得税。尤其是上市公司要公开披露企业经营业绩和公司财产状况，接受和遵守更多的法律、法规的制约和监督，在资本市场上也有被其他公司接管的可能性。

(四) 股份有限公司的基本要素

1. 股份

股份是股份公司赖以存在与运作的物质基础。它是指一个企业的资本总额按相等金额划分为若干单位，每一个单位即为一个股份或称为一股。股份是公司股本的计量单位，是股东权利和义务的来源，也是股东权利和义务的计量单位。

公司股份具有法律上的平等性，每一股份所代表的股本额一律平等，即如果是有面额股，其股份的每一股面额都是相等的；如果是无面额股，每一个股份所代表的股本额在总股本中所占的比例也是相等的。同时，每一个股份所代表的股东权利和义务也是相等的，即同股、同权、同利。股份具有不可逆转性，即不可向发行者申请赎回，但可以上市转让，只要股份表现为有价证券，就可以保证其具有充分的流通性。

2. 公司资本

股份公司的资本，又称股本，是指公司成立时由公司章程确定的由股东出资构成的财产总额。或者说，是公司全体股东出资的总和。它是公司经营的物质条件，也是公司成立、生存和发展的物质基础。

公司资本并不是股东的个人财产，而是独立于股东个人财产而存在的，是对客户的信用保证，是衡量公司实力的重要标准。因此，各国公司法为了维护公司债权人的经济利益，对公司资本制定了一些原则性的规定，如规定股份公司的资本总额不得低于法定金额，公司章程中应载明公司资本总额，公司的资本总额不得随意减少，若有变动，须经股东大会的特别决议通过等。为了对公司资本有更清楚的理解，还要准确区分以下概念。

（1）注册资本。指公司登记成立时所填报的公司财产总额。注册资本应按公司资本总额如实填报，所以，注册资本与资本总额是一个概念。其目的是要求公司有最低的责任能力，使其发挥资本集中的优势，具有规模经济的效应。

（2）发行资本。指公司股份在分期发行后，已经发行的股份总额。在公司章程确定的股份总额未全部发行完毕之前，发行资本低于公司资本。

（3）实收资本。指公司发行股份实际已收到的财产总额。如果发行的股份被全部认足、缴足，那么实收资本即等于发行资本，否则，实收资本总是低于发行资本。

（4）实有资本。指公司实际拥有的财产总额。由于公司溢价发行股份或有经营性盈亏，公司财产总处于变动状态，它可能高于也可能低于公司资本。

3. 股东

股东是公司股本的出资者，也是公司股份的持有者，是股份公司的组成成员。

股东与发起人、认股人有所不同。发起人是指在公司成立之前参与公司设立活动的人。由于发起人必须认购一定比例的股份，在公司成立后则成为当然股东。认股人指除发起人之外认购股份的人。在公司设立过程中的认股人，在公司成立后即成为股东。股东资格可以通过在公司成立时认购股份或在公司成立后发行新股时认购股份，即原始取得，也可以通过受让、馈赠、继承等方式取得。

股东基于其持有的股份享有公司权利与义务。股东的权利与义务，不能与股份分离而单独转让。股东的权利主要有两种：日益权与共益权。日益权是因出资而自身享受利益的权利，包括盈余分配请示权、剩余财产分配请求权、新股认购权、股份转让权等；共益权是指股东直接以公司公共利益为目的（间接也为自身利益）而行使的权利，包括表决权、提案权、质询权、召集临时股东会请求权等。

股东的义务就是按照认购公司股份的份额向公司缴纳股金，如果不按规定缴纳，将失去股东的资格。

综上所述，可以看出不同企业的法律形态有着不同的要求，包括注册企业的资金额、开办企业手续的难易程度，法人对风险责任承担的大小、企业决策的过程、企业的资本结构等方面都有着显著的不同。因此，创业者应该根据自己的经济实力和现实条件选择合适的企业组织形式。个人独资企业和有限责任公司的比较如表 9-1 所示。

表 9-1　**个人独资企业和有限责任公司的比较**

		个人独资企业	有限责任公司	
			一人有限责任公司	普通有限责任公司
主体资格	调整法律	《个人独资企业法》2000 年 1 月 1 日施行	《公司法》2006 年 1 月 1 日施行，2014 年修订	
	组织性质	独立民事主体，非法人组织	独立法人	
	名称要求	××企业	××有限公司	××有限公司
	是否要有固定的生产经营场所和合法的企业名称	是	是	是
设定条件	最低注册资本	无	无	无
	出资人数	1 个自然人	1 位股东（须注明自然人或法人）	2~50 位股东
	资本缴纳	投资人自行申报	认缴登记制，认缴年限期限上限 30 年	认缴登记制，认缴年限期限上限 30 年
	出资方式	无限制	可用货币出资，也可用实物、知识产权、土地使用权等可以用货币估价并可以依法转让的非货币财产作价出资；全体股东的货币出资金额不得低于有限责任公司注册资本的 30%	
	是否需要验资	无需验资	无需验资	
	法定登记手续	无需提交企业章程进行工商登记	须提交公司章程进行工商登记	

续表

		个人独资企业	有限责任公司	
			一人有限责任公司	普通有限责任公司
承担责任		以个人财产对债务承担无限清偿责任；投资人以家庭共有财产申请作为个人独资企业出资的，以共有财产承担连带责任	有限责任；股东不能证明公司财产独立于股东自己财产的，对公司债务承担连带责任	股东以认缴的出资额为限承担有限责任
财产所有权		投资人对本企业财产享有所有权	公司享有法人财产所有权	
机构设置		可自行管理或委托、聘用他人管理企业相关事务	不设立股东会	设立股东会、董事会、监事会
			应设立董事会和监事会，不设立董事会和监事会的，则应设立 1 名执行董事和 1~2 名监事	
法定权利限制	设立限制	可根据自身的经营需要设立相应的分支机构	一个自然人只能成立一个一人有限责任公司；该公司股东不能投资设立新的一人有限责任公司	可以根据自身经营需要设立分支机构
	投资限制	可以企业名义对外投资，成为股东	可投资其他企业；法律另有规定外，但不得成为被投企业债务承担连带责任的投资人	
税收义务	所得税	投资者取得回报时缴纳个人所得税	法人和股东分别缴纳法人所得税和个人所得税	
	其他税征收	定额或定率征收	营业交易环节按发票征收，经营所得按定率或查账征收	
	管理严格程度	宽松	严格	严格

第二节 企业的登记注册

企业登记注册是企业依照有关法律、行政规章，履行登记注册手续，经工商行政管理机关核准登记，取得法人资格或营业资格的过程。企业法人登记是登记注册主管机关依照法定程序，对具备法人条件的企业确认其企业法人资格所进行的核准登记。营业登记是对不具备法人条件，但有条件进行经营活动的单位（如合伙联营企业、企业法人的下属经营机构、学校、科研机构兴办的不具法人资格，但对外营业的招待所、印刷厂等）确认其合法经营资格所进行的核准登记。

一、企业登记注册的一般程序

企业登记机关是指国家授权的依法对企业进行登记注册和监督管理的机关。在我国就是国家工商行政管理总局和地方各级工商行政管理局。

我国企业登记按照分级管理原则进行。凡属国务院授权部门批准设立的股份有限公司以及国务院授权投资机构设立的有限责任公司和外商投资设立的有限责任公司，均由国家工商行政管理总局负责登记；凡属省、市、自治区政府批准设立的股份有限公司以及省市、自治区授权投资机构设立的有限责任公司和国家工商管理总局委托登记的公司，均由省市、自治区工商行政管理局负责登记；县、区级工商管理局则负责上述公司以外的其他各种企业的登记。企业登记注册的一般程序如图 9-1 所示。

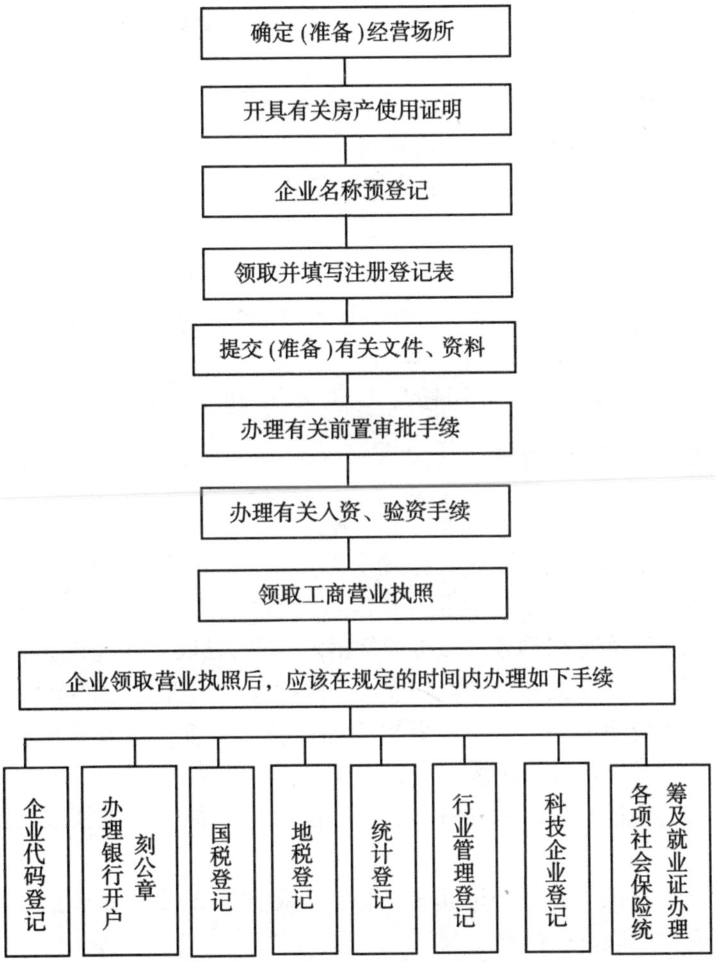

图 9-1　企业登记注册的一般程序

二、个人独资企业的设立登记

申请设立个人独资企业，应当由申请人向企业所在地的工商行政管理机关进行申请名称预先核准登记，然后办理开业登记注册。

设立个人独资企业或合伙企业，一般要经过以下步骤：

第一步：咨询后领取并填写《名称（变更）预先核准申请书》、《指定（委托）书》，同时准备相关材料；

第二步：递交《名称（变更）预先核准申请书》，等待名称核准结果；

第三步：领取《企业名称预先核准通知书》，同时领取《企业设立登记申请书》；经营范围涉及前置审批的，办理相关审批手续；

第四步：递交申请材料，材料齐全，符合法定形式的，等候领取《准予行政许可决定书》；

第五步：领取《准予设立登记通知书》后，按照《准予设立登记通知书》确定的日期到工商局缴费并领取营业执照。

个人独资企业设立登记应提交的文件、证件：

(1)《企业设立登记申请书》（内含《企业设立登记申请表》、《自然人股东（发起人）、个人独资企业投资人、合伙企业合伙人名录》、《负责人登记表》、《企业住所证明》等表格）；

(2)《企业名称预先核准通知书》；

(3)《指定（委托）书》（投资人自己办理的，不必提交《指定（委托）书》）；

(4)《企业秘书（联系人）登记表》；

(5) 经营范围涉及前置许可项目的，应提交有关审批部门的批准文件。

三、有限责任公司的设立登记

设立有限责任公司，一般要经过以下步骤：

第一步：咨询后领取并填写《名称（变更）预先核准申请书》，同时准备相关材料；

第二步：递交《名称（变更）预先核准申请书》及其相关材料，等待名称核准结果；

第三步：领取《企业名称预先核准通知书》，同时领取《企业设立登记申请书》等有关表格；经营范围涉及前置许可的，办理相关审批手续；到经工商局确认的入资银行开立入资专户；办理入资手续并到法定验资机构办理验资手续（以非货币方式出资的，还应办理资产评估手续及财产转移手续）；

第四步：递交申请材料，材料齐全，符合法定形式的，等候领取《准予设立登记通知书》；

第五步：领取《准予设立登记通知书》后，按照《准予设立登记通知书》确定的日期到工商局缴费并领取营业执照。

有限责任公司设立登记应提交的文件、证件：

(1)《企业设立登记申请书》（内含《企业设立登记申请表》、《单位投资者（单位股东、发起人）名录》、《自然人股东（发起人）、个人独资企业投资人、合伙企业合伙人名录》、《投资者注册资本（注册资金、出资额）缴付情况》、《法定代表人登记表》、《董事会成员、经理、监事任职证明》、《企业住所证明》等表格）；

(2) 公司章程（提交打印件一份，请全体股东亲笔签字；有法人股东的，要加盖该法人单位公章）；

(3) 法定验资机构出具的验资报告；

(4)《企业名称预先核准通知书》；

(5) 股东资格证明；

(6)《指定（委托）书》；

(7)《企业秘书（联系人）登记表》；

(8) 经营范围涉及前置许可项目的，应提交有关审批部门的批准文件。

除上述必备文件外，还应提交打印的与公司章程载明的股东姓名（名称）、出资时间、出资方式、出资额一致的股东名录和董事、经理、监事成员名录各一份。

四、股份有限公司的设立登记

设立股份有限公司，董事会应在创立大会结束后30日内，向公司登记机关申请设立登记。设立股份有限公司，一般要经过以下步骤：

第一步：咨询后领取并填写《名称（变更）预先核准申请书》，同时准备相关材料；

第二步：递交《名称（变更）预先核准申请书》，等待名称核准结果；

第三步：领取《企业名称预先核准通知书》，同时领取《企业设立登记申请书》等有关表格；经营范围涉及前置许可的，办理相关审批手续；

第四步：准备材料，涉及国有股权设置的报财政主管部门或国有资产监督管理部门审批（募集设立的股份有限公司（包括定向募集）应经中国证监会审批）；

第五步：凭《企业名称预先核准通知书》到经工商局确认的入资银行开立入资专户；办理入资手续并到法定验资机构办理验资手续（以非货币方式出资的，还应办理资产评估手续及财产转移手续）；

第六步：递交申请材料，材料齐全，符合法定形式的，等候领取《准予设立登记通知书》；

第七步：领取《准予设立登记通知书》后，按照《准予设立登记通知书》确定的日期到工商局缴费并领取营业执照。

股份有限公司设立登记应提交的文件、证件：

(1)《企业设立登记申请书》（内含《企业设立登记申请表》、《单位投资者（单位股东、发起人）名录》、《自然人股东（发起人）、个人独资企业投资人、合伙企业合伙人名录》、《投资者注册资本（注册资金、出资额）缴付情况》、《法定代表人登记表》、《董事会成员、经理、监事任职证明》、《企业住所证明》等表格）；

(2) 募集设立的股份有限公司应提交国务院证券管理部门的批准文件；

(3) 发起人加盖公章（自然人签字）或由会议主持人和出席会议的董事签字的股东会决议（会议记录）或创立大会会议记录；董事会、监事会决议；

(4) 公司章程（提交打印件一份，请全体股东亲笔签字；有法人股东的，要加盖该法人单位公章)；

(5) 依法设立的验资机构出具的验资证明；

(6) 发起人的法人资格证明或者自然人身份证明；

(7)《企业名称预先核准通知书》；

(8)《指定（委托）书》；

(9)《企业秘书（联系人）登记表》；

(10) 经营范围涉及前置许可项目的，应提交有关审批部门的批准文件；

提请注意：在中关村科技园区登记注册的企业申请不具体核定经营项目的，应提交《承诺书》。

(11) 国家工商行政管理总局规定提交的其他文件。

除上述必备文件外，还应提交打印的与公司章程载明的股东姓名（名称）、出资时间、出资方式、出资额一致的股东名录和董事、经理、监事成员名录各一份。

设立登记申请书应由公司董事长签署，并就申请登记注册事项是否符合国家法律、行政法规和公司章程的规定做出承诺。

公司申请登记的经营范围中属于国家法律、行政法规限制规定的应提交审批文件。

公司章程的内容不得违反国家法律、行政规章的规定。公司章程需经出席创立大会的认股人所持表决权的半数以上通过或出席股东大会的股东所持表决权的2/3以上通过。

第三节 银行开户与结算

银行为社会经济主体之间的经济往来提供结算和清算，并提供资金支持。企业作为一个经济实体，作为资金的需求或者是盈余单位，不可避免地要和银行打交道。创业企业在银行开立账户是开展经营活动的基本条件。

一、银行账户与开户银行

银行账户是指各单位为办理存款、贷款、结算以及现金收付而在银行开立的户头。

根据国务院规定，各单位之间的经济往来，除按照现金管理办法规定，可按现金交易外，其他较大额的交易往来，都须通过银行办理转账结算。银行办理转账结算最为方便、安全。开立存款账户，是与银行建立往来关系的基础，只有在银行开有账户，才能委托银行办理各种资金往来业务。

在选择开户银行时应考虑以下因素：

(1) 银行经营实力与业务范围。选择资金雄厚、业务种类齐全的银行作为往来对象是十分必要的，只有这样，才能较好地满足日常业务往来的需要，避免银行的资金不足而导致资金短缺。

(2) 银行服务质量与信誉。具有良好的信誉、服务热情周到，不仅能保障开户单位对自己存款的所有权、支配权，而且还能使开户单位在同银行交往中关系融洽，即使出现问题也可顺利解决。

(3) 分支机构数量与通汇地区分布。通汇，就是把钱交给甲地银行，可以到乙地银行支取。同一银行系统的各行之间都可直接通汇，否则要通过转汇环节。各家银行分支机构的多少，决定了该行的通汇面的大小。如果开户单位选择在全国分支机构多的专业银行开户，就可以保证汇款等结算业务畅通无阻、简洁便利，有利于节约交易成本。

(4) 距离远近与交通。选择距离较近、交通方便的银行开户，可使开户单位今后的存取现金、交存票据、办理结算等各种业务往来既方便及时，又安全稳妥。

二、银行账户的种类及适用范围

银行账户分为四大类：基本存款账户、一般存款账户、专用存款账户和临时存款账户。

(一) 基本存款账户

是各企业日常办理转账资金收付和办理现金收付的账户。基本存款账户可以方便加强资金管理，全面、准确地反映企业的经济活动，一个企业在银行只开设一个基本存款账户。符合开户条件的单位，可按照单位的资金性质以及对不同资金管理的要求，分别开立不同的一般存款账户。

(二) 一般存款账户

一般存款账户是存款人因借款或其他结算需要，在基本存款账户开户银行以外的银行营业机构开立的银行账户。一般存款账户用于办理存款人借款转存、借款归还和其他结算的资金收付。该账户可以办理现金缴存，但不得办理现金支取。

(三) 专用存款账户

是指为加强资金管理，对各单位的专用基金所开设的账户。包括专用基金存款户、贷款户及其他种类的专用资金账户等。专用基金，主要指更新改造基金、大修理基金、职工福利基金等，各单位的各种专用基金，一般应合并开立一个专用基金账户；贷款户，是各借款单位向银行借款时必须开立的账户，用以记载、反映和监督使用银行贷款的情况；其他种类的专用资金账户，是为了满足各单位资金管理的需要而设置的账户。

(四) 临时存款账户

临时存款账户是存款人因临时需要并在规定期限内使用开立的银行账户。有下列情况的，存款人可以申请开立临时存款账户：(1) 设立临时机构；(2) 异地临时经营活动；(3) 注册验资。临时存款账户用于办理临时机构以及存款人临时经营活动发生的资金收付。临时存款账户应根据存款人使用的需要确定有效期限，但最长不得超过2年。存款人在账户的使用中需要延长期限的，应在有效期限内向开户银行提出申请，并由开户银行报经中国人民银行当地分支行核准后办理展期。临时存款账户支取现金，应按照国家现金管理的规定办理。

三、开立银行账户的程序

提交有关开户证明。必须向银行提交工商行政管理部门发给的营业执照、企业法人代码证原件正本、会计证正本及开户申请书等，上述证明文件经银行审查同意后，由银行发给开户申请书。

填写开户申请书。按照要求，开户申请书要填明申请开户单位名称、单位性质及级别、上级主管机关、工商管理部门批文号、单位地址、电话、资金来源和运用情况、生产经营范围等。申请书由单位盖章后交由银行审查。

填写印鉴卡片。印鉴是开户单位委托银行从自己的账户中支付款项时，留给银行核对鉴定支款凭证印章的底样。银行在为单位办理结算业务时，应核对印鉴卡片上预留的印鉴，以保障开户单位的存款安全。印鉴卡片应盖有开户单位公章并载有财务主管及会计经办人员名单。开户单位由于人事变动或其他原因，要求更换印鉴时，应重新填写印鉴卡片，并由开户行注销原卡片上预留的印鉴。单位预留印鉴中的财务公章，必须与账户全称一致，印章的字体用隶书或楷书为好，以便银行鉴别真伪。

获得银行编发账号。开户单位的账号，即为账户代号。它是由银行根据单位的行政隶属关系、资金性质，指定使用相应的科目，并加上开户单位的顺序号所组成。

确定账户的使用方法。单位银行设立的账户，从使用方法上分为支票户和存折户。支票账户，是指使用银行支票办理支取现金、转账付款业务的账户。开立此种账户要求收付款业务频繁且数额较大，财务制度和财会人员健全等。同时，还要经银行的严格审查，银行同意后，由银行售给开户单位支票及其他结算凭证后才能使用这种账户。存折户，是指在开立账户后，由银行发给开户单位一个存折，业务发生时，不论存取现金还是转账收付，都要凭存折办理。此账户适用于账面余额小，业务发生少，缺少专职财会人员的单位和个体经济户。

交存开户款项。开户申请获准后，开户单位应到银行交存一定数额的资金。通常，第一笔开户存款，应以转账的形式，即开户单位应持上级主管部门或集资单位签发的转账支票等。个体经济户可持现金开户。

领购业务凭证。单位开户后，为了能使用银行账户办理业务，开户单位要向银行购买各种业务所需的凭证，如现金存款凭证、进账单、信汇凭证、电汇凭证、转账支票等。

四、企业债权和债务的结算

对于企业而言，其债权债务的结算分为两种：现金结算和转账结算。

现金结算，是指直接使用现金完成货币收付的行为。即在商品交易中，一手交钱，一手交货，钱货两清时，完成商品所有权的转移和价款的结算。现金结算在金额不大的情况下较为方便。

转账结算，是指不直接使用现金收付，而是使用信用支付工具，通过银行把款项从付款人账户内转移到收款人账户内的一种货币收付行为。在大额商品交易中，使用转账结算，可非常简单容易地实现商品交易价款的结算。

在商品交易、劳务供应中，超过一定限额的款项，必须使用转账结算。现金结算仅限于单位与个人之间的经济往来以及单位与单位之间结算起点以下的支出。在大额商品交易中，以转账形式结算，价款通过银行账户划转，手续简便、结算时间相应缩短，而且可以采取多种结算方式，使购销双方结算在途时间缩短，有利于提高企业的资金效益。

根据我国银行结算办法的规定，结算种类主要有银行汇票、商业汇票、银行本票、支票、汇兑、委托收款等信用支付工具和结算方式。

（1）银行汇票。是汇款人将款项交存当地银行，由银行签发给汇款人持往异地办理转账结算或支取现金的票据。银行汇票适用范围广泛，单位、个体经济户和个人向异地支付各种款项均可使用。此汇票，票随人到，有利于单位和个人的急需用款和异地采购，使用灵活，持票人既可将汇票转让给销货单位，也可通过银行办理分次支付或转汇。银行汇票特别适用于异地间先付款后发货形式的临时采购交易款项的结算。

(2) 商业汇票。是收款人或付款人（或承兑申请人）签发，由承兑人承兑，并于到期日向收款人或背书人支付款项的票据。商业汇票分为两种：由付款人承兑的商业承兑汇票；由银行承兑的为银行承兑汇票。商业汇票在异地和同城均可使用。商业汇票适用于企业单位先发货后付款或双方约定延期付款的商品交易。这种汇票经承兑人承诺，承兑人即付款人负有到期无条件支付票据的责任，使汇票具有较强的信用。商业汇票允许背书转让，企业单位凭票据可进行商品交易，有利于商品流通。

(3) 银行本票。是申请人将款项交存银行，由银行签发给其凭证以办理转账或支取现金的票据。本票实质上是一种支付承诺。本票分为不定额本票和定额本票两种。定额银行本票面额有 500 元、1000 元、5000 元和 1 万元。银行本票在指定城市的同城范围使用。单位、个体经济户和个人的商品交易和劳务供应以及其他款项的结算都可以使用银行本票。银行本票由银行签发，保证兑付，信誉很高，并可以背书转让。销货方可以见票付货，购货方可以凭票提货，收款人将本票交存银行后，银行即可为其入账。个体经济户和个人需要支取现金，可凭具有“现金”字样的本票随时到银行兑付现金。因此，银行本票适用于购销双方关系不固定的一次性交易及单位与个人间的交易。

(4) 支票。是银行的存款人签发给收款人办理结算或委托开户银行将款项支付给收款人的票据。有现金支票和转账支票两种。现金支票可到银行支取现金，也可转账；而转账支票只能转账。支票在同一城市或一定的区域范围内可以用于商品交易、劳务供应、清偿债务等款项结算。使用支票手续简便、灵活。在指定的城市，支票还可以背书转让，便利商品交易和款项结算。收款人将支票交存银行，一般当天或次日即可入账用款。支票特别适用于同城范围内购销关系较稳定，先付款后发货的商品交易。

(5) 汇兑。是汇款人委托银行将款项汇给异地收款人的结算方式。分为信汇和电汇两种形式。汇兑方式便利汇款人向异地主动付款，银行可将款项直接收入收款人账户，可按照规定，向收款人支付现金。此方式无需购销双方见面，即可实现货币的收付。适合于异地先付款、后交货的商品交易活动。

(6) 委托收款。是收款人向银行提供收款依据，委托银行向付款人收取款项的结算方式。分为邮寄或电报划回两种。委托收款便利单位主动收款，在同城和异地均可使用。购销双方信用较好，关系固定，签有经济合同等的商品交易，均可使用这种方式结算款项。委托收款结算方式特别适用于先发货后收款的发货制交易以及由单位主动收款的各种商品交易和劳务款项的结算。

第四节 税务登记与纳税

税务登记是企业创立的必经环节之一。依法办理纳税的相关登记手续，是纳税人依法履行纳税义务的基本前提，也是纳税人合法经营的前提。只有依法进行了税务登记，才能够得到税务机关的有效管理，并在一定的条件下享受一定的税收优惠。所以，企业经营者，不仅要了解现行税制，更应该了解税务管理。

一、税务登记制度

税务登记制度也称税制，是税务机关对纳税人的开业、变更、歇业以及生产经营范围实行法定登记的一项管理制度，其内容包括开业登记、变更登记、停复业处理、注销登记、税务登记证验审和更换、非正常户处理等。建立税务登记制度，可以使税务机关了解和掌握纳税人的生产经营情况与纳税户数，便于税务机关控制税源，同时，有利于增强纳税人依法纳税的观念，促进应纳税款及时足额地缴入国库。

（一）开业登记

开业登记是指从事生产经营或其他业务的单位和个人，在获得工商行政管理机关核准或其他主管机关批准后的一定期间，向税务机关办理注册登记的活动。新设立的企业应当自领取营业执照之日起三十日内，主动依法向国家税务机关申报办理登记。办理开业登记手续的程序：

（1）提出书面申请报告，并提供下列有关证件、资料：营业执照、有关章程、合同、协议书、银行账号证明、法定代表人或业主居民身份证、护照或者回乡证等其他合法证件、总机构所在地国家税务机关证明、国家税务机关要求提供的其他有关证件、资料。

（2）填报税务登记表，纳税人领取税务登记表或者注册税务登记表后，应当按照规定内容逐项如实填写，并加盖企业印章，经法定代表人签字或业主签字后，将税务登记表或者注册税务登记表报送主管国家税务机关。企业在外地设立的分支机构或者从事生产、经营的场所，还应当按照规定内容逐项如实填报总机构名称、地址、法定代表人、主要业务范围、财务负责人等。

（3）领取税务登记证件，纳税人报送的税务登记表或者注册税务登记表和提供的有关证件、资料，经主管国家税务机关审核后，报有权国家税务机关批准予以登记的，应当按照规定的期限到主管国家税务机关领取税务登记证或者注册税务登记证及其副本，并按规定缴付工本管理费。

（二）变更登记

变更登记是指纳税人的开业登记内容发生了变化而由税务机关根据纳税人申请对原登记内容作修正记录的活动。纳税人改变名称、法定代表人或者业主姓名、经济类型、经济性质、住所或者经营地点（指不涉及改变主管国家税务机关）、生产经营范围、经营方式、开户银行及账号等内容的，纳税人应当自工商行政管理机关办理变更登记之日起三十日内，持下列有关证件向原主管国家税务机关提出变更登记书面申请报告：（1）营业执照；（2）变更登记的有关证明文件；（3）国家税务机关发放的原税务登记证件（包括税务登记证及其副本、税务登记表等）；（4）其他有关证件。纳税人按照规定不需要在工商行政管理机关办理注册登记的，应当自有关机关批准或者宣布变更之日起三十日内，持有关证件向原主管国家税务机关提出变更登记书面申请报告。

纳税人办理变更登记时，应当向主管国家税务机关领取变更税务登记表，一式三份，按照表式内容逐项如实填写，加盖企业或业主印章后，于领取变更税务登记表之日起十日内报送主管国家税务机关，经主管国家税务机关核准后，报有权国家税务机关批准予以变更的，应当按照规定的期限到主管国家税务机关领取填发的税务登记证等有关证件，并按规定缴付工本管理费。

（三）验证与换证

税务登记证件每年验审一次，3年更换一次，审查核对其税务登记证和税务登记表的内容与其实际生产经营情况是否一致，有无变更。当年发放的税务登记证免予验审和更换。

二、账簿和凭证管理

账簿和凭证是反映企业生产经营状况的重要资料，也是企业据以纳税的依据。为了保证账簿和凭证的真实性、完整性、时效性，新设立的企业应当在领取营业执照之日起十五日内按照规定设置总账、明细账、日记账以及其他辅助性账簿，其中总账、日记账必须采用订本式，根据合法有效的凭证进行核算；企业的财务、会计制度或者财务、会计处理办法，应当报送税务机关备案。

企业必须按照国务院财政、税务主管部门规定的保管期限保管账簿、记载凭证、完税凭证及其他有关资料。账簿、记账凭证、完税凭证及其他有关资料不得伪造、或者擅自销毁。

三、纳税申报与依法纳税

纳税申报是纳税人和扣缴义务人为履行纳税义务和扣缴义务，就有关事项向税务机关进行书面申报的一项制度。

根据规定，纳税人和扣缴义务人在发生纳税义务和代扣代缴、代收代缴义务后，必须在规定的申报期限内，依照法律、行政法规，到指定的税务机关，或通过邮寄形式，办理纳税申报。纳税人应报送纳税报表、财务会计报表以及税务机关要求报送的其他纳税资料；扣缴义务人应报送代扣代缴、代收代缴税款报告表以及税务机关要求报送的其他相关资料；纳税人和扣缴义务人不能按期办理申报的，经税务机关核准，可以延期申报。

依法纳税是纳税人和扣缴义务人的法定义务。如果纳税人和扣缴义务人无法定理由而拒绝履行义务，税务机关可以采取以下几种措施对企业进行处理和惩罚：

（1）责令限期缴纳，并从滞纳税款之日起，按日加收滞纳税款2‰的滞纳金。

（2）对有避税行为的纳税人，税务机关可在规定的纳税期内，责令限期缴纳。在限期内发现纳税人有转移、隐匿其应税财产或收入的迹象的，税务机关可责令纳税人提供纳税担保。如不能提供，经县以上税务局（分局）局长批准，可以采取税收保全措施。

（3）强制执行措施。纳税人和扣缴义务人未按规定期限履行义务，纳税担保人未按规定期限缴纳担保税款，经县以上税务局（分局）局长批准，可以书面通知其开户银行或者其他金融机构从其存款中扣缴税款；扣押、查封、拍卖其价值相当于应纳税款的商品、货物或者其他财产，以拍卖所得抵缴税款。

（4）阻止出境。对未结清税款，又不能提供担保的纳税人，税务机关可以通知出境管理机关阻止其出境。

以上我们学习了如何选择企业组织形式，如何注册成立企业等知识，这些都不是你创业的关键，我们以一个案例来结束本章，回答了这些问题，再去工商局吧。

【案例 9-3】

想好了再去

Peter Thiel 于 1998 年和小伙伴联合创办了 PayPal（此前曾称为“Confinity”），担任 CEO，目睹了公司在 2002 年的首次公开招股。几个月之后，PayPal 便以 15 亿美元的高价出售给了 eBay。Peter Thiel 2004 年投资 Facebook，同年创立 Palantir，这是一家服务于国安与金融领域数据分析的公司。他是 Yelp、Linkedin、SpaceX、Airbnb 等上百家公司的投资人。他曾就读于斯坦福法学院，还创办泰尔基金会，致力于技术进步以及对未来的长远思索，绝对是投资领域最富创见的思想家。Peter Thiel 在斯坦福大学讲授“初创企业”这门课。他认为，初创企业是由一群被你用一个改变世界的计划说服的最大一群人组成的组织。新公司最大的优势是新思维。而要创立公司，就一定要思考以下七个问题：

（1）工程问题：你具备技术突破，还是微创新式改善？

（2）时机问题：你要做的事业，时机正好吗？

（3）垄断问题：你的开局，是在一个小市场里能拥有大份额吗？

（4）人的因素：你有合适的团队吗？

（5）渠道因素：除了创造产品，你有没有办法分发推广你的产品？

（6）耐久能力：未来 10~20 年，你能捍卫你的市场地位吗？

（7）机密核心：你有没有找到一个其他人没发现的独特机会？

如果七个问题答案都正面，那势必能获得成功。哪怕只有五六个正面，成就的事业也很可观。

【思考与讨论】

你要创业了，如果企业真的建立起来了，创业就没回头路了，现在认真地思考一下这七个问题并且与你的创业团队进行讨论。

本章小结

创业者应该根据自己的实际情况和发展的战略目标选择合适的企业组织形式。企业的组织形式可以分为个人独资、合伙制和公司制。由于公司制具有其他企业组织形式所没有的独特优势，因而是一种有效的企业组织形式，特别是对于大企业来讲，应该努力推行公司制。对于创业者来讲，还应该了解公司创建的主要程序和一些的具体的要求，明确有关的法律法规对创建公司的具体规定。与银行等金融中介机构建立良好的信誉关系。依法在税务机关登记注册，依法纳税，做一个知法守法的好企业。

思 考 题

1. 比较合伙制、公司制企业和独资企业的优缺点。
2. 创办公司有哪几个主要的法定程序?
3. 结算的方式有哪几种? 各有什么特点?
4. 了解纳税程序和制度的意义何在?

第四编　管理初创企业

第十章　塑造企业文化

【故事导读】

忙碌的猴子

天刚亮的时候，一个农夫用他那古老的犁，犁着一块田地。他干得非常卖力，额角上的汗水像大雨似的直冒。朋友们碰巧从这儿走过，伸出大拇指向他吆喝道："伙计，干得真棒，头等的活儿！"能够听到同伴的称赞，农夫心里真叫痛快。猴子十分眼红，心想："我何不也来忙碌一阵？"于是，它找到一根木头，辛辛苦苦地忙碌起来。它先把木头举起来，然后这样那样地托住木头，接着又把木头拖东拖西、滚去滚来，弄得大汗淋漓像个喷泉似的。它累得气喘吁吁，却不肯休息，一心要把工作做得高人一等。然而它并没有听到一声半句的称赞。

21世纪是知识经济的时代、全球竞争的时代、科技进步的时代和文化创新的时代。文化的力量，深深熔铸在企业的生命力、创造力和凝聚力中。未来的企业竞争将主要是人的竞争，而人的竞争从某种角度上讲就是文化的竞争，所以新创企业要成长为世界一流的企业，必须依靠文化的强大作用。现在的管理实践已经证明，文化是获得经济效益和经济发展的最有效的途径，是企业取之不尽、用之不竭的财富源泉和智慧之源。

第一节　创业企业与企业文化

企业文化是一种价值观，是一个无形的基础。企业在谈"基础建设"的时候，往往更多的是指交通、厂房和设备等硬件措施，而忽视了企业文化这种特殊的"基础设施"。对创业企业而言，企业文化实际上就是这样一个无形的"基础设施"，它不仅能够协助企业建立深厚的文化基础，而且还能有效地帮助企业走向成功。

一、企业文化与企业文化的形成模式

企业文化一般是指企业全体员工在长期的生产经营活动中培育、形成，并共同遵循的最高目标，价值标准、基本信念、行为规范和准则的总和。企业文化对于一个企业的成长来说，看起来不是最直接的因素，但却是最持久的决定因素。资金的多少、技术的高低、优质的产品、完善的服务、精明的决策，往往依托于企业深厚的文化底蕴。一方面，企业文化通过改变员工的旧有价值观念，培育他们的认同感和归属感，建立起成员与组织之间的依存关系，使个人行为、思想、感情、信念、习惯与整个组织有机地统一起来，形成相

对稳固的文化氛围，凝聚成一种合力与整体趋向，以此激发组织成员的主观能动性，为达成组织的共同目标而努力。另一方面，企业文化不断完善深化，一旦形成良性循环，就会持续推动企业本身的发展。大量的实证研究发现，企业文化与企业绩效存在相关关系：一个强大的企业文化如果与企业的环境或战略相符时，则共同的信念使上下的沟通变得更加便捷，决策的制定更加有效，共享的价值观同样有利于协作，这些都会提高企业的实际效率。

企业创立初期，创业者就应该对企业文化建设有所考虑，因为当一个企业的习俗、作风形成之后，创业者再想建立起有利于企业发展的企业文化，或对企业文化进行调整，就难免会遇到阻碍。

【案例 10-1】

生生不息的华为文化①

华为技术有限公司是一家总部位于深圳市的生产销售电信设备的员工持股的民营科技公司，是电信网络解决方案供应商。华为的主要营业范围是交换、传输、无线和数据通信类电信产品，在电信领域为世界各地的客户提供网络设备、服务和解决方案。华为技术有限公司的业务涵盖了移动、宽带、IP、光网络、电信增值业务和终端等领域，致力于提供全 IP 融合解决方案，使最终用户在任何时间、任何地点都可以通过任何终端享受一致的通信体验，丰富人们的沟通与生活。目前，华为的产品和解决方案已经应用于全球 100 多个国家，服务全球运营商 50 强中的 45 家及全球近一半的人口。

1. 核心价值观

在全球化运营的发展时期，华为真正的企业文化在于其核心价值观，主要包括：成就客户：为客户服务是华为存在的唯一理由，客户需求是华为发展的原动力；艰苦奋斗：华为没有任何稀缺的资源可依赖，唯有艰苦奋斗才能赢得客户的尊重和信赖。坚持奋斗者为本，使奋斗者获得合理的回报；自我批判：只有坚持自我批判，才能倾听、扬弃和持续超越，才能更容易尊重他人和与他人合作，实现客户、公司、团队和个人的共同发展；开放进取：积极进取，勇于开拓，坚持开放与创新；至诚守信：诚信是华为最重要的无形资产，华为坚持以诚信赢得客户；团队合作：胜则举杯相庆，败则拼死相救。

2. 品牌标志

华为企业标志的寓意是蓬勃向上、积极进取，聚焦、创新、稳健、和谐，充分体现了华为通过持续的创新，支持客户实现网络转型并不断推出有竞争力的业务；华为将更加国际化、职业化，更加聚焦客户，和华为客户及合作伙伴一道，创造一种和谐的商业环境实现自身的稳健成长。

3. 愿景使命

---

① 根据 http：//www. huawei. com. cn 的有关资料整理。

愿景：丰富人们的沟通和生活。使命：聚焦客户关注的挑战和压力，提供有竞争力的通信解决方案和服务，持续为客户创造最大价值。战略：以客户为中心；为客户服务是华为存在的唯一理由；客户需求是华为发展的原动力；质量好、服务好、运作成本低，优先满足客户需求，提升客户竞争力和赢利能力；持续管理变革，实现高效的流程化运作，确保端到端的优质交付；与友商共同发展，它们既是竞争对手，也是合作伙伴，共同创造良好的生存空间，共享价值链的利益。

4. 社会责任

华为面向全球提供创新的通信解决方案，帮助不同地区的人们更便于接入信息社会，积极履行企业公民职责（CR），长期致力于社会经济与环境的可持续发展。2008年，华为在全球开展了系列企业责任主题活动。2008年华为企业责任报告系统地介绍了这些活动，包括在消除数字鸿沟、绿色环保、回馈社会等领域的最新进展以及在商业道德规范、员工、供应链等领域的情况。同 IBM、Hay Group、PwC 和 FhG 等世界一流公司合作，在集成产品开发（IPD）、集成供应链（ISC）、人力资源管理、财务管理和质量控制等方面进行深刻变革，引进业界最佳实践，建立了基于 IT 的管理体系。

【思考与讨论】

1. 请从以上案例中概括出企业文化的核心内容。

2. 华为不仅在企业经营领域取得了巨大发展，而且形成了强有力的企业文化。华为的企业文化在华为成长为全球性的巨型企业过程中发挥着什么作用？

企业文化是从企业创立之初开始的，是随着企业的成长一起发展的。企业文化形成模式是指企业文化在一定的企业环境中生存、发展、创新和积累，逐渐形成独特的稳定结构的过程（如图 10-1 所示）。

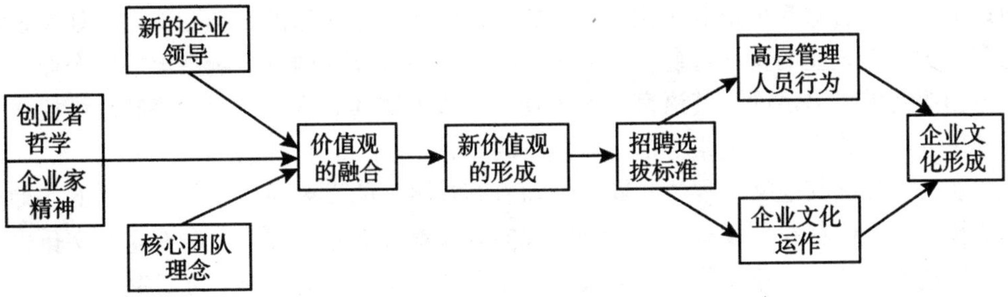

图 10-1 企业文化形成模式

企业文化随着企业的发展与成长，在不断吸收、规范、调整、扬弃的过程中，逐渐规范化、制度化、合理化，最终形成企业全体员工内化于心、外化于行的企业文化系统。

企业文化的发展一般要经过这样几个阶段：

（1）企业核心价值观口号

该阶段员工对企业的价值观口号了解，但是没有全部认同。

(2) 员工基本上认同企业的价值观

企业员工已经认同了企业的价值观，它已经成为企业的共同精神支柱。

(3) 价值观开始指导员工行为

企业的价值观已经成为企业员工工作的行为准则。

(4) 价值观内化于员工

企业的价值观已经被员工内心所全部接受，成为员工的信仰，员工愿意为企业无私奉献。

(5) 员工对企业绝对忠诚

该阶段员工以视企业为自己的生命。这个阶段是企业文化的最高境界，是大部分企业想达到而很难达到的境界。塑造企业文化的最佳时机，就是在企业规模还很小的时候。因为随着企业规模的扩大，要形成统一的价值观念就不太容易了。许多公司创业的时候，只有一二十个人，大家每天都关在同一个地方办公，管理者就可以随时给企业员工洗脑，灌输理念，经常举证一些日常工作上的小故事，容易塑造出一个深植人心的企业文化。因此，创业企业就要把握这个最好的时机塑造创建适合自己的企业文化。

二、创业者与创业企业文化

创业者的价值观、人格特质、经营哲学、领导方式对企业文化的形成具有举足轻重的作用。从创业开始，创业者就已经自觉不自觉地打造企业文化了，在企业的组建过程中完全可以找到企业文化形成的轨迹。创业者是创业企业文化的倡导者、维护者和管理者，他们的思想意识、个人品行和道德准则、思维方式和习惯、价值观和经营哲学，直接决定着企业文化走向及其实质性内容。可以说企业文化与创业者有着千丝万缕的联系。在某种程度上讲，有什么样的创业者，就会产生什么样的企业文化。在中国大多数创业者还是企业的管理者，这就更容易使企业文化受创业者的文化以及综合素质的影响。

创业者的个性对企业文化的产生具有重要影响，创业者的领导风格在企业文化形成过程中具有重要而且是关键的作用，直接影响企业文化的塑造，企业家精神也是企业文化的一面镜子。创业者对新创企业文化自公司成立就已经产生深远的影响和作用。如果说环境从外部影响一个企业的文化特色，那么企业管理风格可能在内部影响甚至决定企业文化的特色。创业者的风格不同，其语言行为表现、对待下属的态度、经营思路和思维模式、处理各种事务的方式、文化主张等都会显然不同。

企业文化如同其他文化现象一样，是随着客观事物的发展而与其载体共生的。即企业文化依赖于企业的存在，没有企业这个客观的载体就没有企业文化，没有企业文化也不可能有个性化的企业。企业文化随企业最初的创立而产生，企业自诞生之日起就同时有企业文化的存在，对于最初创业的企业，企业文化的形成很大程度上来源于公司的缔造者或者是公司的最高管理层，企业家就是文化的缔造者。造就企业文化的通常就是企业的创始人或者最高管理者，这个人的行为和其思维模式也就奠定了这个企业的企业文化模式，也就是说企业文化一部分是企业家的人格化。所以说企业家对本企业文化的影响是决定性的，当一个新的企业成立后企业家的管理思路以及言行举止就已经开始打造这个企业的文化，对整个公司的企业文化发展已经开始产生具有决定性的影响力。比如日本松下的松下幸之助，他创办了松下企业，我们从其著作《以人为本》中可以看到他的个人理念：注重顾客利益、以合理的价格提供高质量的电子产品以及注重公司员工的福利和成长，这些造就了松下这个企业的文化理念。他在创业的过程中自始至终地用他的理念影响着这个公司。他将自己的思想融入了企业文化理念之中。当这个理念贯彻到企业中去，就形成了松下企业文化的基础。

【案例 10-2】

戴尔文化塑造

戴尔公司在发展初期，还在风险颇高的阶段时，戴尔就甄选了具有高度冒险性格而又变通能力强的高管，而在财务、制造、信息技术等方面，延聘专业人士负责，如果聘用了好的人员，他们在有所作为后，会带进更多的优秀的人才。

戴尔从一开始就以非常务实的方式行动。戴尔常问："完成这件事情最有效率的方式是什么?"如此一来，戴尔杜绝了所有产生官僚体制的可能性，这种做法提供了学习的机会。

把产品卖给大企业与卖给一般消费者，是截然不同的事。所以戴尔聘用了曾经对大企业进行销售的销售人员，其他的销售人员则专门负责销售给联邦政府、州政府、教育机构、小公司或一般消费者。这一切都源自于"消除中间人"的基本设想。

资料来源：根据 http：//blog. renren. com 的有关资料整理。

【思考与讨论】

戴尔公司起步阶段的用人风格和戴尔本人的做事方式是如何影响未来戴尔公司企业文化的?

三、创业企业文化的特点

相对于成熟企业来说，创业企业文化具有自己的鲜明特色，体现在以下几个方面：

(一) 创业企业文化建设的关键在于创业者

创业企业文化受创业者的人生哲学和综合素质的影响很大。首先，创业企业文化往往可以反映创业者的综合素质和人生哲学。其次，创业者通过影响创业团队从而影响整个创业企业，形成以创业者为主导的企业文化。

【案例 10-3】

IBM 公司的行为准则①

老托马斯·沃森在 1914 年创办 IBM 公司时写下了必须尊重个人、必须尽可能给

① 根据 http：//www. cmr. com. cn/的有关资料整理。

予顾客最好的服务以及必须追求优异的工作表现三条基本准则，以这些价值观标准作为公司的基石，任何为他工作的人，都明白公司要求的是什么。老汉森的信条在其儿子时代更加发扬光大，小托马斯·沃森在1956年任IBM公司的总裁，老沃森所规定的“行为准则”，由总裁至收发室，没有一个人不知晓，这些准则一直被牢记在公司每位员工的心中，任何一个行动及政策都直接受到这三条准则的影响。“沃森哲学”对公司的成功所贡献的力量，比技术革新、市场销售技巧，或庞大财力所贡献的力量更大。这些原则和信念似乎很简单，很平常，但正是这些简单、平常的原则和信念构成了IBM特有的企业文化。

【思考与讨论】

创业成功不断成长的大企业在其企业文化中一定会有一些共同而优秀的特质，老托马斯·沃森在IBM公司创立时写下的三条基本准则，作为公司的基石，看起来很简单朴素，可是真正能够贯彻落实并不容易，请问“沃森哲学”对于一个潜在的创业者有何启发？

（二）更强调人本思想

企业在创立的初期，规模比较小，一般用人机制比较灵活，倡导一种积极进取、互助友爱的团队精神，这使企业以人为本的管理思想能够彻底贯彻。

（三）富有冒险精神

首先，创业者进行创业首先就具有很强的冒险精神。其次，创业团队成员一般也具有冒险精神。这样冒险精神就容易在创业企业沉淀下去，如果能够得以合理的引导，就能够形成具有积极进取的价值观和行为观，为企业的发展提供源源不断的动力。

（四）更富有自主精神

创业企业一般是创业者艰苦奋斗、自主努力、克服一切困难的结果。随着企业的发展，这种自主创业的精神会潜移默化地渗透到企业文化中。

（五）更注重创新精神

创业企业没有成熟企业所拥有的破坛烂罐，其工作模式一般比较注重创新，特别是创业企业更容易引进一些先进的管理理念、模式。企业文化必然会受到这些方面的影响，这样其企业文化就带有很强的创新精神。

【案例10-4】

松下精神的教育训练①

松下电器公司非常重视对员工进行精神价值观即松下精神的教育训练，教育训练的方式可以做如下的概括：

一是反复诵读和领会。松下幸之助相信，把公司的目标、使命、精神和文化，让职工反复诵读和领会，是把它铭记在心的有效方法，所以每天上午8时，松下遍布日

① 根据http：//www.smewh.gov.cn的有关资料改写。

本的 87000 名员工会同时诵读松下七条精神，一起唱公司歌。其用意在于让全体职工时刻牢记公司的目标和使命，时时鞭策自己，使松下精神持久地发扬下去。

二是所有工作团体成员，每个人每隔 1 个月至少要在他所属的团体中，进行 10 分钟的演讲，说明公司的精神和公司与社会的关系。松下认为，说服别人是说服自己最有效的办法。在解释松下精神时，松下有一句名言：如果你犯了一个诚实的错误，公司非常宽容，把错误当作训练费用，从中学习，但是你如果违反公司的基本原则，就会受到严重的处罚——解雇。

三是隆重举行新产品的出厂仪式。松下认为，当某个集团完成一项重大任务的时候，每个集团成员都会感到兴奋不已，因为从中他们可以看到自身存在的价值，而这时便是对他们进行团结一致教育的良好时机。所以每年正月，松下电器公司都要隆重举行新产品的出厂庆祝仪式。这一天，职工身着印有公司名称字样的衣服大清早来到集合地点，作为公司领导人的松下幸之助，常常即兴挥毫书写清晰而明快的文告，如："新年伊始举行隆重而意义深远的庆祝活动，是本年度我们事业蒸蒸日上兴旺发达的象征。"在松下向全体职工发表热情的演讲后，职工分乘各自分派的卡车，满载着新出厂的产品，分赴各地有交易关系的商店，商店热情地欢迎和接收公司新产品，公司职工拱手祝愿该店繁荣，最后，职工返回公司，举杯庆祝新产品出厂活动结束。松下相信，这样的活动有利于发扬松下精神，统一职工的意志和步伐。

四是"入社"教育。进入松下公司的人都要经过严格的筛选，然后由人事部门开始进行公司的"入社"教育，首先要郑重其事地诵读、背诵松下宗旨、松下精神，学习公司创办人松下幸之助的"语录"，学唱松下公司之歌，参加公司创业史"展览"。为了增强员工的适应性，也为了使他们在实际工作中体验松下精神，新员工往往被轮换分派到许多不同性质的岗位上工作，所有专业人员，都要从基层做起，每个人至少用 3~6 个月时间在装配线或零售店工作。

五是管理人员的教育指导。松下幸之助常说："领导者应当给自己的部下以指导和教诲，这是每个领导者不可推卸的职责和义务，也是培养人才方面的重要工作之一。"与众不同的是，松下有自己的"哲学"并且十分重视这种"哲学"的作用。松下哲学既为松下精神奠定思想基础，又不断丰富松下精神的内容。按照松下的哲学，企业经营问题归根到底是人的问题，人是最为尊贵的，人如同宝石的原矿石一样，经过磨制，一定会成为发光的土石，每个人都具有优秀的素质，要从平凡人身上发掘不平凡的品质。

松下公司实行终身雇佣制度，认为这样可以为公司提供一批经过二三十年锻炼的管理人员，这是发扬公司传统的可靠力量。为了用松下精神培养这支骨干力量，公司每月举行一次干部学习会，互相交流、互相激励，勤勉律己。松下公司以总裁与部门经理通话或面谈而闻名，总裁随时会接触到部门的重大难题，但并不代替部门作决定，也不会压抑部门管理的积极性。

六是自我教育。松下公司强调，为了充分调动人的积极性，经营者要具备对他人的信赖之心。公司应该做的事情很多，然而首要一条，则是经营者要给职工以信任，人在被充分信任的情况下，才能勤奋地工作。从这样的认识出发，公司把在职工中培育松下精神的基点放在自我教育上，认为教育只有通过受教育者的主动努力才能取得成效。上司要求下属根据松下精神自我剖析，确定目标。每个松下人必须提出并回答这样的问题："我有什么缺点？""我在学习什么？""我真正想做什么？"等，从而设置自己的目标，拟定自我发展计划。有了自我教育的强烈愿望和具体计划，职工就能在工作中自我激励，思考如何创新，在空余时间自我反省，自觉学习。为了便于互相启发，互相学习，公司成立了研究俱乐部、学习俱乐部、读书会、领导会等业余学习组织。在这些组织中，人们可以无拘无束地交流学习体会和工作经验，互相启发、互相激励奋发向上的松下精神。

【思考与讨论】

1. 松下公司为什么要求员工反复诵读公司的目标、使命、精神？并且还要有一定的仪式？我国也有一些公司向松下学习，让员工诵读公司的目标、使命、精神，也举办一些固定的仪式，最后要么是走过场，要么连企业都消亡了，请问到底是为什么？
2. 松下公司举行的新产品出厂仪式能起到什么作用？
3. 什么是松下精神？作为潜在创业者从松下精神中能学到什么？
4. 如何看待员工的自我教育？

第二节　创业企业的文化建设

企业文化建设是树立企业形象，增强职工凝聚力、自豪感、使命感的重要手段。创业企业文化建设，实际上就是要审视企业所遵循的价值观体系，根据企业的长远发展战略重新建立起一套可以共享传承，可以促进并保持企业正常运作以及长远发展的价值理念、思维方式和行为准则。创业企业文化的建设目标从来都不是孤立的，它源自于企业的总体经营战略，并对总体经营战略起支持作用。

一、创业企业的形象塑造

企业物质文化主要是以物质为载体的文化，不仅包括产品、服务，还包括生产环境（包括企业内部和外部环境）、生活条件、文化设施等。企业物质文化是企业塑造自身形象的一个重要方面，直接影响客户对企业的感性认识。

企业形象是指创业企业在其价值观的指导下，为适应社会公众和消费者的需要，按照一定的标准和要求，综合运用创意、企业标志、广告宣传、商标和公共关系等手段，把企业经营理念和产品服务特色，通过企业行为和媒介传播表现出来，使社会公众和消费者对企业产生良好的认同感，对企业形成一定的整体看法和印象。企业形象是企业在社会公众和消费者心目中的一种客观性反映，是社会公众和消费者对企业的整体印象和评价。

创业企业形象塑造的内容可以归纳为形象主体、形象客体、形象延伸三个部分，对以上三个部分进行塑造的过程就构成了创业企业形象塑造的整体。

1. 形象主体塑造

形象主体是创业企业形象的塑造者——企业员工。创业企业的每个成员都是企业形象的代表，每个员工的言行举止都反映企业总体风格。形象主体塑造包括企业员工形象塑造和企业领导形象塑造。

员工是企业中基层的实践者，企业的产品质量、服务质量，取决于员工的素质、责任心和敬业精神。员工是企业形象的代表者和展示者，其行为举止随时都在传播企业的有关信息。因此，员工是塑造和传播企业形象的决定性因素。

领导形象是指公众对企业管理者的总体看法和评价。领导形象包括管理者外在形象和内在素质形象，仪表、气质、工作方法和作风、交际方式等属于外在形象，理论水平、决策能力、创新精神、道德水平、信念和意志力等属于内在素质形象。

【案例 10-5】

希尔顿的微笑服务①

美国希尔顿饭店创立于1919年，在不到100年的时间里，从一家饭店扩展到100多家，遍布世界五大洲的各大城市，成为全球最大规模的饭店之一。希尔顿饭店生意如此之好、财富增长如此之快，其成功的秘诀在于牢牢确立自己的企业理念并把这个理念贯彻到每一个员工的思想和行为之中，饭店创造“宾至如归”的文化氛围，注重企业员工礼仪的培养，并通过“微笑服务”体现出来。

希尔顿十分注重员工的文明礼仪教育，倡导员工的微笑服务。每天他至少到一家希尔顿饭店与饭店的服务人员接触，向各级人员（从总经理到服务员）问得最多的一句话，必定是：“你今天对客人微笑了没有？”1930年是美国经济萧条最严重的一年，全美国的旅馆倒闭了80%，希尔顿的旅馆也一家接着一家地亏损不堪，一度负债达50万美元，希尔顿并不灰心，他召集每一家旅馆员工向他们特别交代和呼吁：“目前正值旅馆亏空靠借债度日时期，我决定强渡难关。一旦美国经济恐慌时期过去，我们希尔顿旅馆很快就能进入云开月出的局面。因此，我请各位记住，希尔顿的礼仪万万不能忘。无论旅馆本身遭遇的困难如何，希尔顿旅馆服务员脸上的微笑永远是属于顾客的。”事实上，在纷纷倒闭后只剩下的20%的旅馆中，只有希尔顿旅馆服务员的微笑是美好的。经济萧条刚过，希尔顿旅馆系统就领先进入了新的繁荣期，跨入了经营的黄金时代。希尔顿旅馆紧接着充实了一批现代化设备。此时，希尔顿到每一家旅馆召集全体员工开会时都要问：“现在我们的旅馆已新添了第一流的设备，你觉得还必须配合一些什么第一流的东西使客人更喜欢呢？”员工回答之后，希尔顿笑着摇头说：“请你们想一想，如果旅馆里只有第一流的设备而没有第一流服务员的微笑，那些旅客会认为我们供应了他们全部最喜欢的东西吗？如果缺少服务员的美好微笑，正好比花园里失去了春天的太阳和春风。假如我是旅客，我宁愿住进虽然只有残旧地毯，却处处见到微笑的旅馆，也不愿走进只有一流设备而不见微笑的地方……”

① 根据 http://baike.baidu.com 的有关资料整理。

希尔顿每天从这一州飞到那一州，从这一国飞到那一国。专程去看看希尔顿礼仪是否贯彻于员工的行动之中。他写的书中有一本叫做《宾至如归》，时至今日，这本书已成了每个希尔顿旅馆工作人员的“圣经”。希尔顿的“旅店帝国”已伸延到全世界，资产发展为数十亿美元。

【思考与讨论】

希尔顿饭店的理念是什么？是通过什么来体现的？

2. 形象客体塑造

形象客体是创业企业经过自己的生产、经营、管理等活动，有目的地创造出来的产品、服务等物质客体，这些客体是企业形象的直接表现，是社会公众评价企业形象最重要的要素和内容。形象客体塑造主要包含产品形象塑造、品牌形象塑造和服务形象塑造。

产品的形象是企业最直观、最具体的形象反映，是公众认识企业的第一个印象。产品形象塑造的目标是塑造一个内在质量和外观质量相一致的，使消费者满意、称心的产品形象。

名牌产品和一般产品的区别在于它更多地带有文化色彩，它有效地结合了物质文化和精神文化。随着消费者生活水平的提高和市场供求关系的变化，人们开始对产品提出更高层次的要求，以满足人们不断提高的消费要求。

任何一个企业都是以自己的独特方式向公众提供服务的，并追求尽善尽美的服务。科技进步导致的企业间产品的规格、性能、技术指标、质量十分接近，靠产品差异形成竞争优势已经很困难了，因此，服务成为企业之间竞争的手段。美国一些成功的大企业均以追求优质服务为主要目标。它们的基本理念是：以服务于顾客或消费者为目标，利润则自然随之而来。

【案例 10-6】

海尔品牌造就之路①

自 1984 年海尔集团的前身青岛电冰箱总厂成立，至 1991 年的创业初期的 7 年时间里，海尔在实施名牌战略过程中，坚持技术质量上的高起点，强化全员质量意识和产品质量意识，坚持技术进步，通过狠抓产品质量，创立了海尔冰箱名牌。

（1）坚持技术、质量上的高起点。1984 年成立的青岛电冰箱总厂是轻工业部最后一批电冰箱定点生产厂家，当时市场上国产冰箱已有 100 多个牌号，竞争非常激烈，但是没有“名牌”冰箱。因此，在海尔刚开始生产冰箱时，就提出了“名牌战略”的口号。“名牌战略”的核心就是产品的高质量。

1985 年，海尔从德国利勃海尔集团引进了先进技术，生产出我国乃至亚洲第一代四星级冰箱，领先一步在国内市场形成了质量可靠和技术先进的优势。很快海尔便

① 根据 http：//www. haier. cn 的有关资料整理。

以高新技术、高质量的产品赢得了广大消费者的信任。

(2) 强化全员质量意识，强化产品质量管理。要创名牌冰箱，就要从抓质量入手。海尔认为：人是质量中最关键的因素，第一流的产品是第一流的人干出来的，质量实质上是职工整体素质的体现，抓质量应该首先从人抓起。

1985年，集团总裁张瑞敏毅然决定，将76台存在一定质量问题的冰箱，由责任者亲自用大锤砸毁。这次事件在职工中造成极大的震动，职工的质量意识从此有了质的提高。

(3) 坚持技术进步不停顿。海尔在发展过程中十分注重技术开发，不断否定自己，加快更新换代的步伐，始终保持技术上、质量上的发展创新，确保了市场上的技术领先地位。海尔在无氟节能冰箱研制上已达到国际最高水平，成果曾代表中国和亚洲先后参加了美国“世界地球日”，维也纳“氟利昂及哈龙替代国际学术交流会”，印度新德里“国际无氟成果研讨会”等多个国际学术交流会，引起世界轰动，被世界环保组织誉为“世界多一个海尔，地球多一份安全”。

【思考与讨论】

海尔是通过自己的产品来建立自己的形象的，实践证明也是非常成功的，它是如何实施的？

3. 形象延伸塑造

形象延伸是指形象在时间和空间中的扩散表现，它涉及主客体形象塑造的过程、形象塑造的媒体以及主客体形象塑造的环境因素。

(1) 竞争形象塑造

现代市场经济条件下，竞争是经济运动主流，任何一个企业都无法摆脱竞争环境，因此，以一种良好的竞争形象展现在其他社会组织及公众面前，是塑造企业形象的一个重要内容。

企业信誉是在长期的业务往来中形成的消费者对企业的崇高的信任感，是企业最重要的无形资产，是企业在其有形资产上能获取高于正常投资报酬所形成的价值。从公众或消费者的角度看，企业信誉能给他们带来信任、荣誉、感情、性格、爱好等方面的满足，是消费者情感渴求和心灵认同的无形价值。

(2) 环境形象塑造

对企业的外部公众来说，企业环境是他们认识和识别该企业形象的窗口。优美、整洁、高雅的环境，能给外部公众留下一个管理水平高、企业有活力的印象。反之，一个环境脏乱不堪、管理秩序混乱的企业是没有能力生产出高质量的产品，提供优质服务的。环境形象塑造的目标是塑造一种优美高雅、整洁有序、个性鲜明的企业形象。

企业形象塑造就是以全方位多层次的表层形象来反映深层的企业价值理念，对企业名称、标志、商标品牌、广告包装、员工仪表、企业环境、内部报刊的出版、对外宣传媒介的组合、企业文化体育设施建设等，进行策划、创作、设计制作，形成具有鲜明个性和方向感、立体感的企业识别系统。

二、创业企业制度文化建设

企业的制度、行为形象是企业的组织制度、管理行为、技术水平和服务水平等在社会公众和消费者心目中的一种客观性反映及其形成的社会综合性评价，是企业的精神形象在制度行为层领域的具体展示和表现。

（一）企业制度文化建设的重要性

企业的制度文化是企业形象塑造成功与否的关键环节，制度、行为形象的塑造，可以促进企业管理制度的完善和规范，还可以推动企业员工整体素质的提高，从而使企业员工成为企业形象自觉的塑造者、传播者和代表者。

创业企业为适应现代管理发展的要求，制度、行为形象的塑造应体现企业管理制度的科学性和文化管理的特色，还要将"一切以客户为中心"的企业价值观渗透到员工的具体行为中去，这样一个良好的企业形象就会不知不觉中在社会公众和消费者心目中树立起来。

企业制度、行为文化建设重在以"文"化人，无论是凝聚企业员工的各种活动，还是严格管理制度强化企业员工行为的一致性，其最终的目的都是让企业文化深入人心，自觉规范员工行为。

（二）创业企业制度文化建设的主要内容

企业的制度文化建设主要从以下几个方面着手：

1. 规章制度

企业的经营理念是否能够落实，在创业或者是在文化建设初期关键在于企业规章制度建设及其执行力度。规范、有效的管理可以使员工的行为体现出企业理念的要求。如员工行为规范、公共关系规范、服务行为规范、危机管理规范、人际关系规范等。

2. 工作与决策

企业经营理念应在企业的日常工作和决策中有所反映，创业者或者企业管理者应该以身作则，成为员工效仿的榜样。

3. 典礼、仪式

企业必不可少的各类典礼和仪式可以有效推广企业理念，使其丰富生动地贯彻到各个方面，如每周的升旗仪式、每天的晨会、各种展览、周年庆典以及企业内部外部重要节日等。这些看似形式的仪式可以培养员工对企业强烈的归属感。

4. 树立典型

为了实施和贯彻企业理念，需要有各个部门及员工学习的榜样，树立典型或优秀人物可以让所有的员工感受到切实的影响。

5. 传播途径、教育培训

企业的经营理念只有传播出去才能够收到预期的效果，有效地传播企业理念，是为了让员工切实参与到企业文化中。企业经营理念的传播需要建立畅通而多样化的途径。如企业内部网络、内部外部报刊、论坛、板报等。定期不定期的培训也是传播企业经营理念的重要途径，企业要经常性地对员工进行教育和培训，特别是对企业新招聘的员工，新员工培训可以使他们很快适应企业制度、规范行为、接受企业文化。

6. 组织机构和内部管理制度的建设

企业组织机构是指企业为了有效实现企业目标而筹划建立的企业内部各组成部分及其关系。如果把企业视为一个生物有机体，那么组织机构就是这个有机体的骨骼。因此，组织机构是否适应企业生产经营管理的要求，对企业的生存和发展发挥着重要作用。影响企业组织机构的不仅是企业制度文化中的领导体制，而且企业文化中的企业环境、企业目标、企业生产技术及企业员工的思想文化素质等也是重要因素。组织机构形式的选择，必须有利于企业目标的实现。

企业内部的管理制度、管理方法和管理政策构成的管理氛围是创业企业制度文化的一个重要方面。它们常常被明确地表示或明文规定。这些制度、方法和政策体现了企业关注的事和最感兴趣的事。比如企业采用何种组织形式，什么样的人和什么样的行为受到称赞，什么样的事情受到奖励，哪种类型的人会被企业聘用或重用，企业对新聘用的员工有什么样的要求等，这些管理制度无不体现出一个企业的文化氛围。

企业形象、行为的规划应依附于企业总体目标之上，综合运用相关学科的知识与技巧，给予整体策划。企业形象、行为建设应着眼于长期性、可操作性强，并有效地贯彻下去，久而久之，才能形成真正的、自觉的行为规范，鲜明地体现企业理念。

【案例 10-7】

创维制度防护①

创维在 2001 年之前曾是中高层经理人“背叛”的新闻制造者，从胡秋生、褚秀菊、杜健君、任健、陶均、黄学政到 2000 年 11 月名噪一时的陆强华，这些拥有原创维生产厂长、中国区域销售总经理、集团副总裁、财务总监、执行董事等职位的至少 10 个以上的职业经理人，都从创维出走。

“但是最近几年，公司职业经理人没有在合同没有到期之前就离职的现象。”创维集团的一位高管介绍说，“多数离职是合同期满，或晋升造成的”。

短短的几年，创维为何发生如此巨大的变化？

首先 2001 年后，黄宏生花了相当的时间研究 GE 模式，发现 GE 用人都要先经过公司的考查后才能委以重任。而之前的创维比较急躁，中高管人员喜欢用空降部队，仓促引进的职业经理人往往与企业文化发生冲突。

其次，黄宏生也对自己事必躬亲的作风进行了深刻的反思，着手对原有的创维文化进行了一些改造。首先，创维学习 GE 的经验，所有关键岗位不再引进空降部队，对一些确需空降职业经理人的，也必须先经过一段时间的培养与磨合，然后再放到关键岗位去。

最后，不再崇尚个人英雄主义，强调组织目标的成功必须通过团队的协作；采用充分授权的“无为而治”，实现决策层与经营层的分离。

2000 年 11 月的陆强华事件也使黄宏生认识到，一个企业要健康成长，必须在

① 根据 http：//www. 795. com. cn 的有关资料整理。

企业和经理人之间形成制衡。而要做到这一点，必须完善职业经理人的管理制度建设。

目前，创维的中高管人员很少通过对外招聘，多数是通过内部推荐或内部晋升实现。创维务实的工作文化要求职业经理人必须具备坚忍不拔、能够低成本运营并能不断创新的素质。如果业绩突出，晋升便不成问题。

在员工发展方面，创维为核心的100多名职业经理人制订了职业生涯规划，并与惠普商学院签约，推出了针对职业经理人的领导力专业培训。

而在薪酬方面，创维完善了以承担的责任、承担工作领域的绩效及所服务的更高层团队的总体绩效为标准的薪酬体系。并且推行了员工持股的做法，使得企业效益与个人价值增长紧密结合。

创维还完善了一些重要岗位的合约，包括设立非竞争条款、知识产权条款等方面的内容。

“我在前段时间巡视创维在全国的各个机构时，发现最前线的经理人对公司和黄老板的信心都没有因为这次的创维停牌事件而垮过。这与几年前一发生人事动荡就人心动摇形成一个非常鲜明的对比。这足以说明，制度规范化管理已经迈出了成功的一步。”一位创维的高管表示。

【思考与讨论】

创维的制度化保证可以说是亡羊补牢，它建立了哪些制度？这些制度起到了什么作用？

三、创业企业精神文化建设

创业企业的精神形象是指作为观念形态的企业精神、经营理念、道德规范、经营宗旨和企业价值观等在社会公众和消费者心目中的一种客观性反映及其形成的社会综合性评价。企业的精神形象主要包括：企业精神、企业的最高目标、企业经营哲学、企业风气、企业道德、企业宗旨。

创业企业的精神形象直接影响到企业对外的经营和服务姿态，不同的精神形象便会产生不同的经营和服务姿态，给人不同的企业形象的印象。企业精神形象对企业经营活动形成指导和导向，它是企业形象的核心，没有这个核心，企业必将涣散，人心不齐，行为不一致，从而对企业形象产生不良的影响。所以，企业精神形象的塑造应本着独特性、时代性、民族性和科学性的原则加以实施，同时，在知识经济条件下，企业精神形象更应包括服务社会、以人为本、不断创新、讲究信誉、明确使命、服务先导等富有时代特色的企业价值观。

精神文化是企业文化的核心，它是企业在经营过程中，受一定的社会文化背景、意识形态影响而长期形成的一种精神成果和文化观念。精神文化包括：企业价值观和企业精神两方面内容。

企业价值观可以定义为企业领导者和全体员工对企业生产行为是否有价值以及价值大小的总的看法和根本观点。企业价值观是企业文化的核心内容。它为企业的生存和发展提供了基本的方向和行动指南，为企业员工形成共同的行为准则奠定了基础。企业价值观决定了企业基本特征、发展方向、经营理念、竞争策略、人才观念等。

企业精神是一个企业基于自身特定的性质、任务、宗旨、时代要求和发展方向，为谋求发展而在长期生产经营实践的基础上经精心培育而成的，并为整个员工群体认同的心理定式、价值取向和主导意识。它是企业员工群体健康人格、向上心态的外化；是员工群体对企业的信任感、自豪感和荣誉感的集中表现形态。

企业精神反映了不同企业的独特个性。由于每个企业的经营目标、经营范围、管理制度、人员组合、资金、技术、市场、服务以及企业活动的特定的空间地域环境千差万别，即不同的企业具有不同的具体个性，那么以这种个性为基础并反映这种个性的精神也不同。企业精神具有时代特征。企业的一切行为都会反映出社会发展的不同阶段和时期的特征，企业精神是时代精神在企业中的体现和反射，它必然要具备时代的特征。企业精神具有相对稳定性。企业精神是企业员工行为整体的稳定倾向，一旦形成，就具有相对的稳定性，并在企业的发展中不断充实、深化并发扬光大。

企业精神文化源于企业长期的生产经营管理活动，长期性和渐进性是其两大特点。企业精神是企业文化的精髓，能够根据本企业的特点，概括、提炼出本企业所特有的企业精神，不但能对内激励员工的工作热情，对外也能提升企业形象，有利于企业的长远发展。例如同仁堂是驰名国内外的中药生产、开发、经销企业，是有数百年历史的中华老字号，该企业中有着悬挂数百年的警言：“炮制虽繁必不敢省人工，品味虽贵必不敢减物力”、“修合无人见，存心有天知”。这两副对联，不仅对仗工整，有神韵，有正气，具有传统文化色彩，而且极符合中药配制中的行业特点，几百年来，对同仁堂天下闻名的质量至上意识的形成起了重要作用。尽管当时还没有关于企业文化的理论，但谁能不认为这是提炼企业精神的成功案例呢?

对于一个企业来说，能不能及时形成自己积极向上的有特色的企业精神，取决于两方面的努力：一是领导层能不能认真研究企业文化，及时总结出本企业的企业精神；二是员工能否认同这种企业精神，并体现在行动中。在这方面，新创企业容易陷入的误区就是自己提出的企业精神缺少特色，或是说非个性化。

没有强大的企业文化，就没有卓越的企业价值观、企业精神和企业哲学信仰，再高明的企业经营战略也无法成功。无论是对于初创企业还是对于正在成长的公司，如果要取得长足的发展，就需要以文化激活公司的发展潜力，成长为具有生命力的企业。企业文化是无时无刻地存在于企业内的，企业领导者要善于了解它、引导它、用好它，使自己的企业更有战斗力地面向竞争日益激烈的市场。图 10-2 总结了企业物质文化、精神文化和企业战略之间的关系。企业文化影响竞争战略的选择，企业竞争战略的选择和制定受到企业外部环境和内部环境的影响，企业文化影响竞争战略的实施，企业文化的核心是企业的精神文化，实质就是一个企业的核心准则。如果这些准则得到广泛的共享，并得到机构成员的有力支持，它们就会积极促进企业的创新和发展。

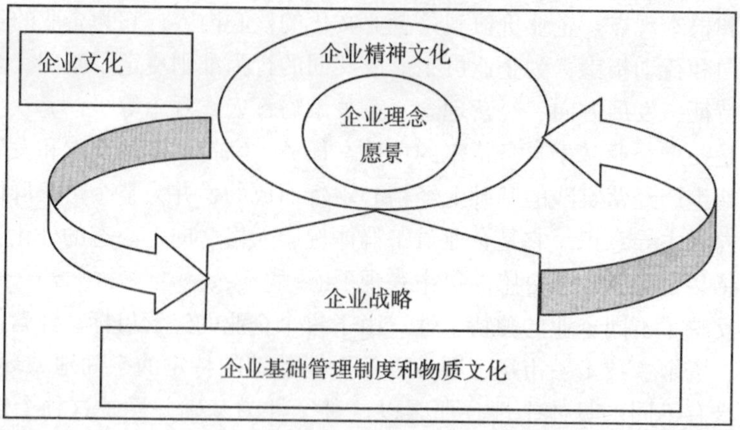

图 10-2　企业文化与企业战略之间的关系

四、创业企业文化建设步骤

（一）统一思想

创业者需要积极倡导和鼓动，也可以请一些实战性的理论专家来讲课，弄清企业文化的概念、特征、功能等基本理论，统一创业团队的思想，形成建设企业文化的共识。如果创业团队一开始就有抵触情绪或者盲从，往往会造成文化与管理的脱节。在统一思想中，必须树立企业文化是可操作的观点。企业文化是一个有计划、有执行、有评估、有调整、有变革、有升华的科学体系，而不是无为而治自然而成的。创业企业达成了共识，建立企业文化就成功了一半。

（二）找到共同利益

创业一般是团队的运作，这就需要了解团队每个人的利益共同点和价值取向的统一点，弄清创业团队对创业的思路和前景的看法、期望、存在的差异、共同的利益观和价值观等，了解得越细，越容易采取一系列措施形成统一的价值观。

（三）梳理筛选

创业团队成员的价值观往往不尽相同，比如企业核心价值观，就会有：客户价值、质量价值、服务价值、创新价值等很多不同的价值观念，那么什么才是企业价值体系中最核心最重要的价值？这就要结合创业企业自身及其经营环境，对企业文化诸要素进行归纳分析和梳理，找到有可能趋同的价值观念。对于个别不同的观点，可以采用行为影响使之趋于同化，对于实在不能够同化的成员可以采用辞退等方法使企业的价值观统一起来。

（四）定位使命

创业便有目标，但发展目标除了数字化的远景（远景规划本身便是企业文化中最具感召力的东西）外，还要有企业的奋斗使命和价值追求，它体现了个性化的群体价值。通俗地讲就是对企业是做什么的、怎么做以及做到什么程度的一种定位。比如沃尔玛在创业之初，创立人沃尔顿便确定了“低价销售，保证满意”的企业经营宗旨。这些理念成为企业全体员工共同追求的目标，像一面旗帜引领企业在激烈的市场竞争中战胜对手、脱颖而出。

（五）提炼升华

创业企业文化的提炼过程是简洁科学的，主要是在梳理筛选的基础上，以创造性的思维方式对价值观进行系统规划设计。

（六）贯彻传播

建设企业文化，三分设计，七分执行。执行是一个沟通传播的过程。分为对内贯彻和对外传播。创业企业在贯彻企业文化时应当做到：第一，创业者带头，身体力行。创业者本身就是企业文化的代表，所以必须在每项工作中通过自己的言行向员工宣传贯彻企业文化。第二，培训灌输，对每一位新员工从其加入公司的那一刻起，就要对其进行企业文化教育，使新员工的行为与企业共同的行为相匹配。第三，为了尽快树立企业的文化个性，必须配合经济的、行政的、纪律的措施加以保障。第四，开展有利于企业文化建设的活动，这是非常好的传播方式，如征文、演讲、酒会、旅游等。对于创新性要求强的创业企业（如IT、服务行业），组织有创意、有感染力的活动会更加有效。第五，要充分发挥企业内部宣传媒体的作用，如公司报、局域网、BBS交流板、宣传栏等。企业文化是提升企业竞争力的企业发展战略之一，因此应当积极地向社会公众传播。

本章小结

企业创立初期，创业者就应该对企业文化建设有所考虑，因为当一个企业的习俗、作风形成之后，创业者再想建立起有利于企业发展的企业文化，或对企业文化进行调整，就难免会遇到阻碍。

企业文化一般是指企业全体员工在长期的生产经营活动中培育、形成，并共同遵循的最高目标，价值标准、基本信念、行为规范和准则的总和。企业文化一般分为精神文化、制度文化和物质文化三个层次。企业文化的功能主要有导向功能、凝聚功能、激励功能、约束功能和宣传功能。

创业企业文化建设的步骤包括统一思想、找到共同利益、梳理筛选、定位使命、提炼升华和贯彻传播。企业文化建设是树立企业形象，增强职工凝聚力、自豪感、使命感的重要手段。企业文化建设主要包括企业物质文化建设、企业制度文化建设和企业精神文化建设。

思考题

1. 如何理解企业文化的功能？
2. 建设企业物质文化要从哪些方面着手？
3. 如何培养企业精神？
4. 简述企业文化对创业企业的作用。
5. 如何理解企业文化的三个层次之间的联系？

第十一章　管理风险

【故事导读】

虎、驴之死

猱的体形很小，其四肢长着十分锋利的爪子。老虎的头痒痒，猱就爬上去搔痒，搔得老虎飘飘欲仙。猱不住地搔，并在老虎的头上挖了个洞，老虎因感觉特别舒服而未觉察。猱于是把老虎的脑髓当做美味佳肴吃个精光。有一种生活在非洲的蝙蝠，专爱吸驴子的血，当这种蝙蝠飞落在驴子身上时，起初驴子本能地会抖动身体或用尾巴去驱赶。只见蝙蝠用细小的舌尖轻轻地舔驴子，驴子立即产生一种麻丝丝痒乎乎的快感，再也不驱赶它了。一会儿，蝙蝠咬个小口子，吸驴子的血，一只蝙蝠吸饱飞走后，又会飞来另一只蝙蝠继续吸，驴子在不知不觉中被吸干血而死去。

在现实生活中为什么有那么多的企业，由强变弱，最终惨遭淘汰呢？尽管这些企业失败的原因各不相同，但有一点却是共同的，即缺少一种忧患意识和危机意识，对面临的危险认识不足，准备不足，最终导致企业失败。企业的发展始终伴随着风险。对于初创企业来说，最大的风险就是没有危机意识。初创企业往往只看到企业发展的有利因素，而忽视了潜在的风险；许多创业者只看到创业项目未来的收益而忽视了风险，从而在风险事件发生的时候由于准备不足，而创业失败。创业风险管理虽然不能够避免风险事件的发生，但是可以未雨绸缪做好充足的准备，是避免创业突然失败的关键。

第一节　创业企业风险的内涵

现在经济社会处处都有风险，并且往往和收益联系在一起，如果忽视风险往往会造成重大损失。因此，风险管理就是要对风险尽早做好防范和准备。

一、风险的概念与特征

（一）创业风险的概念

市场经济中企业的出生率高，死亡率也高。英国贸工部对 1998—2013 年企业寿命的统计显示，7%的新建企业在开业后 6 个月内关闭；40%的新建企业在开业后 6 个月后到 3 年这段时间内关闭，即近一半的新建企业“活”不过三年；企业成立三年后，关闭率逐渐下降，但“活”过 6 年的只有 35%。美国小企业管理局的资料也反映了类似情况，小企业在开业后 6 年内的存活率为 40%。2010 年，民建中央专题调研报告《后危机时代中小企业转型与创新的调查与建议》显示，中国中小企业目前平均寿命仅 3.7 年，其中八成以上是家族企业。报告指出，与中国相比，目前欧洲和日本企业平均寿命为 12.5 年、美国 8.2 年、德国 500 家优秀中小企业有 1/4 存活了 100 年以上。而据麦肯锡在中国的调查，只有不到 15%的家族制企业在第三代之后还能生存下去。调查认为，中小企业过分追求增长的高速度、跨越性，给企业带来资金链紧张、管理资源不足等问题，使企业忽视潜在威胁，最终被带入危险经营境地。调查发现，全球成长最快的 200 家企业中，只有 6%的公司能保持 10 年以上高速增长。

在市场经济里，每个企业都是在风险中经营的，创业企业也不会例外。由于创业企业经营者新手多，缺乏经验；同时，企业规模小，抵御风险能力弱，因此，风险对创业企业的影响远大于成熟企业。

风险是损失或收益发生的不确定性，即风险由不确定性和损失或收益两个要素构成，风险是在一定条件下、一定时期内某一事件的预期结果与实际结果间的变动程度，变动程度越大，风险越大；反之，则越小。

创业风险是指给创业企业财产和潜在的获利机会带来损失的可能性。在创业过程中风险是普遍存在的，风险事件的发生将会给企业带来不同程度的损失。创业企业有风险是必然的，一个没有风险的企业也不会是一个能产生利润的企业。创业环境的不确定性，创业机会与创业企业的复杂性，创业者、创业团队与创业投资者的能力与实力的有限性，是创业风险的根本来源。

（二）创业风险的基本特征

1. 创业风险的客观性

创业风险的客观性，首先表现在它的存在是不以人的意志为转移的。风险是客观存在的自然现象和社会现象所引起的，无论是自然界中的洪涝、雷击、地震、海啸等自然灾害，还是社会领域的战争、车祸、破产等都是客观存在的，是无法回避和消除的。通常所说的规避风险有两重含义：一是指改变或消除所从事的活动，既然活动对象改变了，风险就自然不同；二是指将风险所造成的经济损失通过各种经济的、技术的手段转移。

2. 创业风险的不确定性

创业风险的不确定性是指创业风险的发生是不确定的，即风险的程度有多大、风险何时何地有可能转变为现实均是不确定的。这是由于人们对客观世界的认识受到各种条件的限制，不可能准确预测风险的发生。创业过程是创业者将自己的创意或创新技术变为现实的产品或服务的过程。在这一过程中，创业者面临着各种各样的不确定性因素，例如原来预测的市场需求发生了变化，新的技术难以实现，竞争对手采取了有效的对策，需要的资金难以到位等都可能导致创业失败。

3. 创业风险的相对性

创业风险是相对的、变化的，不同的对象有不同的风险，随着时间、空间的改变，风险也会发生变化。创业风险的相对性针对不同的主体而言，即在相同的风险情况下，不同的创业者对风险的承受能力是不同的，主要与收益的大小、投入的大小和风险主体的地位以及拥有的资源量有关。

4. 创业风险的可测量性

尽管风险具有不确定性，但是任何事物的发生都不是偶然的，而是有规律可循的，因此，随着科技的进步和人们素质的提高，风险的规律性是可以被认识和掌握的。企业可以通过定性或定量的方法对风险进行评估和测量，为风险的管理提供可靠的依据。

5. 创业风险的损益双重性

自然灾害和意外事故等带来的风险只会产生损失，而创业活动中的风险则是和潜在的收益共生的。在创业活动中，对创业者来说风险和利益是必然同时存在的，即风险是利益的代价，利益是风险的报酬。

二、创业企业风险的来源

前已述及，创业环境的不确定性，创业机会与创业企业的复杂性，创业者、创业团队与创业投资者的能力与实力的有限性，是创业风险的根本来源。由于创业的过程往往是将某一构想或技术转化为具体的产品或服务的过程，在这一过程中，存在着几个基本的、相互联系的缺口，它们是上述不确定性、复杂性和有限性的主要来源，也就是说，创业风险在给定的宏观条件下，往往就直接来源于这些缺口。

（一）融资缺口

融资缺口存在于学术支持和商业支持之间，是研究基金和投资基金之间存在的断层。其中，研究基金通常来自个人、政府机构或公司研究机构，它既支持概念的创建，还支持概念可行性的最初证实；投资基金则将概念转化为有市场的产品原型（这种产品原型有令人满意的性能，对其生产成本有足够的了解并且能够识别其是否有足够的市场)。创业者可以证明其构想的可行性，但往往没有足够的资金将其实现商品化，从而给创业带来一定的风险。通常，只有极少数基金愿意鼓励创业者跨越这个缺口，如富有的个人专门进行早期项目的投资，也就是前面讲过的天使投资，有时候政府也有一些对种子期企业的资助计划等。图 11-1 描述了不同阶段企业的风险、资金需求之间的关系。

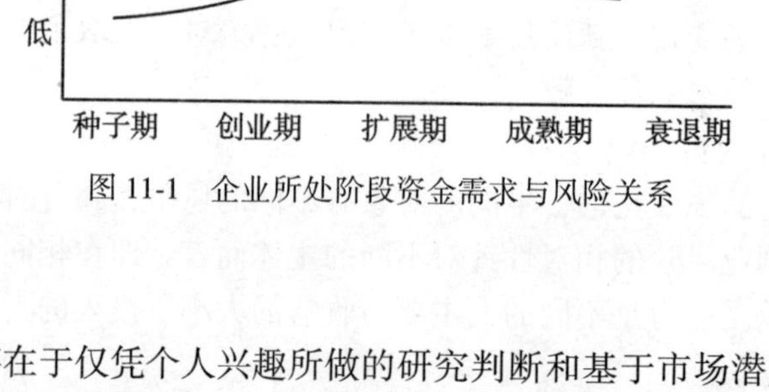

图 11-1　企业所处阶段资金需求与风险关系

（二）研究缺口

研究缺口主要存在于仅凭个人兴趣所做的研究判断和基于市场潜力的商业判断之间。当一个创业者最初证明一个特定的技术创新可能成为自己创业项目的基础时，他仅仅停留在自己满意的论证程度上，但是在将预想的产品真正转化具备有效的性能、低廉的成本和高质量的产品时，在能从市场竞争中生存下来的过程中，需要大量复杂而且可能耗资巨大的研究工作（有时需要几年时间），从而形成创业风险。

（三）信息和信任缺口

信息和信任缺口存在于技术专家和管理者（投资者）之间。在创业中，存在技术专家和管理者两种不同类型的人，他们对创业有不同的预期、信息来源和理解。技术专家知道哪些内容在技术层上是可行的，哪些内容根本就是无法实现的。管理者（投资者）通常比较了解将新产品引进市场的程序，但当涉及具体项目的技术部分时，他们不得不相信技术专家，可以说管理者是在拿别人的钱冒险。如果技术专家和管理者（投资者）不能充分信任对方，或者不能够进行有效的交流，那么这一缺口将会变得更深，带来更大的风险。

（四）资源缺口

筹集不到创业所需的资源，创业就无从谈起。在大多数情况下，创业者不一定也不可能拥有所需的全部资源，这就形成了资源缺口。如果创业者没有能力弥补相应的资源缺口，要么创业无法起步，要么在创业中受制于人。

（五）管理缺口

管理缺口是指创业者并不一定具有从事自己的创业项目所需要的素质与才能。主要表现为两种情况：一是创业者利用某一新技术进行创业，他可能是技术方面的专业人才，但却不一定具备专业的管理才能，从而形成管理缺口；二是创业者往往有某种“奇思妙想”，可能是新的商业点子，但在战略规划上不具备出色的才能，或不擅长管理具体的事务，从而形成管理缺口。

第二节　创业企业风险的类型

按风险来源的主客观性划分，创业企业风险可分为主观创业风险和客观创业风险。主观创业风险，是指在创业阶段，创业者的身体与心理素质等主观方面的因素导致创业失败的可能性。客观创业风险，是指在创业阶段，客观因素导致创业失败的可能性，如市场的变动、政策的变化、竞争对手的出现、创业资金缺乏等。按创业风险的内容划分，创业企业风险可分为技术风险、市场风险、政治风险、管理风险、生产风险和经济风险。

一、创业企业技术风险

技术风险就是企业所应用或拟采用技术或技术的集合的不确定性以及技术与经济互动过程的不确定所引起的收益与损失的不确定性。技术的不确定性既包括企业现在拥有的技术本身功能与成长的不确定，也包括与之相关技术（互补和替代）变动的不确定，特别是对于高新技术创业企业而言，技术之间的竞争往往很激烈，技术与技术，技术与经济环境的互动，使得技术很容易丧失其优越性，从而也使得投资贬值。技术风险主要包括：

1. 技术成功的不确定性

新技术、新产品的设想往往很有吸引力，但是能否按照设想的预期目标开发出来具有不确定性，因技术失败而终止创业的例子并不少见。

2. 技术前景的不确定性

新技术、新产品在诞生之初都是不完善的、十分粗糙的，在现有技术知识条件下创业者能否很快使新技术完善起来也没有完全把握，因此，新技术的发展前景是不确定的，创新企业往往面临着相当大的风险。

3. 产品生产的不确定性

即使新产品成功研制开发，但如果不能成功地生产出来，仍不能算是成功了。工艺能力、材料供应、零部件配套及设备供应能力等都会影响新产品的生产。一旦这些条件达不到新产品的要求，创业企业的生产计划就会受阻。

4. 技术效果的不确定性

新产品即使能成功地开发、生产，在事先也难以确定其效果，如产品能否达到消费者的要求，创新产品是否有副作用，生产和消费过程中是否会造成环境污染等难以确定。

5. 技术寿命的不确定性

目前高新技术发展迅速，技术替代周期短，因此高新技术产品极易被更新的技术替代，但替代的时间是很难确定的，当更新的技术提前出现时，原有技术将遭受提前被淘汰的损失。

【案例 11-1】

女大学生养蚯蚓缺污泥陷入困境①

咸阳一名22岁的女大学生，毕业后自主创业，养殖能够处理污泥和城市垃圾的特种蚯蚓。然而，由于缺少城市生活垃圾及污泥，她养的蚯蚓没有了主要食物来源，原本前景看好的创业之路，却陷入困境。

1. 毕业后她选择养蚯蚓创业

在咸阳市渭城区底张镇，大家都知道有个蚯蚓养殖场，但很少有人知道这个养殖场的老板是位刚毕业的22岁女大学生。

2010年7月19日，烈日下玉米地被烤得热气蒸腾，在底张镇布里村一片玉米地里，十几个人正在除草，其中一位头戴草帽、扛着铁锹的女子，就是22岁的“蚯蚓女”赵燕子。

赵燕子一边除草，一边翻污泥，蚯蚓在污泥里蠕动。面对臭气熏天的污泥，赵燕子不停地将鼻子靠近闻，还不时捏起蚯蚓查看。她说，在蚯蚓的处理下，污泥和城市生活垃圾的臭味会慢慢变淡，这就是蚯蚓的奇妙功效。

赵燕子介绍，她从咸阳师范学院毕业后，没能实现当一名老师的心愿。面对就业压力大的现实，经过几个月的考虑，她选择了自主创业。由于近几年国家提倡环保节能型经济，经过考察，她选择了养殖从日本引进的，可以处理污泥及城市生活垃圾的“太平2号”蚯蚓，这样一方面可以净化环境，另一方面也可以创造经济效益。

① 根据 http：//www. studentboss. com 的有关资料整理。

2. 缺少垃圾养殖场举步维艰

陕西省科学院高级工程师杨应祥是土壤农化专家，近几年来一直在对蚯蚓利用方面进行研究，他也是赵燕子蚯蚓养殖场的指导专家。

杨应祥介绍，百姓常见的普通蚯蚓大多数无法人工养殖。1979 年，陕西省从日本引进了“太平 2 号”蚯蚓，试验证明这种蚯蚓以城市生活垃圾及污水厂的污泥为食物，形成的粪便可成为有机肥料，蚯蚓在污泥中生存繁衍，能取得既环保又经济的良好效果。目前，北京、广州等发达城市，利用蚯蚓净化城市生活垃圾及污泥方面比较成熟，陕西省有规模的只有 3 家，两家在西安，另一家就是咸阳赵燕子的养殖场。从规模上来讲，她的养殖场排到第二位。

杨应祥说，污水处理厂的污泥根据国家标准属于危险化学物，最低处理标准每吨 90 元，但大多污水处理厂和环卫部门都将污泥和城市生活垃圾倾倒填埋，造成二度污染。

杨应祥说，如果有稳定的污泥和城市生活垃圾来源，蚯蚓养殖场在收取垃圾处理费后就能使费用与之持平。然后通过出售蚯蚓做药材、饲料、鱼饵等，应该能赚钱，但是因为没有垃圾，蚯蚓养殖场经营举步维艰。

3. 通过借钱已投入几十万元

望着 89 亩的蚯蚓养殖场，赵燕子说，“太平 2 号”蚯蚓的主要食物来源是城市生活垃圾和污泥，因为没有这些食物来源，她只能买牛粪给蚯蚓吃。通过向亲朋好友借钱，整个厂子已投资几十万元。

赵燕子的母亲说，对女儿的选择家人表示理解和支持，但看着女儿面临的困难，家人也是心急如焚。赵燕子说，养殖场经营陷入困境后，她曾无数次想到放弃，但想到自己创业一年来积累的经验，她希望自己能一直坚持下去。

【思考与讨论】

请问该创业者面临的是什么风险？有什么好的解决办法？

二、创业企业市场风险

市场风险是指市场情况的不确定性导致创业者或创业企业损失的可能性，主要表现有：

1. 市场接受能力的不确定性

如果企业推出的是全新的产品，顾客在产品推出时不易及时了解其性能而往往持观望态度，并且容易做出错误判断。因此，创业企业很难准确估计出市场能否接受该产品或者能够接受的数量。

2. 市场接受时间的不确定性

新产品的推出时间与诱导出需求的时间有一定时滞性，时滞性将导致企业开发新产品的资金难以收回。贝尔实验室 20 世纪 50 年代就推出了图像电话，但 20 年后该技术才被市场接受。革命性的新产品往往不太容易被市场接受，而附加性技术的产品往往由于市场已经熟悉了其主要性能而容易被市场接受。

3. 产品扩散速度的不确定性

新产品的扩散速度很难预测，这就使许多企业要么失去了发展的契机，要么陷入困境。1959 年 IBM 公司预测施乐 914 复印机在 10 年内仅能销售 5000 台，而拒绝了与研制该产品的哈罗德公司的技术合作，然而，复印技术被迅速采用，10 年后改名为施乐公司的哈罗德公司已销售了 20 万台施乐 914 复印机，成为一个拥有 10 亿美元资产的大公司。

4. 竞争能力的不确定性

新产品常常面临着激烈的市场竞争，生产新产品的企业往往是初创企业，缺乏资金和强大的销售系统，在竞争中往往受到一些大公司开发的类似产品的竞争。新产品能否占领市场、能够占领多大的市场份额，事先难以确定。

5. 产品售后服务的不确定性

产品生产出来后，能否提供快速、高效的服务也将影响产品的销售和生产，售后服务也是影响产品能否被市场接受的重要环节。产品销售以后如果不能够向用户提供相应的售后服务和技术支持，那么产品最终还是会被市场淘汰。许多从事软件开发的高新企业由于售后服务和技术支持不到位而遭到市场拒绝。

【案例 11-2】

激情创业遭遇滑铁卢

在电视台工作的小张，是北京典型的高级白领，在东三环附近买了一套公寓。由于自己经常加班，所以比较喜欢吃蛋糕甜点等小零食，每月消费都在 1000 元左右。看到蛋糕甜点店总是人潮如织，她开始琢磨在自己住的公寓小区里面开一个蛋糕店，小区里住的也都是年轻人，消费量应该很大，每年应该也能挣个四五十万元吧。她赶紧咨询同事、朋友，他们都非常肯定，说这个项目肯定挣钱。听后，小张备受鼓舞。说干就干，她立即租店面、装修、引进烘烤设备，请服务员……经过一番筹备，蛋糕店隆重开业，小张还请了电视台的同事做了个小片花在电视上宣传。小张决定，最初一个月顾客购买甜点全部 8 折优惠。

前两天，小区里来询问的人还挺多，可是买的人很少。每天烘烤的面包和甜点由于只有一天的保质期，小张不得不痛心地看着大部分面包和甜点被扔掉。

资料来源：李平．激情创业遭遇滑铁卢．大众商务：创业版，2009（4）．

【思考与讨论】

1. 小张创业面临的主要风险是什么？
2. 该创业失败的根本原因是什么？
3. 如果你是小张，你该怎么创业？

三、创业企业管理风险

管理风险是指创业过程中管理不善而导致创业失败所带来的风险。创业者并不一定是出色的企业家，不一定具备出色的管理才能。管理风险主要包括：

1. 管理制度风险

创业企业往往没有完善的管理制度，这种松散的管理在创业初期还可以由创业者的辛苦工作弥补，当创业企业发展到一定程度以后，松散的管理就会造成政令不畅，容易导致风险事件的发生。

2. 人力资源管理风险

人力资源管理的风险主要包括创业团队的风险、人员选择的风险、重要员工流失的风险等。人员配置不科学、激励达不到预期效果、工作作风不严谨这些人力资源管理的问题往往造成内部消耗巨大、重要员工流失等问题，给企业带来巨大的损失。

3. 营销管理的风险

创业企业生产销售的产品一般是新产品，新产品的市场定位、营销策略的制定、营销人员的管理以及营销政策的确定如果出现失误，就会造成整个产品滞销，给企业带来损失。

四、创业企业财务风险

财务风险指企业由于负债筹资而产生的用现金偿还到期债务的不确定性，引起的投资收益下降或破产的风险。创业者可以证明其构想的可行性，但往往没有足够的资金将其实现商品化，从而给创业企业带来一定的风险。在新创企业中，有 80%的企业生命周期不过三年，最主要的原因就是财务风险的影响。

1. 筹资风险

筹资风险随筹资方式的不同而不同。在企业资金全部为自有资金的情况下，创业企业无财务风险，但也无法获得财务杠杆带来的效益。筹集资金的方式有长期资金的筹集，包括吸收投资、发行股票、发行债券、长期借款、融资租赁；短期资金的筹集，包括银行短期借款、商业信用、短期融资。为了降低财务风险，负债经营时要保持合理的负债比率，生产经营状况好，资金周转快，负债比率可以适当高一些；生产经营不理想，产销不畅时负债比率要相对保持在低水平。例如某企业发展新产品需要增加投资，业主担心失去对企业的控制，决定不对外招股或贷款，向新项目投入了本企业所有的收益留存和个人的全部积蓄，并以分期付款办法购置设备。但在试生产中因技术问题使进度拖延了 4 个月。正式生产后发现不能在数量和品种规格上满足市场需求，改造现有设施还要追加投资，但此时银行发现企业的资产负债表上有赤字，拒绝给予贷款。如果一开始就申请银行贷款，个人资金作为机动金应付不测之需，则情况可能好得多。

2. 投资风险

投资风险是投资项目不能达到预期收益，影响企业盈利水平和资金回收的风险。投资要注意项目能不能取得理想的效益，达到一定的收益率水平；项目利润率是否高于企业目前的资金利润率。

3. 现金流量风险

由于权责发生制原则，确定的收益并不能够带来确定的现金流，现金流不确定造成的风险称为现金流量风险。创业者应通过现金流量分析，了解企业的盈利能力、偿债能力和支付能力，从而识别企业财务风险及其大小；掌握现金流日常管理的技巧和方法，同时加强企业现金流量表的编制和应用分析，树立以现金流管理为中心的企业理财新观念。

4. 资金流动性风险

很多人在创业之初，考虑创业风险时第一反应就是考虑项目的风险，往往忽略了一个将直接影响创业项目发展的重要因素——资金流动性风险。所谓资金流动性风险，指的就是创业者在寻找项目、开始创业项目以及开发市场的时候，都要有坚强的资金支撑。而这一段时间，恰好是对创业者理财能力的极大考验。从日常经营活动看，只有提供足够的现金，企业才能生存。没有充裕的现金，必将影响企业的盈利能力和偿债能力，从而影响企业的市场信誉和资金周转，甚至资不抵债，走向破产。例如某创业企业为了追求更多利润，收购了一家经营亏损的大厂，并对它进行大规模技术改造，所需资金来自银行短期信贷、压缩本企业流动资金。后来由于市场需求下降，企业采取降价、赊销等促销措施，结果成本上升，利润下降，资金严重不足。最后，资不抵债使企业倒闭。

【案例 11-3】

开面馆 20 多天 天天都在赔钱①

“快到给员工发工资的时候了，现在真不知道怎么办才好。”在明德门小区附近一家面馆里，看着偌大的屋子里只有几个食客，24 岁的刘洋情绪显得很低落。大学毕业还不到一个月的刘洋开设这家面馆 20 多天，几乎每天做着赔本的买卖。

1. 毕业第二天 开了一家面馆

刘洋从西安航专毕业后开了一家面馆。毕业那年 6 月底，一位开出租车的亲戚说，西安明德门加气站隔壁有一家菠菜面馆要转让，让刘洋考虑一下。刘洋在实地察看之后决定盘下这家店。转让费 65000 元，其中包括两个月的房租，等两个月之后，还要一次性给房东交纳一年 50000 元的租金。

对于家在农村的刘洋来说，一次性拿出 65000 元着实非常困难，好在有家人支持，东借西凑了 70000 元。7 月 6 日，在领取毕业证第二天，刘洋交了转让费盘下了饭馆。这时，他的手里只剩下 5000 元。

2. 开店 20 天 一直在赔钱

对于没有从事过餐饮行业的刘洋来说，24 岁的他要面对很多棘手的问题。刘洋说，自己的努力似乎并没有取得实质的效果，开店 20 天，几乎一直在赔钱。

刘洋算了笔账，面馆每天固定支出八九百元，而营业额最多和成本持平，大部分时间入不敷出。刘洋的面馆一共有 8 名员工，光工资一个月就要支出近万元。让刘洋最有压力的是，9 月 15 日房租到期后，他还要一次性给房东交纳 50000 元房租，“照这样的经营状况，这些钱都不知道从哪儿凑齐”。

---

① 根据网易新闻中心，http：//news. 163. com 的有关资料整理。

3. 梦想和现实还有点远

让刘洋苦恼的是，在盘下这家面馆之前，人家生意做得挺好，为啥自己一接手，生意就不如以前呢？刘洋自己总结，一是经验不足：刚开始时买菜买肉，买多了卖不完只能倒掉；二是不知道怎么管理面馆，暂时还没有详细的规章制度；三是资金的问题，开饭馆非常操心，大事小事都要想到，稍有失误就要用钱说话，这恰恰是他最担心的。

现在，走在创业路上的刘洋感慨颇多，“不是只要有个店就能把钱赚了”。在创业之前，刘洋的计划很“宏大”——开一家饺子馆，打自己的品牌，生意做好了，再开几家连锁店。可是仅仅创业 20 余天，残酷的现实给他好好上了一课——原来创业并不容易。

【思考与讨论】

1. 梦想是美好的，现实是残酷的。刘洋的创业是否注定会失败，为什么？
2. 如果一毕业就要创业，那应该如何起步才可以尽可能地降低失败的风险？

五、其他风险

创业企业面临的风险除了前面所述的风险因素外，企业外部的自然、社会、政治、法律、政策等条件变化也给创业活动带来风险，如合同风险、外汇风险等。

合同风险是合同履行过程中由于主客观原因而使债权人遭受损失的可能性。合同风险主要包括：合同文件缺陷、错误、遗漏或不完善；合同类型选择不当；索赔管理不力；合同纠纷等。王先生掌握了一项高新生产技术，很冲动地找了一个投资人，希望结合他自己的技术和对方的资金开办一家企业。但是一心想要创业的王先生被热情冲昏了头脑，没有及时申请专利，匆匆忙忙地与投资人签订了一份不平等合同。等投资人完全掌握了他的技术后，王先生最终因失去价值而被企业炒掉。

汇率风险即外汇风险，是指在不同币别货币的相互兑换或折算中，汇率在一定时间内发生始料未及的变动，致使有关国际金融主体实际收益与预期收益或实际成本与预期成本发生背离，从而蒙受经济损失的可能性。汇率风险可能导致两种结果，一是获得额外的收益，二是遭受损失。汇率风险又可以分为交易风险、经济风险和会计风险等类型。交易风险是指外贸企业在其经营活动中，由于汇率波动引起其拥有的以外币表示的债权债务价值变化风险。外贸交易从合同签订到合同履行和结算一般有一段时间的间隔，在这期间如果汇率发生变动，就会形成汇率风险。经济风险是指企业对外投资的未来收益因汇率变动而引起的风险。经济风险由于是还未发生的经济事件，因此相对于交易风险更难于把握。会计风险是指以外币计价的资产与负债由于汇率变动而引起的风险。这种风险受到不同国家的会计制度与税收制度的制约。

虽然以上我们对各类风险进行了讨论，但企业处在不同的发展阶段所面对的主要风险是不同的，图 11-2 对此进行了总结。

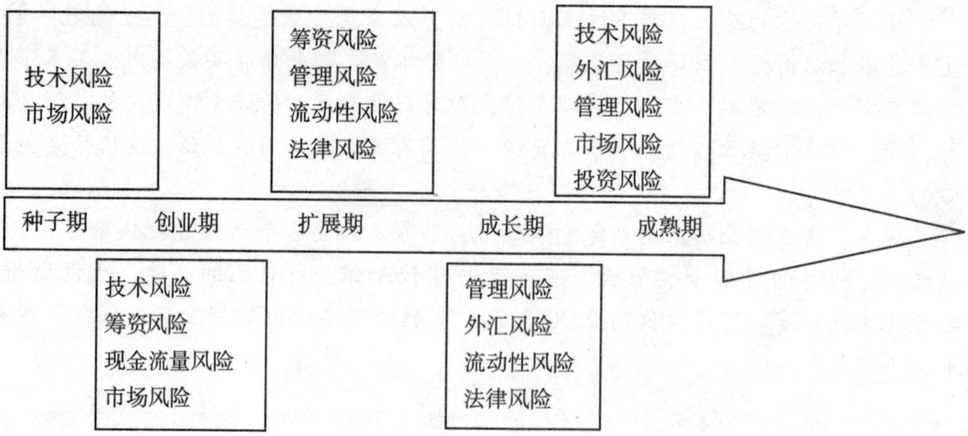

图 11-2 不同发展阶段企业面临的主要风险

第三节 创业企业的风险管理与防范

从总体上看，创业企业面临的风险是一种客观存在，是不可避免的，而且，在一定的条件下还有某些规律性。因此，创业者只能把风险缩减到最小的程度，而不可能将其完全消除。这就要求创业者主动地认识风险，积极管理风险，有效地控制风险，把风险可能造成的损失减至最小的程度，以保证企业的生存和健康成长。创业企业的风险管理是指创业者对创业企业风险进行识别、衡量、分析，并在此基础上有效地处置风险，以最低成本实现最大安全保障的科学管理方法。

一、创业企业风险管理的意义

创业企业可以通过风险管理以最小的耗费把风险损失减少到最低限度，达到最大的安全保障。风险管理可以提高企业的生产能力，保障其生产经营活动顺利进行，实现企业经营目标。创业企业风险管理的意义在于：

（一）保障企业经营目标的顺利实现

任何企业都把盈利置于首位，而创业企业实施有效的风险管理可以使企业获取稳定的、不断增长的盈利。风险管理的实施能够促使企业增加收入和减少支出。风险管理的措施可以使企业面临的风险损失减少到最低限度，并能在损失发生后及时合理地得到经济补偿，这就直接或间接地减少了企业的费用支出。这些都意味着企业增加了盈利，从而保障了企业首要经营目标的实现。保持有利的竞争地位有利于企业管理的规范化。

（二）提高创业企业效率和减轻企业的财务负担

风险管理是一种以最小成本达到最大安全保障的管理方法，它将有关处置纯粹风险（即静态风险）的各种费用合理分摊到产品、劳务之中，减少了费用开支在盈利中的扣除，从而起到了间接提高经营效益的作用。此外，风险管理要求企业各职能部门均应提高经营管理效率，减少风险损失，这也促进了企业经营效益的提高。创业企业风险管理可以避免因风险事件的发生造成过重的财务负担而陷入困境。创业企业资金一般不是十分充足，一旦发生风险事件，又往往需要大量的资金，如果不能够及时筹集到资金，就会使企业有倒闭的可能。创业企业选择合适的风险管理方法，还有助于风险管理成本的降低。

（三）保持有利的竞争地位

风险损失可能会导致企业在人才、技术、产品、市场上的优势全部丧失，如企业关键人员的流失、技术的泄密等。因此，风险管理有利于创业企业的持续经营和保持有利的竞争优势。

（四）有利于企业管理的规范化

风险管理能够促进企业决策的科学化、合理化，减少决策的风险性。风险管理利用科学系统的方法，管理和处置各种风险，有利于企业减少和消除生产风险、经营风险、决策失误风险等，这对企业科学决策、正常生产具有重大意义。创业风险管理的过程中会逐渐形成规范的管理职能和管理制度，使企业的管理走向规范化，并且管理的规范化也可以避免许多风险。

二、创业企业风险管理的过程

企业风险管理是对企业生产经营过程中可能产生的各种风险进行识别、衡量、分析、评价，并适时采取及时有效的方法进行防范和控制，用最经济合理的方法来综合处理风险，以实现企业最大安全保障的一种科学管理方法。图 11-3 给出了风险管理的五个步骤。

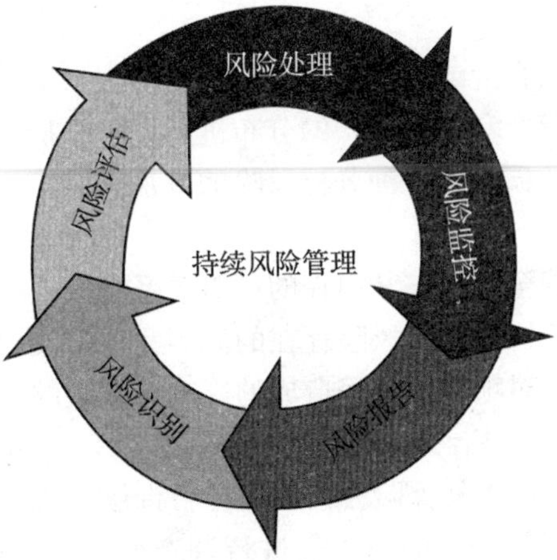

图 11-3　风险管理的流程

（一）风险识别

风险识别是指在风险事故发生之前，风险管理人员在收集资料和调查研究之后，运用各种方法对尚未发生的潜在风险以及客观存在的各种风险进行系统归类和全面识别。风险识别是风险管理的基础，其任务就是查明不确定性因素和风险来源、各风险之间的关系及风险的后果。确定哪些因素对创业构成威胁，哪些因素可能带来机会，为风险管理做好准备。风险识别的主要内容是：识别引起风险的主要因素、识别风险性质、识别风险概率、识别风险后果。风险概率是指某一风险发生的可能性。风险后果是指某一风险事件发生对项目目标产生的影响。风险识别方法与工具主要包括：

1. 环境分析法

环境分析法是指通过对企业内外部环境的分析，明确机会和威胁，对比企业的优势和劣势，找出这些环境可能引发的风险和损失。环境分析法重点是分析环境的不确定性及变动趋势给企业经营带来的风险，还要注意分析环境中的变动因素及其相互作用对企业的经营效果带来的影响。

具体的分析方法主要有头脑风暴法、德尔菲法、SWOT 分析法等方法。

头脑风暴法又称智力激励法，是现代创造学奠基人美国阿历克斯·奥斯本于 1938 年首次提出的。头脑风暴法是在主持人的组织下，与会人员之间相互启迪思想、激发思路的有效分析方法。与会人员都可毫无顾忌地发表自己的观点，开拓性地估计风险发生的可能性。头脑风暴法有低成本，高效率的优点，并且可以获取广泛的信息。

德尔菲法最早出现于 20 世纪 50 年代末，广泛用于各种领域的预测，如人口预测、医疗保健预测、经营和需求预测、教育预测、风险预测等。此外，还用于评价、决策和规划风险等工作。德尔菲法本质上是一种反馈匿名函询法，是利用函询形式的集体匿名思想交流过程。德尔菲法具有简便易行，一定科学性和实用性的优点。

SWOT 分析法是通过分析企业优势、劣势、机会和威胁，从而预测企业将要面临的风险的一种方法。能够给企业带来风险的主要是劣势和威胁，通过优劣势、机会和威胁的对比，一般可以预测企业将要面临的市场风险。

2. 财务状况分析法

财务状况分析法是根据企业或其他单位的资产负债表、损益表、财务状况表和财产目录等资料，对企业的固定资产和流动资产的分布进行风险分析，以便从财务的角度发现企业所面临的潜在风险和财务损失的一种分析风险的方法。

3. 流程图法

流程图法是将企业经营全过程按其内在的逻辑关系制成流程图，针对流程中的关键环节和薄弱环节进行调查和分析，找出风险存在的原因，从中发现潜在风险的威胁，分析风险发生后可能造成的损失和对项目全过程造成的影响有多大的一种分析风险的方法。

4. 保险调查法

保险调查法是指企业可以委托保险公司或保险咨询服务机构，对潜在损失和由于风险事件的出现可能造成的消极影响、赔偿责任进行调查分析，提出预防风险损失出现的措施，并向企业建议可自保的项目和应向保险公司投保的项目。

（二）风险评估

风险评估是在风险识别的基础上，对可能发生的某类风险的预计、度量和估计后果等工作。

1. 定性风险评估

定性风险评估方法主要有历史资料法、理论概率分布法和主观概率法。

历史资料法是在项目情况基本相同的条件，可以通过观察各个潜在的风险在长时期内已经发生的次数，估计每一可能事件的概率。

理论概率分布法是项目的管理者没有足够的历史信息和资料来确定项目风险事件的概率时，根据理论上的某些概率分布来补充或修正，从而建立风险的概率分布图。常用的风险概率分布是正态分布，正态分布可以描述许多风险的概率分布，如交通事故、财产损失、加工制造的偏差等。

主观概率是管理者根据自己的经验，去测度项目风险事件发生的概率或概率分布，这样得到的项目风险概率被称为主观概率。主观概率的大小常常根据人们长期积累的经验、对项目活动及其有关风险事件的了解估计。

2. 定量风险评估

定量风险评估是量化分析每一风险对项目目标造成的影响。主要方法有盈亏平衡分析、敏感性分析、决策树分析等，详细内容可以参阅有关风险计量方面的资料。

（三）风险处理

风险处理是指通过不同的方法和措施，使因风险而发生的损失最小，常用的方法有回避风险、转移风险、损失控制和自留风险。

1. 回避风险

回避风险是对所有可能发生的风险尽可能地规避，这样可以直接消除风险损失。回避风险具有简单、易行、全面、彻底的优点，能将风险的概率保持为零，从而保证项目的安全运行。通常用于风险损失程度大、发生频率高的风险。

2. 转移风险

转移风险是指一些单位和个人为避免承担风险损失，而有意识地将损失或与损失有关的财务后果转嫁给另外的单位或个人去承担。转移风险有非保险转移和保险转移两种形式。保险转移是指向保险公司交纳保险费并同时将风险转移给保险公司。

3. 损失控制

损失控制是指在风险发生时或在损失发生后为了缩小损失程度所采取的各种措施，如在损失发生后采取自救的措施避免损失的扩大。

4. 自留风险

自留风险是企业自己承担风险发生的损失的方法，该方法主要应用于风险发生的频率低和风险损失程度小的风险的处理。

（四）风险监控

风险的监督和控制是一个十分重要的管理过程，主要通过跟踪已识别的风险，监视残余风险和识别新的风险，保证项目计划的执行，并评估这些计划对减低风险的有效性。

（五）风险报告

对于创业企业来讲，风险处理的情况到底怎样，是否确实达到了控制的目标，除了进行必要的监控外，也需要向相关利益方进行必要的报告，为企业发展的新阶段重新识别风险和管理风险做好准备。

创业企业的最大的特殊性在于从无到有的成长过程，成长的过程中充满各种不确定性，这些不确定性一旦给企业带来损失就是风险。一般来说创业企业是风险集中的组织，创业风险主要来自技术、市场、管理、资金、政策等方面。

三、创业企业风险的防范方法

（一）创业企业技术风险的防范

1. 保险

保险是指保险人向投保人收取保险费，建立保险基金，并对投保人负有合同规定范围的赔偿和给付责任的一种商业保险行为。从经济角度上说，保险是分摊意外事故损失的一种财务安排；从法律角度来看，保险是一种合同行为，体现的是一种民事法律关系。创业企业通过向保险公司投保的方式，向保险公司交纳一定的保险金，若新产品、新技术开发失败，则在责任范围内由保险公司负责赔偿。

2. 转移风险

通过技术转让、技术交易等方式，向其他主体转让风险。比如新产品在生产阶段失败时，就可以将技术卖给有能力生产该产品的企业。

3. 风险分散

创业企业通过多元化经营，使风险在不同的经营活动中分散化。创业企业要同时开发多个项目，使风险得到分散。对于一些风险较大的项目，可以先投入少量资金进行生产和市场实验，然后再决定是否大规模投产。

（二）市场风险的防范

1. 始终坚持市场为导向的经营理念

创业企业不一定拥有最好的产品和最先进的技术，但一定要拥有正确的营销理念和最好的营销策略。创业企业所要生产的产品或提供的服务除了要进行切实细致的市场分析和经济评估外，还要对产品生命周期的各个阶段可能引发的风险，制定合理对策。如投入期，应考虑产品能否被消费者接受，如何降低流通费用、促销费用，降损增利提高销售额；成长期，重点研究竞争对手的状况，如何扩大销售深度与广度；成熟期，在行业竞争激化形势下，对产品进行差异化改进，扩大流通渠道；衰退期，正确认识产品老化程度，一方面维持、集中收益战略，确保生产率；另一方面加速产品更新换代，以同类或异类新产品取代老产品，使老产品退出市场。

2. 加强营销管理

对于售后服务、市场推广的风险完全可以通过加强管理来防范。强化售后服务意识和加强营销队伍的建设是防范该类风险的有效办法。吸纳、任用既掌握营销能力又掌握技术知识的营销人才，建设最坚强有力的营销队伍，是防范市场风险的有效手段。

（三）财务风险规避方法

1. 择优投放项目

将有限的资金用在高效的产品上，选择高效率的项目是关键。通过各种投资分析方法，在初期选择好投资项目，是创业的关键，项目的好坏基本上决定了创业活动能否成功。为防范财务风险，企业必须采用科学的决策方法。在决策过程中，应充分考虑影响决策的各种因素，尽量采用定量计算及分析方法并运用科学的决策模型进行决策。对各种可行方案要认真进行分析评价，从中选择最优的决策方案，切忌主观臆断。例如，对固定资产投资，应采用科学方法计算各种投资方案的投资回收期、投资报酬率、净现值及内含报酬率等指标，并对计算结果进行综合评价，在考虑其他因素的基础上选择最佳的投资方案。又如，在筹资决策过程中，企业首先应根据生产经营情况合理预测资金需要量，然后通过对资金成本的计算分析及各种筹资方式的风险分析，选择正确的筹资方式，确定合理的资金结构，在此基础上做出正确的筹资决策，以降低成本，减少风险。按照以上方法做出的决策，产生失误的可能性大大降低，从而可以避免因财务决策失误而带来的财务风险。

2. 优化配置资金，实现资金增值

创业企业可以通过资金优化配置来降低财务风险。例如，企业可以在保证资金需要的前提下，适当降低负债资金占全部资金的比重，以达到降低债务风险的目的。当市场不可测因素增多，股票价格出现剧烈波动时，企业应及时降低股票投资在全部对外投资中所占的比重，从而降低投资风险。在生产经营活动中，企业可以通过提高产品质量、改进产品设计、努力开发新产品及开拓新市场等手段，提高产品的竞争力，降低因产品滞销、市场占有率下降而产生的不能实现预期收益的财务风险。另外，企业也可以通过付出一定代价的方式来降低产生风险损失的可能性。例如建立风险控制系统，配备专门人员对财务风险进行预测、分析、监控，以便及时发现及化解风险。企业也可建立风险基金，如对长期负债建立专项偿债基金，以此降低风险损失对企业正常生产经营活动的影响。

3. 进一步提高风险管理水平

加强风险管理的日常工作，尽可能地在风险发生之前就能够预测到，并相应地设计备用方案，一旦风险事件发生，可以马上采取补救措施，将损失降到最小。理顺企业内部财务关系，做到责、权、利相统一。为防范财务风险，企业必须理顺内部的各种财务关系。要明确各部门在企业财务管理中的地位、作用及应承担的职责，并赋予其相应的权力，真正做到权责分明，各负其责。另外，在利益分配方面，应兼顾企业各方利益，以调动各方面参与企业财务管理的积极性，从而真正做到责、权、利相统一，使企业内部各种财务关系清晰明了。

（四）合同风险的防范

1. 严格审查合同的主体资格

对合同的主体资格的审查包括：是否有营业执照、是否有固定的经营场所和必要的设备、相应的资金数额和从业人数、合法的经营范围和方式、能否独立承担民事责任。对合同主体资格的审查还要注意防止合同诈骗行为，注意一些串通合谋的合同诈骗。

2. 调查对方的清偿能力和信用情况

要从合同当事人的素质、资金情况、融资措施等方面了解判断对方的清偿能力和信用情况，对于清偿能力和信用差的当事人要拒绝签订买卖合同，避免不必要的纠纷。

3. 精心准备合同条款

合同条款是当事人履行合同的依据，为避免因合同不完备或歧义而引起合同纠纷，应当精心准备和反复推敲合同条款。除了法律规定的强制条款以外，合同条款要尽可能明确、具体，对合同的变更、转让、解除、附件等也应详细说明。

（五）汇率风险的防范

1. 使用合同的保值条款

在长期合同中，使用“一揽子”货币作为保值条款，就是在签订合同时，确定好所选择的多种货币与计价货币间的汇率，并规定所选货币的权数，若汇率发生变动，则在结算时，根据当时汇率变动的情况和每种货币的权数，对收付合同金额作相应的调整。

2. 选择计价货币

选择计价货币就是在国际贸易中，如果是进口方则尽量选择软货币，如果是出口方则选择硬货币。因为软货币贬值的可能性大，如果贬值则进口方就可以少付货款，硬货币升值的可能性大，如果升值则可以多获得收益。

3. 利用衍生金融工具进行保值

利用远期外汇交易进行保值，就是在签订合同的同时在远期外汇市场上进行相反的操作，以减少损失。远期外汇交易是指外汇买卖双方事先签订远期合约达成交易，在成交后第二个营业日之后的任何一个商定日期办理交割的外汇买卖。例如，我方企业与国外的企业签订以美元为计价货币的进口合同时，为了防止到期美元汇率上升而造成的汇兑损失，可在与外商签订买卖合同后，立即在银行买进同期、等额的美元外汇，这样就可以达到保值防范风险的目的。但是若是美元大幅度贬值，则不能获得因汇率变动的收益，因此可以采用外汇期权进行保值。

外汇期权是指以某种外币作为标的物的期权交易形式，它赋予期权买方享有在合约有效期内或者期满时以规定的汇率购买或者售出一定数额某种外汇资产的权利。例如，我方企业与国外的企业签订以美元为计价货币的进口合同时，为了防止到期美元汇率上升而造成的汇兑损失，可在与外商签订买卖合同后，立即买进同期、等额的美元外汇期权交易，若到期时美元升值则执行期权交易，规避美元升值的风险；若美元贬值则不执行期权交易，可以获得美元贬值的收益。外汇期权交易以较少的期权费不仅可以规避汇率变动带来的损失，而且不影响因汇率变动获得的收益。

本章小结

创业风险是指给创业企业财产和潜在的获利机会带来损失的可能性。创业企业风险具有客观性、不确定性、相对性、可测量性、收益性、发展性等基本特征。创业环境的不确定性，创业机会与创业企业的复杂性，创业者、创业团队与创业投资者的能力及实力的有限性，是创业风险的根本来源。按创业风险的内容划分，创业风险可分为技术风险、市场风险、政治风险、管理风险、生产风险和经济风险。

创业企业风险管理的意义在于保障企业经营目标的顺利实现，提高创业企业效率、减轻企业的财务负担和有利于创业者素质的提高。

创业企业风险管理是对各种风险的认识、控制和处理的行为，要求研究风险发生的规律，估算风险对社会经济生活可能造成损害的程度，并选择有效的手段，有计划、有目的地处理风险，以期用最小的代价，获得最大的安全保障。风险管理的过程包括风险识别、风险评估、风险处理、风险监控。创业者应当针对不同的风险采取不同的防范管理办法。

思　考　题

1. 风险的基本特征对风险管理有哪些借鉴之处？
2. 创业风险的防范要注意哪些方面？
3. 如何加强风险管理预防合同风险？
4. 创业企业风险防范的步骤是怎样的？
5. 创业企业如何防范技术风险？
6. 创业企业如何防范汇率风险？

第十二章 依法经营

【故事导读】

狐狸和猴子

河中央有一个土墩，土墩上长着一株桃树，树上结满了大桃子。

狐狸想吃桃子，过不了河。

猴子想吃桃子，也过不了河。

狐狸和猴子商量，一同想办法架桥过去，摘下桃子各分一半。

狐狸和猴子一同花了很大力气，扛上一根木头，从这边架到河中央的土墩上，成了一座独木桥。这座桥太窄了，它们不能同时过去，只能过去一个，再过去一个。

“让我走过去，你再过去吧！”狐狸对猴子说。

狐狸走过去了。狐狸想独自吃桃子，便故意把木头推到了河里。

“猴子，请你回去吧！”狐狸哈哈地笑了起来，说：“你没有口福吃桃子。”

猴子非常生气，可是它马上也笑了起来说：“哈哈！你能够吃到桃子，但是你永远回不来啦！”

狐狸听了非常着急，没有办法，只好苦苦哀求猴子说：“猴子大哥，我们是好朋友，请你替我想个办法让我回去吧！”

猴子一句话也不说，独自走了。

市场经济是法治经济，法律是规范企业活动的准绳。知法懂法不但是每个公民的责任，而且是创业企业的责任。如果创业者知法懂法就可以保护自己的合法权益不受他人侵害，更为重要的是，现代社会的任何创业行为，都是一种法律行为，必须依照法律程序，得到法律的认可。所以，创业者必须把依法经营管理放在重要位置，在竞争激烈的市场经济中，守法是必要的竞争手段。

第一节 知识产权的保护

知识产权是自然人或法人对自然人通过智力劳动所创造的智力成果，依法确认并享有的权利。它是一种财产权，受国家法律的保护，任何人不得侵犯。它像有形财产一样，可以进行买卖、赠予和使用，具有使用价值和价值。知识产权包括专利、商标、著作权和商业秘密等，是创业者的重要资产，对于高科技企业来讲，它是企业的核心竞争力，是企业的生命所在。知识产权是发展的重要资源和竞争力的核心要素。知识产权保护有助于建设创新型国家，让千千万万创新者以创造成果造福人民，实现自身价值，促进经济提质增效升级。

一、商标

（一）商标和商标的特征

1. 商标的含义

商标是识别某商品、服务或与其相关的具体个人或企业的显著标志，可以是字母、数字图形或文字，也可用颜色、声音、气味或立体图像来表示。商标的起源可追溯到古代，当时工匠们将其签字或“标记”印制在其艺术品或实用产品上。随着岁月流逝，这些标记演变成为今天的商标。商标帮助消费者识别和购买某产品或服务，因为由产品或服务上特有的商标所标示的该产品或服务的性质和质量符合他们的需求。经商标局核准注册的商标为注册商标，商标注册人享有商标专用权，受法律保护。

任何能够将自然人、法人或者其他组织的商品与他人的商品区别开的可视性标志，包括文字、图形、字母、数字、三维标志和颜色组合以及上述要素的组合，均可以作为商标申请注册。商标一般分为：

（1）商品商标。商品商标是指商品生产者或经营者为使自己的商品在市场上同其他生产者或经营者的商品相区别，用于商品或其包装上的，由文字、图形或文字、图形的组合所构成的标志，又分为制造商标、销售商标等。比如：为了创造自己的品牌，某花卉专卖店注册了“四季”商标，该商标就属于销售商标。

（2）服务商标。服务商标是指用以区别服务业经营者所从事的同类服务项目中的不同特点的标志。

（3）集体商标。集体商标是指以团体、协会或者其他组织名义注册，供该组织成员在商事活动中使用，以表明使用者在该组织中的成员资格的标志。

（4）证明商标。证明商标是指由对某种商品或者服务具有监督能力的组织所控制，而由该组织以外的单位或者个人使用于其商品或者服务，用以证明该商品或者服务的原产地、原料、制造方法、质量或者其他特定品质的标志。例如，用于产品质量的商标“3C”即是一种证明商标。

2. 商标的特征及具体体现

（1）商标具有显著性，主要用于区别于他人的商品或服务，同时商标也不同于具有叙述性、公知公用性的标志，如禁止通行，禁止吸烟标志等。但是，并不是所有文字和图形都可用作商标，如：

①同中华人民共和国的国家名称、国旗、国徽、军旗、勋章相同或者近似的以及同中央国家机关所在地特定地点的名称或者标志性建筑物的名称、图形相同的；

②同外国的国家名称、国旗、国徽、军旗相同或者近似的，但该国政府同意的除外；

③同政府间国际组织的名称、旗帜、徽记相同或者近似的，但经该组织同意或者不易误导公众的除外；

④与表明实施控制、予以保证的官方标志、检验印记相同或者近似的，但经授权的除外；

⑤同“红十字”、“红新月”的名称、标志相同或者近似的；

⑥带有民族歧视性的；夸大宣传并带有欺骗性的；有害于社会主义道德风尚或者有其他不良影响的。

⑦县级以上行政区划的地名或者公众知晓的外国地名，不得作为商标。

（2）商标具有独占性，注册商标所有人对其商标具有专用权、独占性，未经注册商标所有人许可，他人擅自使用的，即构成侵犯注册商标所有人的商标权的违法行为。《商标法》第五十二条规定，有下列行为之一的，均属侵犯注册商标专用权：

①未经商标注册人的许可，在同一种商品或者类似商品上使用与其注册商标相同或者近似的商标的；

②销售侵犯注册商标专用权的商品的；

③伪造、擅自制造他人注册商标标识或者销售伪造、擅自制造的注册商标标识的；

④未经商标注册人同意，更换其注册商标并将该更换商标的商品又投入市场的；

⑤给他人的注册商标专用权造成其他损害的。

（3）商标具有价值。商标是无形的财产，是信誉的载体。商标的创意、设计、申请注册、广告宣传及使用，使商标具有了价值。商标所有人通过长期的生产经营，在人们心目中建立了企业信誉和品牌形象，对于驰名商标，这部分价值构成商标价值的主要部分。所以《商标法》第五十二条规定，侵犯商标专用权的，必须进行赔偿。赔偿数额为侵权人在侵权期间因侵权所获得的利益，或者被侵权人在被侵权期间因被侵权所受到的损失，包括被侵权人为制止侵权行为所支付的合理开支。

（4）商标具有竞争性。其表现形式就是商标知名度的竞争。商标知名度越高，其商品或服务的竞争力就越强。通过假冒或仿冒他人商标来牟利是违反法律规定的。《商标法》第十三条规定，就相同或者类似商品申请注册的商标是复制、模仿或者翻译他人未在中国注册的驰名商标，容易导致混淆的，不予注册并禁止使用。

（二）商标注册制度

1. 商标注册制度的内容

商标注册制度包括商标注册的申请、商标注册的审查、注册商标的续展、转让和使用许可及注册商标争议的裁定四个方面。商标注册保护制度通过授予商标权人使用商标来标示其商品或服务（以区别于其他人提供的商品或服务）的独占权，或者是许可他人有偿使用，来实现商标权人的经济利益。商标的保护期为10年，但商标权人可以通过续展注册延长商标的保护期限，续展注册没有次数的限制。

2. 我国商标注册的原则

我国《商标法》第三条规定："经商标局核准注册的商标为注册商标，商标所有人享有商标专用权，受法律的保护。"商标注册申请人应该具备相应的主体资格（如除个人以外的依法成立的企业、事业等单位或组织）。

（1）自愿注册与强制注册相结合原则。所谓自愿注册原则，是指商标所有人根据自己的需要和意愿，自行决定是否申请商标注册。通过申请并经国家工商行政管理总局商标局核准注册的商标为注册商标。注册人对该注册商标享有专用权，受法律的保护；未经注册的商标也能使用，但使用人不享有商标专用权，不得与他人的商标相冲突。所谓强制注册原则，是指国家对生产经营者在某些商品或服务上所使用的全部商标，必须经依法注册才能使用的强制性规定。《商标法》第六条规定："国家规定必须使用注册商标的商品，必须申请商标注册，未经核准注册的，不得在市场销售。"目前，我国规定必须使用注册商标的商品有：人用药品（西药、针剂和中成药）和烟草制品（卷烟、雪茄烟和有包装的烟丝）。

（2）国家统一注册原则。指我国的商标注册工作必须由国家商标主管部门统一审核批准注册。《商标法》第二条明确规定："国务院工商行政管理部门商标局主管全国商标注册和管理的工作。"

（3）申请在先原则（又称注册在先原则）。所谓申请在先原则是指两个或两个以上的申请人，在同一或类似的商品上以相同或者相近似的商标申请注册时，注册申请在先的商标申请人获得商标专用权，在后的商标注册申请予以驳回。我国《商标法》第二十九条规定："两个或者两个以上的申请人，在同一种商品或者类似的商品上，以相同或者近似的商标申请注册的，初步审定并公告申请在先的商标；同一天申请的，初步审定并公告使用在先的商标，驳回其他人的申请，不予公告。"

（4）使用在先原则。指在无法确认申请（注册）在先的情况下采用最先使用者取得商标注册的原则。《商标法》第二十九条规定"两个或者两个以上的商标注册申请人，在同一种商品或者类似商品上，以相同或者近似的商标申请注册的……同一天申请的，初步审定并公告使用在先的商标，驳回其他人的申请，不予公告。"这里所谓的使用在先原则，在遇到与商标权类似的其他知识产权的权利（如：专利权、著作权）相冲突时，往往起到重要的决定作用。

（三）创业中如何注册和保护商标

1. 商标注册申请的流程

（1）申请的提出

由自己或委托商标代理组织向商标局提交商标注册申请书。申请商标注册，应当按照公布的商品和服务分类按类申请。每一件商标注册申请应当向商标局提交《商标注册申请书》1份、商标图样5份；指定颜色的，并应当提交着色图样5份、黑白稿1份。

商标图样必须清晰、便于粘贴，用光洁耐用的纸张印制或者用照片代替，长或者宽应当不大于10厘米，不小于5厘米。

以三维标志申请注册商标的，应当在申请书中予以声明，并提交能够确定三维形状的图样。

以颜色组合申请注册商标的，应当在申请书中予以声明，并提交文字说明。

申请注册集体商标、证明商标的，应当在申请书中予以声明，并提交主体资格证明文件和使用管理规则。

商标为外文或者包含外文的，应当说明含义。

申请商标注册的，申请人应当提交能够证明其身份的有效证件的复印件。商标注册申请人的名义应当与所提交的证件相一致。共同申请注册同一商标的，应当在申请书中指定一个代表人；没有指定代表人的，以申请书中顺序排列的第一人为代表人。

商标注册的申请日期，以商标局收到申请文件的日期为准。申请手续齐备并按照规定填写申请文件的，商标局予以受理并书面通知申请人；申请手续不齐备或者未按照规定填写申请文件的，商标局不予受理，书面通知申请人并说明理由。

申请手续基本齐备或者申请文件基本符合规定，但是需要补正的，商标局通知申请人予以补正，限其自收到通知之日起30日内，按照指定内容补正并交回商标局。在规定期限内补正并交回商标局的，保留申请日期；期满未补正的，视为放弃申请，商标局应当书面通知申请人。

（2）申请的审查

商标局对受理的商标注册申请，依照《商标法》及有关规定进行审查，对符合规定的或者在部分指定商品上使用商标的注册申请符合规定的，予以初步审定，并予以公告；对不符合规定或者在部分指定商品上使用商标的注册申请不符合规定的，予以驳回或者驳回在部分指定商品上使用商标的注册申请，书面通知申请人并说明理由。

商标局对在部分指定商品上使用商标的注册申请予以初步审定的，申请人可以在异议期满之日前，申请放弃在部分指定商品上使用商标的注册申请；申请人放弃在部分指定商品上使用商标的注册申请的，商标局应当撤回原初步审定，终止审查程序，并重新公告。

对商标局初步审定予以公告的商标提出异议的，异议人应当向商标局提交商标异议书一式两份。商标异议书应当写明被异议商标刊登《商标公告》的期号及初步审定号。商标异议书应当有明确的请求和事实依据，并附送有关证据材料。

当事人需要在提出异议申请或者答辩后补充有关证据材料的，应当在申请书或者答辩书中声明，并自提交申请书或者答辩书之日起3个月内提交；期满未提交的，视为当事人放弃补充有关证据材料。

（3）商标的评审

商标注册申请人不服商标局做出的“驳回申请、不予公告”的审查结果的，可以自收到通知之日起十五日内向商标评审委员会申请复审。当事人对商标评审委员会的决定不服的，可以自收到通知之日起三十日内向人民法院起诉。

（4）商标核准注册

对于商标局核准的商标申请，在公告期满无异议的，予以核准注册，发给商标注册证，并予公告。

2. 注册商标的保护

由于国家规定和国际惯例等原因，商标的保护有以下几个方面的要求，创业者在申请商标注册时，要引起足够的重视。

（1）商标使用的地域性

世界上几乎所有国家或地区均对商标进行注册并加以保护。每一个国家或地区均有商标注册簿，其中载有关于所有注册和续展的全部申请资料，为审查、检索和可能由第三方提出异议提供便利，但商标注册的效力仅限于所涉的一个国家或地区（或属于地区注册的几个国家）。为了避免非要在每一个国家或地区分别注册不可的情形，世界知识产权组织实行商标国际注册制度。该制度的依据是两部条约，即《商标国际注册马德里协定》和《马德里议定书》。与该一部或两部条约的成员国有某种联系（通过国籍、住所或营业所）的任何人，根据在该国商标局进行的注册或提出的申请，可以取得在马德里联盟部分或全部其他国家有效的国际注册，目前，有60多个国家参加了该一部或两部协定。

（2）商标注册的商品专用性

申请人申请商标注册，申报的商品被限制在经营范围以内，也就是说使用权只在特定的范围即核定使用的商品与核准注册的范围内才受到保护。如某卷烟厂生产并销售卷烟和烟丝，但该厂只对卷烟进行了商标注册，却没同时对烟丝进行注册，结果被他人用同一商标名对烟丝这种商品进行抢注，为了保护自身声誉，该企业只好用高价买回该注册商标。因此创业企业申报尽可能多的商品可以获取更大范围的保护，然而这也存在一定的弊端，由于商品多，被第三方提出异议的可能性也随之增大。

（3）及时注册与商标相同的域名

在现代社会，网络成为最重要的信息传递渠道。成功的创业者应该懂得用网络推广自己的产品，提高自己的声誉。所以要及时申请注册与本企业商标相同的域名。防止被他人抢注，如果自己的商标被他人注册为域名后，自己就无法再对此进行注册了。尽管通过诉讼可能拿回域名，但对企业来说已是不小的损失。另外，创业者也需注意不要注册与知名度高的商标重复的域名，否则很可能会导致商标侵权纠纷的诉讼。

【案例 12-1】

美国星源公司的域名被抢注

美国星源（星巴克）公司聘请香港律师行，历经半年之久的取证，终于取得中国国际经济贸易仲裁委员会域名争议解决中心的域名转移裁决，取回含其注册商标“STARBUCKS”标识的两个 CN 域名“starbucks. com. cn”和“starbucks. cn”。星巴克为了证明自己对这两个域名拥有合法权益而其他人是属于非合法占有，聘请了国际知名的香港麦坚实律师行作代理。仅律师费一项，其最低支出在 15000 美元左右，折合人民币是 10 万元以上，加上香港律师到内地进行各项调查取证的费用、仲裁费用，星巴克在本次域名争议案上的直接费用支出在 15 万元人民币以上。如果依正常的注册程序，提出及时的注册请求，其注册和拥有以上两个域名，几年来所需要的成本即注册费用只有 2400 元人民币。

资料来源：根据 http：//cy580. com 整理。

【思考与讨论】

星源公司作为国际知名企业其域名被抢注，说明其知识产权的管理中存在疏漏，其疏漏是什么？在今天（移动）互联网时代，创业企业如何防范知识产权保护中的疏漏，减少不必要的麻烦和损失？

二、专利

对于创业者来说，如果拥有一项具有商业价值的技术，将其技术创新的成果及时申请专利并授权后，就可以利用专利的排他性、独家性生产新产品，从而获得丰厚的生产利润。而其他市场主体未经授权不得生产专利产品，不得使用专利方法，从而会拉大其间差距，这就保护了创业者的技术优势。

（一）专利概述

1. 专利和专利法

专利是专利权的简称，是指国家专利主管机关依法授予专利申请人及其权利继受人在一定期间内实施其发明创造的独占权。专利法是指国家制定的，用以专门调整因确认发明创造的所有权和因发明创造的使用而产生的各种社会关系的法律规范。

同其他知识产权一样，专利权属于无形资产，具有时间性和地域性的限制。专利权的时间性是指专利权只在其保护期限内有效，期限届满或专利权已经终止的就不再受专利法保护，也就是说，在保护期限后，任何人都可以免费使用该发明创造。在我国，发明专利权的期限为20年，实用新型专利权和外观设计专利权的期限为10年，均自申请日起计算。专利权的地域性是指一个国家授予的专利权，只在该授予国有效，在其他国家没有任何法律约束力。每个国家所授予的专利权，其效力是互相独立的。

2. 专利的种类

在我国，专利法意义上的发明创造包括发明、实用新型和外观设计三种。

（1）发明是指对产品、方法或者其改进所提出的新的技术方案。

（2）实用新型是指对产品的形状、构造或者它们的结合所提出的适用于实用的技术方案。

（3）外观设计是指对产品的形状、图案、色彩或者结合所做出的富有美感并适用于工业上应用的新设计。

发明不同于发现。发现是揭示自然界已经存在的但尚未被人们所认识的自然规律和本质。而发明创造则是运用自然规律或本质去解决具体问题的技术方案。发现是不能获得专利的，只有发明才能获得专利。比如，某企业在研究中发现一种食物对减肥有特效，该企业是不能对这种食物申请专利的；但该企业通过提炼这种食物中的相关成分，制成一种减肥新药，对于这种药品，企业是可以申请专利的。其他不能申请专利的发明包括：智力活动的规则和方法，例如：训练方法、游戏方案等；疾病的诊断和治疗方法；动物和植物的品种；用原子核变换方法获得的物质。

一种实用新型如果能够申请专利，它必须同时具备新颖性、创造性和实用性三个特点。但相对发明来讲，它对创造性的要求低一些。

外观设计是对产品进行的外观新设计，它应适于在工业上应用，并富于美感。

（二）专利的申请及审批

1. 专利申请

申请专利时，必须经过专利申请和依法审批的全过程。记载发明创造内容的说明书、权利要求书或图片、照片是专利申请文件的重要组成部分，当其被专利局出版发行之后，就成了专利文献。

申请专利为发明或者实用新型专利的，应当提交请求书、说明书及其摘要和权利要求书等文件。请求书应当写明关于发明或者实用新型的详细资料，必要的时候，应当有附图。摘要应当简要说明发明或者实用新型的技术要点。权利要求书应当以说明书为依据，说明要求专利保护的范围。申请外观设计专利的，应当提交请求书以及该外观设计的图片或者照片等文件，并且应当写明使用该外观设计的产品及其所属的类别。

一件发明或者实用新型专利申请应当限于一项发明或者实用新型。属于一个总的发明构思的两项以上的发明或者实用新型，可以作为一件申请提出。一件外观设计专利申请应当限于一种产品所使用的一项外观设计。用于同一类别并且成套出售或者使用的产品的两项以上的外观设计，可以作为一件申请提出。

2. 发明专利申请的审批过程

一项专利申请成功一般要经过五个阶段：受理阶段；初审阶段；发明专利申请公布阶段；发明专利申请的实质审查阶段；主要对申请是否具有新颖性、创造性、实用性以及专利法规定的其他实质性条件进行全面审查阶段。

国务院专利行政部门收到发明专利申请后，经初步审查认为符合法律要求的，自申请日起满十八个月，即可公布。发明专利申请自申请日起三年内，国务院专利行政部门可以根据申请人随时提出的请求，对其申请进行实质审查；申请人无正当理由逾期不请求实质审查的，该申请即被视为撤回。国务院专利行政部门对发明专利申请进行实质审查后，认为不符合专利法规定的，会通知申请人，要求其在指定的期限内陈述意见，或者对其申请进行修改；如果申请人无正当理由逾期不答复的，该申请即被视为撤回。专利申请经实质审查没有发现驳回理由的，由国务院专利行政部门做出授予发明专利权的决定，发给发明专利证书，同时予以登记和公告。发明专利权自公告之日起生效。发明专利申请经申请人陈述意见或者进行修改后，国务院专利行政部门仍然认为不符合本法规定的，应当予以驳回。专利申请人对国务院专利行政部门驳回申请的决定不服的，可以自收到通知之日起三个月内，向专利复审委员会请求复审。专利复审委员会复审后，做出决定，并通知专利申请人。专利申请人对专利复审委员会的复审决定不服的，可以自收到通知之日起三个月内向人民法院起诉。

（三）国际专利

创业者如果拥有国际专利，那将成为企业走出国门，迈向世界，扩大企业规模，提高企业声誉，在国际竞争中取得竞争优势的工具之一。这也是打击竞争对手和防御侵权指控的重要手段。中国企业应借鉴其他国家的做法，充分运用国际专利制度，实施国际专利策略，防御竞争对手的侵权行为，不断提高国际竞争优势。

1. 国际专利的主要内容

国际专利指一定时期内在国际上享有独占权的发明创造。国际专利权的实质是专利领域的国际合作。国际专利制度，即一个中央专利局授予的国际专利在全世界各参与国都有效的制度，由一个国际机构来对专利申请进行授权，打破传统专利制度的地域性原则。国际专利分类法（International Patent Classification，IPC）是国际统一化、标准化的管理、使用专利文献的分类方法。IPC 按五级分类：部、大类、小类、主组、分组。部以下的分类会阶段性调整、增加，从而形成新的 IPC 版本。国际专利分类表把所有的技术领域分为了 8 个部，分别用大写字母 A 到 H 来表示。部和它们所对应的类名分别是：A 人类生活需要；B 作业、运输；C 化学、冶金；D 纺织、造纸；E 固定建筑物；F 机械工程、照明、加热、武器、爆破；G 物理；H 电学。

2. 国际专利的申请

中国单位或者个人提出国际申请的，应当经国务院有关主管部门同意，在该发明创造不涉及国家安全的前提下，可以通过下列两种途径提出申请。

（1）首先向国家知识产权局提出国内专利申请，然后在优先权期限内，再提出国际申请。优先权原则源自1883年的《保护工业产权巴黎公约》，是指申请人在一个缔约国第一次提出专利申请后，可以在一定期限内就同一主题向其他缔约国申请保护，其在后申请在某些方面被视为是在第一次申请的申请日提出的。由于中国已加入《保护工业产权巴黎公约》，对于所有《保护工业产权巴黎公约》成员国内的首次申请，依优先权原则都可以相互要求优先权。优先权的期间，对于专利和实用新型应为十二个月，对于外观设计为六个月。

（2）直接向国家知识产权局提出国际申请，并在国际申请中指定中国。国家知识产权局的PCT处负责受理提交的国际申请。根据PCT条约的规定，申请人可以在优先权的最后期限内用中文提交PCT国际申请，并可以经过国际检索和初审等审查程序以对自己的专利进行评估。国家知识产权局在全国各地12个城市设立的专利申请代办处不受理国际申请。

提出国际申请的，应当在国际申请日起1个月内缴纳传送费、检索费和国际费（包括基本费和指定费）。如果专利申请人提交的国际申请文件不符合受理条件，允许其在自提交日起的30天内补正，以补正符合受理条件之日为国际申请日。

（四）专利侵权

1. 专利侵权的含义

专利侵权是指在专利有效期内，行为人未经专利权人许可又无法律依据，以营利为目的实施他人专利的行为。

构成专利侵权的条件有四个：①侵犯的对象是有效的专利，对于已经过期，宣告无效或放弃的专利的实施，不构成侵权；②必须有侵权行为，如制造、使用、销售或许诺销售、进口别人的专利产品，或使用了别人的专利方法，使用、销售、进口了以该方法直接获得的产品；③以生产经营为目的，如果专门为科学研究和实验而使用有关专利技术或个人出自爱好或自用等非营利目的制造、使用专利产品或使用专利方法的行为，不属于侵犯专利权；④未经专利权人许可。如果是经专利权人许可或默许的实施行为，则不构成侵权。

2. 专利侵权的解决办法

《专利法》第五十七条第一款规定：未经专利权人许可，实施其专利即侵犯其专利权，引起纠纷的，由当事人协商解决；不愿协商或协商不成的，专利权人或利害关系人可以向人民法院起诉，也可以请求管理专利的部门处理。

专利侵权应承担的法律责任包括停止侵权、赔偿损失、消除影响、赔礼道歉等几方面，发现专利侵权行为之后，专利权人或利害关系人可以依法向专利管理机关请求调处或向侵权发生地省会城市的中级人民法院起诉，要求侵权人停止侵权行为并赔偿损失。

三、著作权

（一）著作及著作权

所谓著作，是指文学、艺术和科学领域内，具有独创性并能以某种有形形式复制的智力创造成果。著作权（在我国，与版权是同一概念）是指作者及其他著作权人依法对文学、艺术、科学作品所享有的独占权利，包括著作人身权和著作财产权。

具体而言，著作包括以下几种形式：

（1）文字作品，是指小说、诗词、散文、论文等以文字形式表现的作品；

（2）口述作品，是指即兴的演说、授课、法庭辩论等以口头语言形式表现的作品；

（3）音乐作品，是指歌曲、交响乐等能够演唱或者演奏的带词或者不带词的作品；

（4）戏剧作品，是指话剧、歌剧、地方戏等供舞台演出的作品；

（5）曲艺作品，是指相声、快书、大鼓、评书等以说唱为主要形式表演的作品；

（6）舞蹈作品，是指通过连续的动作、姿势、表情等表现思想情感的作品；

（7）建筑作品，是指以建筑物或者构筑物形式表现的有审美意义的作品；

（8）杂技艺术作品，是指杂技、魔术、马戏等通过形体动作和技巧表现的作品；

（9）美术作品，是指绘画、书法、雕塑等以线条、色彩或者其他方式构成的有审美意义的平面或者立体的造型艺术作品；

（10）摄影作品，是指借助器械在感光材料或者其他介质上记录客观物体形象的艺术作品；

（11）电影作品和以类似摄制电影的方法创作的作品，是指摄制在一定介质上，由一系列有伴音或者无伴音的画面组成，并且借助适当装置放映或者以其他方式传播的作品；

（12）图形作品，是指为施工、生产绘制的工程设计图、产品设计图以及反映地理现象、说明事物原理或者结构的地图、示意图等作品；

（13）模型作品，是指为展示、试验或者观测等用途，根据物体的形状和结构，按照一定比例制成的立体作品。

必须进一步指出，受著作权法保护的作品必定要具有独创性和可复制性，而具有独创性和可复制性的作品却不一定都受著作权法的保护，不少不受法律保护的作品都具有独创性和可复制性，只是由于各种原因而著作权法不予以保护而已。比如，依法禁止出版、传播的作品，不受著作权法保护。

（二）创业者的著作权

对于创业者来讲，著作权的保护多集中在广告、网络、软件、使用他人音乐、照片等商业领域。具体而言，对于创业者拥有的著作权，可以分为以下 16 项：

（1）发表权，即决定作品是否公之于众的权利；

（2）署名权，即表明作者身份，在作品上署名的权利；

（3）修改权，即修改或者授权他人修改作品的权利；

（4）保护作品完整权，即保护作品不受歪曲、篡改的权利；

（5）复制权，即以印刷、复印、拓印、录音、录像、翻录、翻拍等方式将作品制作一份或者多份的权利；

（6）发行权，即以出售或者赠与方式向公众提供作品的原件或者复制件的权利；

（7）出租权，即有偿许可他人临时使用电影作品和以类似摄制电影的方法创作的作品、计算机软件的权利，计算机软件不是出租的主要标的的除外；

（8）展览权，即公开陈列美术作品、摄影作品的原件或者复制件的权利；

（9）表演权，即公开表演作品以及用各种手段公开播送作品的表演的权利；

（10）放映权，即通过放映机、幻灯机等技术设备公开再现美术、摄影、电影和以类似摄制电影的方法创作的作品等的权利；

（11）广播权，即以无线方式公开广播或者传播作品，以有线传播或者转播的方式向公众传播广播的作品以及通过扩音器或者其他传送符号、声音、图像的类似工具向公众传播广播的作品的权利；

（12）信息网络传播权，即以有线或者无线方式向公众提供作品，使公众可以在其个人选定的时间和地点获得作品的权利；

（13）摄制权，即以摄制电影或者以类似摄制电影的方法将作品固定在载体上的权利；

（14）改编权，即改变作品，创作出具有独创性的新作品的权利；

（15）翻译权，即将作品从一种语言文字转换成另一种语言文字的权利；

（16）汇编权，即将作品或者作品的片段通过选择或者编排，汇集成新作品的权利；

著作权人可以许可他人行使前款第 5 项至第 17 项规定的权利，并依照约定或有关规定获得报酬。著作权人可以全部或者部分转让本条第一款第 5 项至第 17 项规定的权利，并依照约定或有关规定获得报酬。

（三）著作权的申请

与专利权不同，我国对著作权的保护并不一定需要向相关部门申请，我国《著作权法》第二条中规定："中国公民、法人或者其他组织的作品，不论是否发表，依照本法享有著作权。"但对于创业项目如计算机软件的创业者而言，对自己的软件著作权申请登记，可以得到国家著作权行政管理部门的重点保护。

（四）著作权的保护期限

公民的作品，我国《著作权法》第十条第一款规定的权利的保护期为作者终生及其死亡后五十年，截止于作者死亡后第五十年的 12 月 31 日；如果是合作作品，截止于最后死亡的作者死亡后第五十年的 12 月 31 日。

对于法人或者其他组织创作的作品和著作权（署名权除外）由法人或者其他组织享有的职务作品的发表权、财产权的保护期为五十年，截止于作品首次发表后第五十年的 12 月 31 日，但作品自创作完成后五十年内未发表的，本法不再保护。但对电影作品又有单独的规定。

（五）著作权遭到侵害的处理方法

创业者如果发现自己的著作权遭到侵害，既可以与侵权者协商解决，也可以通过司法途径解决。我国《著作权法》第五十四、五十五条规定：著作权纠纷可以调解，也可以根据当事人达成的书面仲裁协议或者著作权合同中的仲裁条款，向仲裁机构申请仲裁。当事人没有书面仲裁协议，也没有在著作权合同中订立仲裁条款的，可以直接向人民法院起诉。

创业者可根据情况，要求侵权者承担停止侵害、消除影响、赔礼道歉、赔偿损失等民事责任；提请司法机关没收、销毁侵权复制品，没收主要用于制作侵权复制品的材料、工具、设备等。

侵犯著作权或者与著作权有关的权利的，侵权人应当按照实际损失给予赔偿；实际损失难以计算的，可以按照侵权人的违法所得给予赔偿。赔偿数额还应当包括为制止侵权行为所支付的合理开支。如果实际损失或者侵权人的违法所得不能确定的，由人民法院根据侵权行为的情节，判决给予五十万元以下的赔偿。

我国加入 WTO 后，信息产业领域的发展更强调重视知识产权的保护，当前知识产权国际保护的时代特征表现为：知识产权保护范围扩大化，知识产权保护标准国际化，知识产权保护水准高程化。中国加入世界贸易组织之中美知识产权的谈判中，美国要求中国必须履行的义务之一是严厉查处盗版，此处的盗版，就是对正版软件或音像制品的非法复制，销售。软件著作权纠纷基本上可用“盗版”两个字概括。创业者既要注意不能让他人侵犯自己的合法权利，也要对相关法律有一定程度的了解，否则可能会在不知不觉中导致官司上身。

【案例 12-2】

在校女生创业侵犯他人知识产权

2014 年年初，中国知网偶然间发现一家名为“蜂巢网”的网站的经营项目和自己的网站出奇雷同，而该网站是我国最权威的学术论文数据库之一，网站拥有的《中国优秀博硕士学位论文全文数据库》收录了全国 300 多家学校的论文 10 万多篇。中国知网人士介绍，“蜂巢网网站的论文按五个大专题、157 个小专题进行分类，共提供论文全文 66926 篇，其中 99.7%的论文是我们数据库中的，连题录摘要都是全文照抄的。”“蜂巢网”的主人是谁？他又是如何获得这些论文的呢？经过追查，这个新兴网站是上海市一名在校大学生的“创业成果”。

现年 20 岁的萍萍发现，中国知网上的学术论文价格较为低廉，如果能先获得论文的所有权，再高价卖出，便可获得不菲的差价。在开业一年半时间内，通过转卖论文，她已经获得了 1.6 万余元净利润。

“购买论文的使用权并不代表可以任意复制转载，蜂巢网未经许可，复制发行我们的数据库作品，严重侵犯了我们的合法权益”，中国知网表示。于是，论文的“宿主”——中国学术期刊电子杂志社将萍萍告上法院，要求索赔 30 万元。对于自己转卖论文被指侵权，萍萍也显得很委屈。“我出资购买论文，然后出售，这个过程只是转让了论文的使用权，并无违法行为。”萍萍表示，“其次我选用的论文题录摘要都是网站上免费提供的，任何人都可以阅读。我只是将免费资源转载。如果题录摘要有著作权也是属于论文作者的，并不能构成对这个数据库所有者的侵权。”法院最终判定，萍萍赔偿中国学术期刊电子杂志社经济损失费、案件受理费、财产保全费合计人民币 9.6 万元。

资料来源：根据 http：//wenku. baidu. com 的相关资料改写。

【思考与讨论】

1.《中国优秀博硕士学位论文全文数据库》是否享有作为汇编作品的著作权？萍萍

转载免费阅读的论文题录摘要是否侵犯著作权？

2. 萍萍创业刚起步就惹上官司，还得赔钱，请问有何值得吸取的教训？

四、商业秘密

（一）商业秘密

商业秘密是指不为公众所知悉、能为权利人带来经济利益、具有实用性并经权利人采取保密措施的技术信息和经营信息。商业秘密应当具备秘密性、经济性、实用性和采取保密措施等四个基本特征。每个企业都有自己的技术秘密或客户名单等具有经济利益的资料，这些资料是企业利润的来源，一旦被他人获取，就会造成巨大的经济损失。商业秘密必须采取保密措施，没有采取保密措施的或者证明不了已经采取保密措施的，即使能给企业带来巨大经济利益，是企业的核心机密，也不是商业秘密，因此发生的商业秘密纠纷，不会得到法律的保护。相关人员只要在合同中约定保密事项、制定保密制度并在文件上注明密级、在劳动合同中约定竞业禁止等都可证明已采取了保密措施。

作为一个创业者，首先要防止自己的商业秘密被侵害，造成无谓的经济损失，但也不能以非法手段获取他人商业秘密，以免带来诉讼纠纷和名誉损害。

（二）侵犯商业秘密的行为

（1）以盗窃、利诱、胁迫或其他不正当手段获取权利人的商业秘密；

（2）披露、使用或者允许他人使用以前项手段获取的权利人的商业秘密；

（3）违反约定或者违反权利人保守商业秘密的要求，披露、使用或者允许他人使用其所掌握的权利人的商业秘密。

另外，第三人明知或者应知前面所列违法行为，获取、使用或者披露他人的商业秘密，视为侵犯商业秘密。

（三）商业秘密被侵犯后应采取的措施

企业的商业秘密被侵犯时，应视不同情况，通过不同的途径解决纠纷，常见的方法有以下几种：

1. 协商解决

协商解决是日常解决民事纠纷的方法。如果企业的商业秘密被侵犯，可以与侵权人进行调解、和解，要求停止侵权、恢复名誉并做适当赔偿。企业应当注意到，如果采取行政、刑事、民事诉讼等法律途径解决纠纷，都可能会造成商业秘密进一步扩散（即“二次污染”），所以协商解决是解决企业商业秘密被侵犯问题的首要方案。

2. 经济仲裁

企业在日常经济往来中，有时商业秘密可能会被客户泄露、侵犯。在此情况下，可以根据双方买卖合同、加工合同、转让合同或合作合同之中的仲裁条款申请仲裁。如果事先没有约定仲裁条款，但侵权行为发生后双方自愿达成仲裁协议的，也可到当地仲裁机构申请仲裁。我国仲裁实行一裁终局制度。裁决做出后，任何一方不能再就同一纠纷向人民法院起诉。

3. 劳动仲裁

按照我国《劳动法》及相关规定，劳动者违反劳动合同中约定的保密事项，对企业造成经济损失的以及劳动者跳槽到新用人单位，共同侵犯商业秘密造成原用人单位经济损失的，企业可以按照《中华人民共和国企业劳动争议处理条例》向当地劳动争议仲裁委员会申请仲裁。对仲裁裁决不服的，可以在 15 日内向人民法院起诉。这种方法属于劳动法上的救济，主要适用于职工流动违反保密协议、竞业禁止协议等情况。

4. 行政投诉

我国《反不正当竞争法》第三条规定："县级以上人民政府工商行政管理部门对不正当竞争行为进行监督检查。"第二十条规定："违反本法第十条规定侵犯商业秘密的，监督、检查部门应当责令停止违法行为，可以根据情节处以 1 万元以上 20 万元以下的罚款。"因此，企业商业秘密被侵犯还可以寻求政府机关保护，在向工商部门举报时应当提供商业秘密及侵权行为的有关证据，并且应当按照案件的重大、复杂程度，向不同管辖级别的工商行政部门提出。企业采取这种途径维权的，除了可以申请责令停止侵权以外，还可要求赔偿并返还载有商业秘密的资料。

5. 刑事报案

我国《刑法》第二百一十九条规定，侵犯商业秘密行为，给商业秘密的权利人造成重大损失的，处 3 年以下有期徒刑或者拘役，并处或者单处罚金；造成特别严重后果的，处 3 年以上 7 年以下有期徒刑，并处罚金。

因此，企业商业秘密被侵犯后，可以及时向公安机关报案要求处理。但是通过这种途径解决时，如果案件涉及非常专业的知识，应当提供有关资料让公安机关侦查人员尽快了解熟悉，积极配合公安机关开展侦查工作。

6. 民事诉讼

我国《民法通则》、《反不正当竞争法》等法律规定，企业的商业秘密被侵犯，可以直接向人民法院起诉。企业就商业秘密侵权向人民法院提起诉讼的，要注意时效、管辖、证据、被告主体和请求赔偿金额等问题上的正确处理，避免最后因诉讼经验、技巧不足而败诉。

五、特许经营权

（一）特许经营及其特点

特许经营是指通过签订合同，特许人将使用的商标、商号、经营模式等经营资源，授予受权人使用；受权人按照合同约定在统一经营体系下从事经营活动，并向特许人支付特许经营费。它与直营连锁、自由连锁并列，是连锁经营的三种类型之一。

特许经营的优势是特许者有成熟的经营模式和管理经验，有一定的商业信誉。特许者通过授予被特许者，能够更迅速地开拓和占有市场，提高竞争力及加强品牌的渗透力，而被特许者则依托特许者的经验、品牌和商业信誉，能够用较少的投资在较短的时间内获利，对特许者和被特许者来说，特许经营是"双赢"的经营模式。

作为一种商业经营模式，特许经营在其经营过程和方法中有以下几个特点：

（1）特许人对商标、服务标志、独特概念、专利、商业秘密、经营诀窍等拥有所有权；

（2）在支付权利使用费和其他费用的条件下，权利所有者授权其他人，也就是受权人使用上述权利；

（3）特许授权合同中包含一些调整和控制条款，用以规范和指导受权人的经营活动。

（二）特许经营权的获得

特许人可以按照合同约定，将特许经营权直接授予受权人，受权人投资设立特许经营网点，开展经营活动，但不得再次转授特许经营权；或者将一定区域内的独家特许经营权授予受权人，该受权人可以将特许经营权再授予其他申请人，也可以在该区域内设立自己的特许经营网点。

（三）特许经营者的权利和义务

在特许经营这种商业活动中，创业者一般处于受权人的地位。受权人又称为“被特许者”或“特许经营人”，与“总部”和“盟主”的名称相对应，又称之为“加盟店”或“加盟商”。对于创业者，特许经营有着扩充业务快，涉及的风险比较低的优点。尽管特许经营市场发展很快，但业内良莠不齐，对有意加入特许经营的创业者来说，一定要“量力”而为，“三思而后行”。作为受权人，除了挑选一位好的盟主外，创业者还必须充分了解自己的权利和义务，以免掉入“陷阱”而不自知。

受权人享有下列权利：

（1）获得特许人授权使用的商标、商号和经营模式等经营资源；

（2）获得特许人提供的培训和指导；

（3）按照合同约定的价格，及时获得由特许人提供或安排的货物供应；

（4）获得特许人统一开展的促销支持；

（5）合同约定的其他权利。

受权人应当履行下列义务：

（1）按照合同的约定开展营业活动；

（2）支付特许经营费、保证金；

（3）维护特许经营体系的统一性，未经特许人许可不得转让特许经营权；

（4）向特许人及时提供真实的经营情况、财务状况等合同约定的信息；

（5）接受特许人的指导和监督；

（6）保守特许人的商业秘密；

（7）合同约定的其他义务。

（四）特许经营合同

特许经营合同是规定总部与加盟店之间的权利义务关系的重要法律文件。如果订立的合同不够缜密，特许人与受权人容易发生法律纠纷，甚至导致双方合作的破裂，造成一方或双方的财产和名誉损失。这些不完善的合同普遍的缺陷是：条款过于简单，权利义务不明晰，执行时操作性差。对于初入商海的创业者，在签订合同时，一定要注意以下内容的完备性：

（1）当事人的名称、住所；

（2）授权许可使用特许经营权的内容、期限、地点及是否具有独占性；

（3）特许经营费的种类、金额、支付方式以及保证金的收取和返还方式；特许经营费是指被特许人为获得特许经营权所支付的费用，包括加盟费、使用费及其他约定的费用。保证金是指为确保被特许者履行特许经营合同，特许人向被特许人收取的一定费用。合同到期后，保证金应退还被特许人。

（4）保密条款；

（5）特许经营的产品或服务质量控制及责任；

（6）培训和指导；

（7）商号的使用；

（8）商标等知识产权的使用；

（9）消费者投诉；

（10）宣传与广告；

（11）合同的变更和解除；

（12）违约责任；

（13）争议解决条款；

（14）双方约定的其他条款。

特许经营合同的期限一般不少于三年。特许经营合同期满后，特许人和受权人可以根据公平合理的原则，协商确定特许经营合同的续约条件。特许经营合同终止后，原受权人未经特许人同意不得继续使用特许人的注册商标、商号或者其他标志，不得将特许人的注册商标申请注册为相似类别的商品或者服务商标，不得将与特许人注册商标相同或近似的文字申请登记为企业名称中的商号，不得将与特许人的注册商标、商号或门店装潢相同或近似的标志用于相同或类似的商品或服务中。

【案例 12-3】

特许经营加盟费，不退

初到杭州创业的程某在一次展会上接触到某香港知名品牌，并于次月就加入该品牌的特许经营体系，一次性交给特许方加盟费 20 万元，开业初期，特许方按照承诺和合同的约定帮助其做品牌的营销策划和门店的培训，提供了很好的服务和支持。程某经过半年经营，因为其款式和面料深得杭州人的喜好，预计 2 个月后就可以收回成本。但是 2 个月后，程某由于家庭原因需要回老家，只有放弃经营，权衡利弊，程某想反正没有赚到什么钱就当是学点经营经验，于是找到特许方说明了自己的困难，希望能将加盟费退还。特许方当即回绝，并拿出合同条款向程某说明理由原来合同中约定了，“加盟费由特许方一次性收取，无论在何种情况下，均不予退回。”程某知道有条款约定在先，只有作罢。

【思考与讨论】

1. 程某能否通过法律手段要求退回（部分）加盟费？为什么？
2. 如果你想通过特许加盟的方式创业，签订合同时应该注意什么？

第二节 守法经营

创业者在创业和创业企业的经营管理过程中遵守有关法律的规定，守法经营，既是企业进一步发展壮大的必经途径，也是保护创业团队和企业的正确之路，守法经营是对企业自身的最有效的保护。将企业的经营管理以及处理对内对外的各种关系完全纳入法制轨道，是企业安全、有序发展的可靠保证。

一、信守合同

合同是市场经济条件下进行各种经济活动的基本法律形式，是当事人之间设立、变更、终止某种权利义务关系的协议。合同法是调整平等主体之间的交易关系的法律规范的总称，它主要规范合同的订立、效力、履行、变更、解除、终止、违约责任等问题。对于复杂纷繁的合同关系，我们一般将其分为15类：买卖合同；供用电、水、气、热力合同；赠与合同；借款合同；租赁合同；融资租赁合同；承揽合同；建设工程合同；运输合同；技术合同；保管合同；仓储合同；委托合同；行纪合同；居间合同。这其中的大部分，创业者可能会涉及。

（一）合同的订立

合同的订立，是指当事人通过一定程序、协商一致在其相互之间建立合同关系的一种法律行为，它是一个非常重要的阶段，是合同履行的前提。创业者订立合同时，应当注意对方是否具有相应的民事权利能力和民事行为能力，否则订立的合同将因为无效而不能成立。虽然合同可以采用书面、口头两种形式，但签订合同时还是要坚持书面形式，口头协议容易造成当事人误解及事后审查的不便。对于缺乏经验的创业者，可以参照国家推广的相关示范文本，以避免合同条款的疏漏或不规范。签订合同要坚持权利义务平等，对对方的履约能力要有正确的估计，对对方的资金情况及实际生产情况，一定要实际考察或调查，辨别某公司有无充足资金、固定场地和从业人员等，不轻信对方单方面允诺。一般来说，合同的订立主要包括以下几个方面：

1. 合同的内容

合同的内容由当事人约定，一般包括以下条款：

（1）当事人的名称或者姓名和住所；

（2）标的：标的就是合同中权利义务所指的对象。例如买卖合同，卖方交出货物，买方支付相应的价款。

（3）数量：标的数量必须规定得明确、具体，计量单位必须确切。

（4）质量：标的质量应符合双方达成的一致意见。

（5）价款或者报酬：是接受标的所应付出的相应货币支出。

（6）履行期限、地点和方式：合同履行的时间、地点、方式的不同，会给合同双方带来不同数额的履行费用，所以必须在合同中明确规定。

（7）违约责任：这是对不按合同规定履行义务的制裁措施。

（8）解决争议的方法。

2. 合同订立中的相关问题及流程

当事人订立合同，要采取要约、承诺方式。要约是希望和他人订立合同的意思表示，内容应当具体确定；要约不同于要约邀请，要约邀请是希望他人向自己发出要约的意思表示。寄送的价目表、拍卖公告、招标公告、招股说明书、商业广告等为要约邀请。但如果商业广告的内容符合要约规定的，也就是说包含合同应包括的主要内容的，在法律上会视为要约。承诺是受要约人同意要约的意思表示。如果要约方收到对方承诺（一般以书面形式发出），合同即生效。所以合同订立的主要流程是要约邀请→要约→承诺。一般而言，承诺生效时合同成立。但如果受要约人在承诺期限内发出承诺，按照通常情形能够及时到达要约人，但由于其他原因承诺到达要约人时超过承诺期限的，除要约人及时通知受要约人因承诺超过期限不接受该承诺的以外，该承诺有效。

创业者在经营过程中，不可避免会出现各种问题，如果在合同的订立过程中出现了问题，如错误地发出了要约或承诺，不必过于焦虑，因为在有些情况下，这些错误是可以更正的。因为要约和承诺都是可以撤回的。但撤回必须满足以下条件之一，撤回的通知应当与要约或承诺提前或同时到达对方；要约还可以撤销。但撤销要约的通知应当在对方发出承诺通知之前到达。

但创业者要引起注意的是，对于承诺，它的内容应当与要约的内容一致。受要约人对要约的内容做出实质性变更的，为新要约。有关合同标的、数量、质量、价款或者报酬、履行期限、履行地点和方式、违约责任和解决争议方法等的变更，是对要约内容的实质性变更。承诺对要约的内容做出非实质性变更的，除要约人及时表示反对或者要约表明承诺不得对要约的内容做出任何变更的以外，该承诺有效，合同的内容以承诺的内容为准。如乙公司发函给甲公司，提出只要将交货日期推迟两个星期，甲公司要约中的其他条件都可接受，这就是乙公司对要约作了实质性改变，这不是承诺，而是乙公司对甲提出的一项新的要约。

（二）合同的履行

所谓合同的履行，是指在合同依法订立生效以后，当事人双方在合同规定的履行期限和履行地点，互相协作全面完成合同义务，致使该合同所产生的法律关系得以全部终止的整个行为过程。在履行过程中，当事人应当遵循诚实信用原则，根据合同的性质、目的和交易习惯履行通知、协助、保密等义务；合同生效后，如果对于质量、价款或者报酬、履行地点等内容没有约定或者约定不明确的，可以协议补充；不能达成补充协议的，按照合同有关条款或者交易习惯确定。当事人就有关合同内容约定不明确的，具体规定如下：

（1）质量要求不明确的，按照国家标准、行业标准履行；没有国家标准、行业标准的，按照通常标准或者符合合同目的的特定标准履行。

（2）价款或者报酬不明确的，按照订立合同时履行地的市场价格履行；依法应当执行政府定价或者政府指导价的，按照规定履行。

（3）履行地点不明确，给付货币的，在接受货币一方所在地履行；交付不动产的，在不动产所在地履行；其他标的，在履行义务一方所在地履行。

（4）履行期限不明确的，债务人可以随时履行，债权人也可以随时要求履行，但应当给对方必要的准备时间。

（5）履行方式不明确的，按照有利于实现合同目的的方式履行。

（6）履行费用的负担不明确的，由履行义务一方负担。

（7）债务的履行遵循以下规定：当事人约定由债务人向第三人履行债务的，债务人未向第三人履行债务或者履行债务不符合约定，应当向债权人承担违约责任。当事人约定由第三人向债权人履行债务的，第三人不履行债务或者履行债务不符合约定，债务人应当向债权人承担违约责任。先履行一方履行债务不符合约定的，后履行一方有权拒绝其相应的履行要求。应当先履行债务的当事人，有确切证据证明对方有下列情形之一的，可以中止履行：

①经营状况严重恶化；

②转移财产、抽逃资金，以逃避债务；

③丧失商业信誉；

④有丧失或者可能丧失履行债务能力的其他情形。当事人没有确切证据中止履行的，应当承担违约责任。

当事人依照以上规定中止履行的，应当及时通知对方。对方提供适当担保时，应当恢复履行。中止履行后，对方在合理期限内未恢复履行能力并且未提供适当担保的，中止履行的一方可以解除合同。如果由于债权人分立、合并或者变更住所没有通知债务人，致使履行债务发生困难的，债务人可以中止履行或者将标的物提存。债权人可以拒绝债务人提前履行债务，但提前履行不损害债权人利益的除外。债务人提前履行债务给债权人增加的费用，由债务人负担。债权人可以拒绝债务人部分履行债务，但部分履行不损害债权人利益的除外。债务人部分履行债务给债权人增加的费用，由债务人负担。因债务人怠于行使其到期债权，对债权人造成损害的，债权人可以向人民法院请求以自己的名义代位行使债务人的债权，但该债权专属于债务人自身的除外。代位权的行使范围以债权人的债权为限。债权人行使代位权的必要费用，由债务人负担。因债务人放弃其到期债权或者无偿转让财产，对债权人造成损害的，债权人可以请求人民法院撤销债务人的行为。债务人以明显不合理的低价转让财产，对债权人造成损害，并且受让人知道该情形的，债权人也可以请求人民法院撤销债务人的行为。撤销权的行使范围以债权人的债权为限。债权人行使撤销权的必要费用，由债务人负担。撤销权必须自债权人知道或者应当知道撤销事由之日起一年内行使。自债务人的行为发生之日起五年内没有行使撤销权的，该撤销权消灭。合同生效后，当事人不得因姓名、名称的变更或者法定代表人、负责人、承办人的变动而不履行合同义务。

在合同的履行过程中，由于出现不可抗力，情势变化或订立时意思表示不真实等原因，合同履行显失公平或不经济，在双方当事人达成一致的前提下，可以进行合同的变更。

（三）合同的变更

（1）合同的变更，是对原订合同的内容进行修改或补充。经济合同在履行时，有时会发生变更和解除的问题。合同变更包括合同标的、履行地点、履行方式、履行期、违约责任、价款或者报酬等内容的变化，前提是依法成立的合同在其尚未履行或尚未完全履行完毕前，在什么情况下允许变更和解除合同呢？当事人双方经协商同意，并且不因此损害国家利益和社会公共利益；或不可抗力致使经济合同的全部义务不能履行；或另一方在合同约定的期限内没有履行合同。

（2）有的合同的变更需要履行法定程序，仅有当事人协商一致是不够的，还必须履行法定的程序。在法律、行政法规规定变更合同时，应当办理批准、登记等手续的，依照其规定执行。如果没有履行法定程序，即使当事人已协议变更了合同，变更的内容也不发生效力。

（3）当事人一方要求变更或解除经济合同时，应及时通知对方，由于变更或解除经济合同使一方遭受损失的，除法律规定应免除责任外，应由责任方负责赔偿相应损失。

（4）变更或解除经济合同的通知协议，应当采取书面形式（包括文书、电报等）。

（四）无效合同的法律后果

当合同的订立存在下面情形之一，合同无效。一方以欺诈、胁迫的手段订立合同，损害国家利益；恶意串通，损害国家、集体或者第三人利益；以合法形式掩盖非法目的；损害社会公共利益；无效合同或者被撤销的合同自始没有法律约束力。合同无效、被撤销或者终止的，不影响合同中独立存在的有关解决争议方法的条款的效力。合同无效或者被撤销后当事人因该合同取得的财产，应当予以返还；不能返还或者没有必要返还的，应当折价补偿。有过错的一方应当赔偿对方因此所受到的损失，双方都有过错的，应当各自承担相应的责任。

总而言之，订立合同是一项技术要求高、风险也很大的经营行为，无论对于合同的效力，还是履约能力或陷阱条款，创业者都因可能缺乏经验而难以准确进行把握。但公司可以充分借助合同或法律专业人员的作用，来预防合同的纠纷，如委派合同或法律人士作代表人签订合同，或委托公证机关进行公证。

二、保证产品质量

产品是指经过加工、制作，用于销售，能给人带来使用价值的物品。产品质量，主要是指产品满足明确和隐含需要的能力的特性总和。产品质量法是调整在生产、流通和消费过程中因产品质量所发生的经济关系的法律规范的总称。在我国《产品质量法》中，建设工程如大坝不属于产品，但建筑材料、设备属于该法中的产品范围。

随着社会的不断进步，社会生产力迅速发展，科学技术日新月异，人们对产品质量的要求更高、更严格保护消费者利益运动的兴起和人们产品质量观念的变化，促进了企业质量管理水平的提高。作为创业者，必须以高质量的产品获得优良的信誉，才能在激烈的市场竞争中生存下去，进一步得到更多的发展机会。对产品质量法的初步了解，有助于创业者确立最起码的质量标准。

在我国，产品质量监督分为三种形式：企业自我监督、社会监督、国家监督。身为创业者，无论作为产品的生产者还是销售者，都要对产品的质量负责，真正做到“质量就是生命”。

（一）《产品质量法》对生产者规定的责任和义务

生产的产品质量应当符合下列要求：

（1）不存在危及人身、财产安全的不合理的危险，有保障人体健康和人身、财产安全的国家标准，有行业标准的，应当符合行业标准；

（2）具备产品应当具备的使用性能，但是，对产品存在使用性能的瑕疵做出说明的除外；

（3）符合在产品或者其包装上注明采用的产品标准，符合以产品说明、实物样品等方式表明的质量状况。

（4）产品或者其包装上的标志必须真实，并标有产品质量检验合格证明；有中文标明的产品名称、生产厂厂名和厂址；根据产品的特点和使用要求，标明了产品规格、等级、所含主要成分的名称和含量的，需要事先让消费者知晓的，应当在外包装上标明，或者预先向消费者提供有关资料；限期使用的产品，在显著位置清晰地标明生产日期和安全使用期或者失效日期；

（5）使用不当，容易造成产品本身损坏或者可能危及人身、财产安全的产品，应当有警示标志或者中文警示说明。比如，所有香烟制品都应标明“吸烟有害身体健康”的警示语。

（6）易碎、易燃、易爆、有毒、有腐蚀性、有放射性等危险物品以及储运中不能倒置和其他有特殊要求的产品，其包装质量必须符合相应要求，依照国家有关规定做出警示标志或者中文警示说明，标明储运注意事项。

（二）《产品质量法》对销售者规定的责任和义务

对于销售者，法律规定其承担一定的产品质量义务，其作用是促使销售者增强对产品质量的责任感，具体内容如下：

（1）销售者应当建立并执行进货检查验收制度，验明产品合格证明和其他标志。

（2）销售者应当采取措施，保持销售产品的质量。

（3）销售者不得销售国家明令淘汰并停止销售的产品和失效、变质的产品。

（4）销售者不得伪造产地，不得伪造或者冒用他人的厂名、厂址。

（5）销售者不得伪造或者冒用认证标志等质量标志。

（6）销售者销售产品，不得掺杂、掺假，不得以假充真、以次充好，不得以不合格产品冒充合格产品。

（三）产品质量责任

产品质量责任也叫产品缺陷责任，是指因产品有缺陷造成他人财产、人身损害，产品生产者、销售者所应承担的民事责任。构成产品责任必须具备以下三个要求：产品存在缺陷，产品缺陷是指产品缺乏人们期待的安全性；有损害的事实存在，损害的事实存在是指产品因缺陷造成了人身、缺陷产品以外其他财产的损害。产品缺陷与损害事实之间有因果关系，是指损害的结果是产品缺陷直接导致的。

在《产品质量法》中规定：当售出的产品有下列情形之一的，销售者应当负责修理、更换、退货；给购买产品的消费者造成损失的，销售者应当赔偿损失。

（1）不具备产品应当具备的使用性能而事先未作说明的；

（2）不符合在产品或者其包装上注明采用的产品标准的；

（3）不符合以产品说明、实物样品等方式表明的质量状况的。

如果能够证明有下列情形之一的，不承担赔偿责任：

（1）未将产品投入流通的；

（2）产品投入流通时，引起损害的缺陷尚不存在的；

（3）将产品投入流通时的科学技术水平尚不能发现缺陷的存在的。

因产品存在缺陷造成受害人人身伤害的，侵害人应当赔偿医疗费、治疗期间的护理费、因误工减少的收入等费用；造成残疾的，还应当支付残疾者生活自助具费、生活补助费、残疾赔偿金以及由其扶养的人所必需的生活费等费用；造成受害人死亡的，并应当支付丧葬费、死亡赔偿金以及由死者生前扶养的人所必需的生活费等费用。因产品存在缺陷造成受害人财产损失的，侵害人应当恢复原状或者折价赔偿。受害人因此遭受其他重大损失的，侵害人应当赔偿损失。

（四）产品质量认定及纠纷解决

仲裁机构或者人民法院可以委托合格的产品质量检验机构，对有关产品质量是否存在缺陷进行检验；因产品质量发生民事纠纷时，当事人可以通过协商或者调解解决。当事人不愿通过协商、调解解决或者协商、调解不成的，可以根据当事人各方的协议向仲裁机构申请仲裁；当事人各方没有达成仲裁协议或者仲裁协议无效的，可以直接向人民法院起诉。

三、反对不正当竞争

一个企业在发展过程中，会遇到形形色色的竞争对手，其中的一些对手可能会为了达到目的而采用违反公平原则的手段。为了维护自己的正当权利，创业者应能应用各种法律武器来保护自己。而《反不正当竞争法》正是其中最重要的一种。不正当竞争，是指经营者违反《反不正当竞争法》的规定，损害其他经营者的合法权益，扰乱社会经济秩序的行为。

（一）不正当竞争行为

1. 混淆行为

混淆行为是指经营者在市场经营活动中，以种种不实手法对自己的商品或服务作虚假表示、说明或承诺，或不当利用他人的智力劳动成果推销自己的商品或服务，使用户或者消费者产生误解，扰乱市场秩序、损害同业竞争者的利益或者消费者利益的行为。混淆行为可分为以下几类：假冒他人的注册商标；擅自使用知名商品特有的或近似的名称、包装造成和知名商品相混淆，使购买者误认为是知名商品；擅自使用他人的企业名称或者姓名，使人误认是他人的商品；在商品上伪造或者冒用认证标志、名优标志等质量标志，伪造产地，作出造成他人误解的虚假表示。

2. 商业贿赂行为

商业贿赂行为是指经营者为争取交易机会，暗中给予交易对方有关人员和能够影响交易的其他相关人员以财物或其他好处的行为。商业贿赂的主要表现形式为商业回扣。即在商品交易过程中，一方交易人为争取交易机会和便利的交易条件，在暗中向交易相对人或有影响、有决定权的经办人员秘密支付钱财及其他报酬的行为。《反不正当竞争法》中规定，经营者不得采用财物或者其他手段进行贿赂以销售或者购买商品。在账外暗中给予对方单位或者个人回扣的，以行贿论处；对方单位或者个人在账外暗中收受回扣的，以受贿论处。经营者销售或者购买商品，以明示方式给对方折扣，或给中间人佣金，必须如实入账。接受折扣、佣金的经营者也必须如实入账。

3. 虚假宣传行为

虚假宣传行为是指经营者利用广告和其他方法，对产品的质量、性能、成分、用途、产地等所作的引人误解的不实宣传行为。《反不正当竞争法》规定，经营者不得利用广告和其他方法，对商品的质量、制作成分、性能、用途、生产者、有效期限、产地等作引人误解的虚假宣传。广告的经营者不得在明知或者应知的情况下，代理、设计、制作、发布虚假广告。《广告法》规定，广告应当真实合法，符合社会主义精神文明建设的要求。广告不得含有虚假的内容，不得欺骗和误导消费者。

4. 侵犯商业秘密行为

详见第一节知识产权的保护之商业秘密。

5. 低价倾销行为

低价倾销行为是指经营者以排挤竞争对手为目的，以低于成本的价格销售商品。对于正当的价格竞争，市场是鼓励的，这样可以更加合理地配置现有资源。但是低价销售具有反竞争性质，不利于形成有效的完全竞争的市场，所以必须予以制止。但对于以下四种情况，法律将其排除在低价倾销行为之外：（1）销售鲜活商品；（2）处理有效期限即将到期的商品或者其他积压的商品；（3）季节性降价；（4）因清偿债务、转产、歇业降价销售商品。

6. 不正当有奖销售行为

不正当有奖销售行为是指经营者在销售商品或提供服务时，以欺骗或其他不正当手段，附带提供给用户和消费者金钱、实物或其他好处，作为对交易的奖励的行为。其方式大致可分为两种，一种是奖励给所有购买者的附赠式有奖销售，另一种是奖励部分购买者的抽奖式有奖销售。

根据我国《反不正当竞争法》的规定，禁止以下列方式进行有奖销售：（1）采取不正当手段故意让内定人员中奖；（2）抽奖式的有奖销售，最高奖的金额超过 5000 元（以非现金的物品或者其他经济利益作为奖励的，按照同期市场同类商品或者服务的正常价格折算其金额)；(3）利用有奖销售手段推销质次价高的商品。

7. 诋毁商誉行为

诋毁商誉行为是指经营者捏造、散布虚假事实、损害竞争对手的商业信誉、商品声誉，从而削弱其竞争力，为自己取得竞争优势的行为。《反不正当竞争法》规定，经营者不得捏造、散布虚伪事实，损害竞争对手的商业信誉、商品声誉。

（二）不正当竞争行为的法律责任

对于不正当竞争行为，《反不正当竞争法》规定了三种责任形式：民事责任、行政责任和刑事责任。

《反不正当竞争法》第二十条规定：经营者违反本法规定，给被侵害的经营者造成损害的，应当承担损害赔偿责任，被侵害的经营者的损失难以计算的，赔偿额为侵权期间因侵权所获得的利润；并应当承担被侵害的经营者因调查该经营者侵害其合法权益的不正当竞争行为所支付的合理费用。这就属于不正当竞争行为应承担的民事责任；《反不正当竞争法》第二十一条规定：经营者擅自使用知名商品特有的名称、包装、装潢，或者使用与知名商品近似的名称、包装、装潢，造成和他人的知名商品相混淆，使购买者误认为是该知名商品的，监督检查部门应当责令停止违法行为，没收违法所得，可以根据情节处以违法所得一倍以上三倍以下的罚款；情节严重的，可以吊销营业执照；销售伪劣商品，构成犯罪的，依法追究刑事责任。这是对不正当竞争行为应承担的行政责任的规制，并提及追究刑事责任的情形。

四、劳动法

当今社会的竞争是人才的竞争，一个企业拥有的各种各样的人才，是这个企业在激烈的市场竞争中取胜的重要法宝。处于开创阶段的企业，人才的重要性更为突出，作为创业者，如果不能提供基本的劳动保障，就无法招聘到员工，更谈不上吸引、凝聚、激励优秀人才，为此需要了解一些关于劳动法的基本知识。

（一）劳动法及主要内容

劳动法是调整劳动关系和与劳动关系密切联系的其他社会关系的法律规范的总称。我国劳动法包括：劳动合同法、集体合同法、劳动报酬法、工作时间和休息时间法、劳动安全卫生法、女职工和未成年工特殊劳动保护法、社会保险和福利法、职业技能培训法、劳动争议处理法等部门法。

劳动法的主要内容包括对劳动就业的规定和安排、劳动合同和集体合同的签订及履行、劳动关系的建立和解除、工作时间和休息时间、工资、劳动安全卫生、对女职工和未成年工的特殊保护、职业培训、社会保险和福利、劳动争议的处理等规定。

我国劳动法规定劳动者享有平等就业和选择职业的权利。劳动者就业，不因民族、种族、性别、宗教信仰不同而受歧视。妇女享有与男子平等的就业权利。在录用职工时，除国家规定的不适合妇女的工种或岗位外，不得以性别为由拒绝录用妇女或者提高对妇女的录用标准。禁止用人单位招用未满十六周岁的未成年人。

（二）劳动合同的签订及违约责任

1. 订立劳动合同

劳动合同是劳动者与用人单位确立劳动关系、明确双方权利和义务的协议。劳动合同应当以书面形式订立，并具备以下条款：

（1）劳动合同期限；

（2）工作内容；

（3）劳动保护和劳动条件；

（4）劳动报酬；

（5）劳动纪律；

（6）劳动合同终止的条件；

（7）违反劳动合同的责任。

2. 按合同办事

合同违约给另一方带来损害，应当承担赔偿责任。劳动合同除以上规定的必备条款外，当事人双方可以协商约定其他内容。所以，对于雇佣的员工，创业者要及时与其签订劳动合同，这样既符合法律的规定，又能保护双方权益，在发生纠纷时有据可依。

【案例 12-4】

劳动争议该怎么办

赵全某是武汉市某大学2013届的本科毕业生。2013年6月6日，赵全某、武汉市某新创公司和学校三方签订了《全国普通高等学校毕业生就业协议书》。在此之前，该公司为赵全某办妥了人事等相关手续，代赵全某缴交了人事代理服务费和流动服务费合计3000元。2013年7月1日，赵全某到该公司上班，负责软件开发。双方约定赵全某试用期月薪4000元，试用期3个月。但赵全某刚工作了一个月，就于7月31日提出辞职。该公司不愿意发给赵全某工资。双方为此事申请了劳动仲裁。

【思考与讨论】

仲裁裁决后，该公司不服，于是向辖区法院起诉。法院判该公司付赵全某一个月工资。一方面，该公司站在创业者的角度，觉得很不服气，因为已过招聘季节，招到合适的员工也不是那么容易；另一方面，赵全某觉得自己为公司干了一个月，应该拿到工资，另有高就，当然可以离开。请问从双方角度考虑应该如何找到一个利益平衡点，并且能够有效防范各自的风险？

（三）劳动关系的解除条件

劳动合同解除后劳动关系即解除。

（1）解除劳动合同的条件。劳动者有下列情形之一的，用人单位可以解除劳动合同：

①在试用期间被证明不符合录用条件的；

②严重违反劳动纪律或者用人单位规章制度的；

③严重失职，营私舞弊，对用人单位利益造成重大损害的；

④被依法追究刑事责任的。

（2）在下列情形下，用人单位可以解除劳动合同，但是应当提前三十日以书面形式通知劳动者本人：

①劳动者患病或者非因工负伤，医疗期满后，不能从事原工作也不能从事由用人单位另行安排的工作的；

②劳动者不能胜任工作，经过培训或者调整工作岗位，仍不能胜任工作的；

③劳动合同订立时所依据的客观情况发生重大变化，致使原劳动合同无法履行，经当事人协商不能就变更劳动合同达成协议的。

（3）当用人单位濒临破产进行法定整顿期间或者生产经营状况发生严重困难，确需裁减人员的，应当提前三十日向工会或者全体职工说明情况，听取工会或者职工的意见，经向劳动行政部门报告后，可以裁减人员。用人单位依据本条规定裁减人员，在六个月内录用人员的，应当优先录用被裁减的人员。但职工如果患职业病或者因工负伤并被确认丧失或者部分丧失劳动能力的；患病或者负伤，在规定的医疗期内的；女职工在孕期、产期、哺乳期内的，用人单位不得解除劳动合同。用人单位依据规定解除劳动合同的，应当依法给予相应经济补偿。

（4）有下列情形之一的，用人单位可以解除劳动合同，但应提前30日以书面形式通知劳动者本人：劳动者因病或非因工负伤，医疗期满后不能从事原工作也不能从事由用人单位另行安排的工作的；劳动者不能胜任工作，经过培训或者调整工作岗位，仍不能胜任工作的；劳动合同订立时所依据的客观情况发生重大变化，致使原劳动合同无法履行，经当事人协商不能就变更劳动合同达成协议的。

（5）由劳动者方提出解除劳动合同的，应当提前三十日以书面形式通知用人单位。但如果在试用期内；或用人单位以暴力、威胁或者非法限制人身自由的手段强迫劳动；或用人单位未按照劳动合同约定支付劳动报酬或者提供劳动条件；劳动者可以随时通知用人单位解除劳动合同。

（四）工作时间和休息时间

劳动者享有取得报酬，享有休息休假的权利。国家实行劳动者每日工作时间不超过八小时、平均每周工作时间不超过四十四小时的工时制度，用人单位应当保证劳动者每周至少休息一日。节日期间，如元旦、春节、“五一”国际劳动节、十月一日国庆节及法律法规规定的其他休假节日，劳动者应当休假。在法定节假日加班，用人单位应当按照有关标准支付高于劳动者正常工作时间工资的工资报酬。但对于某些特殊的行业，如服务业，这些权利应该正确理解，然后根据实际妥善处理。

（五）工资

工资应当以货币形式按月支付给劳动者本人。不得克扣或者无故拖欠劳动者的工资。用人单位支付劳动者的工资不得低于当地最低工资标准。工资分配应当遵循按劳分配原则，实行同工同酬。

（六）劳动安全卫生

劳动者享有获得劳动安全卫生保护的权利。用人单位必须建立、健全劳动安全卫生制度，严格执行国家劳动安全卫生规程和标准，对劳动者进行劳动安全卫生教育，防止劳动过程中的事故，减少职业危害。对于劳动法所规定的劳动者所享有的权利，任何单位和个人不得侵犯。

（七）女职工和未成年工特殊保护

国家对女职工和未成年工实行特殊劳动保护。禁止安排女职工或未成年工从事矿山井下、国家规定的第四级体力劳动强度的劳动和其他禁止从事的劳动；不得安排女职工在经期、孕期、哺乳期从事不宜从事的重体力劳动；女职工生育享受不少于九十天的产假；用人单位应当对未成年工定期进行健康检查。

（八）职业培训

劳动者享有接受职业技能培训的权利。用人单位应当建立职业培训制度，按照国家规定提取和使用职业培训经费，根据本单位实际，有计划地对劳动者进行职业培训。从事技术工种的劳动者，上岗前必须经过培训。

（九）社会保险和福利

用人单位和劳动者必须依法参加社会保险，缴纳社会保险费。用人单位应当创造条件，改善集体福利，提高劳动者的福利待遇。

（十）劳动争议的处理

劳动者享有可以提请劳动争议处理的权利以及法律规定的其他劳动权利。在用人单位内，可以设立劳动争议调解委员会。劳动争议调解委员会由职工代表、用人单位代表和工会代表组成。劳动争议调解委员会主任由工会代表担任。当用人单位与劳动者发生劳动争议，当事人可以依法申请调解、仲裁、提起诉讼，也可以协商解决。

第三节 依法纳税

我国《宪法》第五十六条规定："中华人民共和国公民有依照法律纳税的义务。"在我国，税法属于经济法的一个分支，它与刑法、行政法不同，没有一部单独的成文法对其内容进行规定，而是根据具体的税种由不同法规或管理条例来规定。现行的税法体系由税收实体法和税收程序法（即税收征收管理法律制度）构成；税法条文由总则、纳税主体、征税客体、税目、税率、纳税环节、纳税期限、纳税地点、税收优惠、罚则、附则等要素构成。对于一个普通公民而言，与之密切相关的税法基本上只有《中华人民共和国个人所得税法》，而作为一个创业者需要了解的税收法律制度，远比一般公民更广泛。当然，作为税收义务的承担者，纳税人也享有相应的权利，下面将对纳税人的权利义务进行详述。

一、纳税人的权利和义务

（一）纳税人的权利

我国法律规定，纳税义务人是税收法律关系中享有权利和承担义务的当事人之一，是税法法律关系的权利主体之一。在税收法律关系中，权利主体双方（征管方、纳税人）法律地位是平等的。根据从2001年起实行的《中华人民共和国税收征收管理法》（以下简称《征管法》）及其实施细则等，我国纳税人、扣缴义务人的权利主要有：

（1）知情权。纳税人、扣缴义务人有权向税务机关了解国家税收法律、行政法规的规定以及与纳税程序有关的情况。

（2）保密权。纳税人、扣缴义务人有权要求税务机关为纳税人、扣缴义务人的情况保密。税务机关应当依法为纳税人、扣缴义务人的情况保密。

（3）依法申请减税、免税权。纳税人依法享有申请减税、免税、退税的权利。

（4）申请复议和提起诉讼权。纳税人、扣缴义务人对税务机关所做出的决定，享有陈述权、申辩权；依法享有申请行政复议、提起行政诉讼、请求国家赔偿等权利。

（5）检举权。纳税人、扣缴义务人有权控告和检举税务机关、税务人员的违法违纪行为。

（6）申请延期申报权。纳税人、扣缴义务人不能按期办理纳税申报或者报送代扣代缴、代收代缴税款报告表的，经税务机关核准，可以延期申报。

（7）申请延期纳税权。纳税人因有特殊困难，不能按期缴纳税款的，经省、自治区、直辖市国家税务局、地方税务局批准，可以延期缴纳税款，但是最长不得超过三个月。

（8）申请减税、免税权。纳税人可以依照法律、行政法规的规定书面申请减税、免税。

（9）国家法律、行政法规规定的其他权利。

（二）纳税人的义务

结合《征管法》和其他税收法规，我国纳税人主要有以下义务：

（1）办理税务登记的义务。企业，企业在外地设立的分支机构和从事生产、经营的场所，个体工商户和从事生产、经营的事业单位（以下统称从事生产、经营的纳税人）自领取营业执照之日起三十日内，持有关证件，向税务机关申报办理税务登记。税务登记内容发生变化的，自工商行政管理机关办理变更登记之日起三十日内或者在向工商行政管理机关申请办理注销登记之前，持有关证件向税务机关申报办理变更或者注销税务登记。

（2）合法设置账簿的义务。纳税人、扣缴义务人按照有关法律、行政法规和国务院财政、税务主管部门的规定设置账簿，根据合法、有效凭证记账，进行核算。从事生产、经营的纳税人、扣缴义务人必须按照国务院财政、税务主管部门规定的保管期限保管账簿、记账凭证、完税凭证及其他有关资料。

（3）纳税申报的义务。如无法律规定的特殊情况，纳税人必须依照法律、行政法规规定或者税务机关依照法律、行政法规的规定确定的申报期限、申报内容如实办理纳税申报，报送纳税申报表、财务会计报表以及税务机关根据实际需要要求纳税人报送的其他纳税资料。扣缴义务人必须依照法律、行政法规规定或者税务机关依照法律、行政法规的规定确定的申报期限、申报内容如实报送代扣代缴、代收代缴税款报告表以及税务机关根据实际需要要求扣缴义务人报送的其他有关资料。

（4）按时纳税的义务。如无法律规定的特殊情况，纳税人、扣缴义务人按照法律、行政法规规定或者税务机关依照法律、行政法规的规定确定的期限，缴纳或者解缴税款。

（5）依法接受税务机关检查的义务。纳税人、扣缴义务人必须接受税务机关依法进行的税务检查，如实反映情况，提供有关资料，不得拒绝、隐瞒。

二、我国的税收制度

我国的现行税制由几十个税种组成，具体有增值税、消费税、营业税、企业所得税、外商投资企业和外国企业所得税、个人所得税、资源税、城镇土地使用税、城市维护建设税、耕地占用税、固定资产投资方向调节税（目前暂停征收）、土地增值税、房产税、城市房地产税、车船使用税、车船使用牌照税、车辆购置税、印花税、契税、关税等。

对于创业者来说，如果创办的是工业、商业企业，就应当缴纳增值税；如果投资的是交通运输、建筑安装、服务等类企业，则应当缴纳营业税；采矿企业应当缴纳资源税。无论在哪行哪业，只要有生产、经营和其他所得就应当缴纳企业所得税；对企业使用的生产经营账册和签订的各类合同应当缴纳印花税；还要为购买的房产、土地、车船缴纳房产税、土地使用税、车船使用税和车辆购置税。

根据各种标准，税法可按不同的分类法分类。

按征税对象的不同，税法可分为以下几类：

（1）流转税法，是以商品生产、流通、消费的流转额为征税对象而课税的税法，叫流转税法。主要包括增值税法、营业税法、消费税法和关税法等。

（2）所得税法，是以纳税主体的所得为征税对象而课税的税法。主要包括企业所得税法、外商投资企业和外国企业所得税法、个人所得税法等。

（3）财产行为税法，是对财产、行为课税的税法。主要包括房产税法、印花税法、车船使用税法、契税法等。

（4）资源税法，是对自然资源课税的税法。主要包括：资源税法、土地增值税法、城镇土地使用税法等。

按照税收收入归属和征收管辖权限的不同，现行税种可以分为中央税、地方税和中央与地方共享税三类。

三、创业期的合理避税筹划

（一）避税筹划的概念和特征

避税是纳税人利用法律的相对漏洞或含糊不清的方式，以减少其本应该承担的纳税额。当纳税人充分了解了自己的权利和义务时，为了达到利润最大化的目的，需要运用法律知识、税务知识以及财会知识来筹划怎样减轻纳税负担。既要达到上述目的，又要避税而不违法，就必须懂得避税筹划知识。

总的说来，避税筹划具有以下几大特征：

（1）非违法性。避税是以非违法的手段来逃避纳税义务。因此，针对避税，只能采取措施堵塞税法漏洞，加强征管等反避税措施，一般不能依法制裁。事实上，究竟何为“非法”何为“非违法”，何为“合法”，完全取决于一国的国内法律。没有超越国界的法律的统一标准。在一国为非法的事，也许到了另一国却成了天经地义的合法行为。所以离开了各国的具体法律，很难从一个超脱的国际观点来判断哪一项交易、哪一项业务、哪一种情况是非法的。

（2）反避税性。虽然避税是非违法的，但仍然要反避税，其原因在于避税的非违法性是就法律而言的，就经济影响而言，避税会影响国家的财政收入，因此反避税深层次理由源于经济而非法律。

（3）低风险性、高效益性。避税是一种非违法的行为，因此避税筹划不会给企业带不良的经济、社会和法律后果。相反，就企业自身而言，它减少企业的应交税金，相应增加净收益。

（4）策划性。避税筹划涉及企业生产经营的各个方面，况且现行的法律制度正逐步完善，因此创业者要进行非违法性避税，不至于将避税弄成非法逃税就需要作全面的筹划。

（二）创业企业如何合理避税

在税法中，有些规定的适用，可以由纳税人选择，何者可以较低税率纳税，何者可以得到定期减免税优惠，投资者可以选择有利者。此外，企业在实际经营中，还可以通过控制所得实现时间等方法来减轻当期税负或延后纳税，而延后缴纳的税款，如同得到一笔无息贷款。这些避税一般不会违反现行税收法律法规。避税的形式主要包括：

（1）合理选择企业形式避税。企业组建过程中，往往有多种形式可供选择。不同的企业组织形式，对于企业经营者来说，往往能从中获得不同的利益，这利益之中就存在税收收益的问题。例如对于一个母公司来说是设立子公司还是分公司，就有很大的利益差别。子公司在形式上是一个独立的法人，独立核算其盈亏，而分公司不是独立的法人，它的盈亏要同控股公司（母公司）合并计算纳税。一般说来，如果组建的公司一开始就可以盈利，设立子公司更有利；如果组建的公司在经营初期发生亏损，那么组建分公司会更有利。

（2）合理选择会计核算方法避税。企业在会计核算过程中，可以通过会计处理方法的选择，以减少其纳税义务。例如，材料采购成本核算时，可用“先进先出法”、“后进先出法”或其他方法；企业固定资产折旧计提方法的选择等，都存在一个最优方案，使企业年度内或跨年度所实现的利润符合企业节税的要求。当然，方法的选择要在国家法规允许的范围内。

（3）合理选择投资方式避税。合理选择投资方式避税是指纳税人利用税法的有关规定，通过对投资方式的选择，以达到减轻税收负担的目的。

现实生活中，一个成功的创业者可以把税收筹划得非常完美，可以在税收上寻找机会，把各种类型的税收优惠政策用足。例如，有一家国内非常知名的科技公司把公司总部设在深圳，多数业务则集中在北方的一个城市。一年下来，仅个人所得税就为公司员工省下上百万元。方法很简单，深圳个人所得税的征税起点高，这家公司员工的工资均从深圳发出。上述的事例并不鲜见。还有人甚至把企业注册到地图上根本找不到的小岛上，再返回国内与自己已开办的公司进行“合资”，从而享受合资企业的种种优惠待遇。据调查，世界上有些小岛国只花1美元就可注册一家公司。当然，搞这种跨国公司的创业要非常熟悉税收规则。

四、税收法律责任的范围

（一）税收法律责任的概念

税收法律责任是税收法律关系主体即征税主体和纳税主体，因违犯税法行为所引起的不利法律后果。存在税收违法行为，是追究税收法律责任人的基本前提条件。税收违法行为包括纳税主体（纳税人、扣缴义务人）违法与征税主体（税务机关及税务人员）违法两个方面。在税收法律关系中，创业者处于纳税主体的地位，所以对于创业者来说，要注意在经营活动中不要有违反税务管理制度的行为以及偷税、抗税、骗税、欠税等行为。

（二）税收法律责任的种类

按法律关系主体承担法律责任的基本形式税收法律责任主要可以分为行政责任和刑事责任。

1. 行政责任

行政责任分为行政处分和行政处罚两种。行政处分主要针对国家公职人员，《中华人民共和国税收征收管理法》第八十二条规定：“税务人员滥用职权，故意刁难纳税人、扣缴义务人的，调离税收工作岗位，并依法给予行政处分。”行政处罚可以针对税收法律关系双方，《中华人民共和国税收征收管理法》第六十二条规定：“纳税人未按照规定的期限办理纳税申报和报送纳税资料的，或者扣缴义务人未按照规定的期限向税务机关报送代扣代缴、代收代缴税款报告表和有关资料的，由税务机关责令限期改正，可以处二千元以下的罚款；情节严重的，可以处二千元以上一万元以下的罚款。”这是指定的国家行政机关——税务机关对违法单位和个人的行政处罚。

我国税收法规中规定的行政处罚方式主要有：罚款、责令限期改正、没收违法所得、依《治安管理处罚条例》的规定处罚（主要方式为：警告、罚款、拘留等）。

2. 刑事责任

刑事责任是指当事人的违法行为触犯了刑法，构成犯罪所应承担的法律后果，其法律责任方式分为主刑和附加刑两种。主刑即对犯罪人适用的主要刑事处罚方式，只能单独适用，不能附加适用；附加刑是主刑的一种补充刑事处罚方式，可以附加适用，也可以单独适用。如《中华人民共和国税收征收管理法》第六十六条规定：“以假报出口或者其他欺骗手段，骗取国家出口退税款的，由税务机关追缴其骗取的退税款，并处骗取税款一倍以上五倍以下的罚款；构成犯罪的，依法追究刑事责任。”

我国的刑事法律中规定违反税收法律关系应承担的刑事责任有六种：管制、拘役、有期徒刑、无期徒刑、死刑、罚金和没收财产。

【案例 12-5】

创业兼营得不偿失①

2012 年，赵某在武汉刚毕业就发现了商机。投资 5 万元在学校门口办了一家计算机维修保养服务部，主要为学校教职员工提供保养维护计算机及上网设置调试等服务。由于赵某选择的地理位置、投资项目及自身的技术优势，不到半年时间就收回了投资。赵某接着又投资建起了网吧。2013 年，服务部的营业额已达 90 余万元，赵某粗算了一下账，除去各种费用，净赚 15 万。但赵某最近有些烦，烦恼的原因并不是找不到再投资的项目，而是源于税务部门的一次税收检查。税务部门的检查表明，赵某在 2013 年仅漏缴营业税就高达 14.5 万元，加上附加税及各类罚金，赵某一年下来不但分文未赚，还赔进去 5 万多元！税务部门声称，在最近几天若不交足漏缴的税款及罚金，将移送公安机关。

说起来赵某在税收问题上的认识是较深刻的——不拖不欠足额上缴。那么这笔账是怎么算的呢？问题出在赵某后期经营活动中的“疏漏”——兼营。什么是兼营呢？兼营是指企业从事两个或两个以上税目的应税项目。如某些饭店、宾馆，既从事服务业，搞餐厅、客房，又从事娱乐业，税法对不同经营项目有不同的规定：对兼有不同税目的应税行为，应分别核算不同税目的营业额，对未按不同税目分别核算营业额的，从高适用税率。

赵某经营的原本属于修理修配业务，依 4%的税率向国税部门缴纳增值税是没错的。但是，赵某后来所投资经营的网吧已不在国税部门管辖的税种范围内。网吧取得的收入缴营业税。而营业税归当地地税部门管理，此次来检查的正是地税局的人。娱

① 根据 3158 创业论坛的有关材料改编。

乐业的税率是多少呢？经营收入的20%。而赵某的营业核算原本就是一笔糊涂账，分不清哪笔收入来自修理哪一笔收入来自网吧，属兼营而又从高适用税率的规定范围。赵某毕竟是个大学生，还是非常精明的，他想起了国家对大学毕业生自主创业可享受营业税税收优惠政策的规定。

赵某来到市地税局政策咨询中心查了相关文件，发现当地是有如此规定：凡自主创业的大学毕业生可享受税收优惠政策：从事社区服务的自主创业的毕业生，经县以上主管税务机关逐年审核批准，可免征营业税、个人所得税3年；城市维护建设税和教育费附加随营业税一并免征。但是，政策咨询中心的税务官还有说法，按规定营业税可以免，但规定的附件指出，营业税免征的范围不包括建筑业、娱乐业以及广告业、桑拿、按摩、网吧、氧吧等。

【思考与讨论】

1. 网吧曾经是暴利行业，请问赵某开设维修服务部后，又开设网吧是否为一个好的选择？

2. 造成今天这种局面的主要原因是什么？

本章小结

本章主要介绍了创业过程中必须了解的一些重要的法律知识，了解和学习这些知识一方面可以避免触犯法律，另一方面也可以应用各种法律武器来保护自己。

知识产权包括专利、商标、著作权和商业秘密，是创业者的重要资产。商标是用以证明该商品或者服务的原产地、原料、制造方法、质量或者其他特定品质的标志。专利是国家专利主管机关依法授予专利申请人及其权利继受人在一定期间内实施其发明创造的独占权，专利法意义上的发明创造包括发明、实用新型和外观设计三种。著作权指作者及其他著作权人依法对文学、艺术、科学作品所享有的独占权利，包括著作人身权利和著作财产权。商业秘密是指不为公众所知悉、能为权利人带来经济利益、具有实用性并经权利人采取保密措施的技术信息和经营信息。商业秘密具有秘密性、经济性、实用性和采取保密措施等四个基本特征。特许经营是通过签订合同，特许人将有权授予他人使用的商标、商号、经营模式等经营资源，授予受权人使用；受权人按照合同约定在统一经营体系下从事经营活动，并向特许人支付特许经营费。

创业者在经营中必须严格遵守法律。合同是市场经济条件下进行各种经济活动的基本法律形式，是当事人之间设立、变更、终止某种权利义务关系的协议。创业者无论是作为产品的生产者还是销售者，都要对产品的质量负责，产品质量法有助于创业者确立最起码的质量标准。不正当竞争行为包括混淆行为、商业贿赂行为、虚假宣传行为、侵犯商业秘密行为、低价倾销行为、不正当有奖销售行为和诋毁商誉行为等。创业者招聘雇佣员工应当注意遵守劳动法的规定。纳税是每个公民应尽的义务，作为一个创业者需要了解的税收法律制度，远比一般公民更广泛。在不同的行业创业要交纳的税收种类是不同的，创业者还可以运用法律知识、税务知识和财会知识来筹划怎样减轻纳税负担。

思 考 题

1. 作为一个创业者，需要了解哪些法律法规？
2. 知识产权包括哪几种？如何保护自己企业的知识产权？
3. 产品质量法对创业者的意义何在？
4. 不正当竞争行为有哪几种？
5. 创业企业如何保护劳动者的合法权益？
6. 创业者为什么要依法纳税？如何合理避税？

第十三章　奠定成长基础

【故事导读】

米缸里的老鼠

在一个青黄不接的初夏，一只在农家仓库里觅食的老鼠意外地掉进一个盛得半满的米缸里。这意外使老鼠喜出望外，它先是警惕地环顾了一下四周，确定没有危险之后，接下来便是一通猛吃，吃完倒头便睡。

老鼠就这样在米缸里吃了睡、睡了吃。日子在衣食无忧的休闲中过去了。有时，老鼠也曾为是否要跳出米缸进行过思想斗争与痛苦抉择，但终究未能摆脱白花花的大米的诱惑。直到有一天它发现米缸见了底，才觉得以米缸现在的高度自己就是想跳出去，也无能为力了。管理学家把老鼠能跳出缸外的高度称为“生命的高度”。而这高度就掌握在老鼠自己的手里。

要创建一个成功的企业，仅仅有良好前景的项目、足够的资金来源和优秀的管理团队，是远远不够的。因为在企业制度设立和营运管理过程中，企业还会面临许多意想不到的内部或外部冲击，而某一个环节的疏忽就有可能导致失败。只有处理好这些问题，企业才有可能获得稳定的长足发展。本章研究的这些问题是奠定企业生存发展的基础。对于这些问题的研究，可以指引创业企业健康发展，以较低的成本来获取最大的利润。

第一节　创业企业产权安排

产权制度是现代企业制度中三大制度（产权制度、组织制度、管理制度）之一，同时，企业产权制度也是企业经营和管理以及发展的基础。适当的产权安排有利于创业企业约束财产，有利于其自主经营，有利于建立激励机制，增进其资源配置效益和规范市场交易，促进企业的健康快速发展。

一、企业产权制度

产权是法定主体对财产拥有的各项权能的总和，是指特定的人在特定的经济组织中对特定的物或对象的占有权。它主要有私有产权、国有产权和集体或法人产权三种形式。产权具有排他性也就是某一事物的所有权只属于特定的人或者是特定的利益集团，其他的个人和集体对其没有所有权。产权不仅仅是一种权利，而是一系列权利的集合体。具体可以分为支配使用权、利得权即占有收益权、处置权。

企业产权制度是指既定产权关系和产权规划结合而成的且能对企业产权关系实现有效的组合、调节和保护的制度安排。在市场经济条件下，能保证资源最优配置的产权制度至少包括以下内容：(1) 产权安排。为使市场交易顺利进行，必须确定排他性的产权，即界定产权、确立规则、使有价值的权利得到激励；(2) 企业产权结构安排。确定与完善激励约束机制和内部治理结构，提高资源使用效率；(3) 有效地保护产权，促进产权关系的明晰，保障其中有价值的经济利益得以有效的实现。在企业各项制度安排中，产权制度是核心，企业产权制度有效率是其他制度有效率的基础。

二、创业企业产权安排的要求

产权安排是企业的"基本建设"，创业企业应做好这一方面的基本建设。创业企业的产权安排应满足以下要求：

(一) 确保财产权利的完整

企业必须有完整的财产权利，这是市场经济制度对于企业财产权利结构的基本要求。"当且仅当"企业对于自己的财产拥有独立的占有权、使用权、处置权和收益权，不受非所有者支配时，这样的企业财产权利才能算是完整的；不然的话，企业发展中必然会遇到这样或那样的麻烦。

例如，改革开放之初，一些业主制企业为了避免某些社会干扰，往往挂靠在某个政府机构或国有企业之下，戴上一个集体企业的帽子，但过了几年就遇到了麻烦：一是你要辞退职工，劳动局会管你，说你不能随便辞退职工。二是集体企业的资产常常被认为是国有资产，你要处置企业资产，如变卖或在国外投资，有人就会告你"侵吞国有资产或集体资产"。

(二) 有利于获取创业活动的关键资源

通常，创业需要技术、资金、社会联系、营销网络等资源，创业企业的产权安排一定要有利于创业企业整体上获得这些资源。特别是有利于获得创业需要、但自己并不拥有的资源。业主制企业不利于创业企业获得全部资源，因为创业者是唯一的，多数个人不可能得到他所需要的一切资源。合伙制企业就进了一步，合伙人可以各显其能，广集资源。而公司制企业则可以凭借有限责任制度，筹集到最为短缺的资金。

合伙制或公司制企业模式将技术拥有者、资金所有者、社会联系较多者、营销网络所有者等连接、集合在一起，进而启动一项创业活动。产、学、研或官、产、学合作办企业，国内外合作办企业，就具有这一特征。

(三) 有利于形成团队精神

创业企业必须有团队精神。没有团队精神，任何创业活动都不可能取成功。团队精神强弱在一定程度上决定着企业的存续期。特别是合伙制企业、股份制公司最忌讳的就是缺乏团队精神。因此，创业企业的产权安排，一定要有利于特定创业活动的参与者形成团队精神。否则，企业必将在发展中夭折。曾经名噪一时的珠海巨人集团就是例证。当年，巨人集团可谓是红红火火，年销售额数个亿，但企业的资产基本归某老总个人所有，整个产权安排没有考虑其他人的利益。于是乎，尽管企业越干越大，但企业内部的产权矛盾越来越突出，高层及关键部门的团队精神日趋涣散，最终陆续导致了研发部门员工集体辞职，部分高层管理者集体出走。这不能不说是巨人大厦工程失败导致巨人集团毁灭的更为重要和深层次的成因。

从不少企业成败兴衰的经历、经验来看，所谓形成团队精神，就是创业企业的产权安排一定要激励和制约创业者一起同甘苦、共患难。激励就是要使大家主动地去做有利于团队集体行动的事情；制约就是要使大家不愿、不敢去做有损于团队集体行动的事情。

（四）有利于提高创业活动的效率

市场经济是大鱼吃小鱼、快鱼吃慢鱼的经济形态。一旦有适当的商业机会，即要求创业者有四快：快速集聚资源；快速生产能力；快速形成产品；快速使创业企业的新产品进入市场。美国硅谷流传着一个俗语：快快快、快快快……晚了就没有机会了！由此可见"快"的重要性。

为了"快"，就要求创业企业有一个制度基础，这就是合理、有效的企业产权安排。要求创业者从自己的实际情况出发，结合三类企业制度的产权特点，扬长避短，选择适当的企业产权框架。为了"快"，对于拥有足够的创业资源的创业者来讲，选择业主制的产权框架可能是适当的；而对于需要联合多方资源的创业者来讲，采用合伙制或公司制的产权框架，则可能是适当的。

（五）有利于形成有效的激励机制

要想使某个创业企业逐步发展壮大，首先应使创业者保持持久的动力。创业者的持久动力最终来自于他对利润的追求。创业企业必须从产权制度上保证创业者的"剩余控制权和剩余索取权"。所谓剩余控制权，即控制企业剩余的权力；相应，剩余索取权即索取企业剩余的权力。

传统产权理论强调的是所有者对于资产的占有权、支配权、处置权和收益权等。现代产权理论则强调的是剩余控制权和剩余索取权。事实上。传统的单纯的占有权、处置权、支配权并不能真正给创业者以激励。只有拥有剩余控制权和剩余索取权，才能使创业者产生不断将企业做大的原始动力和冲动。创业者是否拥有剩余控制权和剩余索取权，决定着创业者是否会长期努力，也就最终决定着企业的发展状况，决定着企业的未来。

创业企业的产权安排必须保证企业的财产权利是完整的；必须有利于创业者获取短缺资源，形成团队精神，提高创业效率；必须保证创业者的剩余控制权和剩余索取权。但是，在客观现实中，要同时兼顾这几点，并使之协调，往往是困难的。

例如，创业者所新办的企业、从事的项目确实有较好的前景，有时，为了获得短缺的创业资源，创业者可能也得损失自己财产权利的完整性。又如，为了尽快获得政府机构的某些许可，创业者可能不得不放弃部分的剩余控制权和剩余索取权。在现实中，企业产权安排的五项要求往往是难以同时满足或难以协调的。这样，创业者就只能审时度势，尽力而为。

另外还需注意的是，创业团队中有些人甚至是利益短视的，这就很难避免创业团队中个别人在产权安排上的机会主义。还有，现实中，创业者往往只重视保证企业财产权利的完整性，而忽视剩余控制权、剩余索取权，结果导致部分创业者失去剩余控制权、剩余索取权。这都是创业企业产权安排中必须格外注意的问题。

三、对创业者和创业关键人员的产权安排

在创业企业中，对创业者、创业关键人员的产权安排是一个极为重要的问题。在企业中，创业者、创业关键人员都是企业的一种人力资本，对他们的产权安排实际上是对人力资本的一种激励和制约机制。和货币资本相比，人力资本是一种主动性的资本，其资本能力潜伏在人体当中。因此，对于他们的产权安排，其核心内容就是找到人力资本的激励和制约机制的平衡点，以充分发挥人力资本的作用。

（一）对创业者的产权安排

创业者在企业投入了资源，自然应在企业占有股份。在业主制下，创业者将占有100%的资产。在合伙制和公司制下，创业者将按照自己的投资比例在企业占有股份。无论是占有100%的资产，还是占有部分股份，创业者都应拥有企业的剩余控制权和剩余索取权。

创业者对创业企业投入的要素不仅仅是资本，还有企业者才能。他们具有杰出的经营管理协调能力，是创业企业的高层管理者或经理人。为了激励高层管理者的工作积极性，使创业企业股东的利益与这些高层管理者的利益联系起来，一般会对创业者做出一些特殊的产权安排。

在创业者不是创业企业所有者的情况下，创业者应该得到一定程度的企业剩余索取权。这里，股票期权被公认为是可行的产权安排。一般而论，股票期权制度可以使创业者在企业存续期内与企业所有者利益共享、风险共担，且会使利益共享、风险共担制度化、长期化。

（二）对科技人员的产权安排

在高新技术创业企业中，科技人员是关键人员之一，对他们的产权安排十分重要。因为高新技术企业的发展相当程度上依赖于科技人员的稳定和努力。如果对科技人员的产权安排失当，势必对企业产生颠覆性的打击；反之，如果对科技人员的产权安排适当，则必然会促进企业的发展。

例如，前珠海巨人集团曾发生过一件事情，几乎在珠海市政府给集团负责人发放巨奖的授奖大会隆重举行的同时，其汉卡换代产品开发人员却集体辞职。其中的原因之一就是科技人员不满于在巨人集团没有自己的股份。又如，国内另一知名信息技术企业集团为了稳定有可能被外资公司挖去的某关键技术研究人员，在企业改制时给了其相应的股份。其结果是，这位科技人员成了该集团最为忠诚的高级科技人员。由这些例子不难看到，高新技术创业企业必须给科技人员以适当的产权安排。

四、对员工的产权安排

在创业企业中，对员工的产权安排也非常重要。实行员工持股计划已经被实践证明是比较成功的产权制度安排和有效的激励方式。员工持股计划最早起源于美国，始于1974年，现在已经在美国的企业中广泛地得到了运用。有关统计数据显示，在美国500强企业中有90%的企业实施了员工持股计划，在美国的上市企业中有90%的实施了ESOP（员工持股计划），已有超过10000个员工持股计划；参加人数超过了1000万人。所谓员工持股

计划，即由企业内部员工出资，认购本公司部分股权，委托“员工持股管理委员会”作为社团法人托管运作，集中管理，员工持股管理委员会作为社团法人进入董事会参与按股份分享红利的一种新型股权形式。员工持股计划具有以下特点：

（1）持股人或认购者必须是本企业员工。

（2）股权持有：员工所认购的本企业的股份不能转让，不能交易，不能继承。

（3）设置方式：一是通过增资扩股方式设置；二是通过产权转让方式设置。

（4）股份分配：员工持股资格由各公司自行民主决定，非本公司员工不得以任何方式参加内部员工持股。

（5）利润分配：员工持股计划参与人集体以社团法人名义享受公司利润分配，再由专职机构（员工持股管理委员会）按员工个人持股数额进行二次利润分配。

（6）员工认股应遵循的原则：坚持风险共担、利益共享的原则；坚持自愿出资的原则；坚持公开、公平、公正的原则。

（7）员工持股规模：一般是根据本企业规模、经营状况和员工购买能力，自行确定企业员工股总额占公司总股本的比例。国外一些企业的做法是，如公司总股本在5000万美元至2亿美元之间，则员工持股占总股本的35%左右；如公司总股本在1000万美元至5000万美元之间，则员工持股占总股本的35%~50%；如公司总股本在1000万美元以下，则员工持股占总股本的50%以上。

（8）员工股份形成方式：员工现金认购；企业设立员工持股专项贷款，员工贷款认购；企业为员工担保，员工贷款认购；企业将历年积累的公益金转为员工股份划转给员工；奖励红股形成员工持股。

（9）员工持股的资金来源：在一些企业，员工直接的现金投入不得低于应认购额的6%；贷款认购额不应高于应认购额的40%。

【案例13-1】

华为初创期的全员持股

华为1988年成立于中国深圳。过去华为有种“1+1+1”的说法，即员工的收入中，工资、奖金、股票分红的收入比例是相当的。而其中股票是当员工进入公司一年以后，依据员工的职位、季度绩效、任职资格状况等因素来进行派发。一般是用员工的年度奖金来购买。如果新员工的年度奖金还不够派发的股票额，公司会贷款给员工，而对这种贷款员工也很乐意。因为，分红的比例历年以来都保持在70%的高位。《华为基本法》第十七条、十八条关于知识资本化、价值分配的形式有所论述：“我们实行员工持股制度。一方面，普惠认同华为的模范员工，结成公司与员工的利益与命运共同体。另一方面，将不断地使最有责任心与才能的人进入公司的中坚层”、“华为可分配的价值，主要为组织权力和经济利益；其分配形式是：机会、职权、工资、奖金、安全退休金、医疗保障、股权、红利以及其他人事待遇”。

资料来源：根据：http：//www. hngzw. gov. cn的有关资料整理。

【思考与讨论】

1. 华为发展到今天仍然是员工全员持股，也没有公开发行股票并上市，这既可以理解为决策层不愿意上市，当然也可以解读为因为全员持股股东人数过多不符合国内公司法的规定而不能上市，这也从一个侧面说明公司初创期的制度设计对未来的发展有重大影响，你如何看待这一问题？

2. 华为初创期的这种员工持股计划是如何起到股权激励作用的？

3. 华为初创期这种以“现金支出”为基础的激励方式存在什么问题吗？

第二节　创业企业知识管理

创业企业的知识管理是以知识为核心的管理，在创业企业成长过程中，知识的生产、获取、使用、传播是贯穿于企业经营活动的主线之一。企业知识管理的根本目的是最大限度地生产、获取、使用和传播知识，为企业员工提供有效的知识共享平台，为市场了解企业提供窗口，以提升企业自身的竞争能力，形成某种竞争优势，同时在为市场提供商品和服务的过程中促进企业自身的发展。

一、创业企业知识管理概述

知识管理是适应知识经济时代要求的新型管理模式，是迎接新时代挑战的重要战略。当前，从全球来看，西方经济发达国家正向知识经济社会过渡，知识已成为首要的资源，知识生产力已成为竞争和经济发展的关键。作为经济社会的基本细胞和经济主体，企业必须转变传统的管理观念和模式，实施适应新时代要求的管理模式。

（一）创业企业知识管理的内涵

知识管理是以知识为核心的管理，是对知识进行管理和运用知识进行管理，通过知识共享和运用集体的智慧提高应变和创新能力。工业时代的主要资产以物资资源为主，如土地、厂房、设备、原料、资金和劳动力等。但随着世界经济发展由工业经济向知识经济的快速转变，传统意义上的经济资源相对匮乏，尤其是土地、原料等物质资源日益稀缺。因此，对于一个企业、一个国家来说，经济的持续发展不可能更多地寄希望于日益稀缺的物质资源。而知识，这一新的资源正日益发挥着重大的作用。随着知识资源的广泛使用，知识管理也就应运而生，成为现代管理的一项重要内容。

传统的管理主要是物质资源管理，它着眼于物质资源和金融资源的配置与优化；而知识管理则强调知识资源的充分开发和有效利用。因为物质资源总是有限的，而只有通过知识管理，加强具有无限意义的知识资源的开发和利用，才能使组织发挥出强大的创造力，并带来巨大的创造价值。任何一种管理的主体都是人。而知识管理恰恰是强调对知识资源中的活化部分——人的智力资源的开发和利用，通过促进广大员工的学习、培训以及创造有利于人的创造力发挥的良好环境等，使组织人员的智力素质不断提高，从而推动整个管理水平的提高，增强组织的市场竞争能力。在创业企业中，需要考虑“知识管理”问题。

企业经营和成长中所涉及的知识可分为以下几大类：(1) 物化在机器设备上的知识；(2) 体现在书籍、资料、说明书、报告、光盘、计算机和“云”端的编码化的知识；(3) 体现在职员头脑里的知识。从知识的新旧程度看，可将知识分为三个等级：一是改进性知识，即通过对现有产品或加工过程进行改进而获得的知识；二是挖掘而得到的知识，即通过对已有知识潜力的挖掘，更好地利用已有知识，从而获得的新知识；三是全新的知识，即通过根本性创新获得的知识。在企业成长过程中，这三类知识都是必须关注的。其中改进性知识可来自于企业内部任何部门，而全新的知识则多来自于企业的研究开发部门或企业外部。

（二）创业企业知识管理的目的与职能

在创业企业成长过程中，知识的生产、获取、使用、传播是贯穿于企业经营活动的主线之一，企业知识管理的主要职能应定位在以下几个方面：

(1) 制定企业知识管理战略。创业企业必须有系统的知识生产、获取、应用和传播的战略构思。同时，要通过企业自身的努力，借助企业外部资源，实现企业的知识管理战略。在制定企业知识管理战略时，需要将组织内管理交易与组织间市场交易结合起来，对相关企业经营需要的知识资源进行合理的配置。

(2) 建立和完善企业自身的知识管理系统。知识管理的核心内容是凭借一系列技术手段、制度建设及管理手段，建立知识生产、获取、传播、共享、集成和利用的平台。知识管理平台是一套智能化的有效的知识管理系统。

例如驰名全球的美国安达信咨询公司启动了全球最佳业务项目，建立了一个包括 70 多种业务（如关于会计、采购和客户服务等不同业务及其方法）的知识库。该公司的咨询专家在执行咨询项目时，可以广泛地使用这个知识库，这既节省了时间，减少了工作成本，又大大提高了工作效率与质量。

(3) 开发和保护自有知识产权，实现创业企业知识资产的价值。企业是典型的知识生产组织之一，企业的研究开发人员直接的科研实践，都在生产大量新的科技知识，企业无疑会拥有大量知识性成果。因此，随着企业知识资产增长的加快，企业必须重视自有知识产权的开发与保护，并应通过一系列的经营活动、资产重组，实现企业知识资产的价值。

(4) 评估企业生产、获取、传播、共享、集成和利用知识的绩效。知识是经济增长、社会进步、组织发展等最为重要的生产要素。企业作为一类知识性组织，生产、获取、传播、共享、集成、利用知识的绩效如何，存在哪些影响，需要采取哪些改进性措施，这都需要通过系统的评估活动来回答。因此，创业企业的知识管理必须重视相应的评估工作。

二、创业企业知识管理的内容

创业企业知识管理的内容包括知识的创新、知识的积累、知识的学习、知识的共享和知识的再利用的管理，如图 13-1 所示。

（一）知识学习的管理

企业知识学习是指确定企业外部环境中的知识并将其转化到企业内部，使之成为能够为企业创新所用的知识的过程，它使企业与外部知识环境形成动态沟通，是企业知识管理

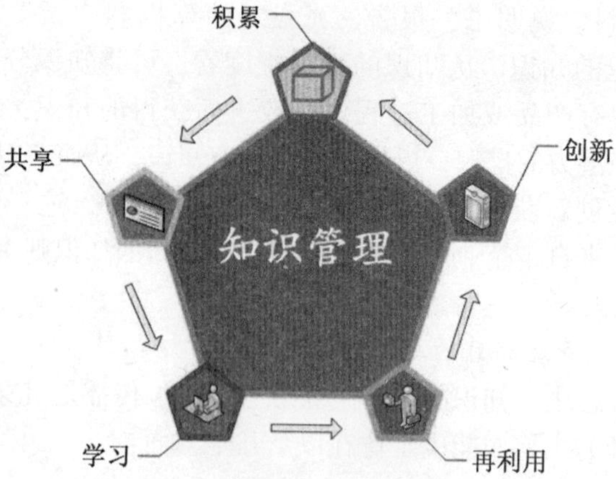

图 13-1 创业企业知识管理的内容

活动的基础和前提。比如，对业务员进行销售知识培训，对办公人员进行办公技能培训，对中层干部进行管理知识培训等，便属于企业知识获取（知识学习）的形式；公司每年都要招收大批各类专业的大学毕业生、研究生，这属于知识获取的另一种形式——公司借由招募具有新知识的员工，达到增长组织知识的目的；每个新来的员工都有一个实习期，实习期间由老员工或者部门主管传授必要的岗位知识，这样可以将老员工的知识和经验总结顺利地传授给新员工，如果同时形成了相关文档的话，可以顺利地将老员工的“隐性知识”显性化；同时公司积极组织学习其他优秀企业的先进经验，这属于知识获取中的“标杆学习”等。

（二）知识积累的管理

创业企业的知识积累，主要是指企业从外部获取开展生产经营活动所需要的知识的活动与过程。通常，企业生产经营活动的开展，不但需要生产领域的知识，还需要经营领域的知识，需要集成使用不同科技领域分支、来自不同专家的知识，同时在知识获取效率上要满足企业生产经营活动的效率要求。因此，创业企业的知识获取管理需要提高从外部获取知识的综合性及其效率。在获取的途径与方法上，互联网技术、大数据技术等应该受到足够重视。

（三）知识创新的管理

创业企业知识的创新，主要是通过专门组织的科学研究、研发人员直接的科技实践活动实现的。因此，知识创新的管理主要是对企业研究开发活动及其成果的管理以及对企业科技实践活动及其经验积累与理性化提升成果的管理。为做好这两类知识管理工作，关键是要采取有效的研究开发与科技实践组织模式，高效率地创造新的知识，将所创新的知识成果纳入企业知识产权管理的轨道，同时将所创新的知识输入所建立的“知识管理系统”之中，以便在企业内部实现新知识的共享。

（四）知识共享的管理

知识具有公共性，采取适当的制度安排、组织模式与技术途径，就可能在同一企业内实现知识的共享。所谓共享，就是使来自同一知识源的知识同时服务于同一企业多个员工的业务活动。知识的共享有利于提高企业员工的业务能力与水平，提高生产经营活动的效率与质量，有助于降低生产经营活动的成本，同时可以为个案生产经营活动中的知识集成创造条件。因此，创业企业必须重视对知识共享的管理。

（五）知识的再利用的管理

知识再利用，即将属于不同学科的知识和来自不同专家的知识，用于同一生产经营活动之中，往往体现为知识在更高层次的集成。知识集成的前提之一是具备知识共享的制度氛围、组织氛围及技术条件。客观地看，随着知识经济中企业生产经营活动的复杂化，在生产经营活动中，将属于不同学科的知识和来自不同专家的知识集成使用，已成为企业生产经营的重要趋势之一。如不进行知识的集成，企业将无法攻克及解决某些生产经营疑难问题。而且随着现代科技的长足发展，学科分类的日益细化，科技知识应用于企业的生产经营活动，更多的是通过不同学科、不同专家之间知识的集成应用实现的。因此，创业企业必须重视对于知识集成的引导与管理。

三、创业企业如何进行知识管理

（一）建设企业知识管理系统

如前所述，企业知识管理的核心内容是凭借一系列技术手段、制度安排及管理手段，建立一套有效的知识管理系统。创业企业开发与建设这类管理系统，需要解决好如下几个问题：

（1）明确该类系统的作用。在企业知识管理中，这一系统应起到的基本作用是为企业员工提供有效的知识共享服务。具体而言，一是要汇集足够多的知识或知识线索，使得企业任何员工都能查询到实现自身工作目标所需要的知识。二是要确保企业员工所需要的知识能在某一地点得到。三是要确保知识在需要时是及时可得的。四是要支持企业员工从外部获取新的知识，并提高企业员工消化吸收新知识的能力。五是要推动新知识的有效开发（研究开发与学习）。六是要确保新知识在同一企业内部的有效扩散及共享。

（2）明确该类系统的功能。从企业知识管理的目的、战略、作用来看，企业的知识管理系统应具备三大功能：一是要能够促进企业内部新知识的生产和既有知识的深层挖掘；二是要能够为企业与外部的知识交换提供渠道与窗口；三是要为新知识及既有知识、内部知识及外部知识在同一企业内部的传播、共享及集成提供有效的公共性平台服务。

（3）优化系统结构。要使企业知识管理系统能实现其前述功能，该系统至少应包含以下几个子系统：一是需要开发出先进的知识库、数据库与模型库以及相应的库管理子系统；二是需要开发与建设企业内部各单位之间、企业与外部机构之间、企业与用户之间的知识交互网络；三是要开发出友好的人机交互界面，以使企业内部员工与用户都能及时、便捷地通过与计算机系统对话，获取自己需要的知识。一个系统只有包含这些部分，同时建成后有效运行，才可能较为可靠、便捷地实现前述系统功能。

（4）提高知识的编码化程度。知识的编码化有利于知识的生产、获取、共享、集成与传播。信息技术的发展已为知识的编码化创造了条件。正是由于知识的编码化程度不断提高，目前社会才有了信息社会的某些特征。在知识经济中，既需要人们不断学习编码化的知识，又需要人们具备利用编码化知识的能力。因此，企业在建立知识管理系统时，必须最大限度地提高知识的编码化程度。

（5）将知识管理落实到人。先进的知识管理系统是人与计算机系统及其网络的有效结合，其中人是最为关键的系统要素。企业知识管理系统的开发、建设、完善及维护，都是要由人来完成的。因此，为建设好这类系统，必须选好人、落实人，并将工作及责任落实到人。

例如，目前一些国际知名公司为开发与建设自己的知识管理系统，改善公司的知识管理状况，实行知识主管制度。通常，该主管的主要职责是：了解公司的环境和公司本身，理解公司内的知识；采取措施，造就一个能够促进学习、积累知识和知识共享的环境，使每个人都享受到知识共享的好处，并为公司知识库的建设与完善做出贡献；保证公司知识库的容量、领域、质量、深度、风格、更新与公司发展的要求一致；保证知识库设施的正常运行；促进知识获取与集成，促进知识生产及知识共享。这种做法对于创业企业建立知识管理系统有着重要的参考价值。

（二）建立知识经理制度

知识经理的主要任务是将创业企业的知识变成企业的资本；了解创业企业的环境和企业本身以及企业的知识需求；建立和造就一个能够促进学习、积累知识和信息共享的环境，使企业每个员工都能获得知识共享的好处，并为发展企业的知识库做出贡献。

（三）将人力资源开发作为企业知识管理的重要内容

人力资源与知识的最大区别在于人力资源的价值体现在人身上，人只能在某一时刻、某一地点从事一件事情，而知识一旦发明之后便可重复使用；人力资源具有很大的私有性，而知识则有一定程度的公共性，也可供他人分享。

人力资源开发的一项重要工作就是为员工提供“干中学、用中学”的机会与条件。根据现代学习理论，获得新知识有三种学习途径，即学中学（脱产在院校学习）、干中学（通过实践来学习）和用中学（在需要使用新知识时学习新知识）。现实中，不可能每个员工都有学中学的机会与时间，特别是创业企业起步之初，干中学、用中学就成为企业员工获取新知识的主要途径。因此，一些企业十分重视借助各种方式，为员工提供干中学、用中学的学习机会与条件。

在高新技术创业企业，大量工作是要由受过教育的、有专门知识的人来完成的，特别是将既有知识应用于产品和服务生产过程，或从事知识的生产、加工和流通。在这种情况下，需要掌握的工具主要是信息工具，如计算机信息系统、专家智能系统和网络信息系统等，它们可自动地完成许多知识密集的工作。创业企业要实现内部的知识共享，还需要员工有相应的知识共享技能，这包括人际交流的技能，人机对话的技能，知识查询、检索、选择、使用的技能等。员工要具备这些技能，往往需要企业给予一定的培训，特别是培训后两类技能。

（四）以知识管理为基础设立职位

高新技术企业是典型的知识型组织之一，企业生产、获取、共享、集成、传播知识的绩效，决定着企业的发展状况。因此，在某些情况下，企业需要以知识管理为基础设立职位、提供激励。

例如美国的IBM公司和日本一些大公司，鼓励专业技术人员与管理人员进行岗位交换，甚至为技术人员设置专门的知识管理岗位，目的就是使企业获得更多的有关公司发展的新知识。员工除掌握基本财务技能之外，还要有知识生产或共享方面的技能，并据此安排每个员工的职位。

（五）为知识在企业内部的共享创造微观环境

客观地看，要使知识在同一企业内部共享，需要相应的微观环境。这包括要使各个人掌握的知识能够向他人转移、传播、扩散，要使知识的需求者能够在需要时及时检索、接收并鉴别需要的知识。

丹麦一家公司为了加强成员间知识的扩散，往往派“导师”对年轻员工进行知识转移、传播、扩散的辅导，从而使年轻员工的工作技能迅速提高。美国施乐公司则通过为员工提供聚会的场所，鼓励员工进行跨部门的知识转移、传播与扩散。瑞士Affaersvaevden公司采取“写作组”方式，加快新成员间的了解。这样既写出了更好的报告，也加快了员工写作技能的转移和新闻网络的形成。日本本田公司要求员工大量采集与自己目前工作似乎无关、但与公司业务有关的信息，以增强员工为公司知识共享服务的责任。这样，公司员工既可从多种资源中寻找自己解决问题的较佳方案，又能服务于他人正在或将要开展的业务。

【案例13-2】

德州仪器公司的知识管理①

德州仪器公司在实际运作中存在的主要问题是决策部门之间的衔接不够顺畅，生产的各个环节不够完善。为此，公司已经花费了多年的时间来改善这种状况，并希望通过知识管理，减少信息传递时间，使资源能够被灵活地运用，员工能获得自己所拥有信息以外的更多知识，因为这些知识能够带来创新和新的业绩，并为客户创造更多的价值。德州仪器公司的知识创新主要针对4种知识：客户知识、商业竞争情报、经营过程、产品信息。在其经营的每一个步骤中，都贯穿着商业性竞争情报，这些情报与相应的方法和组织结构结合起来，再加上有关市场、产业和竞争对手的信息，便能支持战略性决策。德州仪器公司有112名知识管理工作者，负责管理全球最佳实践数据库和本地的最佳实践数据库。

对于知识管理的整个步骤，德州仪器公司有一整套评估过程，称为TI-BEST。它包括以下4个步骤：

（1）明晰商业重点；

（2）确认经营优势；

（3）分析发展空间；

（4）部署最佳策略方案。

德州仪器公司的知识管理基础是最佳实践办公室，由知识管理工作者网络组成，

① 根据http：//www.cko.com.cn的相关资料整理。

每个办公室都可以分享整个工作进程的信息。总体来说，知识管理系统由最佳实践办公室、知识管理工作者网络和共享过程信息组成。将该系统与 TI-BEST 的 4 个步骤结合起来，就能评估公司的优势与企业发展目标之间的差距，从而找出正确的发展方向。

德州仪器公司利用知识管理节省了信息交流时间，提高了生产率，加快了企业对客户需求的反应速度，不断缩小与目标之间的差距。公司以分步骤的经营方式，将信息在不同的经营部门之间传递，这 3 个步骤包括：① 让所有部门都能了解其他部门的经验教训；② 集中精力关注一个经营过程，将该项目的信息通报给所有的部门；③ 鼓励不同的部门之间进行合作，在部门之间建立合作网，促使部门之间的信息交流，从而避免重复劳动，降低经营成本。

分阶段进行知识管理的模式取决于：① 员工的接受能力；② 员工是否需要了解整个过程；③ 信息提供者/接收者之间信息交流的质量高低；④ 接收者使用该系统的动机。

【思考与讨论】

1. 德州仪器公司知识管理的目的是什么？
2. 德州仪器公司是如何进行知识管理的？
3. 德州仪器公司知识管理的成果如何？

第三节　创业企业技术创新管理

没有创新就不会有成长，创业企业需要在创新的基础上和过程中谋求新的发展。技术创新被认为是 21 世纪企业竞争的关键，而对于创业企业来讲，更需要借助于技术创新来增强其生命力，提升其竞争力。

一、技术创新的概念

技术创新是企业家抓住市场的潜在盈利机会，以获取商业利益为目标，重新组织生产条件和要素，建立起效能更强、效率更高和费用更低的生产经营系统，从而推出新的产品、新的生产（工艺）方法、开辟新的市场、获得新的原材料或半成品供给来源或建立新的组织等一系列活动的综合过程。

创业者是技术创新的主体，创业者的作用不在于发明某些东西，或创造出得以开发利用的某些条件，而在于把事情付诸实施。所以创业者是具有创新意识和能力并进行创新的独立的商品经营者和生产者。

创业者是技术创新全过程的决策者与组织者。创新过程的每一个环节都需要创业者的敏锐的目光、果断的决策与高效率的组织，都需要用其所掌握的生产要素作后盾。而市场的需求与占有率和超额的利润前景始终是诱发创业者创新的动力。

技术创新的目的是获取超额潜在利润。没有技术创新的企业最多只能获取行业的平均利润，而技术创新成功的企业，它的新产品、新技术在别人没有模仿、技术没有扩散前，往往可以垄断市场，在价格上采取高价策略，利润自然可以较大地超过平均利润。技术创新之所以能获取超额利润，在于它建立了一种新的生产函数，把最新的科学技术融入生产过程，提高了生产力的技术构成，从而大大提高了劳动生产率。

技术创新始于研究开发而终于市场实现。任何技术创新都是从研究开发开始，没有研究开发就谈不上进行技术创新，即使通过技术引进，但技术上新意不大，要把它们变成本企业自己能实现的商品，也需要做开发工作。至于一些重大的技术创新，则更需要有研究开发工作来支持。技术创新最后是以市场实现而告终，它将通过营销环节来实现技术创新的价值。营销环节的创新自然也包含在技术创新过程之中，它对开辟新市场和实现技术创新的价值有着重要的作用。

二、选择适当的技术创新战略

战略是指重大的带有全局性的一种谋划。创业企业技术创新战略的正确选择决定着企业的生存和发展。创业企业技术创新战略主要包括自主创新、模仿创新和合作创新战略。

（一）自主创新战略

自主创新指创业企业主要依靠自身的技术力量进行研究开发，实现科技成果的商品化，最终获得市场的承认。

自主创新具有率先性，率先性的技术一旦被攻克就是具有独占性的优势，就能使企业竞争优势极大增强，从而保证企业获得超额利润。例如，美国 Intel 公司在计算机微处理器方面，一直是率先创新的典范，从 1970 年自主开发推出世界上第一块微处理器 Intel 4004，到 1973 年推出 Intel 8080，到后来相继推出的 Pentium Ⅱ、Pentium Ⅲ、Pentium G、酷睿，该公司始终掌握着最先进的、其他公司无法破译的计算机微处理器的关键技术。再例如美国的施乐公司首创静电复印机、杜邦公司首创尼龙产品，阿里巴巴为中小企业创造的支付、快递、信用和 IT 等生态系统等都是率先创新的例子。

自主创新要求企业有着雄厚的研究力量和技术成果与创新经验的积累，要有领先的核心技术和雄厚的开发资金作后盾，特别是要能正确判断科技发展趋势和市场需求趋势。否则将事倍功半甚至前功尽弃。由于自主创新投资大，而且没有现成经验可借鉴，所以风险较大。

（二）模仿创新战略

模仿创新是指在率先创新的示范影响和利益诱导之下，企业通过合法手段（如通过购买专有技术或专利许可的方式）引进技术，并在率先者技术的基础上进行改进的一种创新形式。模仿创新并不是原样仿造，而是有所发展、有所改善。

模仿创新是技术创新中的一个重要方式，只有通过模仿创新将率先创新的技术进行扩散，创新才能在经济生活中发生巨大影响，才能形成新兴产业，促进经济高涨。世界上绝大多数企业的创新活动属于模仿创新。创业企业在模仿创新的过程中，逐步培育出一支善于创新的人才队伍，不断增强自己的研究开发实力，并在模仿创新中不断增加自主创新的比重，最终过渡到以自主创新为主的阶段是一个现实可行的选择。

（三）合作创新战略

合作创新是指以企业为主体，企业与企业，企业与研究机构或高等院校合作推动创新的创新组织方式。合作的成员之间，可以是供需关系，也可能性是相互竞争的关系。一些较大规模的创新活动往往是一个单位难以独立实施的，多个单位进行合作创新，可以充分发挥各自优势，实现资源互补，从而缩短创新周期，降低创新风险，提高创新成功的可能性。合作创新的条件是合作各方共享成果，共同发展。借助合作创新，也能把有激烈竞争关系和利益冲突的企业联合起来，使各方都从合作中获得更大的利益。

三、选择恰当的创新组织形式

创新组织形式多种多样，创业企业可以根据企业的实际情况，选择适当的创新组织形式。

（一）新产品委员会

新产品委员会可由创业企业高层负责人、关键研究开发人员及各职能部门代表组成，必要时开会，会议由公司总经理或常务副总经理主持，会后由一名专职负责人督办、协调会议决议的执行情况。新产品委员会应负责创业企业产品创新的全程管理，具体包括：（1）负责企业产品创新策划；（2）组织企业产品创新方案评价；（3）协调新产品开发过程中的部门关系；（4）组织新产品的鉴定和试销；（5）组织企业有关部门向市场推荐企业的新产品。

创业企业建立新产品委员会的主要优点是：（1）可以集中创新关键人员的想法和专长；（2）所建议的创新方案是创业企业高层认可的，故易被创业企业高层和各职能部门所接受；可以将产品创新的咨询过程与决策过程高度融合在一起。

【案例 13-3】

深圳市松本先天下科技发展有限公司的新产品委员会①

深圳市松本先天下科技发展有限公司为了加强企业新产品设计，成立了新产品开发委员会。该委员会成员由智能化部、DVR部、商务中心、采购部、财务部、生产基地等部门负责人组成，并分别负责技术可行性分析；产品售出价格、市场适应性、顾客意见；原材料价格、性能、品种、材料适应性；开发费用、预期经济效益、新产品综合成本；新产品品质测定；生产工艺化测定等方面的评估、分析工作。委员会将采取日常不定期及定期等方式安排活动，对所采纳的开发建议，给建议人提供一定额度的奖励。其建立及运作使公司的新产品开发工作步入一个更加有序、高效、规范的健康轨道，进一步调动了员工的开发、创新积极性，使产品更具有市场前瞻性，提高了产品的市场竞争力。

【思考与讨论】

1. 什么情况下适合采用新产品委员会？

① 根据 http：//www.cps.com.cn 的相关资料整理。

2. 创业企业建立新产品委员会的优点是什么？

（二）新事业发展部

创业企业要搞技术创新，就得随时捕捉市场机会、技术机会和政府政策机会。特别是一项对创业企业生存与成长具有战略影响的技术创新，通常需要投入较多的人力、财力、物力，动员较多的职能部门。创业企业一旦决定实施这类技术创新，最好建立新事业发展部。这类创新组织是一种固定性的组织，多数从若干职能部门抽调专人组成，并由一名有较高职位的管理人员主要负责。通常新事业发展部拥有很大的决策权，只接受创业企业最高主管的领导。一些国外学者甚至认为，新事业发展部是永久性地独立于现有运行体系之外的分权组织，是创业企业进入新的技术领域和产业领域的重要方式。

新事业发展部的具体作用是：（1）提出产品创新目标建议；（2）制订获取新产品设想的调研计划；（3）筛选新产品设想；（4）拟定新产品设计的技术规格；（5）提出有关新产品试销的建议，并组织试销；（6）进行产品创新过程的全程控制和协调。

【案例 13-4】

IBM 公司的新产品事业部①

1980 年 8 月，美国 IBM 公司注意到个人计算机市场 5 年来一直在持续增长，于是决定进入这一新产业领域。但面临的问题是，怎样才能使 IBM 公司迅速进入这一全新的市场。公司高层讨论后决定，在佛罗里达州建立一个独立的分部，由 Don Estridge 领导。他被赋予极大权力：负责个人计算机从研制到销售的全部过程；有权从公司任何部门挑选人员，包括研究开发人员、制造人员、财务人员和销售人员。在 IBM 公司历史上，这一赋权程度及组织方式从未有过。

Don Estridge 受命之后，在个人计算机创新过程中，在具有高度独立性和灵活性的个人计算机发展分部采取了一系列新的举措：（1）把创新的重点集中在整个系统的布局、结构和配置的优化上，按优选原则使用 Intel 公司的微处理器、日本的打印机、中国台湾的显示器和微软公司的软件，而不是全部使用本公司生产的部件；（2）选择了 16 位的微处理器，而不是当时市场上流行的 8 位微处理器；（3）公开设计信息，从而使公司外的客户可以自己编制软件；（4）不依赖于 IBM 公司原有的销售网，而是起用了一批新人，以新的方式推销个人计算机。结果，一年后，IBM 公司成功地推出了性能优越的个人计算机，并很快取代了苹果计算机的市场霸主地位。

【思考与讨论】

1. 新产品事业部制的优势是什么？
2. IBM 公司建立的新产品事业部解决了什么问题？

---

① 根据 http：//www. 51cto. com 的相关资料整理。

(三) 产品经理制

产品经理制是对创业企业经营的产品大类分别设置专门经理人员，也就是对一个新产品或一组新产品，从新产品策划到新产品投入市场，都由一位经理全面负责。每位产品经理可以单独承担全部计划和管理控制工作，也可以领导一个小组来完成他所承担的任务。产品经理一般直接受企业总经理领导。产品经理在创业企业产品创新中起核心作用，在新产品市场营销上起决策作用，在创业企业现有产品的改进或延伸中起组织作用。

实行产品经理制的好处是易于实现现有产品产销和新产品开发这两种有冲突的职责的协调。但其缺陷是：(1) 不易选拔既有技术专长又有营销经验的产品经理；(2) 授予产品经理的权力往往与他肩负的责任不相适应，他可能无权改变其他职能部门负责人的某些决定；(3) 受产品经理本人专长所限，他可能与设计部门或营销部门专家发生尖锐的冲突。

(四) 创新小组

如果创业企业所实施的技术创新规模居中，但创新任务较为繁杂，则可以通过建立创新小组来完成拟定的创新任务。通常创新小组可由创业企业研发、生产、营销和财务等职能部门人员组成，这些人员在一定时期内脱离原部门工作，直到完成特定创新任务；创业小组多数直接受企业总经理领导，并具有制定新产品研发、产销政策的权力；创新小组应具有明确的创新目标和任务，创业企业高层主管对创新小组充分授权，完全由创新小组成员自主决定工作方式；创新小组的职能一般比较完备，在创新过程中有较高的效率。

(五) 虚拟创新组织

近年来，企业组织创新的一个新动向是虚拟创新组织的出现。虚拟创新组织是为响应已经出现或即将出现的市场机会而组成的虚拟公司或其联合体。

虚拟创新组织通常不是一个法人实体，而是由一些独立的经济实体基于某种共同目标而组织起来的一种灵活的临时性联盟。联盟中的成员具有互补的资源和核心能力。当某个新的市场机会出现时，通常由最早意识到这一市场机会或者掌握某一关键技术的企业牵头，联合其他有关机构和企业形成一个临时组织，迅速动员各方的资源和能力，以对市场机会做出快速反应，共同完成新产品的开发和新市场的开拓。虚拟组织的成员共担创新风险，共享创新利益。当既定的创新目标实现时，特定的创新联盟即随之解散。

虚拟创新组织通常具有以下特征：

(1) 市场机会是形成虚拟创新组织的基础。面对特定的市场机会，通过创业企业核心能力的互补性联合，形成抓住市场机会所需的竞争能力是建立虚拟创新组织的目的。

(2) 这类创新组织在运行过程中，可根据目标的需要和情况的变化随时进行组织结构的调整。一旦虚拟创新组织的使命完成，联盟就自动解体。当新的市场机会出现时，有关创业企业又可能组成新的虚拟创新组织。

(3) 虚拟创新组织是建立在各成员企业间相互信任、密切合作基础上的互利互惠组织，虚拟组织的成员有共同的目标，成员企业之间充分沟通，协调工作。例如，法国Puma公司本部不到500人，分为战略、市场及协调三个部门，其余工作全由遍布全球的80余家合作伙伴完成，各成员企业分别承担产品研发、产销等不同环节上的工作。其中采购与配送中心在亚洲，生产在中国大陆、韩国、印度尼西亚等地，后勤服务在中国香港，销售网络遍及欧洲、亚洲、北美、南美及澳大利亚。

（4）虚拟创新组织需要有一套各个企业必须遵守的共同协定，以便在成员企业之间建立起相互信任的关系。在共同协定的规范下，组织内企业采取协调的行动。

客观地看，虚拟创新组织之所以有强大的生命力，是因为它能够通过在成员企业间做出共同安排，从而使加盟企业获得更大的市场竞争优势。面对新的市场机会，虚拟创新组织的竞争优势主要体现在以下几个方面：①可以通过成员企业能力和资源的集成，使加盟企业获得更多的市场机会，实现单一企业所不能实现的目标。②可以充分利用成员企业的各种资源存量，减少用于研究开发和新项目建设的资源投入。③可以迅速配置资源，对市场机会做出快速响应。④某个企业参加虚拟创新组织，可以通过资源共享扩大其经营规模，改善企业形象，提高其创新能力。⑤同一组织内的合作创新，有利于成员企业相互学习，加速技术积累，进一步增强各成员企业的创新能力。

创新是一个企业发展的动力。企业应该根据自己的实际情况，实现技术、组织结构等方面的创新，为企业的持续健康发展不断地注入新的活力。

第四节　创业企业成长管理

创业企业的成长有一定的路径依赖，即成长模式。创业企业要想成长起来，就需要与之适应的成长模式。创业企业的成长一般需要三个阶段，即初创期、学习和稳定期、快速发展期。不同阶段的经营特点是不同的，每个阶段都有特定的问题，恰当地解决这些问题，企业才会真正成长起来。

一、创业企业成长的三个阶段

（一）初创期

初创期一般指企业开始注册及创立后的头两个财务年度。在这一阶段，创业企业的主要目标是尽快实现盈亏平衡，解决企业生存问题。

1. 初创期企业面临的主要任务

（1）千方百计地活下来，不要被其他市场力量所“消灭”。先求生存，再求发展。一个简单的道理是，很难想象一个注册资金几万元、几十万元的小公司亏损了一两年后还会有信心、耐心和能力继续经营。

（2）千方百计地合法积累资金。这一阶段企业一般规模较小或很小，只有几个人，一般没有长期的战略，一切经营活动都应围绕着怎样获取利润，积累资金。处于初创阶段的企业，只有积累了一定规模资金才能够为企业的发展制定长远的发展目标和战略。

（3）选择和确立一个适合本企业的管理体制。这或许对企业初创不是至关重要的，但对企业以后的发展有着非常重要的影响。管理体制一旦确立，就很难更改，因为更改企业管理体制意味着利益的重新划分，必然对企业经营产生重大影响，并且不少情况下是负面影响。

（4）培育某一方面的资源优势。创业者一定要培育某一方面的资源优势，否则创业企业就很难立足。所谓资源优势包括以下一项或数项：①技术优势，或某种专业技能优势；②资金优势；③进货渠道优势；④与某消费群体联系特别密切的优势；⑤经营场所优势。获得和认清自己的资源优势后，要尽最大努力发挥自己的优势，并利用这个优势迅速获取利润。

（5）发现和培育自己的核心能力。如联想创立之初，经过一番磨难，基于背靠中科院计算所的优势，选择了一条能够发挥创业者优势的创业路线，即计算机服务。当时中科院进口了500台IBM计算机，其中的验收、维修和培训业务交给了联想，这使联想挣到了70万元公司发展的奠基资金。不久，他们把这笔资金投入在开发联想汉卡上。

2. 创业者需要特别注意的问题

（1）周期性评估自己的财务能力。企业是由人才、体制、产品和资金等组成的。资金不足，势必造成创业者财务负担过重，无法拓展新的事业。因此，创业者要有“有多少实力做多少事”的观念，周期性评估自己的财务能力，不要轻易过度举债；企业应做大而非大做。做大是有利润后再逐步扩大，大做则是勉强过度举债而为。一个企业只有空壳，没有实力，遇到风险即可能一命呜呼。

（2）尽可能地建立策略联盟。创业企业羽毛未丰，自然需要与同行企业建立策略联盟关系。如在经营自有产品之外，附带经营其他企业技术亲近度高的产品。这样，不仅能提高本企业对用户的吸引力，满足顾客的需求，而且有助于增加本企业的利润，搭建企业远景的营销平台。又如，在自己缺乏某一方面能力或资源时，建立相关企业的策略联盟，借助市场组合资源和能力，以完成目标生产经营活动。

（3）要有意志力。创业艰难百战多，既然选择了创业，创业者及其团队就必须有目标、有计划，靠坚强的耐心与意志力来支撑和维持自己的创业企业，使它能够进入学习和稳定期。这一点对于处于创业初期的企业来讲尤为重要。

（二）学习和稳定期

这段时期一般为企业创立后的第三、四、五个财务年度，需要2~3年，甚至更长时间。这一阶段决定着企业今后的生存和发展趋势。在这一阶段，创业企业应当以学习经营和管理，强化自己的核心优势，建立长期稳定经营的成长基础为目标。创业者要通过干中学和系统学习，通过企业内部的治理整顿，使企业的经营日益规范化，并形成和保持一定的稳定性。否则，刚刚存活下来的企业也可能在激烈的市场竞争中被淘汰。

1. 学习和稳定期创业企业的主要任务

（1）选择合理的稳定的经营方式。创业企业需要找到一种适合自己的经营方式的组合，来增强自己的抗风险能力，提高自己的经营业绩。

（2）规范组织结构和管理。企业应将组织结构相对固定化和制度化，规范日常经营管理工作，健全管理制度，建立内部正常的信息流通渠道。否则，企业组织运行和经营管理极有可能陷入无序和随机的状态。

（3）培训员工，学习和积累技术、经营、管理知识和经验。人是企业能力的活的载体。因此，在这一阶段，创业企业应对各级各类员工进行大量的培训，以使他们通过干中学和学中学，学习和积累更多的技术、经营、管理知识和经验。

2. 学习和稳定期创业者需要特别注意的问题

（1）防止和抑制得以生存后的浮躁。不要被短期得以生存所迷惑，一定要步步为营、稳扎稳打、稳中求进，防止初步成功后的巨人狂想症。必须重效率，重实质，不要一味追求表面的浮华和扩大，以免各类费用徒增。

（2）取得更多的资源优势，强化自己的核心能力。在这一阶段，创业企业形成的资源优势和核心能力，决定着企业今后的发展方向、主导领域、成长势头和发展速度。因此，在这一阶段，取得更多的资源优势，强化自己的核心能力，是关系到企业长远命运的大问题。当然，为了取得更多的资源优势，强化自己的核心能力，创业企业需要对自己已经掌握和可能掌握的资源，已经拥有的各方面能力，进行详尽的细化分析，进而采取有效的措施。

（三）快速发展期

经过前两个阶段，创业企业已具备了较为丰富的商业知识、经营资源，拓展了成长空间，创业企业进入了快速发展阶段，这一阶段的发展决定着创业企业长期的命运，决定着创业企业能否真正成为创业者心中企盼的企业。在这一阶段，创业企业的主要目标是：寻找新的机遇和切入点、突破口，依靠创新，寻求超常规增长。

1. 快速发展期创业企业的主要任务

（1）发现新的商业机会。创业是从发现、把握、利用某个或某些商业机会开始的，创业企业的成长也是一样的。而且，某个创业机会是否可供特定的创业者所利用，还取决于创业企业本身的情况。因此，这里的关键是创业者要在新的众多的商业机会中，发现真正有利于创业企业超常规成长的机会。

（2）再次准确定位，并切实到位。即再次定位创业企业应长期进入的行业市场，应把握的用户群，应处的市场地位、规模和利润目标。创业者需要进行“五力分析”。“五力分析”越详尽越好，以便为创业企业准确定位。进而，需要严格控制创业企业的经营行为，充分发挥企业的资源优势和核心能力，确保企业能够进入既定的行业市场，掌握有效的用户群和达到应有的市场地位。

2. 快速发展期创业者需要特别注意的问题

（1）要有稳健的前瞻性规划。创业企业的成长，稳健远比高速重要。因此，创业者必须有跑马拉松的心理准备和耐心，并将这种心理准备和耐心变为稳健的前瞻性规划和步步为营的经营行为。

（2）重新考虑企业成长的财务支持问题。在前两个阶段，多数生存下来的创业企业主要是从企业内部积累资金，而负债较多的创业企业多半为经营不善的企业。但到了快速发展期，要超常规增长，在发现新的商业机会及准确定位的前提下，为切实到位，企业可以考虑合理借债进行债权融资的问题，应充分利用债权融资的财务杠杆效应，放大自有投资的收益。

（3）慎对跨行业发展问题。在快速发展期，企业要抓住机会，实施以创新为基础的超常规增长，但应尽量避免在实力尚不十分雄厚的条件下跨行业发展。众多企业的实践表明，对某个创业企业而言，不宜过多地涉足其他行业，更不可过多地向其他行业投资，尤其不宜脱离自己经营多年的行业。因为那样做的代价，要比在原行业投资高很多。现实中，因跨行业、多元化发展不恰当而被拖垮的企业比比皆是。

二、创业企业的成长战略

理性地看，创业企业必须实行细分、集中、差别、创新、集群的成长战略。这一战略的基本含义是创业企业需要在对商业机会、市场竞争结构、自身能力、资源供给者态势等进行详尽细致的“五力分析”的基础上，寻找出真正适合自己的商业机会，集中于个别行业领域的极个别商业机会，立足于差别化，积极实施技术创新，培育技术创新集群，靠创新集群的集聚效应，实现创业企业的超常规增长。

（一）细分市场

某个商业机会是否适合于某个特定企业，取决于机会和企业双方的契合性。只有在详尽细致的“五力分析”的基础上辨识相关的商业机会，创业企业才能找到真正利己的超常规增长的商业机会。

一般来说，只有满足以下条件的商业机会才是特定创业企业可以利用的成长的商业机会：①特定商业机会的原始市场规模足够大，存在的时间较长，且市场规模将随时间的变化而适当增长，前5年的市场需求稳步且快速增长；②创业企业能够获得利用特定商业机会所需的关键资源，能够架桥跨越资源缺口，不会被锁定在刚性的创业路径上，可以中途矫正自己的创业路径，可以通过创造市场需求来创造新的利润空间、谋取额外的企业利润；③机会的风险是明朗的，是特定企业能够承受的；④尽管会遇到竞争力量，但创业企业有能力与之抗衡。

特别是，面对新的技术机会，一定要分领域，尽可能细化到技术大类、技术方向，切实把握新技术的发展趋势。面对新的市场机会，一定要细化到行业市场、产品大类市场、可能的用户群市场。面对新的政策机会，一定要明确究竟是什么政策变化，特定政策究竟提供了什么样的创业空间，企业究竟能从中得到哪些预期的商业利益。这里，无论面对哪类商业机会，定量测算都是必需的。

（二）聚焦于特定行业

创业企业的整体能力，特别是核心能力是极为有限的，涉足过多的行业，必然会影响企业在主业领域的能力配置和资源配置，顾此失彼、丢三落四，必然会影响企业的整体经营业绩。而且不同行业产品的技术差异较大，创业企业硬要涉足多个行业，必然很难较快地培育自己的主导设计、技术范式，技术能力将极为离散，从而不能形成自己的核心技术能力。进而，它就不可能在市场上赢得竞争优势。

（三）立足于差别化

创业企业必须差别化创业，即将创业活动的立足点放在差别化上，做他人没有做或做得少的事情。不少企业的实践表明，产品（功能）差别化、价格差别化、服务差别化等三者是企业在市场上赢得竞争优势的普遍法则。这对创业企业的成长仍然是适用的。一个简单的道理就是：有差别，才会避免他人较为强劲的竞争，甚至独辟蹊径，赢得一片新的市场乐土。

创业企业立足差别化可以更好地防御行业中的五种竞争力量，获得超过平均水平的利润。这主要表现在三个方面：①形成防御其他企业的进入壁垒。即由于创业企业自身的产品、服务特色及价格优势，顾客对该企业的产品或服务会有较高的忠诚度，从而形成其他企业进入的壁垒。②降低用户的敏感程度，增强创业企业与其用户讨价还价的能力。③防止替代品威胁。创业企业的产品与服务越是具有特色，越是能够赢得顾客的信任，在与替代品的较量中，越是能够比同类企业处于更为有利的地位。

当然，创业企业差别化创业，通常需要特殊的管理技能和组织结构。如企业需要具有从总体上提高某项业务的质量、树立产品形象、保持技术先进和建立分销渠道的能力。为差别化创业，创业企业需要有能力较强的研究开发与市场营销人员。同时，需要有良好的组织结构，以协调各个职能部门。

（四）技术创新与创新集群

高新技术创新已日渐成为推动我国企业发展的重要源泉。各类经济性质的高新技术企业异军突起，围绕信息技术、生物技术、新材料技术、自动化技术、新能源技术、激光技术、航空航天技术等领域的技术创新如火如荼。创新是创业企业成长的必由之路，在实施技术创新的过程中，创业企业的技术水平会逐步提高，创新的过程是企业培育自己的主导设计和技术范式的过程，在创新过程中，企业的技术获取能力、技术应用能力、生产组织能力、市场营销能力等，都会相应地得到锻炼和提高，最终会使企业的整体行动能力得以提高，相应培育起企业整体上的核心能力。企业在某一方面的核心能力，特别是核心技术能力一旦形成，就有可能在市场上赢得某一或某些方面的竞争优势。而一旦形成这种局面，创业企业就可能真正成长起来了。

企业一旦在某一或某些创新上获得成功，顺沿相应的技术轨道、在相应的技术平台上，或在技术亲近度较高的技术领域，就可能形成一系列创新。而在形成这些创新集群的过程中，由于创新效率的提高、创新成本的降低、营销能力的增强，企业将从创新中获得更多的收益。这无疑有利于创业企业的高速增长和健康成长。

最后我们以 Google 创业和成长案例作为全书的结束，相信你会从这个案例中回想起本书各章的内容从而引发你新的深入的思考。

【案例 13-5】

Google 的创业与成长①

Google 公司是一家美国的跨国科技企业，业务范围涵盖互联网搜索、云计算、广告技术等领域，开发并提供大量基于互联网的产品与服务，其主要利润来自于 AdWords 等广告服务。据估计，Google 在全世界的数据中心内运营着超过百万台的服务器，每天处理数以亿计的搜索请求和约 24PB 用户生成的数据。Google 自创立起开始的快速成长同时也带动了一系列的产品研发、并购事项与合作关系，而不仅仅是公司核心的网络搜索业务。Google 公司提供丰富的线上软件服务，如云硬盘、Gmail 电子邮件，包括 Orkut、Google Buzz 以及 Google+在内的社交网络服务。Google 的产品同时也以应用软件的形式进入用户桌面，例如 Google Chrome 网页浏览器、Picasa 图片整理与编辑软件、Google Talk 即时通信工具等。另外，Google 还进行了移动设备的

① 根据 http：//www. hidecloud. com，https：//www. google. com 等网站的相关资料整理。

Android 操作系统以及上网本的 Google Chrome OS 操作系统的开发。Google 虽然是一家相对年轻的公司，但实力却不容小觑。自 1998 年创立至今，Google 已成长为服务全球数百万用户的大公司。公司的创始人是谢尔盖·布林（Sergey Brin）和拉里·佩奇（Larry Page）。

1. 初露锋芒的天才

谢尔盖·布林也许永远不会忘记 1979 年，那一年他刚好 5 岁，由于前苏联对犹太人实行歧视政策，他们全家移民到美国，在美国开始了新的生活。

在布林成长的家庭环境中，学术探讨一直是日常生活的有机组成部分，话题包括计算机、数学和未来。布林的数学天赋自幼年时期就开始显露，他同时还对电子学有着浓厚的兴趣。尚在读小学一年级时，布林就做了一件令其老师大为吃惊的事情：向老师提交了一份有关计算机打印输出的设计方案。那时候，计算机就像当初的黑白电视一样，只有少数人拥有并懂得如何使用，这也难怪布林的老师根本就看不懂这个学生的方案。高中毕业后，他进入了马里兰大学攻读数学专业，由于成绩杰出，布林在取得学位后获得了一个奖学金，19 岁便进入斯坦福大学。

拉里·佩奇在芝加哥长大，他的父亲是密歇根州立大学计算机科学教授，母亲也是犹太人。6 岁时，佩奇就喜欢上了计算机，并拥有了第一台个人电脑。上小学时，当他把自己的第一份家庭作业用电脑打印出来后，老师们都感到十分吃惊。在进入斯坦福大学之前，佩奇在密歇根州立大学获得计算机工程学士学位。在此期间，他曾经利用乐高积木设计了一款别致的绘图机与喷墨打印机。

2. 逐渐完美的团队

1995 年 3 月，布林奉学校之命带新来的研究生佩奇利用周末时间认识校园。

初次见面，两个傲慢的天才几乎无所不谈，可又针锋相对。也许是因为犹太民族的精神中本来就存在某种挑战智慧极限的嗜好，他们喜爱深入探讨、喜爱提问、喜爱辩论、喜爱交流各自的观点、喜爱捍卫自己的原则，等等。这种对辩论的爱好经常是没有结果的，但是当这种思辨上升到某个层次的时候，它往往会激发出石破天惊般的灵感。

幸运的是，他们珍惜并尊重这样的智力比拼，并因此发展出了历久不衰的友谊，这段长久友谊的伟大意义正如比尔·休利特（Bill Hewlett）和戴维·帕卡德（David Packard）之于惠普，斯蒂芬·沃兹尼亚克（Stephen Wozniak）和史蒂夫·乔布斯（Steve Jobs）之于苹果电脑，或者保罗·艾伦（Paul Allen）和比尔·盖茨（Bill Gates）之于微软。

布林的家在华盛顿郊外，他个性张扬，喜欢说笑话，是个习惯处于聚光灯下的人。佩奇是家中两兄弟里年龄较小的一个，相对比较安静，更喜爱沉思。虽然性格不尽相同，可是他们的成长经历却又是如此相似。

他们都是第二代计算机的使用者，而且在上小学时就已经离不开它了。这是受到父母言传身教的影响的缘故，他们的父母在工作场所和家里都会用计算机进行复杂的数学运算，这使得佩奇和布林与同龄人有很大的不同。

3. 独特的理念和顶尖的技术

他们到斯坦福大学来的目的是拿到博士学位，而不是变得富有，可是周围的环境却在发生着翻天覆地的变化。1995 年，一家叫做网景、成立仅仅 16 个月的公司的股票以每股 28 美元的价格上市。其第一天的交易就异常火爆，股价最高涨到了每股 75 美元的高价，从而使网景这家奇迹般的高技术公司，突然之间达到了 30 亿美元的市值。网景公司的 IPO 开启了硅谷的互联网时代，同时也造就了一股互联网淘金热。

在网景公司上市之后，斯坦福大学计算机系弥漫着美元的气味，加上斯坦福大学历来鼓励和扶持创业的传统，布林和佩奇虔诚的家族传统和学术热忱正开始受到严峻的挑战。1996 年 1 月，布林和佩奇同计算机系的其他学生以及老师们一起搬进了一个新家。这是一座由浅棕色的石材建成的气派的 4 层建筑，楼面上镌刻着“威廉·盖茨计算机科学”的字样，微软的董事长为此花费了 600 万美元，他的目的是“为计算机工业的未来投资”。那个时候盖茨正在完成《未来之路》一书的修订版，并认为交互式网络是人类通信历史上一个主要里程碑，因此决定微软将全力支持和发展互联网。

这些师生们一起创立了一个叫做 MIDAS 的课题小组；MIDAS 是 Mining Data at Stanford（在斯坦福大学挖掘数据）的字母缩写（在希腊神话中，迈达斯是一位能够点物成金的古希腊国王）。在 20 世纪 90 年代中期，网络就像未开发的西部，没有游戏规则，缺乏管理。数百万人在网络中登录，用电子邮件相互联系，但是在那样一堆乱糟糟的网站中间，你几乎完全无法搜索出自己满意的结果。

佩奇建立起了自己的理论模型——通过计算指向某个网站的链接数量，最后来确定这个网站的受欢迎程度。尽管受欢迎程度并不总是同其知识价值相关，不过，他和布林都生长在学术世家，非常重视发表在学术期刊上引用了诸多相关文献的学术研究成果。而对佩奇来讲，在某种意义上，链接就像是文献引用。科学家会引用那些同自己的研究相关的已出版的文献，而这些引用可以帮助学术研究界确定某项研究成果的价值和影响力。“文献引用非常重要，”佩奇说，“事实证明，获得诺贝尔奖的科学家们引用了上万种不同的文献。”他还说，“如果你的成果在相关科学文献中被大量引用，就说明，你的工作非常重要，因为很多人都觉得它值得一提。”

这一系统基本上利用了 Web 本身令人眼花缭乱的复杂链接和数以百万计的互联网网民的集体智慧。因此，当我们利用 Google 进行搜索时，我们可能“走了一条其他对该信息有兴趣的人走过的路”。佩奇为他的链接评级体系起名为“PageRank”（网页序列等级）。而最终的结果是，他们把网络搜索转化成了普及程度和流行性的一次竞赛。

1997 年初，佩奇打造了一个叫“BackRub”（返回触摸法）的简单的搜索引擎。这个搜索引擎之所以叫“BackRub”是因为它主要处理反向链接。这年秋天，布林和佩奇决定给 BackRub 起一个新的名字。最后阴差阳错，采用了 Google 这个名字，原词其实是“Googol”，意为 10 的 100 次方——一个表示巨额数字的数学术语，Google 想用它来表达网络的浩瀚，并凸显其搜索功能的强大，而正如雅虎和亚马逊，这个名字很有互联网公司的气质。

这个引擎首先被斯坦福大学内部的学生、教师和管理人员使用。在校园里，人们对这个引擎的性能有口皆碑，它很快就流行起来。大学的技术认证中心开始为这项技术申请专利。斯坦福大学的教授和学生都开始用它来在网络中搜索信息。而它很快就成为大部分人唯一使用的搜索引擎。

随着数据库规模越来越大，用户数量越来越多，布林和佩奇的计算机不够用了。但是，他们没有足够的资金，所以他们千方百计地省钱，自己购买零部件组装机器，还在仓库里翻找没有人认领的计算机。他们在盖茨楼360室塞满了计算机之后，又把佩奇的宿舍变成了数据中心。佩奇更是为了加快搜索速度，把大约1万台服务器连在一起，“拼成”了一部超级计算机。虽然条件艰苦，可是他们学到了非常有益的一课：通过集成和连接便宜的个人电脑部件可以做出性能优越的计算机处理系统，而这个做法一直延续至今，目前Google分布在25个网点的45万台服务器均为自行拼装和设计。

1998年3月，佩奇和布林在一家中国餐馆里向保罗·弗莱厄蒂（Paul Flaherty）介绍了自己这种性能更好的搜索引擎的优点。弗莱厄蒂是他们两人的校友，也是当时最大的搜索引擎AltaVista（占据了整个搜索市场份额的54%）的设计者之一。布林和佩奇希望AltaVista公司能够付100万美元购买即将获得专利的PageRank系统。当时布林和佩奇的想法是在售出专利之后，追随他们的父母，继续完成在斯坦福大学的学业。

尽管弗莱厄蒂认为这两个年轻人的创意很酷，并将大有作为，可是几周后，他还是决定放弃Google。因为这个时候AltaVista的母公司数字设备公司（DEC）不希望在技术上仰仗外人。更为重要的是，AltaVista认为搜索市场只会是一个死胡同，而它正在努力成为一站式目标网站，包括提供新闻、购物、电邮和其他一些服务，希望吸引用户将它的网站作为使用网络的起点和终点。

之后，斯坦福大学的教授们和大学的技术认证中心还帮助布林和佩奇同Excite以及雅虎等其他一些搜索引擎进行接洽，可是，这些公司都没有买下Google。在一定程度上，这些网站拒绝Google是因为它们都希望计算机用户花更多的时间在它自己的网站上，使人们花更多时间和金钱，而不是更少。而Google搜索引擎则正相反，它为人们提供快捷的答案，使他们可以迅速到达最相关的网站。

4. 执著的信念

不断遭到拒绝使两人备受打击，不过也使他们的信念更加坚定。作为天生的技术狂人，他们夜以继日地工作，不断完善手头上现有的仅供斯坦福大学校内使用的搜索引擎，睡眠成了一种奢侈品，午夜3点狭小的工作室里还是挤满了忙碌的小组成员们。

与其他人对未来的预期不同，他们一直相信使用者越快离开Google的页面，他们就越成功。而Google的页面从来就不只是网际网络的入口，而是网际网络的出口，引领着使用者离开当前的网页，前往信息的真正所在。这个背后的哲学则是：越能帮助使用者离开的地方，就会让人更想回去；当其他门户网站还得仰赖“设为主页”来让使用者记住时，Google早已存在于每个使用者的心中。

对自己理念的执著在硅谷这个地方其实并不少见，因为这里充斥着一群想用自己的方式改变世界的“疯子”们，他们也从骨子里有股叛逆精神，总认为自己的技术和理念是最好的。1984 年，对计算机技术提出了革新理论的史蒂夫·乔布斯，在推出苹果电脑前夕，曾接受过一位记者的提问：“你调查过公众是否需要这种计算机吗?”乔布斯回答道：“难道你认为莱昂纳多·达·芬奇在绘制《蒙娜丽莎》之前也做过同样的调查吗?”

最终，1998 年 8 月底一个晴朗的早晨，布林和佩奇说服了安迪·贝托尔斯海姆（Andy Bechtolsheim），这位太阳微系统的共同创办人之一和传奇投资人。最终，贝托尔斯海姆说：“这是几年来我听到过的最好的想法，我希望能够成为其中的一分子。”同时立刻开出一张 10 万美元的支票。

对于贝托尔斯海姆来说，这样的投资也许只是他的一个小项目，可却给两个年轻人无比的信心，也使他们在向家人和朋友融资的时候更具说服力。他们很快就弄到了大约 100 万美元，这些钱足够他们购买必需的计算机设备并迈出计划中关键的一步，他们为此去汉堡王餐厅庆祝了一番。

那天早上，当贝托尔斯海姆驾驶着自己的保时捷离开时，并没有意识到刚才他的所作所为的巨大意义。“在我的构想里，他们也许可以吸引数百万的搜索用户，然后再利用这些访问流量来赚钱，”他说，“我当时没想到它会发展到今天这么大。没有人能想得到。”

5. 创立新公司

佩奇和布林为成立这家公司从好友和家里筹集了 100 万美元，并从斯坦福大学校园里搬到了租来的车库。1998 年 9 月 7 日，是别具意义的一天，这一天 Google 正式诞生。它在加州 Menlo Park 开张了。在创立之初，办公室就是朋友转租的车库，公司除了佩奇和布林之外，只有一个雇员——克雷格·希尔维斯通（Craig Silverstein）——Google 现在的技术总监。

车库对于硅谷创业者来说是个神圣的地方。1939 年惠普首先在车库创立，接着乔布斯在车库里面发明了苹果电脑，盖茨在车库里面创办了微软，雅虎的创办人杨致远与大卫·费洛在斯坦福大学共用一个拖车内的办公室，而亚马逊书店的贝索斯，当年也是带着 4 个工作伙伴在自家的车库里开始了创业的梦想。

随后发生的事与电脑商业史上其他一些成功的故事有共同之处，先是大笔风投资金的注入，接着是惊天动地的 IPO，之后伴随着企业的无限扩张和国际化。可是 Google 在整个过程中却总是那么特别，它一直身披理想主义的战衣，拥有颠覆传统的盈利模式，并宣称自己的使命是“世界所有信息的有效组织者”，Google 十大理念的第一条是“以用户为中心，其他一切自然水到渠成”。自创建伊始，Google 就一直以提供最佳用户体验为宗旨。无论是设计全新的网络浏览器，还是更换首页外观，我们都非常用心地确保最终的结果能够很好地满足用户需求，而不是为了实现公司自身的目标和经济利益。它的首页界面简单明了，网页加载速度非常快。从不对外出售搜索结果中的展示位置。对于广告，我们不仅清楚地将它们标记出来，而且广告内容也会与搜索相关，从而确保广告不会分散用户的注意力。在开发新的工具和应用时，秉承这样一种理念：设计出来的产品应该非常出色，而不会让用户产生“这个产品应该这样或者那样设计”的想法。

Google 以搜索起家，而搜索也一直是它的核心业务。公司知道自己擅长什么，也知道如何可以做得更好。由于要不断应对各种棘手问题，Google 已深谙复杂难题的解决之道。“我们的服务已让上百万用户能够方便快捷地找到所需信息，它的目标是让用户尽快离开我们的网站，世界上大概只有 Google 能这么说。”它不断精简网页并提高服务环境的效率，一次次地打破自己创造的速度纪录，现在的搜索结果响应时间平均只有几分之一秒。它推出的每款新产品都非常注重速度，无论是移动应用程序还是 Google Chrome 浏览器都是如此。“但我们不断探索、追求更高境界的脚步不会停歇。我们为不断地改进搜索服务所做的投入，也有助于我们将掌握到的知识和技术应用于 Gmail 和 Google 地图等新产品。我们希望将搜索所蕴含的无限力量应用于未曾探索过的领域，并帮助用户在生活中更多地获取和使用越来越丰富的信息。”当 Google 索引中的互联网 HTML 网页数量超过其他任何搜索服务时，“我们的工程师便会将精力转到那些不那么唾手可得的信息上。有时我们只需将新的数据库集成到搜索中即可(例如添加电话号码和地址查询以及商家目录)，但有时还需要付出更多富于创造性的努力（例如增加更多的搜索功能，包括新闻存档搜索、专利搜索、学术期刊搜索以及对数十亿张图片和数百万种图书的搜索)。我们的研究人员会继续研究如何将世界上所有的信息提供给有需要的人们”。

6. 貌似简单的坚持：不作恶

任何企图以传统方式来解读 Google 的尝试都会以失败而告终，因为这家公司的运作模式完全是其独创的，当然，这并不代表它是一成不变的。Google 的发展是建立在一种非条约性的合作之上的，而且它完全按照两位天才的喜好前进，这两个不走寻常路的人就是佩奇和布林。

2004 年春天，在 Google 上市前夕，它的创始人给所有投资者写了一封信，信的开头就指出：不作恶。拉里·佩奇这样写道：“Google 从来就不是流俗的公司，我们也不打算成为那样的公司。通过这句格言，我们希望能准确地表达出，最可贵的力量在于——永远只做正确的、符合道德观念的事情”，他更进一步指出，“不作恶”会比“做好事”更能得到大家的认可。

“我们认真考虑了很长时间，最终得出结论，如果我们的公司能为世界的发展进步作出积极的贡献，即使会损失一些短期的利润，但从长远来看我们仍将会获得丰厚的收益——作为股东或者通过其他方式，这就是我们的核心价值观，而且我们的员工也赞同这个观点。”

数百万热爱这个搜索引擎的人还是理解不了 Google 依靠什么来赚钱，因为他们是免费使用它的。还有很多人分辨不出免费搜索结果同其旁边出现的广告的区别。即使是那些理解其中差异的用户，因为很少点击那些广告，也不理解 Google 是怎么赚到那么多钱的，尤其是，每次点击的价格通常是以美分而不是以美元来计算的。

Google 的赚钱方法很简单：有一家卖帆布鞋的公司向 Google 投放了广告，当有人在 Google 的搜索引擎上键入关键字“网球”、“乔丹”或者“帆布鞋”时，这家公司的信息就会出现在右侧的赞助商链接中，如果搜索者想知道更多关于帆布鞋的信息，自然会点击这家公司的网址，而每一次点击都被 Google 记录在案，作为收费的依据。至于在赞助商名单中排位如何，就得看各家舍得掏多少钱了。当然，公司的链接是否吸引人，也很重要。但是这样的营销方法很有效率，因为它把东西推到了想买的人的面前。

除此之外，Google 还推出了另外一项服务——AdSense。AdSense 针对的是各类主题性网站，只要用户进入该网站，那么相关赞助商的信息也会同时出现。也就是说，帆布鞋公司的信息，会自动出现在网球等相关网站中，无须被动地等待查询。

除了广告费，Google 还提供搜索技术给雅虎、AOL、网易、思科、宝洁、美国能源部等许多大公司和网站以及政府机构，并按照搜索的次数来收取授权使用费，但这只占公司全部收入的极小部分。

与百度的竞价排名不同，Google 的搜索结果是用机器做排名，他们从不对搜索结果做人为的干扰和调整，其核心技术还是创立之初的 PageRank 技术。这确保了他们能够维护网络世界的公平性和透明性，同时也是不作恶原则中很重要的部分。

7. 做大的烦恼

可作为一家上市公司，佩奇和布林所表现出的这些慈善愿望与股东们的要求能够长期并存、融洽相处吗？这一直是大部分人的疑惑。

而更为令人担忧的则是 Google 作为一个世界上最具创造性的企业，它本身的扩张似乎已经超出了自己的控制范围。但有趣的是，Google 能为其中的很多冲突找到理论基础，以支持自己的行为。Google 认为，多数信息应该转移到网络中，转移的信息越多，Google 获益也就越多。因为 Google 的使命是组织全球信息，而要实现这一使命，就必须将所有内容都转移到网上。

其实佩奇在斯坦福大学时就已经有这样的野心，那个时候他经过简单的计算，就告诉指导教师，他要把整个网络下载到自己的台式电脑上，这个想法把老师们吓了一跳，而现在这正逐步成为现实，按他的说法："虽然这是个漫长的过程，但却无法避免。"

2009 年，美国司法部反垄断部门负责人克丽斯蒂·瓦尔尼（Christine A. Varney）坦言，Google 正在重蹈微软的覆辙，科技行业正处于这个统治性巨头的控制之下，它的力量已经强大到足以抑制创新和消灭竞争对手的地步。以前美国政府曾经从微软身上看到了类似的威胁，并对其进行了反垄断打击。现在 Google 又成了反垄断法的新触犯者。

从瓦尔尼口中说出这样的话，对 Google 来说简直就是一个毁灭性的打击。20 世纪 90 年代，瓦尔尼曾在克林顿政府中代表 Netscape 的利益对微软进行了反垄断调查。瓦尔尼表示，微软的垄断体现在桌面上，而 Google 则体现在新兴的云计算行业，它积聚了"巨大的市场力量"，可能创建一个客户无力逃避的生态系统。

在过去 3 年中其搜索广告市场的份额已经从 50%迅猛增至 75%，引起了广告商的不安。2007 年，当 Google 宣布计划收购网络广告公司 DoubleClick 后，曾引来了美国和欧洲监管机构长达 1 年的调查。2008 年，美国司法部否决了 Google 和雅虎之间的一个搜索广告交易，认为该交易将进一步加大 Google 的市场垄断优势。现在

Google 正处于司法部的调查之中，其充满野心的书籍扫描项目正在接受审查。另外，美国联邦贸易委员会正在研究 Google CEO 施密特兼任苹果董事是否触犯反垄断法。

过去，Google 对外界批评的回应一般是两个单词：信任我们（Trust us），或者是简单的沉默，而这种对保守秘密的崇拜，已经成为它的一种武器，成为这家与众不同的公司的法宝之一。尽管无数文章和书本描写过佩奇和布林的创业史，可他们的低调却是出了名的。他们极少接受记者的访问，也很少像盖茨和乔布斯那样到处演讲，没有人知道他们的脑子里在想什么，直到我们看到它变成现实的一天。

目前的情形对于这个搜索巨人来说非常具有讽刺意味。Google 的 CEO 施密特曾是奥巴马当选美国总统的大力支持者，而且在 20 世纪 90 年代中期是最活跃的微软反对者之一，积极帮助政府对微软进行反垄断打击。而现在，他自己正面对与微软类似的处境。Google 与夙敌微软的位置完成了对调，但它的影响却仿佛比微软更为强大，因为它代表的是未来的发展趋势。

Google 公司的规模已经非常庞大，它的数百万台服务器每个小时处理约 1000TB 的用户数据，每天进行上亿万次搜索。就其本身而言，Google 的规模并不存在法律问题。瓦尔尼本人也已经指出此点，尽管 Google 在搜索广告业务上具有垄断优势，但该公司通过创建竞争对手无法相比的更好的搜索产品来做到这一点，因此是合法的。

不过，法律专家和经济学家指出，当 Google 从搜索转向诸如在线电子表格和视频站点等 Web 服务时，事情就变得复杂了。因为其搜索和广告算法是秘密的，竞争对手或合作伙伴没有办法知道 Google 是否对结果进行了修改，以把更多的流量导向它自己的产品。如果 Google 使用它的搜索优势来推动自己的其他业务，则与微软将浏览器捆绑在操作系统上的做法没有区别，都违反了反垄断法。

另外，Google 的创新商业模式也可能激怒监管机构。该公司的伟大创新之一是愿意通过提供免费服务来获得数据。许多客户可能认为这并不违法，但在监管机构眼中，客户便利的重要性通常要弱于保持一个公平竞争环境。没有竞争就会导致创新减少。

Google 最大的问题不在于公司的现在，而在于它未来的计划。Google 的目的是创建一个新 Web 世界，让 Web 服务完全取代桌面软件。这对瓦尔尼等监管者来说是一件可怕的事情，他们担心 Google 在这样一个环境中变得过于强大，成为事实标准，锁定企业都使用它的服务。

8. 追求无止境

人们已经为 Google 给世界带来的变化惊叹不已，然而对于 Google 来说，所有的这一切仅仅只是开始。“我们始终将自己在某方面的优势视为继续发展的起点，而不是终点。我们为自己设定目前还达不到的目标，因为我们知道，通过不断朝着这些目标努力，我们可以做得比预期更好。Google 的目标就是通过创新和反复探索，创造出优秀的产品并以异乎寻常的方式对其加以改进。”

【思考与讨论】

1. Google 的两位创始人谢尔盖 · 布林和拉里 · 佩奇分别成长于什么样的家庭？这对其

创业有什么影响?

2. 谢尔盖·布林和拉里·佩奇的友谊是怎样建立的?你认为应该如何为创业团队的建立做准备?

3. 创新的技术体现了创新的理念,甚至可以说有什么样的理念就会有什么样的技术,Google 搜索引擎技术就是典型例子,你是如何看待这一问题的?

4. “不作恶”看起来简单,做起来其实很难,特别是涉及复杂的技术和产品时,即使作恶用户也不知道,你如何评价?能举出相反的例子吗?

5. Google 在创业中的坚持和执著体现在哪些方面?

6. 本书作者之一 2014 年 11 月 12 日有幸参观了 Google 总部,留下最深刻的印象是其开放的文化和理念,与不远处的另一家世界级大公司形成鲜明的对比,请从以上材料中找出支持其开放的文化和理念的依据。

7. Google 的创业过程与其他高科技公司所走之路也没有太大差异,请问它第一次是如何融到创业所需资金的?

8. Google 公司有十大信条,从以上材料中你能总结出几条?

9. Google 有一条理念是“专心将一件事情做到极致”并且它做到了,这条理念似乎是(移动)互联网和 IT 业创业必须遵循的铁律,你如何看待?你能举出其他的例子吗?

10. Google 在发展的过程中遇到了什么样的法律问题?它是如何应对的?

本章小结

本章从创业企业产权安排、知识管理、技术创新管理及成长管理等几个方面讨论了创业企业所面临的一些前沿问题。

创业企业必须对创业者、创业关键人员和员工进行合适的产权安排,从而使企业拥有完整的财产权利,促进创业活动的进行和效率,建立有力的团队,并保障创业者的利益。

知识管理就是以知识为核心的管理,是指对企业经营和成长过程中各种知识的管理,目的是满足企业现存和未来经营及成长的需要,以利用已有的知识,获取新的知识,使企业实现新的成长和发展。知识管理的出发点,就是将知识视为创业企业最为重要的资源之一,把最大限度地掌握和利用知识作为加快企业成长的关键之一。创业企业知识管理主要包括:知识生产的管理、知识获取的管理、知识传播的管理、知识共享的管理和知识集成的管理。同时,创业企业应该凭借一系列技术手段、制度安排及管理手段,建立一套有效的知识管理系统。

创业企业需要在创新的基础上谋求新的发展。创业企业技术创新战略主要包括自主创新、模仿创新和合作创新战略。创新组织形式多种多样,新产品委员会、新事业发展部、产品经理制、创新小组和虚拟创新组织等,它们各有特点,创业企业可以根据企业的实际情况,选择适当的创新组织形式。

创业企业在其成长过程中也会面临许多挑战。在其初创期要尽快实现盈亏平衡,解决企业基本的生存问题;在其学习稳定期必须学习经营和管理,强化自己的核心优势,建立长期稳定经营的成长基础;在其快速发展期则要寻找新的机遇和切入点、突破口,依靠创新，寻求超常规增长。为了应对这些挑战，创业企业必须集中于个别行业领域的极个别商业机会，立足于差别化，积极实施技术创新，培育技术创新集群，靠创新集群的集聚效应，实现创业企业的超常规发展。同时，培养企业内创新集群对于企业的发展也是至关重要的。

思　考　题

1. 简述员工持股计划的特点和作用。
2. 研发部门从客户那里获得信息和知识的主要方式有哪些？
3. 虚拟创新组织是什么？有何特点？
4. 初创期企业主要面临哪些问题？
5. 处于快速成长期的创业企业需要注意的问题是什么？
6. 成长中的创业企业实施市场细分战略的意义是什么？
7. 你如何理解创业企业的成长战略？

参考文献

1. Bygrave W. D. , Hofer C. W. Theorising about Entrepreneurship [J]. *Entrepreneurship Theory and Practice*, 1991 (14): 174-189.

2. Keohane, Geogia Levenson. *Social Entrepreneurial* [M]. New York: McGrall-Hill Companies, 2013.

3. Monoglot, S. , Who Is a "Non-entrepreneur"? Taking the "Others" of Entrepreneurship Seriously [J]. *International Small Business Journal*, 2013, 31 (4).

4. Perry-Rivers, P. Stratification, Economic Adversity, and Entrepreneurial Launch: The Converse Effect of Resource Position on Entrepreneurial Strategy [J]. *Entrepreneurship Theory & Practice*, 2014.

5. Prive, Tanya. Top 10 Qualities That Make A Great Leader [J]. *Forbes*, 2013, August.

6. Roth, S. Booties, Bounties, Business Models: a Map to the Next Red Oceans. International [J]. *Journal of Entrepreneurship and Small Business*, 2014, 22 (4): 439-448.

7. Roth, S. The Eye-patch of the Beholder [J]. *International Journal of Entrepreneurship and Small Business*, 2014.

8. Nicolaou, N. The Genetics of Entrepreneurial Performance [J]. *International Small Business Journal*, 2013.

9. Scott A. Shane . *The Illusions of Entrepreneurship: The Costly Myths That Entrepreneurs, Investors, and Policy Makers Live by* [M]. Yale University Press, 2008.

10. Steven Rogers. *Entrepreneurial Finance* (second edition) [M]. New York: McGrall-Hill Companies, 2009.

11. Stevenson, H. , Jarillo, et. al, eds. *A Paradigm of Entrepreneurship: Entrepreneurial Management*, *in. Entrepreneurship: Concepts, Theory and Perspective* [M]. Springer Science Business Media, 2007.

12. Vesper K. H. *Entrepreneurship and National Policy* [M]. Pittsburgh. PA: Carnegie-Mellon University, 2013.

13. [美] 杰弗里·蒂蒙斯，小斯蒂芬·斯皮内利．创业学（第六版）[M]．北京：人民邮电出版社，2005.

14. [美] 杰斯汀·隆内克等．创业机会 [M]．北京：华夏出版社，2012.

15. [美] 罗伯特．创业管理 [M]．北京：中国财政经济出版社，2013.

16. [美] 史蒂夫·布兰克等．创业者手册：教你如何构建伟大的企业 [M]．北京：

机械工业出版社，2013.

17. ［美］迈克尔·格伯．创业必经的那些事［M］．北京：中信出版社，2010.

18. ［美］威廉·A. 萨尔曼．创业管理［M］．北京：中国人民大学出版社，2011.

19. 段华洽，孙群．创业学：理论与实务［M］．合肥：合肥工业大学出版社，2011.

20. 葛建新等．创业学［M］．北京：清华大学出版社，2004.

21. 华牧．创业起步 300 问［M］．北京：企业管理出版社，2013.

22. 江华．创业启示录：宁做创业狼，不做打工狗［M］．北京：企业管理出版社，2013.

23. 姜彦福，张帏．创业管理学［M］．北京：清华大学出版社，2012.

24. 老雕．MBA 教不了的创富课：我在 30 岁之前赚到 1000 万的经验谈［M］．北京：当代中国出版社，2011.

25. 刘平等．创业学（第二版）［M］．北京：清华大学出版社，2012.

26. 司春林等．创业投资［M］．上海：上海财经大学出版社，2012.

27. 郁义鸿等．创业学［M］．上海：复旦大学出版社，2000.

28. 阳飞扬．从零开始学创业大全集［M］．北京：中国华侨出版社，2011.

29. 张文松．创业学［M］．北京：机械工业出版社，2011.

后　　记

1989年11月底12月初联合国教科文组织在北京召开的“面向21世纪教育国际研讨会”上提出了“创业教育”这一概念。创业教育的提出，为迎接21世纪的挑战、建立新的教育哲学观念开拓了新的视野，对未来人才素质的构成提出了新的要求，为教育理论研究和改革实践开辟了一个新的天地。

创业教育是发展我国社会主义市场经济的必然要求，创业教育已成为当今世界教育的一个重要主题。创业教育有利于培养受教育者的创业意识，转变就业观念，有助于创业企业的顺利产生，有助于创业企业风险的防范，有助于提高创业者的管理水平，从而提高创业企业的经济效益，保证创业企业的存活和健康成长。

本书第一版正是为适应当时高等院校创业教育的需要于2003年在武汉大学教务部和经济与管理学院的大力支持下编著的，在编写过程中既注意到学习者的心理特点和需求，力求做到有理论性和一定的深度，又注意了可读性并密切联系实际；既注意了思想上的启发性，又注意了实践中的可操作性。

本书出版十年来深受广大读者欢迎和喜爱，许多创业学老师以及MBA学员、双学位学生、本科生在使用本教材的过程中对本书的出版和作者的辛勤劳动表示感谢和敬意，使我们深受鼓舞和感动，也备感作为作者责任重大，也有些读者提出了宝贵的意见和建议。特别是近十年来全球政治经济格局、中国的社会经济状况发生了极大的变化，创新、创业和创造逐渐成为经济社会生活的主流，创业已经成为经济活力之源、社会进步之翼，成为扩大就业的倍增器。激发全社会创业热情，学习创业知识，培养创业技能，促进更广泛地创业、更充分地就业，更是高等教育义不容辞的责任。特别是全球金融危机后，新一轮的科技创新蓬勃发展，移动互联网、大数据、新能源、新材料和“3D打印”等为代表的新技术革命从孕育发展到投入使用，正在全球掀起新的创业热潮。正是肩上的责任和时代的新发展促使我们对原版《创业学》进行部分重写、更新、补充和修订。

本书是集体合作的结果。第一版原作者韩国文、陆菊春、许晓永、李进、马瑜、王茹和张文炜等都已经成为自己所在领域的优秀专家、行业中坚。本次重写和修订由韩国文（武汉大学经济与管理学院，第1、3、7、8章）、陆菊春（武汉大学经济管理学院，第4、5章）、韩璐（武汉大学外语学院，第2章）、张彻（内蒙古大学经济管理学院，第6、9、10章）、卢溪（美尔雅期货，第11章）、杨阳（中化国际，第12章）、许晓永（兰州商学院，第13章）完成，最后由韩国文、陆菊春统稿并修改审定。在这次重写和修订过程中，除向清华大学、浙江大学、北京航空航天大学、黑龙江大学、东北财经大学、北京化工大学、华中科技大学、武汉理工大学、中国矿业大学、浙江工商大学、湖南大学、西北工业大学、兰州大学、中国地质大学、河南财经大学和贵州财经大学等高校有关专家、青年学者书面或邮件征询意见外，还当面咨询了商立平（中国建设银行智利分行行长）、刘青（甘肃银行行长）、周海滨（国电武仪董事长）、赵永亮（英大泰和董事）、屈莹（郑州色彩搭配咨询有限公司总经理）、蒋峥（深圳市牧融科技开发有限公司董事长）和谢帆（湖北科技风险投资公司经理）等业界专家或创业者的意见和建议。韩国文在美国访学期间，就本书的重写和修订曾多次请教过匹茨堡大学卡茨商学院的杰出教授 Josephine E. Olson 和创业学教授 Paul Harper 等，他们对本书的大纲提出过宝贵的意见和建议。在此对他们表示衷心的感谢。

本次重写和修订是在听取以上专家意见的基础上进行的。我们对原书的编排体系进行了较大幅度的调整改动，充实了一些章节的内容，也精简了一些章节。全书共分为四编十三章，依照梦想创业、启动创业、实施创业和管理初创企业这样的创业步骤推进，我们全体作者的梦想是“使用我们的教材，课堂结束了，新公司诞生了！”我们根据社会、经济和科技的新发展修改了缺乏时代特色的内容，吸收了新的理论知识，我们撰写了（移动）互联网创业的案例，增加了新的筹资方式如众筹的内容，更新了全书几乎所有案例并在每个案例后增加了思考和讨论题，便于课堂教学中引发思考和讨论。同时我们也力图从全球化、国际化的视野出发，在案例的选择者上既选择本土案例，也选用具有示范效应和参考价值的发达经济体和新兴经济体的案例。在我们的新版书中，你会看到以色列的风险投资，印度“亚马逊”FlipKart，美国的 Google，Pebble 等新的创业案例，也会读到“拉卡拉”、滴滴打车、阿里巴巴等本土创业的故事。

总之，再次感谢帮助我们的专家、同行、师生朋友！

在此次重写和修订过程中，我们搜集和参阅了国内外大量的有关资料和研究成果，并且又一次得到了武汉大学经济与管理学院、本科生院、研究生院和武汉大学出版社的大力支持，在此表示衷心感谢。

由于作者水平有限，书中难免会有不当和疏漏之处，敬请专家和读者批评指正，有关意见和建议请发至 gwhan@ whu. edu. cn。

编著者

2015 年 5 月

21世纪经济学管理学系列教材

- 政治经济学概论
- 政治经济学（社会主义部分）
- 技术经济学
- 财政学
- 计量经济学
- 国际贸易学
- 管理信息系统
- 国际投资学
- 宏观经济管理学
- 创业学
- 统计学
- 经济预测与决策技术
- 会计学
- 人力资源管理
- 物流管理学
- 管理运筹学
- 经济法
- 消费者行为学
- 管理学
- 生产与运营管理
- 战略管理
- 国际企业管理
- 公共管理学
- 税法
- 组织行为学

图书在版编目(CIP)数据

创业学/韩国文,陆菊春编著. —2版. —武汉: 武汉大学出版社,2015.6
21世纪经济学管理学系列教材
ISBN 978-7-307-15575-6

Ⅰ.创…　Ⅱ.①韩…　②陆…　Ⅲ.企业管理—高等学校—教材
Ⅳ.F270

中国版本图书馆CIP数据核字(2015)第072449号

责任编辑:陈　红　　　责任校对:李孟潇　　　版式设计:马　佳

出版发行: **武汉大学出版社**　(430072　武昌　珞珈山)
(电子邮件: cbs22@whu.edu.cn　网址: www.wdp.com.cn)
印刷: 武汉市江城印务有限公司
开本: 787×1092　1/16　印张:21.25　字数:502千字　插页:1
版次: 2007年1月第1版　2015年6月第2版
2015年6月第2版第1次印刷
ISBN 978-7-307-15575-6　定价:38.00元